食べ物と健康
調理学

●編集
金谷　昭子

●執筆者（五十音順）
安藤ひとみ
井川　佳子
石村　哲代
大下　市子
笠井八重子
金谷　昭子
菊﨑　泰枝
楠瀬　千春
小島　朝子
白杉　直子
杉本　温美
冨岡　和子
中田　　忍
真部真里子
山本由喜子

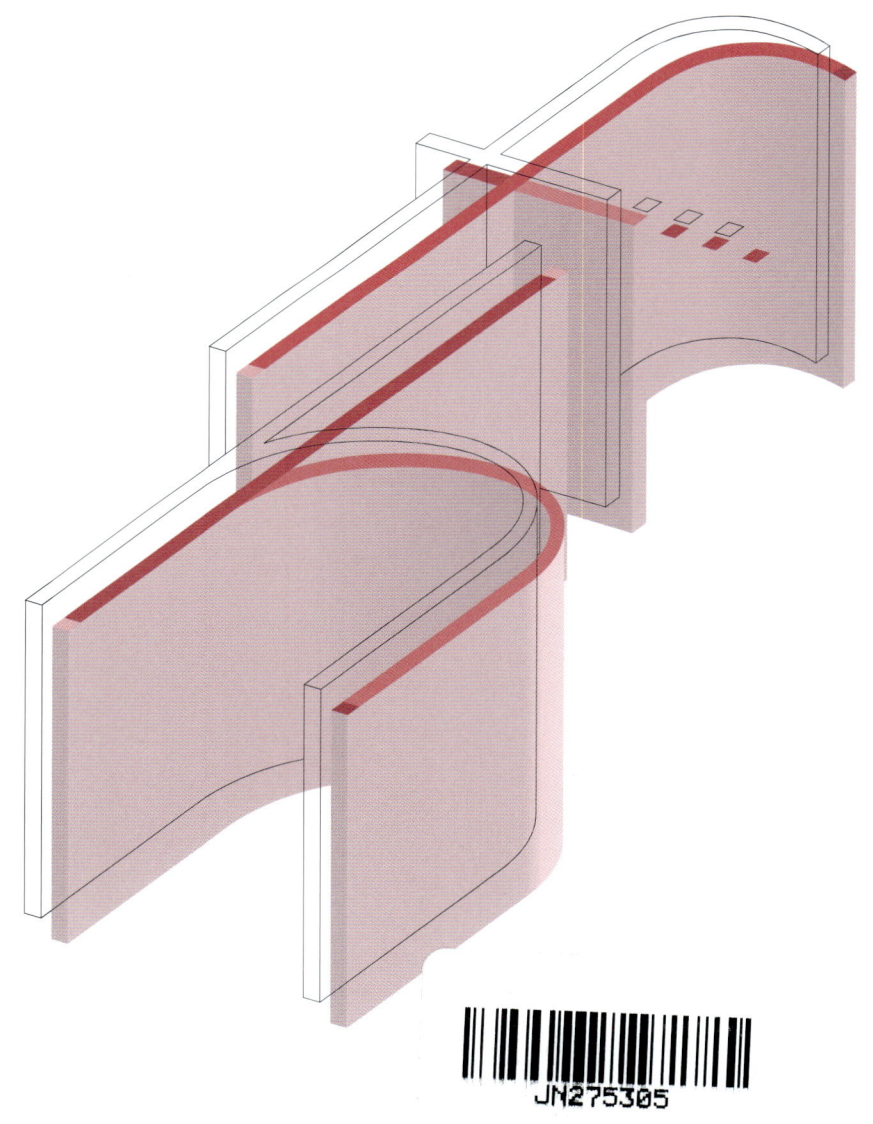

医歯薬出版株式会社

はじめに

　今まさに変革の時代である．社会に大きな変化が起こり続け，それは食生活においてとくに著しい．著者らは，この新しい時代の要請をできるだけ取り入れた「調理学」の発行を目標とし，またその内容は，平成14年に制定された管理栄養士国家試験出題基準（ガイドライン）にも沿うように配慮した．執筆にあたっては，大学・短期大学で調理学や調理科学の教育・研究に従事してきた著者らが，各自の得意分野・専門を中心に分担し，新しい事柄，やや高度な事柄を盛り込み，かつ平易に解説するように心がけたつもりである．

　人間の栄養は食物として摂取するのが最上であることは論をまたないが，食物は食材を調理することによって得られることから，いわば「調理」は栄養の原点であり，「調理」を抜きにして人間の栄養を考えることは難しい．また，人間の食事にとって「おいしさ」が実質上の第一条件であり，おいしいという味覚は，心理的にも生理的にも健康にかかわることが最近知られるようになった．

　近年，食に対する関心が一般に高まり，健康・味・生活文化など多面的に情報化の波に乗るようになっている．一方で，食の安全性が今ほど信頼を失った時代はかつてない．グローバル化と相まって，BSE，内分泌撹乱物質等々，新しい情報が続々と登場している．食材選択にあたっては，安全性を十分考慮しなければならず，また，調理の場そのものが健康を損なう原因にならないよう留意することはいうまでもない．いろいろな面で調理と環境問題とのかかわりを忘れることはできない．

　食物は，単なる生きる糧である以上に，心身の健康を良好に維持するため，ライフステージに応じた配慮が必要である．そこには，食事計画から食材の選択，調理，供食にいたるまでの一連の調理過程が十分にかかわっている．また，疾病時の食事や高齢者・身体障害者などの介護食の調製操作や食器類に，さらには身体障害者や高齢者が可能なかぎり自立して調理操作に携わることができるよう，調理操作の方法，調理器具，食器などに積極的に目を向けることが必要である．

　さらに近年，食生活の簡便化はもとより，食の外部化・社会化が著しく進み，とくに中食にかかわる産業が盛大になっている．これらも調理学の視野に入れなければならない．一方，食材や調理法のグローバル化はとくにわが国において著しい．大量に輸入されるばかりでなく，日本的なるものが世界各地に向けてさまざまな形で進出している．そのなかで，食物の伝統もまた維持されなければならないのである．

　このように，新しい時代を見据えて視野を大きく広げ，総合的に調理学を展望する時代が来ている．食物が，栄養的要件とともに，いかなるライフステージにおいても，いつもおいしく，安心して，心豊かに味わえるものであるように，調理学はそのすべてにかかわっていくことになるであろう．

2003年11月

編著者　金　谷　昭　子

もくじ

- はじめに iii

section 1　調理の概念　1

chapter 1　調理の意義 — 2
chapter 2　調理学・調理科学の意義と重要性 — 3
chapter 3　調理の目的 — 4

1. 調理と安全性／4
2. 調理と食品および食品成分の変化／4
    1) 水 4　2) 炭水化物 5　3) たんぱく質 6　4) 脂質 7　5) ビタミン 7　6) 無機質（ミネラル）8
    7) 酵素 9
3. 調理と栄養とライフステージ／10
    1) 栄養とライフステージ 10　2) 食物の態様とライフステージ 10　3) 摂食と調理の自立とユニバーサルデザイン 10
4. 調理と文化・食の歴史的変遷／11
5. 調理と食育／12
6. 調理と食べ物の付加価値／13
7. 調理と環境・環境問題／13

section 2　基礎調理操作　15

chapter 1　調理操作の基礎 — 16

1. 調理と温度／16
    1) 調理温度 16　2) 食品成分と食品の変化する温度 16　3) 調理に関連する温度 18
2. 加熱方式・伝熱方式・熱媒体／19
3. 食品の保存／22
    1) 低温や室温による保存 22　2) 塩蔵による保存 24　3) 乾燥による保存 24　4) 缶詰・びん詰 25

chapter 2　加熱調理操作 — 26

1. 煮る・ゆでる／26
    1) 煮る 26　2) ゆでる 27
2. 蒸す／29
3. 焼く／31
    1) 直火焼き 32　2) 間接焼き 32
4. 揚げる・炒める／34
    1) 揚げる 34　2) 炒める 36　3) 油脂の劣化 36
5. 誘電加熱（マイクロ波加熱，電子レンジ加熱）／37
    1) 誘電加熱の原理 37　2) 電子レンジ 37　3) 電子レンジ加熱の特徴 39

もくじ

6. 電磁誘導加熱／40
    1) 電磁誘導加熱の原理と特徴 40　2) 電磁調理器 41
7. その他の加熱／41
    1) 赤外線と遠赤外線 41　2) 炭火 41

chapter 3　非加熱調理操作 ——————————————————— 42

1. 計量・計測／42
2. 洗浄／43
3. 浸漬／44
    1) 抽出 44　2) 吸水・膨潤（乾物）44　3) 調味液浸漬 45　4) 変色防止 45　5) テクスチャーの変化 46
    6) 漬物 46
4. 切る／46
5. 砕く／48
6. 混ぜる／48
7. 和える／51
8. 寄せる／52
9. 冷やす／52

chapter 4　調味操作 ————————————————————— 54

1. 調味料／54
    1) 食塩 54　2) しょうゆ 54　3) みそ 55　4) 砂糖 55　5) みりん 56　6) 食酢 56　7) うま味調味料と風味調味料 56　8) 酒類 56
2. 香辛料／57
3. 調味操作／58
    1) 調味時期 58　2) 調味料の配合 59　3) うま味の賦与 60　4) 調味料の浸透 61　5) 調味順序 64

section 3　食品の調理特性と調理　65

chapter 1　植物性食品の調理特性と調理 ———————————————— 66

1. 米／66
    1) 搗精 67　2) 精白米の構造 68　3) 炊飯 68　4) 変わり飯の炊飯 71　5) かゆ 72　6) もち米 72
    7) 米飯・炊飯の社会化と大量炊飯 72　8) 米粉とビーフン 73
2. 小麦粉／73
    1) 小麦粉の成分と調理性 74　2) 小麦および小麦粉の分類と用途 75　3) グルテン形成と小麦粉調理 75
    4) 主な小麦粉調理 79
3. いも類／88
    1) いもの種類と成分の特徴 88　2) いも類の調理 89
4. 豆類／92
    1) 豆類の調理・加工における吸水膨潤 93　2) 煮豆 94　3) 大豆製品 96
5. 種実類／99
    1) 種実類の種類と成分の特徴 99　2) 種実類の調理性 100

6. 野菜類／102

　1）野菜類の特性 103　2）野菜類の調理性 106

7. 果実類／108

　1）果実類の特性 108　2）果実類の調理性 111

8. きのこ類／112

　1）きのこ類の特性 113　2）きのこ類の調理性 115

9. 藻類／116

　1）藻類の特性 117　2）藻類の調理性 118

chapter 2　動物性食品の調理特性と調理 ─ 121

1. 食肉類／121

　1）食肉の構造と特徴 121　2）食肉の調理性 124　3）食肉の調理 125

2. 魚介類／127

　1）魚介類の構造と特徴 127　2）魚介類の調理性 132　3）魚介類の調理 133

3. 卵／134

　1）鶏卵の構造 134　2）鶏卵の成分組成 135　3）鶏卵の調理性 136　4）卵の鮮度判別方法と鮮度保持の方法 142　5）鶏卵の調理とサルモネラ食中毒 143

4. 牛乳・乳製品／144

　1）牛乳の成分 145　2）牛乳の調理性 146　3）乳製品の調理 147

chapter 3　成分抽出素材の調理特性と調理 ─ 150

1. でんぷん／150

　1）でんぷんの種類と形状 150　2）でんぷんの構造と特徴 150　3）でんぷんの糊化と老化 152　4）でんぷんの調理性 154　5）加工でんぷん 158

2. 砂糖類／159

　1）砂糖の種類と特性 159　2）砂糖の調理性 159

3. 油脂・油脂製品／164

　1）油脂の種類と特性 164　2）油脂製品 168

4. ゼリー形成素材／169

　1）ゼラチン 169　2）寒天 170　3）カラギーナン（カラゲナン）172　4）ペクチン 172　5）コンニャクマンナン 172

5. 分離たんぱく／172

　1）大豆たんぱく 173　2）小麦たんぱく 174

chapter 4　その他の食品の調理特性と調理 ─ 176

1. 加工食品／176

　1）加工食品の種類 176　2）冷凍食品・冷凍調理食品 177　3）レトルトパウチ食品 178　4）クックチル食品 178　5）調理済み・半調理済み食品 179　6）乳児・高齢者用食品，保健機能食品 179

2. 調味料・香辛料／180

　1）調味料 180　2）香辛料 185

3. 嗜好性食品（飲料）／188

1) 茶 188 2) コーヒー 190 3) ココア 190 4) その他の飲料 190 5) アルコール飲料 191

section 4　調理と嗜好性・おいしさ　193

chapter 1　調理と味 — 195
1. 主な味／195
2. 味の相互作用／197

chapter 2　調理と香り — 200
1. 食品材料の香り／200
　　1) 香りの分析法 200 2) 香りの種類 201
2. 調理によって生ずる香り／202
　　1) 香りを強める調理操作（する・おろす・たたく・切る・加熱するなど）202 2) 焼き臭 202
　　3) 発酵臭 203 4) 鮮度低下臭 204 5) においのマスキング 204

chapter 3　調理と色 — 205
1. 食品材料の色／205
　　1) ポルフィリン系色素 205 2) カロテノイド系色素 206 3) フラボノイド系色素 207 4) その他の色素 207
2. 調理と色の変化／207
　　1) クロロフィル 207 2) ミオグロビン 208 3) カロテノイド 209 4) アントシアニン 209
　　5) 褐変 209

chapter 4　調理とテクスチャー・レオロジー — 211
1. 食品のテクスチャー／211
　　1) テクスチャーの種類 211 2) テクスチャーの測定 211
2. 食品のコロイド性／212
　　1) コロイドの安定性 212 2) ゾル 212 3) ゲル 213
3. 食品のレオロジー／213
　　1) 液状の食品 213 2) ゲル状食品 214

chapter 5　食味の評価と官能検査 — 215
1. 食べ物の評価と官能検査／215
2. 官能検査の手法と留意点／215
3. 官能検査の実際／216
　　1) 2点嗜好試験法と2点識別試験法 216 2) 順位法 217

chapter 6　食のデザイン・コーディネート（食事計画・供食）— 220
1. 食事計画の意義／220
2. 献立作成／220
　　1) 食事摂取基準と食品群別食品構成 220 2) 献立作成の実際 221
3. 供食／223
　　1) 日本料理 223 2) 西洋料理 224 3) 中国料理 224 4) 供食のこころ 225

食べ物と健康 **調 理 学**

section 5　調理機器と調理　227

chapter 1　エネルギー源 ─────────── 228
1. ガス／228
    1）都市ガス 228　2）LPG（プロパンガス）229
2. 電気／230

chapter 2　加熱調理機器 ─────────── 233
1. 鍋類／233
    1）鍋類の形状 233　2）鍋類の材質 234
2. 特殊な機能をもつ鍋／235

chapter 3　非加熱調理機器 ─────────── 236
1. 包丁・まな板・調理用はさみ／236
2. ミキサー，ジューサー，フードプロセッサー／239
3. 冷蔵庫（冷凍冷蔵庫）／240

chapter 4　厨房設備 ─────────── 241
1. 厨房／241
    1）厨房の役割 241　2）厨房の機能 242　3）厨房のレイアウト 242　4）ライフステージと厨房 243
2. 給水と電気／244

chapter 5　食器・テーブルウエア ─────────── 246
1. 食器の種類と用途／246
    1）日本の食器 246　2）外国の食器類 248　3）グラス類 248
2. 食卓の演出／249

section 6　環境と調理　251

chapter 1　食環境と調理 ─────────── 252
1. 日本の食文化／252
    1）食材および調理法の歴史 252　2）年中行事の食 253　3）通過儀礼の食 257
2. 世界の食文化／258
    1）中国料理 258　2）韓国料理 259　3）東南アジア料理 259　4）インド料理 260　5）アラブ料理 260
    6）西洋料理 260　7）メキシコ料理 260
3. 日本の食環境と調理／261
    1）食生活の変化と調理 261　2）食情報 263
4. ライフステージと調理／263
    1）ライフステージの食事と調理 264　2）ライフステージと調理設備 265
5. 食事室とアメニティ／266
    1）食事空間（食事室）の構成要素 266　2）食のアメニティとその創造 267

chapter 2　食品汚染と調理 ─────────── 270

もくじ

1. 食材の環境汚染―調理場に持ち込まれるまで―／270
    1）化学物質による汚染 270　2）微生物による汚染 274　3）その他の汚染 275
2. 調理時の汚染防止―食材が持ち込まれてから―／276
    1）食品の変質 276　2）食中毒の予防 276　3）容器・包装による食品汚染の防止 281

chapter 3　調理による環境汚染 ────────── 282

1. 調理による廃棄物の発生／282
    1）ごみ 282　2）台所排水 283　3）大気汚染 284
2. 生産・流通過程で生じる環境負荷と食の安全性／286

付表　食生活指針／289
　　　日本人の食事摂取基準（2015 年版）／290

調理の概念

chapter 1　調理の意義

chapter 2　調理学・調理科学の意義と重要性

chapter 3　調理の目的

chapter 1 調 理 の 意 義

　人間は食物を摂取して身体の養いにしているが，その食物は食品材料から調理によってつくられる．食べ物は，むろん安全で栄養的でなければならないが，人間の栄養摂取を考えるとき，離乳食から高齢食まで，食物として経口摂取するのが本来の姿である．経口摂取ができなくなると，消化管へチューブで直接流動食を注入する経管栄養，その次は点滴の静脈栄養になるが，まず，単なる栄養素混合物よりも食物のほうが栄養上優れている．さらに，食物を口から食べることは人間にとって重要であり，その食べ物のおいしさをつくりだすのが調理である．

　調理とは，食材を食物にすることであるが，衛生的にも栄養的にも安心できて，なおかつ嗜好性のよい，おいしい食物をつくりだすことである．食物はおいしくなければ人間の食べ物とはいいがたいが，おいしいという味覚は，生理的にも健康によく，おいしい食物は，人に喜びと健康を与える．

　今日のような超高齢社会では，高齢者にとって自立した食生活はとくに重要な意味をもつ．食生活の自立機能が失われかけてきたときでも，食べ物を自分自身で口に運ぶ，あるいはごく些細な調理的な操作でも自身で行う，という操作そのものも，食欲をそそり，生きる気力にまで影響するという．

　食べ物の未曾有の豊かさに恵まれたわが国に，いま氾濫するマスコミの食情報の大部分は，まずはおいしさにこだわり，おいしい食物と調理法を紹介し，次いで，食と健康についての情報を提供している．

　一方，食品産業・外食産業は発達の一途を辿り，なかでもいわゆる中食（なかしょく）の台頭はめざましく，食の外部化・社会化は急速に進み，いわゆる内食（ないしょく），すなわち家庭内調理の機会はしだいに減少しつつある．しかし，調理とは食品材料を食物にすることであり，社会情勢がどのように変化しても，内食・中食・外食いずれの場合にも調理が行われていることに変わりはない．

　食は生きとし生けるものにとって命を支える糧であるが，食物連鎖の頂点にある人間にとっての食物は，それ以上に，おいしさと喜びと健康と多くの社会的・人間的意義をもたらすものである．食材にその意義を付与して食物にする調理は，人間生活にとってまことに重要なものである．

chapter 2 調理学・調理科学の意義と重要性

　調理の守備範囲は広い．食材の導入から調理操作を経て供食，後片づけまでが入る．

　山野・海などから食材を採取してきて，簡単に焼くとか煮るとかの調理をする程度の原始的な生活は別として，通常の文化的生活での食生活は，単純にみえても相当な複雑さをもっている．ことに現在のわが国では，日本的な伝統のうえに，絶え間なく世界各地の食材と料理，供食法が流入し，もともと複雑なものが，ますます茫洋として一朝一夕に学び難いものとなっている．料理法だけを取り上げて，本来の日本料理に絞り，そのまた何か一つを特定しても，簡単に身につくものではない．その社会的意義も環境問題まで含めて，複雑膨大なものを会得するには，経験の集積ばかりでなく，系統立てて"学"として学ぶ必要がある．調理全般を系統立て，理論づけるものが調理学である．

　食材を調理して食物とするには，食品材料の種類，食品成分の化学・物理，食品成分の機能，調理操作の意義，食品と成分の調理変化などを知ることが重要である．そのために調理を科学的に学ぶのが調理科学である．その基盤あるいは隣接するものとして，生産・加工・流通に関する諸学，栄養学，食品学，生理学，衛生学などがあり，生物学，化学，物理学などとも関連している．最近は，食物の咀嚼性・嚥下性に関連して，歯科口腔生理学との連携が深まっている．また，準備から盛付けまでの調理行動が大脳の前頭前野を刺激することが明らかになり，調理と脳科学との関係が注目されている．

　近年，調理科学の進歩は著しく，調理の外部化・社会化の進行とともにますます深化発展しつつある．

chapter 3 調理の目的

1. 調理と安全性

　近年は，食の安全性において，従来の食中毒，感染症，変質などの枠を超える新しい問題が次々と登場している．遺伝子組み換え，BSE（牛海綿状脳症，狂牛病），O-157等々である．これに食肉や牛乳，その他の食品に関連する不正行為など，さまざまな不安材料が続出している．

　調理を中心とした安全性を考えると，調理場導入までと，調理場に分けられる．

　調理場へ導入する前の問題については，単に，生産者，流通業者，衛生行政のあり方にまつばかりでなく，食材選択基準のうちの安全性に関する知識を従来以上に重要視して，衛生上の危害をもたらす食材を可能な限り避けなければならない．

　調理の場の衛生管理に関しては，HACCP（Hazard Analysis and Critical Control Point；危害分析重要管理点）の導入など安全基準が向上しているが，調理場の一般的な衛生管理についてもこれに準じた考え方が必要であって，調理が衛生的に行われ，食物が調理環境によって汚染されないように，厳重に衛生管理しなければならない．

2. 調理と食品および食品成分の変化

　ここでは，調理にかかわる食品成分の化学と物性について述べる．

1）水

　生物体構成成分の大部分は水であり，水は栄養素の一つではあるが，栄養素のなかに含められないことも多い．しかし，調理における水の性質は重要である．

　食品成分としては野菜などでは90パーセント台の水を含み，ほとんどが水である．一方，米や小麦粉などの水分含量は十数パーセントで，もっとも多いでんぷんの糊化に必要な水量にはほど遠い含量である．食品中の水分含

量や水分活性は，その分布に幅があるが，水分の少ない場合には，調理によって必要な水を加える．またさらに，必要に応じて飲料を用いる，あるいは口腔内で唾液をまじえることによって水分を補い，食物の嚥下を容易にする．

消化は加水分解であるから，水を必要とする．しかし，油は疎水性なので前もって調理時に乳化することにより消化が容易になる．

水は，食品・食物の大部分を構成するものとして，また用水として，湿熱調理における熱媒体としても重要である．

水は1気圧のもとでは100℃で沸騰し，0℃で氷になる．密度は4℃で最大であるが，氷は水より軽い．水が気化するときには気化熱（100℃で539.8 cal/g）を，氷が融けるときは融解熱（0℃で79.7 cal/g）を必要とする．また，水の比熱はかなり大きく，熱しにくく冷めにくい．これらは加熱調理に関係が深い．

食品の熱伝導率は水とほぼ等しい．食品を加熱したとき，マイクロ波加熱のとき以外は食品表面の熱は内部へ熱伝導により伝達される．そのとき水がある限り，1気圧のもとでは食品の内部温度は100℃を超えない．

水は双極性分子であるためマイクロ波を摩擦熱として吸収する．食品・食物は水を十分含むためマイクロ波加熱ができる．ただし氷自体はマイクロ波を吸収しにくい．

水は溶媒として多くの物質を溶解し，大部分の食品成分や調味料なども水に溶解，あるいはなじみ，調理上大切な性質となっている．

なお，食品あるいは食物中の水を凍結させて保存性を高めた冷凍食品は，家庭での冷凍庫や電子レンジの普及と相まって，利便性から近年需要がますます増大している．

安全な調理用水の確保，調理に使用した排水による環境汚染防止も大きな課題である．

2）炭水化物

炭水化物はそれを構成する単位となる糖の数によって単糖類（ブドウ糖，果糖，ガラクトース），少糖類（麦芽糖，ショ糖，乳糖），多糖類（でんぷん，グリコーゲン，セルロース，ペクチン質，グルコマンナン，アルギン酸，アガロースなど）に分類される．炭水化物は主として植物性である．

食物としてとくに重要なのは，主なエネルギー源となるでんぷんであるが，ショ糖がこれに次ぎ，調理上はでんぷんの糊化とショ糖の調理性が大きな問題である．

でんぷんは，実際にはほとんど食品に含まれたまま糊化されるが，植物性食品調理の主目的になっていることが多い．水とともに糊化温度以上に加熱された糊化でんぷんは半透明で粘稠性の状態であり，食味も消化もよいものになる．しかし一方で，でんぷんの糊化は吸水膨潤であるため，多量の水をでんぷんに捕捉させる目的で，汁液に粘性をつけるために用いられる場合もある．糊化したでんぷんは放置すると老化して硬くなり，まずくなる．

表1-1 たんぱく質の種類

種類	性質	所在
単純たんぱく質（加水分解するとアミノ酸になるもの）		
アルブミン	水・塩類溶液・酸・アルカリに可溶，熱凝固性あり	卵白，血清，乳，筋肉，小麦
グロブリン	塩類溶液・酸・アルカリに可溶，水に不溶，熱凝固性あり	卵白，血清，乳，筋肉，血液，大豆
グルテリン	希酸・希アルカリに可溶，水・塩類溶液に不溶，熱凝固性あり	小麦，米
プロラミン	70～80％アルコール・希酸・希アルカリに可溶，水・塩類溶液に不溶，熱凝固性なし	小麦，大麦，とうもろこし
アルブミノイド	普通の溶媒にはすべて不溶	毛，爪，角，羽毛，骨，皮，腱
複合たんぱく質（単純たんぱく質と非たんぱく質の結合したもの）		
核たんぱく質	水・希酸に不溶，希アルカリに可溶，核酸を含む	細胞核，魚類精液
糖たんぱく質	水・希アルカリに可溶，粘性をもちアミノ糖を含む	軟骨，卵白，粘液腺
リンたんぱく質	希アルカリに可溶，リン酸をエステル型で含みエステラーゼによって分解される	牛乳，卵黄
色素たんぱく質	有色で希酸により色素部を分解する	血液，筋肉，肝臓，海草
リポたんぱく質	複合脂質を含む	卵黄，細胞質

でんぷんはルウ調製のように乾熱加熱したり，酵素や酸で部分分解されるとデキストリン化し，粘性が低下する．さらに分解されると麦芽糖やブドウ糖になる．

砂糖はほぼショ糖で構成されているが，優れた甘味料であるほかに，多様な調理性をもち，濃厚な場合は主として煮詰め温度の調節によって有効利用される．また，普通の加熱調理でもショ糖は一部転化することが知られているが，高温加熱によるショ糖のカラメル化，あるいはたんぱく質などとのアミノ-カルボニル反応は褐変の原因となる．

でんぷん以外のゼリー形成材料として用いられるペクチン，寒天，カラギーナンなどの多糖類は，セルロースその他のものとともに，食物繊維（難消化性多糖類）として，近年，積極的に食物に取り入れられるようになった．

3）たんぱく質

たんぱく質はアミノ酸が多数結合したもので，その栄養機能には必須アミノ酸組成が深くかかわる．たんぱく質の分類は炭水化物や脂質のような化学構造上の分類ではなく，主として溶解性によって分類されている．たんぱく質の種類を表1-1に示す．

卵，牛乳，獣鳥肉，魚肉，小麦粉，大豆などの食品の調理変化は主要たんぱく質の変化である場合が多い．調理変化には，たんぱく質の加熱変性，凍結変性（凍豆腐，凍結ゆで卵の卵白），界面変性（卵白の泡立て）などがあるが，熱凝固が多い．たんぱく質の調理変化には，塩（豆乳ににがり），酸・アルカリなどのpH調整（魚肉の酢じめ）などがかかわる．調理によって変化するのは，主としてたんぱく質の立体構造である．

調理では，加熱変性が過度にわたらないような加熱温度や時間にする場合が多く，完全凝固の手前が物性として好まれ，豆腐，茶碗蒸し，ゆで卵，卵焼き，その他多数の例がみられる．凝固状態はさまざまな条件によって変化し，消化にも関係する．また，小麦粉の調理性にたんぱく質が深くかかわり，小麦粉の調理適性は，もっとも多く含まれているでんぷんよりも，形成されるグルテンによって決定される．獣鳥魚肉におけるコラーゲンの熱収縮，水と煮熟するときのゼラチン化，牛乳カゼインの酸凝固などもよく知られているが，近年，食品たんぱく質とその変化は次々と明らかになっている．

アミノーカルボニル反応は，たんぱく質が糖などとの相互作用で起こる反応であるが，褐変や加熱香気の原因となる．

4）脂質

脂質は単純脂質，複合脂質，誘導脂質に分類されるが，調理にもっとも関係があるのは単純脂質の脂肪（中性脂肪）である．油脂に関することは，別項で詳しく述べるが，脂肪の性質は脂肪酸組成，とくに不飽和脂肪酸の分布によって決まり，融点，酸化のしやすさなどが左右される．獣鳥肉の脂肪組織の脂肪の融点と，人間の体温との上下関係で温冷食や口当たりが左右され，脂肪を多く含むチョコレートなどでは，取り扱いや口当たりの軟らかさも，主として融点と室温・体温との上下関係によって変化する．脂肪を含む菓子などは，脱酸素剤を加えて密封するなどの処置を行わずに長く保存すると，酸敗して風味が低下する．

複合脂質のリン脂質は乳化作用があり，卵黄のレシチンは天然の最良の乳化剤として知られ，マヨネーズなどに用いられる．一般にレシチンは加熱に弱く，ゆで卵などを油で揚げるときなどにみられるように，揚げ油は褐変して臭気を生じる．また，油脂や脂質を多く含む食品は低温でも酸化する．

なお，通常の油脂や大部分の食品中脂質はトリアシルグリセロールであるが，最近，新しい油脂として，ジアシルグリセロールを主成分とするものが特定保健用食品の指定を受けて登場した．これはトリアシルグリセロールに近い性質をもち，体脂肪が蓄積されにくいという特徴をもち，次第に普及しつつある．

5）ビタミン

その栄養機能は重要であるが，いずれも微量で，それが食物の外観物性に影響を与えることは少なく，ビタミン自体の調理による損失が重要である．ビタミンは化学的に特定される集団ではなく，水溶性と脂溶性に分けているが，種類によって性質も調理の影響も異なる．しかし，一般的に水溶性ビタミンは損失しやすい．次に主要なビタミンについて述べる．

ビタミン B_1，B_2，Cなどの水溶性ビタミンは，油脂に溶けにくいが水に溶け，水浸や煮る場合に溶出する．いずれも酸性では安定だが，アルカリ性では不安定であるから，重曹などを用いる場合に損失が大きい．B_1は酸化や加

表1-2 各種ビタミンの安定性（S：安定，U：不安定）

ビタミン	pH 中性	pH 酸性	pH アルカリ性	空気または酸素	光	熱	調理時の損失%
A	S	U	S	U	U	U	0〜40
D	S	S	U	U	U	U	0〜40
トコフェロール(E)	S	S	S	U	U	U	0〜55
F	S	S	U	U	U	S	0〜10
K	S	U	U	S	U	S	0〜5
B_1	U	S	U	U	S	U	0〜80
B_2	S	S	U	S	U	S	0〜75
B_6	S	S	S	S	U	S	0〜40
B_{12}	S	S	S	U	U	S	0〜10
C	U	S	U	U	U	U	0〜100
ニコチン酸	S	S	S	S	S	S	0〜75
パントテン酸	S	U	U	S	S	U	0〜40
イノシット	S	S	S	S	S	U	0〜10
葉酸	U	U	S	U	U	U	0〜100
コリン	S	S	S	U	S	S	0〜5
ビオチン	S	S	S	S	S	U	0〜60
カロテン	S	U	S	U	U	U	0〜30

熱に弱く，分解されやすい．また B_1 は分解されると糠臭がする．B_2 は黄色で光に不安定であるが，熱には安定である．C は中性でも不安定で調理時の損失が大きい．還元作用が強いが，酸化酵素の働きがあると，酸化は著しく進行する．

ビタミン A，D，E などの脂溶性ビタミンは，水に溶けにくく，油脂やアルコールに溶けやすい．プロビタミン A のカロテノイド類は赤色ないし黄色で着色料に使われることがある．A，E は酸化されやすいが調理には安定で，損失は少ない．E には強い抗酸化作用があり，抗酸化剤として油脂や油脂を多く含む食品に用いられている．

ビタミンの安定性について，表1-2に示す．

6) 無機質（ミネラル）

無機質においては，一部調理中の溶出があるが，それ自体の損失よりも，調理時に食材や食品成分に与える影響が問題である．

カルシウム（Ca）やマグネシウム（Mg）などのイオンは豆乳のグリシニンの熱凝固を助ける．また，Ca は低メトキシルペクチンのゲル化を促進する．そのほか，牛乳中でじゃがいもを煮ると水煮より硬くなるのは，牛乳中の Ca がじゃがいものペクチンと結合するためである．

緑色植物の色素であるクロロフィルは銅（Cu）と安定な緑色のキレート化合物をつくり，なすの漬物にアルミニウム（Al），鉄（Fe）イオンを入れると，なすのアントシアン色素のナスニンと反応して青い安定なキレート化合物をつくる．ポリフェノールの多い場合，Fe と反応して黒くなる．

鉄鍋からの Fe の溶出は，食物からの摂取が不足がちな Fe の補いになると

いわれている．

　無機質として調理にもっとも利用される食塩については，塩味のほかにさまざまな調理性が知られているが，別項で詳述する．

7）酵素

　酒・みそ・しょうゆなどの発酵食品は微生物などの酵素を利用して製造されているが，生の食材に含まれている酵素が，調理時にしばしば作用することがある．しかし，酵素は生体内で触媒として働くたんぱく質であるから，ある温度以上に加熱されると，熱変性によって酵素作用は失われる．

　酵素はその作用する反応によって分類されるが，調理に関係の深いものはアスコルビン酸オキシダーゼ，ポリフェノールオキシダーゼなどの酸化還元酵素と，アミラーゼ，リパーゼなどの加水分解酵素である．たとえば，アスコルビン酸オキシダーゼは，アスコルビン酸が基質で，生成物がデヒドロアスコルビン酸となる酸化反応を触媒する．リパーゼは，脂肪が加水分解されて脂肪酸，グリセリンを生じるときに働く．酵素の作用を受ける物質は基質とよばれるが，酵素はその基質から特定のものが生成される反応を触媒するという特異性をもっている．それぞれの酵素には，最適温度，最適pHというもっともよく働く温度，pHがあり，また，酵素反応を阻害する阻害剤も一般に知られている．

　酵素的褐変といわれているりんご，梨の切り口の褐変は，ポリフェノールオキシダーゼによって，りんごや梨のポリフェノール類が酸化されて生じたキノン類から褐色物質ができるからである．また，りんごをミキサーにかけると，たちまち生じる褐色物質により酸化されてりんごのビタミンCは失われてしまうことになる．このとき食塩を加えると，酵素阻害剤となり褐変しにくい．

　きゅうり，にんじんなどのビタミンCはアスコルビン酸オキシダーゼの存在で直接酸化されて効果を失う．これら酵素は，食材を磨砕するときに激しく起こる細胞の破壊と空気の接触によって，急速に働く．

　さつまいもを，オーブンあるいは電子レンジなど焼き方を変えるとアミラーゼやポリフェノールオキシダーゼの働きが変化し，でんぷんから麦芽糖などの甘い糖の生成条件，あるいはポリフェノール類の酸化条件が変わり，甘味や色が異なってくるのはよく知られている．

　生のパインアップル，メロン，パパイヤ，キウイフルーツなどをゼラチンゼリーに加えたり，食肉類をマリネするとき，ゼリーや肉が軟らかくなるのは，プロテアーゼの働きでたんぱく質が分解されるからである．これらは肉軟化剤として用いられることもある．

　このほか，からしやわさびの辛味物質を発現させる酵素など調理に関する多数の酵素が知られている．酵素の働きには有用な場合とマイナスになる場合とがあり，調理では目的に応じて積極的に酵素作用を活用したり逆に阻害したりすることがある．また，食品工業では酵素の特色をいかした利用が広

範囲に盛んに行われている．

なお，食物の嗜好性にとって重要な色（色素・有色物質），味（呈味物質），香り（香気成分），テクスチャー，おいしさなどの食品の二次機能については「section 4 調理と嗜好性・おいしさ」で後述する．

3．調理と栄養とライフステージ

人間の生命は基本的に経口の食物栄養で支えられる．調理とは経口の食物を調製することであり，食物のおいしさは，とくに人間にとって大切なものであって，それをつくりだす調理と栄養は切り離せないものである．

1）栄養とライフステージ

新生児期から高齢期を経て人生の終末を迎えるまでには，さまざまなライフステージの局面があり，それぞれの栄養要求に基づいて，摂取されるかたちの食べ物に調えるのが調理である．

胎児期と新生児期の栄養は，妊娠・授乳期の母体の栄養となる食物がそれを支え，胎児期，新生児期にはその母体を通じて間接的に調理が関連する．乳幼児期，青少年期，成人期，高齢期には通常の食物を摂取する．

近年，超高齢社会となったわが国では，高齢者の増加と高齢化が著しく，老年期の栄養ひいては調理が社会的に大きな問題になっている．高齢が進んでの終末期にはミキサー食が生を支える最後の口腔経由食物，すなわち経口栄養となり，その後は鼻腔からのチューブ経腸栄養，やがて静脈栄養となる．このように食物とはいい難い非経口栄養になると，人間の食物の生命ともいうべき味を感じることは，もはや不可能となる．できる限り終末まで食物を口から摂れるよう，調理を含めて諸点からの改善が期待されている．

2）食物の態様とライフステージ

経口摂取する食物の態様は，新生児期は液体，終末期や一部の疾病食では流動食，その間の人生の大部分は固体を主とした食物を摂取する．離乳期の食事から，最後（終末）のミキサー食にいたるまで，ほぼすべてのライフステージにおけるあらゆる食物を，「安心して，おいしく，心豊かに食べられる」ようにすることが調理の目標である．なお，嚥下の易化やミキサー食など終末期の食事には，とくにレオロジー性がかかわり，QOLの向上，そのほか改良の余地がなお大きいとみられる．

3）摂食と調理の自立とユニバーサルデザイン

高齢あるいは障害などで摂食動作が不自由な場合でも，摂食を自立しやすくすることは本人のためにも望ましい．また，何らかの調理操作，たとえば，病人が果物を自分で小さく切り分ける動作をするだけでも食欲と意欲を起こさせるという．また，自分の食べたいものを，自分で調理することは大切で，

高齢や，ハンディキャップのある場合にも自立して調理作業がしやすい台所や調理機器の設置が望ましい．そのような場合にも使いやすいユニバーサルデザインの台所，調理機器，食器，食卓の導入が進められている．テーブル上に固定しやすい万能おろし金などを置くことは好例である．

4. 調理と文化・食の歴史的変遷

　人間の生活の根幹は食にあり，原始的生活であっても，そこには食の調達や調理法に，動物の世界を超えた，それなりの伝統や文化とよぶべきものがみられる．まして，文化的な地域には，食に豊かな多様性と伝統があり，その伝統にはある種の基準がある．国家，民族，地域，風土，家庭等々にはその集団独特の文化が歴史的変遷を経て食文化として生活に根付いている．しかしその一方で，交通・流通の発達，情報化の進行などによる広域化，グローバル化によって起こる交流や交雑の影響も受け，それが食文化に変化をもたらす基盤となるのである．

　世界的にみても，米・麦の穀類，いも類をはじめとする主要食材とその調理法の長期にわたる変遷はよく知られているところである．また，和・洋・中はもとより世界各地の調理法の交流が盛んであり，調理品・半調理品の大量生産，ファストフードの登場，中食の進出など，調理の省力化・食の社会化の進行は著しい．

　いま，わが国では経済力向上を反映して，食生活の豊かさは世界的にも目を見張るほどで，山海の珍味が市場にあふれ，食情報が巷に氾濫している．健康やおいしさのみならず，ゆとりの現れとして食文化やテーブルコーディネートなどへの関心も強くなっている．その一方で，住と衣に遅れた食の社会化も，わが国においてとくに急速に進行している．

　さまざまな動機から食生活に流入するあらゆるものが，時間の経過とともに適宜取捨選択されて，古い伝統の上に新しいものを紡ぎだしていく．部分的に新陳代謝しながら，それなりに伝統は続いていくものである．食に密接に繋がる調理は，これからもさまざまな角度から新しいものと対応していくことになる．

　近年，伝統的な食文化を見直そうという気運が生じ，食の簡便化を意味するファストフードに対する言葉として，伝統食を"スローフード"ともいうようになった．このスローフード運動は1986年イタリアのある街から始まっている．また，"地産地消"とは，地元で生産された食材を地元で消費しようということで，郷土料理への関心を喚起することにもなる．地産地消運動とスローフード運動は，食文化の伝承と食料自給につながる大きな流れとして，食育の課題に組み込まれるものである．

5. 調理と食育

　平成17年6月に制定された「食育基本法」とそれに基づき平成18年3月に食育推進国民会議で策定された「食育推進基本計画」には，食育の理念，目標，内容，食育関係者とその責務，食育の推進などが詳しく規定され，厚生労働省，農林水産省，文部科学省の3省の連携で推進されている．また，自治体ごとにその食育推進基本計画が策定され推進される．

　食育とは，国民一人一人が，生涯を通じた健全な食生活の実現，食文化の継承，健康の確保等が図れるよう，自らの食について考える習慣や，食に関するさまざまな知識と，食を選択する判断力を楽しく身につけるための学習などの取組みを指す．

　この背景には，わが国の食料自給率が，先進国のなかで最低水準の40％であるという事実がある．これは，豊かなはずの国民の食生活が，有事には危機的状況に陥ることを意味する．

　1965年に73％であった日本の食料自給率が，1998年には40％にまで低下したことの大きな要因は，第二次世界大戦後の食生活の急激な変化と，国内の生産機能がそれに対応しきれなかったことにある．政府は，食料自給率の目標を，さしあたり2015年までに45％にと設定しているが，食料自給率の向上は一朝一夕に実現できるものではない．生産体制の強化ばかりでなく，消費者側の食意識改善，生産者側と消費者側の交流などと相まっての実現である．

　一方，現在の国民の食生活は，栄養バランスの偏り，メタボリックシンドローム，生活習慣病の増加，食習慣の乱れ，環境汚染，その他数多くの問題を抱え，一見豊かに見えていても実質は安全安心といいがたい状況にある．昭和50年代に日本人の栄養摂取は，量・質ともに理想的水準にあり，世界的に理想的食生活といわれる"日本型食生活"を形成していた．これは，日本伝統の米食中心の食生活に近いものであったが，その後も食生活はさらに変化し続けて，多くの問題を生じているのである．

　そこでまず，健全な食生活実現のため，食に関する正しい知識・判断力を国民一人一人に身につけさせ，同時に食料自給率の向上などにつながる国民全体の食の安全安心を図ろうとすること，それが食育である．

　食育の対象としては子どもに重点が置かれているが，家庭や地域社会など広く一般に対する展開が推進される．また，国，地方公共団体，教育関係者，農林漁業者，食品関連事業者，さらに栄養・保健行政担当者などがそれぞれの立場から分担・連携し，食育を国民的運動として推進することが必要とされている．

　調理，調理学に携わる者として食育へのかかわりは重要であり，さまざまな取り組み方から切り口を適宜選び，積極的に食育へ参加することが望まれる．

6. 調理と食べ物の付加価値

　食材は調理によって価値が付加される．家庭外で調理されるものは一般に中食・外食とよばれる．これに対して家庭内で調理されるものは内食とよばれるようになった．近年，衣に続く食の社会化は急激に進み，とくに中食とよばれる総菜，弁当のたぐいの生産・消費が著しくなった．いまでは，主食の米飯でさえ何の不思議もなく，まるでパンのように1食単位で多量に販売される時代になった．目下，中食にかかわる企業は隆盛を誇っている．

　中食はだいたい庶民的なものであるから，食材が調理加工され適当に包装されて数多くの人に購入される食味と価格をもつものとして生産・販売されている．家庭と同じような食材が，副材料，設備，技術，包装，流通などに関する各種のコストをかけて市場に出されるが，食味と庶民的価格が受容されて安定した利潤を得るためには，それなりに技術・経営に大きな努力が払われている．

　一方，外食産業には庶民的なものから高級料理店にいたるまで，その価格の幅は1食が数百円から数万円あるいはそれ以上にも及び，材料費の差に比して遙かに格差が大きい．これは調理技術そのものの価値の大差が中心であるとしても，価格に見合うさまざまな供食の舞台装置が加わってはじめて高い付加価値が認知され利用されるのである．しかし，飽食といわれるいまの時代でも，高い評価の長期安定維持には大きな困難と努力と運が必要とされている．

7. 調理と環境・環境問題

　調理と環境といえば，まず，いわゆる環境問題として，環境による食物の汚染と，調理に関連する環境破壊，環境汚染が取り上げられるのが通常である．

　調理による環境汚染は，① エネルギー消費に伴う大気汚染と環境破壊，② 調理ごみによる汚染，③ 排水汚染，があげられる．

　人類が多数で生活するとき，炊事燃料や暖房，住居，さらには工業生産活動のために，周辺の森林資源を多量に消費し，地球環境を破壊してきた．しかも燃料消費にあたっては，熱エネルギーならびに二酸化炭素と煤など大気汚染物質を多量に放出する．また，調理時に発生する生ごみ，包装ごみ，残滓のほかに可食食品の廃棄など，都市での調理ごみの処理は，調理排水も含めて大きな環境問題となっている．

　全国的に都市化が進む昨今，環境問題，とくに都市における生ごみ処理はわが国の大きな課題である．食材の有効利用をめざすエコ調理，資源化その他，廃棄物ゼロエミッションなどが目標とされ，さまざまな試みがなされつつあるのが現状である．調理に携わる者もまたなるべく環境公害の原因を小

さくするように心がけるべきことはいうまでもない．

　さまざまな原因による食物の汚染に対する衛生管理については別項で述べるが，広い意味での食物調理環境としては，調理室の作業環境，食材導入に関する流通環境，生産環境，さらには背景となる文化環境などがある．また，狭義の調理の延長として，供食時のコーディネートにかかわる食卓・食事室なども食事環境への配慮のひとつである．

section 2

基礎調理操作

chapter 1　　調理操作の基礎

chapter 2　　加熱調理操作

chapter 3　　非加熱調理操作

chapter 4　　調味操作

chapter 1 調理操作の基礎

1. 調理と温度

　英語の"cook"を引用するまでもなく，調理するとは加熱することを意味することが多い．近ごろは，人間以外の動物でも道具を使うことが知られるようになったが，火を使う動物は知られていないようである．

　食物をつくる過程で加熱することは人間の特権であって，人間は単に地球上の食物連鎖の頂点にあるだけでなく，食物をさまざまに加熱調理してアレンジし，食物をよりおいしく味わえる豊かさを獲得していったのであろう．しかも，近年は冷却から加熱にいたるさまざまな調理機器の発達によって微妙な温度調整が可能になり，食材，食文化のグローバル化に加えて温度と調理の関係はますますバラエティに富むようになった．

　調理に関係する温度には，調理温度，体温，環境温度，食品成分の変化する温度，食品の変化する温度がある．

1）調理温度

　"煮る（ゆでる）"，"蒸す"，"揚げる"，"焼く"が通常の加熱調理操作であり，それぞれに調理温度帯がある．加熱調理の大まかな温度帯は，煮る：70〜100℃（圧力鍋で110〜120℃），蒸す：85〜100℃，揚げる：120〜200℃，焼く：100℃以上の高温である．

　非加熱調理操作は通常，室温で行い，発酵も室温に近い温度で行われる．

　また冷却が保存ではなく冷やすという調理操作もある．室温より低い温度で冷やす調理には，寄せ物，あらいがあり，これらは0℃以上で行われ，水は氷にならない．アイスクリームなどの氷菓をつくるにはフリーザーで0℃以下で行われる．なお，普通のフリージング，パーシャルフリージングは調理操作ではなく保存である．

2）食品成分と食品の変化する温度

約−20〜0℃　　一般のフリーザーの温度帯である．冷凍品の保存が本来の使用目的だが，ホームフリージング程度は可能である．冷凍能力が低いので

本式の冷凍はできないが，アイスクリーム，シャーベットなど氷晶を形成させるものをつくるのはこの温度帯である．氷に寒剤を加えても0℃以下にできるが，いまはわが国の家庭にも，冷蔵庫の一部としてのフリーザーはよく普及している．なお，脂質の酸化は冷凍時でも起こりやすい．一般に冷凍は冷蔵よりも長く保存できる．パーシャルフリージングとは，−3℃前後で魚肉などの水分の一部を氷結させて，あまり変性させないように貯蔵する方法である．

0℃〜室温（約20℃）　　この温度帯では，冷蔵庫や氷水などで冷やす場合を意味する．冷蔵庫内は普通0〜10℃，よく管理されていると5℃程度である．ゼラチンゼリーの凝固温度は寒天より低く，20℃以下に冷やして固め，寒天ゼリーは室温放置で固化する．オリーブ油や落花生油のような不乾性油は冷蔵庫内や冬季の寒い室内では白く固化する．あらいに使用する氷水や冷水もこの温度帯にある．日本では，冬の室温は本来はこの温度帯にあるが，最近はエアコンの普及で，冬あるいは夏でも室内は20℃あるいは25℃に近い温度になっている場合が多い．

室温（約20℃）〜50℃　　エアコン設備のない日本の夏の室内もおおむね30℃台までで，体温も平熱は36℃台である．それ以上は加温するという程度である．パン，ピザなどの発酵用には孵卵器が用いられる．50℃付近まではでんぷんの糊化もたんぱく質の熱凝固も起こらない．したがって，この温度までは一般的に食品に目立った調理変化はみられず，操作する人体にもほぼ問題は起こらない．しかし，獣鳥肉組織の脂質の融点はこの温度付近にあり，軟らかくなる．人の体温での口融けと口当たり，あるいはバターを用いる調理における室温や手融けの問題などがある．この温度帯では微生物もよく繁殖し，食物が腐敗しやすい一方で，発酵がよく行われる．最適温度がこの範囲内にある酵素が多く，酵素作用がよく働く．したがって，食品中のでんぷん，たんぱく質などに，分解その他の化学変化が起こる温度帯でもある．

50〜100℃　　食品に目立った変化の起こる温度である．でんぷんの糊化，たんぱく質の熱凝固が起こる．でんぷんの糊化温度，たんぱく質の熱凝固温度は60℃前後以上であるが，開始温度と終了温度には，通常かなりの幅がある．でんぷんの糊化，たんぱく質の熱凝固は物理変化であり，でんぷん食品やたんぱく質食品は外観や物性が大きく変化する．加熱条件によってたんぱく質の凝固状態は著しく異なり，適度の加熱によって卵などに透明性や流動性などさまざまな調理変化を生じさせるのは好例である．でんぷん質食品はまた，糊化によって著しく質感を変化させる．一般に，加熱調理によって，食品内部がこれらの温度に達するように，しかも過熱することなく，適度な変化が食材に起こるように調理しているのである．また，野菜などのペクチンの軟化，食肉などの肉色素の変化も起こる．

　　たんぱく質の変化する60〜70℃付近では人体たんぱく質も火傷などの損傷を受ける．動物性食品では，たんぱく質の変化とともに脂肪が融けて流出することが多い．

水が熱媒体の調理である"煮る"，"蒸す"では，1気圧のもとでは外部温度も100℃を超えない．しかし，"揚げる"，"焼く"のように水が熱媒体でなく外部調理温度が100℃以上の高温であっても，また，マイクロ波加熱のような内部加熱であっても，食品の内部温度は，水が十分ある間は100℃を超えることはない．

100〜200℃　一般的には，"焼く"，"揚げる"といった，いわゆる高温調理のときの温度帯である．ここでは調理品の食品表面に香ばしさと焦げ色が賦与されるのが特徴である．褐変は一般的にはたんぱく質と糖などの間のアミノ基とカルボニル基の反応であるアミノ-カルボニル反応によるが，香ばしいにおいはその副反応とされている．アミノ-カルボニル反応はとくに150℃付近で著しい．また，ショ糖などの糖のカラメル化によっても焦げ色，カラメル臭を呈する．カラメル化は150℃付近で起こりはじめ，高温では黒褐色を呈し，焦げ臭を生じる．

煮詰め砂糖液は糖濃度の非常に高い水溶液であって，100〜200℃の範囲の煮詰め温度によって，結晶化，転化，カラメル化，非晶質化その他の変化が起こり，調理性が大きく変わる．ジャムなどペクチンゼリーの煮詰め温度もこの領域に入る．

ルウやパンのトーストの際に生じるでんぷんのデキストリン化は，でんぷんの150〜190℃乾熱加熱で起こるが，湿熱加熱であっても，高圧釜では水蒸気が高圧になり110〜120℃の高温で食品内部まで加熱され，魚などは骨まで軟らかくなったり，でんぷん糊化が進んで米麦が軟らかくなりすぎたりする．

通常の揚げ温度は160〜180℃で，オーブンで焼く温度もほぼ同様である．一般に高温で調理するときは食品表面からの熱伝達が速く，調理時間は低温調理より短く微妙である．

200〜300℃　このような程度の高温加熱は実質上少ないが，"揚げる"，"焼く"調理で用いられることもある．高温になるほど焦げる変化は著しくなり，長時間経過すると，表面が黒焦げになるばかりでなく，内部まで乾燥して小さくなり，水が消失して黒く炭化する．一般には表面処理を短時間で行う場合に使われることが多い．高温になるほど変化は速く大きい．

200℃以上の高温調理の場合でも，外部温度は食品表面付近に留まり，食品内部は水が十分ある間は100℃を超えることはなく，熱の伝達は食品表面から中心部に向かって伝導で行われる．ただし，外部が高温であるほど温度勾配は大きいので，それだけ速く熱は伝わり，調理変化も速い．

3）調理に関連する温度

体温と環境温度　体温や室温が調理にかかわる場合がある．たとえば，バターは20℃以上で軟らかくなり始めるので，冷蔵庫で保存する．パイをつくるときは，室温の低い季節，または冷房の効いた室内で行わないと，融けてバターの可塑性が損なわれる．また，手早く操作しないと，手の体温で融けてしまうことになる．

口中の体温で融ける場合は，口当たりがよくなる．脂肪の融点が人の体温より少し高いもの，たとえば牛肉は，温かくして食べるほうが口当たりがよい．ポケットに入れたチョコレートは体温で融ける．口融けのよいチョコレートはおいしいが，さらに季節の気温に応じてチョコレート脂質の融点が微妙に調整される．マーガリンなども同様である．

　このように，室温・体温付近で変化が起きるのは，主として脂肪の融点にかかわるものである．

供食温度　　一般的に，体温±25〜30℃の温度が食物の適温といわれる．すなわち供食時に，温かいものでは60〜65℃に，冷たいものの場合には5〜10℃がおいしく食べられる．供食時の温度を調えるのも調理である．

2. 加熱方式・伝熱方式・熱媒体

　食材を加熱することは調理操作の中心であり，料理の仕上がりを左右する重要な処理過程である．熱を加えることで好ましい食味となり，栄養素を消化吸収しやすくする利点がある．

　食品に直接熱を伝達するものを熱媒体といい，水や油などの液体と，空気や水蒸気など気体状のものがある．

　加熱方式は熱媒体としての水の役割により，以下のように分類される．

> ① 乾式加熱：焼く，煎る，炒める，揚げる
> ② 湿式加熱：蒸す，煮る，ゆでる
> ③ 誘電加熱：マイクロ波照射（電子レンジ加熱）

　熱源から食品への熱の移動形式には，伝導伝熱，対流伝熱，放射伝熱の3種類がある．調理操作によりこれらが単独で，または複数組み合わされて食品へ熱を伝えている．また，食品からの熱損失も同様である（図2-1）．

伝導伝熱　　伝導による熱伝達では，物質の移動を伴わずに熱エネルギーが高温部から低温部へと移動する．この移動する熱エネルギーの大きさは，

> 移動する熱量＝熱伝導率 × 温度勾配 × 面積 × 時間

で表され，温度差と個々の物質に特有値である熱伝導率（図2-2）に比例する．気体の熱伝導度は液体に比べ非常に小さく，熱を伝えにくいことがわかる．液体の場合，油に比べて極性の大きい水や多価アルコール類は値が大きい．調理器具等の材質では金属のほうがガラス，陶磁器よりも熱伝導率は非常に大きく，熱を伝えやすい．なお，液体や気体の場合，実際には対流などとともに熱伝達に寄与していることが多い．固体における熱伝導率は密度や不純物などにより数値が影響されるので注意が必要である．

対流伝熱　　液体（水・油など）や気体（空気）など，流体の動きにより混

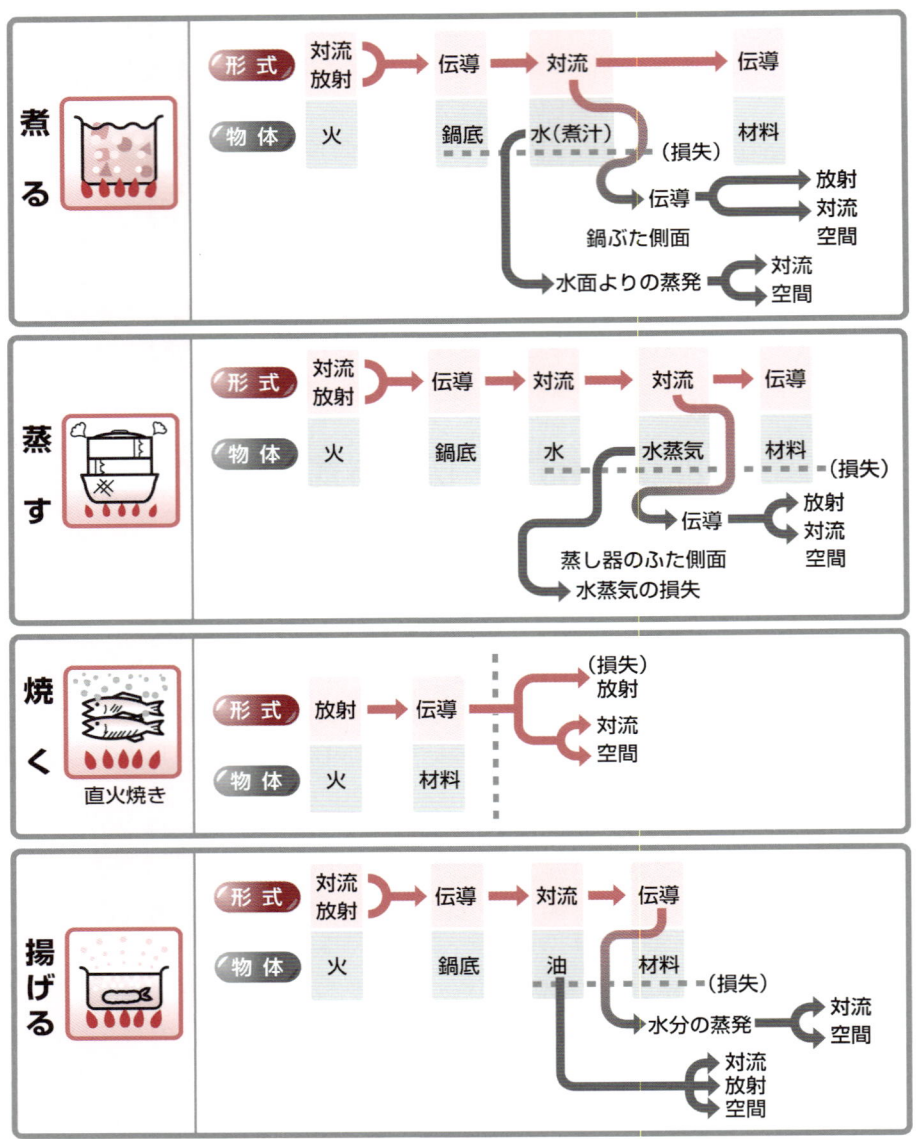

図2-1 熱の移動形式

高木和男:新版調理学. 柴田書店, 1964 より改変.

合が起こり，熱が移動する形式を対流伝熱という．流体の下部が温められると膨張によりその部分の密度が小となって上昇し，その場所に周囲の低温度の流体が入り込み，同じことが繰り返されて全体の温度が高められる．混合には温度差により自然に発生する場合（自然対流）と，外部の力で強制的に流体の流れをつくり熱伝達を行う場合（強制対流）がある．撹拌などで強制対流を行うほうが伝熱速度は速く，短時間で温度差が解消する．自然対流による熱伝達の大きさは，流体の体膨張率，密度および温度差に比例し，流体の粘性係数に反比例する．

つまり，粘性のある液体や固形物のある場合には自然対流が起こりにくい

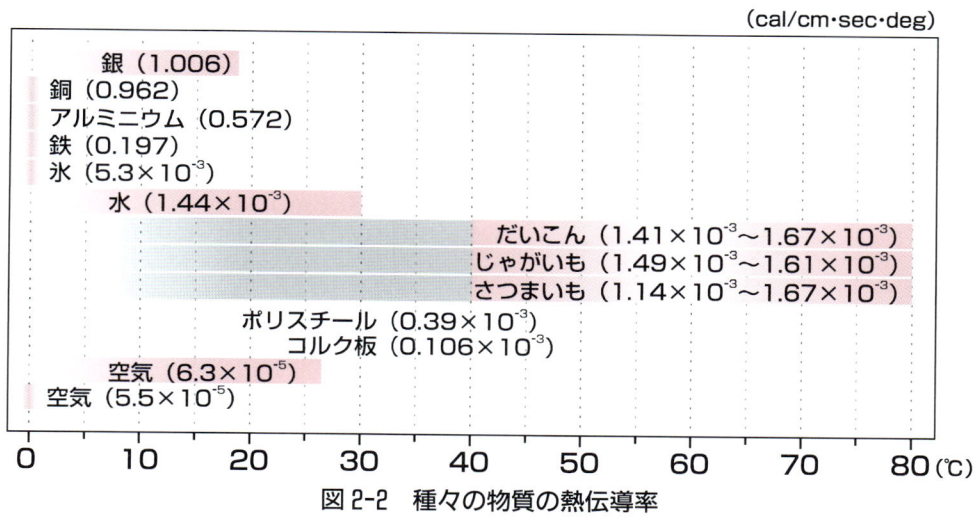

図2-2 種々の物質の熱伝導率

ので，速やかに温度を上昇させるには攪拌が必要であるが，逆に，冷めにくいので保温性はよくなる．食品を早く冷ましたい場合に扇ぐことも，食品周囲の空気を強制対流させて熱損失の速度を上げる効果がある．

放射伝熱　熱源のもつ熱エネルギーが熱線（波長770〜4,000 nm の赤外線）として発せられ，直接食品などに吸収され，加熱する場合の熱伝達を放射伝熱といい，この現象を熱放射または輻射という．とくに炭火による加熱では放射により伝達される熱量が多い．放射熱の吸収は表面温度や状態により変化し，黒色のものは吸収率が高いが，磨かれた金属面などは反射率が高く吸収が少ない．

放射エネルギーと物体温度との関係はステファン・ボルツマンの法則で示される．すなわち，熱放射率 ε，表面温度 T (K) から発する放射エネルギー量 E (Wm^{-2}) は次式で表される．

$$E = 5.6703\,\varepsilon\,T^4$$

同じ熱エネルギーを与えられても，物質の重量と比熱により上昇温度は異なる．同じ重量の物質同士でも比熱の大きいほうは温度が上がりにくく，冷めにくい（図2-3）．一般に金属の比熱は小さいので熱しやすく冷めやすいといえる．水の比熱は1で液体のなかでは大きく，油やアルコールなどはその1/2程度である．食品の場合はその水分含量に比例して比熱が大きくなる．無水物とした場合の食品の平均比熱は多くの場合 0.37（kcal/kg・℃）となり，比熱 Cp は水分の質量分率 ω と次の式で示される．

$$Cp = 0.37 + 0.63\,\omega$$

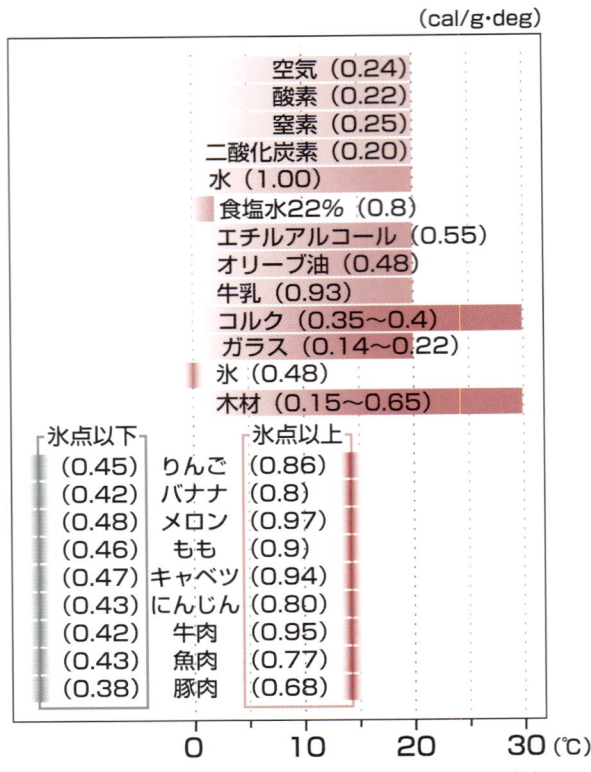

図2-3　種々の物質の比熱（気体は定圧比熱）

3. 食品の保存

　入手した食品や，つくったり提供された料理は必ずしもすぐに全部利用できるとは限らない．むしろ，ある程度保存される場合が多い．現在では冷凍・冷蔵庫の普及により低温による保存がたやすく行われるようになってきたが，低温保存のほか，室温による保存，塩蔵や乾燥による保存，缶詰・びん詰などによる保存などもある．また，はじめから保存性を高めて調理されるものもあるが，それらにはたとえば，漬物類や佃煮類，ジャムやマーマレード，果実酒，なれずしなどがある．また近年，調理済み食品もレトルトパックなどにされ，保存性を高めたものが普及している．

1）低温や室温による保存

　冷蔵は家庭では一般に冷蔵庫で行われるが，適切な保存温度は食品や料理によって異なる．適切な保存温度は，細菌の繁殖の程度や食品組織が受ける低温による損傷の程度，保存期間などで決まるので，その食品に適した温度を選んで保存することが大切である．家庭の冷凍・冷蔵庫の設定温度と，その設定温度での保存性の特徴は次のとおりである．

冷蔵（cooling）　1～10℃　　普通の冷蔵庫で設定されている温度帯で，一般

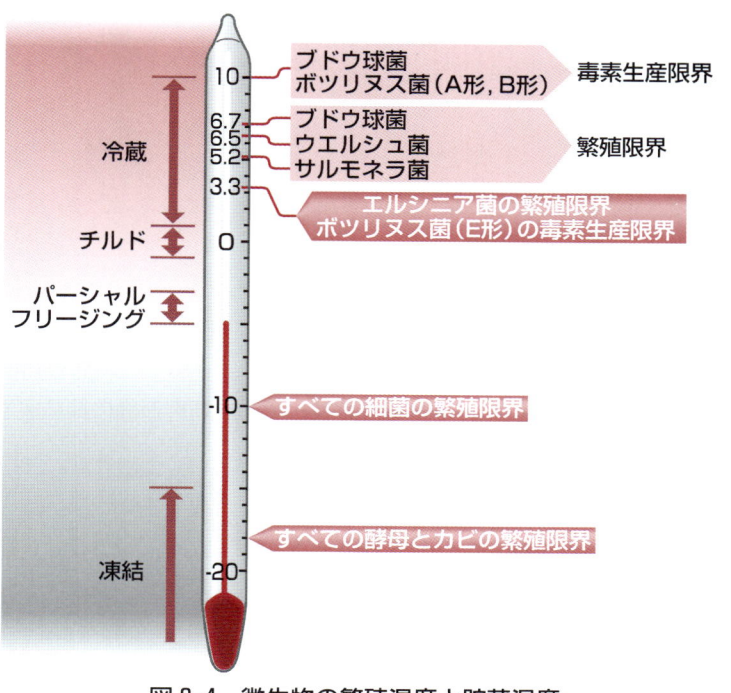

図 2-4 微生物の繁殖温度と貯蔵温度
渡邊悦生：魚介類の鮮度と加工・貯蔵．成山堂書店，1995, p.10 より改変

には4℃ぐらいでもっともよく使用されている．この温度では細菌の増殖を遅らすことはできても阻止することはできない（図2-4）．また，酵素反応も進むので長期間の保存はむずかしい．しかし，表面の乾燥以外に物理的な変化は少なく，また，冷蔵庫から出してすぐに使用できる点が優れている．庫内は絶えず清潔にしておかないとにおいがしたり，カビが生えたりするので，注意を要する．また，ドアをひんぱんに開け閉めしたり，長く開けておくと庫内温度が設定温度よりも高くなるので注意したい．

チルド（chilling）　0℃付近　チルド保存とは氷温保存のことで，この温度帯は一般に使われている冷蔵庫の温度よりもやや低く，食品の氷点よりやや高いので，肉類や魚類の保存に適している．

パーシャルフリージング（partial freezing）　−3〜−5℃　この温度帯では自由水のみ凍り，結合水は凍らない．したがって，冷蔵庫から出してすぐに包丁で切ったり，内臓を取り出したりすることができて便利である．また，保存のために要するエネルギー量が少なくてすみ，経済的でもある．保存期間が長期にならなければ品質の低下も凍結保存の場合とあまり差がない．

凍結（freezing）　−15℃以下　この温度帯ではすべての水分が凍結し，長期間の保存が可能であるが，凍結障害が起こることがあり（図2-5），また調理の際には解凍操作を要する．凍結障害を小さくするためには急速に凍結されるようにし，また乾燥や，酵素による変化を防ぐようにしたり，均一に解凍できるようにすることなどが大切である．ホームフリージングする場合は，

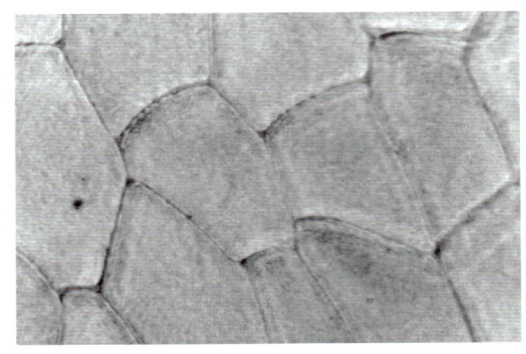
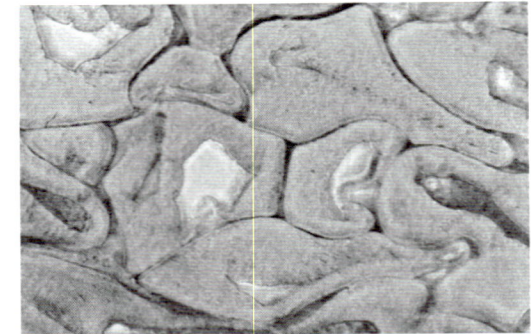

鮮魚　　　　　　　　　　　20 か月間貯蔵したもの
図 2-5　-20℃で貯蔵したあゆ筋肉断面の顕微鏡写真

① 食品を薄く平らにする，② 脱気して密閉する，③ 野菜などはブランチング（熱湯処理）する，④ 使いやすい量に分けておく，⑤ 凍結するものに食品名と凍結した日付を記入しておく，などの操作をするとよい．

解凍法には冷蔵庫内で緩慢に解凍する方法や，水中に投下したり，電子レンジによる急速解凍法などがあるが，それぞれ長短があるので用途によって解凍法を選ぶとよい．一度解凍したものを再度凍結すると凍結障害が大きく，また鮮度低下も激しくなるので，解凍したらすぐに使い切るようにする．

室温による保存　　さつまいもやさといもの保存は，7〜14℃にすると腐ったり芽が出たりしない．バナナは10℃以下で保存すると低温障害を起こし，黒ずんでとけてくる．

2）塩蔵による保存

家庭に冷蔵庫が普及する以前は，食品の保存は塩蔵によるものが多かった．塩蔵は漬物のように食品加工を兼ねて行われるものが多いが，野菜や山菜など一時に採れたものを塩で押し，その後塩抜きして調理するものもある．塩蔵により脱水されて水分活性が低下するため，細菌の繁殖がおさえられ，保存性が高まる．漬物では乳酸発酵が起こり，さらに保存性が高まる．しかし，好塩菌は生存するので，塩蔵後加熱しない場合は注意を要する．濃いしょうゆで炊いた小魚や山菜などの佃煮類も保存性が高い．

3）乾燥による保存

乾燥により水分活性が低下し，保存性が高まることを利用した保存法である．干ししいたけやわかめなどは日常よく使われる乾物である．また，米も水分を約14％にまで乾燥させて保存してある．乾物は多くは水で戻すという操作が必要である．戻し方にもいろいろな方法があるが，干ししいたけは水で戻したほうが熱湯で戻すよりもおいしい．また米の場合も，炊飯時にはでんぷんの糊化のために十分な吸水操作が必要である．最近の炊飯器には炊飯時に吸水も兼ねてできるようになっているものもあるが，普通は吸水させなければならない．かつては野菜の乾燥も盛んに行われたが，今でもつくら

図2-6　かんぴょうむき（ゆうがおの実をむいて干す）

れているのは，かんぴょう（図2-6）や切り干しだいこんなどである．これらは凍結乾燥された野菜とは違って元の野菜のようには戻らないが，風味が付加されたものとなる．ほかに，干し柿は乾燥により渋抜きも兼ねて保存性を高めている．また，魚介類の乾燥品は干物とよばれ，水で戻さずそのまま加熱して用いる．

4）缶詰・びん詰

　凍結保存や塩蔵保存しにくい食材は缶詰やびん詰にして保存する．たとえば，たけのこは凍結させると解凍後筋っぽくなって食べられないので，びん詰または塩蔵などにする．また，ジャムやマーマレード類，甘露煮は糖濃度が高いので比較的保存性は高いが，びん詰にしておくとさらに保存性が高まる．缶詰やびん詰は市販されているものが多い．日常よく食べるものに，ジャム類，のりの佃煮，魚の油漬け，ゆでたコーン（クリーム，ホール），栗の甘露煮などがある．

　家庭でびん詰をする場合には，容器とふたを煮沸消毒し，食品を入れて軽くふたをしめ，蒸して脱気する．その後密閉し，湯煎にして殺菌する．このまま保存すると半年から1年ぐらいは保存できるが，一度開封すると加工したてと同じ状態となるので，開けたら冷蔵庫に入れ，なるべく早く使い切るようにする．

chapter 2 加熱調理操作

1. 煮る・ゆでる

1）煮る

　調味料の入った煮汁で食品を加熱するもっとも一般的な調理操作である．煮汁の対流によって熱が伝えられ，加熱と調理を目的とする．煮る操作の特徴は，加熱温度が普通100℃以下で，温度管理が容易であり，長時間の加熱継続が可能なことである．食品相互の味が移行しあい，複雑な味をつくりだす．加熱中に材料内部の成分，水分が溶出し，調味料が浸透する．その変化は煮汁の調味料濃度によって変わる．欠点としては，食品のかたちがくずれやすいなどがあげられる．

　煮物の種類は非常に多い．煮物の種類を表2-1に示す．

　煮しめ，煮付けなどの煮汁は材料重量の1/3〜1/4程度の少量で，煮汁がほとんど残らないように煮上げる．煮汁が少なく，しかもかき混ぜることのできない煮物では，汁から出ている部分にときどき煮汁をかけたり，静かに材料の上下を返したりする．また，かたちのくずれやすい食品には落としぶたをして煮汁と調味料が食品の上部にもいきわたるようにする．落としぶたは煮くずれを防ぐ効果もある．

　鍋の大きさは，材料の2倍容量ほどが適する．材料に対して鍋が大きすぎる場合は煮汁が早く蒸発して焦げつきやすく，小さすぎると上下で煮え方が不均一になりやすい．魚の煮付けなどのように短時間で煮上げたいものは，魚が重ならずひと並びできる大きさの浅鍋がよい．

　調味料の分量は材料の重量を基にし，また，煮汁と材料の両方を味わう場合は合わせた重量で算出する．

　一般的な味付けは，食塩濃度1〜3％，砂糖濃度2〜10％程度である．調味料としては，食塩，しょうゆ，みそ，砂糖，みりん，酢，酒などが使用され，これらを加える順序は砂糖（さ），塩（し），酢（す），しょうゆ（せ），みそ（そ）の順がよいといわれている．砂糖は塩よりも分子量が大きく浸透しにくいので先に入れる．酢は揮発しやすいため，しょうゆやみそは風味が失われ

表 2-1 煮物の種類

	種類	方法と例
煮方による分類	含め煮（含ませ煮）	食品が十分浸る程度の煮汁（材料と同重量かそれ以上）で加熱したあと，煮汁中に置き，味を含ませる．煮くずれしやすいものに適する．いも類，栗，凍り豆腐など
	煮付け（煮しめ）	煮汁は材料の1/3〜1/4．煮上げたときには煮汁はほとんど残らない．魚の煮付け，根菜類の煮しめ
	炒り煮	少量の煮汁（材料の1/5〜1/6）で炒りつけるように煮上げる．でんぶ，おからなど
	煮込み	たっぷりの煮汁で長く煮る．おでん，ロールキャベツ，シチューなど
	煮浸し	煮汁は多め（材料の2/3〜同重量）で薄味．青菜など
調味料による分類	しょうゆ煮	主としてしょうゆで味付けし，砂糖，酒，みりんは適宜入れる
	うま煮	煮しめよりやや甘味を強く．野菜，いも，魚，貝などを取り合わせた煮物
	甘煮（砂糖煮）	甘味を主とした煮物，煮豆，きんとん
	酢煮	酢を多くして煮る．白く煮上げる．生臭みを取る．れんこん，ごぼう，いわしなど
	みそ煮	みそ味をきかせ，生臭み，油っぽさをおさえる．青魚，豚肉など
	白煮	塩と砂糖で色がつかないよう仕上げる．うど，れんこん，ゆり根
	青煮	青色をいかしたい場合，硬めに下ゆでし，煮汁中でひと煮立ちさせ，冷ました煮汁中に置き味をつける．ふき，さやえんどう，さやいんげんなど
	吉野煮	煮汁にでんぷんを加えてからませる．とうがん，鶏ささみなど
煮る以外の操作が加わるもの	炒め煮	炒めてから煮る．短時間で煮上げる．きんぴら，炒りどり
	揚げ煮	揚げて煮る．煮る時間はさっとくぐらせる程度．魚のおろし煮，燻魚
	焼き煮	焼いてから煮る．煮くずれをおさえ，香味を増す．魚など
	ゆで煮（湯煮）	加熱するだけの目的で熱湯中でゆでてから使う．吸い物椀種，和え物材料

下村道子・他：改訂調理学．光生館，1998．

ないように後で加える，というのが主な理由である．しかし，調味料の添加の時期や順序は素材によっても異なる．いも類や野菜などの植物性食品は加熱してでんぷんを糊化させ，組織を軟らかくしてから調味する．肉や魚は調味料を沸騰させた中に入れて周囲のたんぱく質を高温で凝固させ，うま味成分が流出しないようにする．煮豆で多量の砂糖を用いる場合は，砂糖の全量を一度に加えると硬くなるので，数回に分けて加える．

2）ゆでる

水中で加熱する点は煮る操作と同様であるが，調理の下ごしらえとして行われることが多い．ゆでる目的としては，食品組織の軟化，でんぷんの糊化，

たんぱく質の変性，酵素の失活，色の安定化，不味成分の溶出（アク抜き），吸水，殺菌などであり，多量の水中で加熱される．

用いる水量については，その目的によって異なる．たとえば，食品からの成分の溶出量をおさえたり，色の変化を起こさないために短時間でゆでることが必要な場合には，食品の投入による温度低下をできるだけ少なくすることが必要である．その際には，食品材料の5〜10倍の水を用いる．また，温度の回復は熱源の火力と水量の関係によるので，強火で加熱する必要がある．とくに，大量調理の際には問題になる．

ゆで汁は利用しないので，食品のゆで効果を上げるために，煮汁には加えることのない食塩，酢，重曹，みょうばん，米ぬか，小麦粉，木灰，香辛料などを添加剤としてゆで水に加えることがある．

ゆで時間は目的によって異なるが，常圧で水中での加熱であるので，温度は100℃である．そのため，熱伝達の速さは煮る場合と同様と考えることができる．一般には沸騰状態で加熱するので伝熱速度は速い．

また，目的によって食品材料を水から入れるときと沸騰状態で入れるときがある．水から材料を入れたほうが食品の中心部と外側の温度差が小さくなるので，食品の中心が所定の温度になったときに食品周囲の過加熱が起こらないほうがよい場合や，内部がゆっくり昇温したほうがよい場合に水から入れて加熱する．たとえば，いも類のようにかたちの大きいものは内部に火が通るまでに時間がかかり，その間に外側のでんぷんの糊化が進んでくずれやすくなるので，これを防ぐには，水に入れてゆっくりと加熱したほうがよい．

材料によるゆで方の留意点　　緑色野菜の場合，含まれているクロロフィルが加熱時間が長くなると退色するので，短時間でゆでる必要がある．そのため，野菜を入れたときの温度降下が少ないように多量の水を使い，沸騰してから材料を入れ，強火で加熱して短時間で終わるようにする．ゆで効果を上げるため，いろいろな添加剤を加える．食塩（1〜2％）は緑色野菜の色をよくしたり，さといものぬめりを除去する．酢（3〜5％）はフラボノイド色素を含むカリフラワーなどを白く仕上げ，うどやごぼうの酵素的褐変を防ぐ．れんこんの歯ざわりをよくするために加えられる重曹（0.3〜0.5％）や木灰（2〜3％）は山野草類のアク抜きに用いられるが，組織を軟化したり，緑色を鮮やかにする効果もある．また，たけのこのアク抜きに米ぬかやとうがらしが用いられる．

乾めん類の場合は，たっぷりの沸騰湯でめんが相互に付着しないようにゆでる．ゆで時間はめんの太さで異なり，太いものは15分くらい，細いものは2〜3分である．その後冷水で洗うと，めんの周囲のぬめりが除かれ，組織がしまって食感がよくなる．しかし，マカロニ，スパゲッティはこの冷却をせず，速やかに次の調理操作を施すほうがよい．

魚介類はうま味を残すために熱湯にくぐらせ，表面のたんぱく質を変性させることがある．はもやいかなどに用いることが多く，これを"霜降り"，"湯引き"という．また，ゆでることにより生臭みを消すために，酒，ワイン，

酢，香辛料を用いることがある．

　卵をゆでる場合は，卵内部の急激な温度変化によって殻が割れることがある．それを防ぐため，水に入れて加熱を始める．それは，温度上昇が緩慢なため，卵殻の微細な穴から卵中の気体が蒸散し，体積の膨張による圧力を低くすることができるからである．卵のたんぱく質は温度によって凝固の形態が異なる．卵白は62℃前後から熱凝固が始まり，しだいに硬さを増し，完全に固化するのは80℃以上の温度である．卵黄は65℃前後から熱凝固が始まり，70℃で流動性を失い，凝固する．したがって，ゆで温度，ゆで時間を変えることにより固ゆで，半熟，温泉卵をつくることができる．

　ゆでる操作は食品の持ち味をいかす加熱法であるため，食品から不要成分だけを溶出除去し，栄養成分やうま味成分は溶出しないように配慮することが大切である．

2．蒸す

　水蒸気を熱媒体として食品を加熱する操作である．100℃の水蒸気は食品に接したときに凝縮して水に戻るので，その際に潜熱（冷えて水になるときに放出する熱）を放出し，食品はその熱により加熱される．蒸し物は焦げる心配もなく，静置した状態で長時間の均一な加熱が可能であり，大きな食品も中までゆっくり加熱でき，持ち味を損ねることがもっとも少ない．形くずれしにくく，味や香りを保つには有効な調理法である．

　動物性食品では，鶏肉や白身の魚類が適し，穀類，いも類，蒸し菓子のほか，流動性の食品でも容器に入れて加熱できる．また水溶性成分の溶出が少ないため，栄養素やうま味成分の損失が少ないが，アクなどの不味成分を除く目的には不向きである．

　蒸し加熱中には調味がしにくいため，蒸す前か，蒸し上がってから調味する．蒸し器内の温度は約100℃に保たれるが，火力調節やふたをずらすなどの操作により，それ以下の温度で加熱することもできる．食品の表面で蒸気

表 2-2　蒸気温度による蒸し方の分類

加熱温度	方　　　法	例
高温持続 （100℃）	火力は強く，沸騰したら中火または強火持続，密閉して蒸気がもれにくいようにする	いも類，まんじゅう類，冷や飯，魚介類，肉類，スープ蒸しなど
高温持続 （100℃） 補水を考慮する	上記と同様にし，最初に霧を吹いたり，途中で打ち水を2〜3回実施する	こわ飯，脱水して硬くなったまんじゅうや冷や飯，もち類など
低温持続 （80〜90℃）	火力を極力弱め，沸騰直前くらいの温度を維持，またはわずかにふたをずらす	希釈卵液の料理（卵豆腐，茶碗蒸し類） 膨張しすぎるもの（山かけや糝薯蒸し）

川端晶子（編）：調理学．学建書院，1997，p.116．

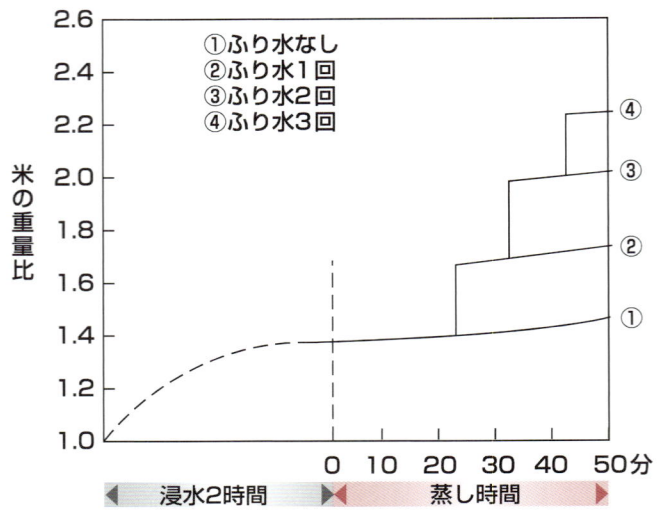

図 2-7 蒸しもち米（実験結果の一例，水温 19～20℃）
松本文子・他：三訂調理実験．柴田書店，1975，p.14．

が水に戻って付着するため，食品は水中で加熱されたと同様に表面の水分は蒸発することはなく，水分の少ない食品の場合にはむしろ水分が増加し，水分や脂肪の多いものはそれらの流出が起こる．蒸し物の種類を表 2-2 に示す．

　蒸し物をする場合の火力は，蒸し器の水が沸騰するまでは強火とし，蒸気が十分に出て蒸し器内の温度が上昇してから材料を入れる．冷たいときから食品を入れて加熱し始めると，水蒸気が表面に凝縮して表層だけ吸収し，水っぽくなったり，うま味が流出する．

材料による蒸し方の留意点　　もち米の加熱は多くの場合，蒸す操作が用いられる．もち米はうるち米より水を吸収しやすいので，加熱前の浸漬を十分に行うことにより米重量の約 30～40％の水を吸収する．不足分は蒸し加熱中にふり水を 2～3 回して加える（図 2-7）．もち米の米粒は細かくて蒸気が通りにくいため，あまり層を厚くせず，中央をくぼませて蒸気を上まで通しやすくし，火力は強火にする．

　茶碗蒸しやプディングなどの卵液は，加熱温度が高すぎると，すだちができてなめらかさがなくなるため，火力を弱めて，器内を 85～90℃に保つように調節する．また，卵液中に気泡が存在していると，すだちができやすいので，卵液調製時には強くかき混ぜないほうがよい．蒸しパンやまんじゅう類は膨化度から考えると弱火加熱がよいが，弾力性や味覚において劣り，強火加熱では内部と周辺部の温度差が大きくなり，表面に亀裂を生じて外観が劣るので，一般に中火で加熱するのが適している．

　いも類は強火で蒸す．丸ごとあるいは大切りにして加熱したほうが栄養分の損失が少なく，加熱時間が長くなるので，酵素の作用で麦芽糖が多く生成されて甘みが強くなる．

3. 焼く

　乾式加熱のひとつであり，食品を直接熱源にかざして加熱する直火焼きと，食品と熱源の間に熱を伝える中間体を用い，その上で食品を加熱する間接焼きがある（表2-3）．

　焼く加熱調理の特徴は，① 水溶性成分の流出が少ない，② 加熱温度が高い，③ 食品の中心部分と周辺部分の温度勾配が大きい，などである．加熱温度が高いので，食品表面の温度は150〜250℃に達する．しかし，高温に達するのは熱源からの放射熱に直接影響を受ける食品周辺部分が主であり，食品中心部分の温度は食品周辺部分からの熱伝導によって緩慢に上昇するので，両者の温度勾配は大きくなる．このため，加熱温度が高すぎる場合には，中心部分が十分に加熱できないうちに食品表面に過度の焦げを生じる．また，加熱温度が低すぎる場合には，中心部分が十分に加熱されるまでの時間が長くなり，食品が乾燥したり硬くなりすぎるなどの問題を生じる．このようなことから，焼く加熱調理の温度調節は比較的困難である．

　加熱による食品の変化は，① 組織の軟化，② 食品表面の焦げ，③ 香味の付与，④ 表面の硬化，⑤ たんぱく質の変性・凝固，⑥ でんぷんの糊化，⑦ 脂肪の融解・溶出，⑧ 水分の減少，⑨ 重量の減少，⑩ うま味成分の濃縮，⑪ 容積の膨化，⑫ 酵素の失活，などである．とくに，たんぱく質性食品は概して

表2-3　焼き物の種類と調理例

加熱方法	種類		調理例
直火焼き	串焼き		焼き魚（素焼き・塩焼き・照り焼き・つけ焼き・蒲焼き・みそ漬け焼き），バーベキュー，焼き鳥，鳥の丸焼き，田楽
	網焼き		焼き魚，焼肉，貝・えびの殻焼き，もち，せんべい
	吊るし焼き		焼き豚，北京烤鴨（北京ダック）
	機器焼き	トースター	トースト
		グリル	焼き魚，肉のロースト
間接焼き	鍋焼き	フライパン	ステーキ，ハンバーグステーキ，ムニエル
		卵焼き器	卵焼き
	鉄板焼き	鉄板 ホットプレート	焼肉，お好み焼き，ホットケーキ，クレープ
		焼き型	ワッフル，たい焼き
	オーブン焼き（天火焼き）		ローストビーフ，ローストチキン，パン，ケーキ，クッキー
	包み焼き		パピヨット（硫酸紙，パラフィン紙），奉書焼き（奉書，和紙），ホイル焼き（アルミホイル）
	埋め焼き	小石，砂，灰	焼きいも，焼き栗
	煎り焼き	ほうろく	ほうろく焼き
	石焼き	石（板状）	石焼き

硬くなる．また，食品の消化の目安となる胃内滞留時間は，生よりも長い時間を要する．

1）直火焼き

　食品を串に刺したり，網にのせて直接熱源にかざして加熱する．食品は主として熱源からの放射熱で加熱される（図2-8）．

　熱源は放射熱が強く，加熱面積が大きなものが望ましい．日本では焼き物に炭が用いられることが多いが，これは，熱源としては比較的低い温度（300～600℃）であるにもかかわらず，熱効果が大である遠赤外線が多いことが理由である．遠赤外線の効果によって食品表面は早期に高温になり，中心部分は周辺部分からの伝熱により加熱が短時間で終了する．食品表面には，ぱりっとした焦げ目がつき，中心部分は水分を保持したまま焼き上がる．食品を熱源から離すことによって広範囲で均等な加熱が可能となるため，強火の遠火がよいとされる．これに比較して，ガスは温度が高い（約1,700℃）が，放射熱が少なく加熱できる範囲も狭いので，熱源から離れると温度が低くなる．このため，食品をガス火に直接かざすのではなく，焼き網などをガス火で加熱し，焼き網から平均的に発する放射熱を利用する場合が多い．

　上下両方向に熱源をもつグリル，ブロイラなどを除き，直火焼きは熱源からの一方向の加熱となるので，食品の向きを熱源に対して均等に変える必要がある．

　加熱中には調味ができないので，通常は加熱前あるいは加熱後に調味を行う．みそ焼きや蒲焼きのように，調理の仕上げの段階でみそやたれを塗って調味を行う場合もある．この場合は，食品の味付けだけでなく，食品表面に付着したみそやたれを直火であぶることにより，香味と美しい外観が付与される．

2）間接焼き

中間体を用いる場合　　フライパン，鍋，鉄板など面の広い中間体の上に食品を密着させて加熱する方法である．食品は，主として中間体からの伝導熱によって加熱され（図2-8），直火焼きに比較して平均した熱が広範囲に伝わり，温度調節が容易であるため，一般家庭の料理から大量調理まで利用範囲がきわめて広く，適する食品も多い．熱された中間体からの一方向の加熱であるため，食品は均等に位置を変える必要がある．

　ビーフステーキ（レア）などのように，食品表面を香ばしく焼きながら中心部分を生に近い状態にする場合には，周辺部分と中心部分の温度勾配を大きくするために，比較的高温で加熱を行う．しかし，小麦粉を用いたホットケーキの生地のように，粘度が高いために熱が伝わりにくい食品では，表面と中心部分の温度勾配を小さくするために比較的低い温度で食品中のでんぷんが糊化するまで十分に加熱する必要がある．

　中間体に用いるフライパン，鍋，鉄板などは，熱容量が大きな厚みのある

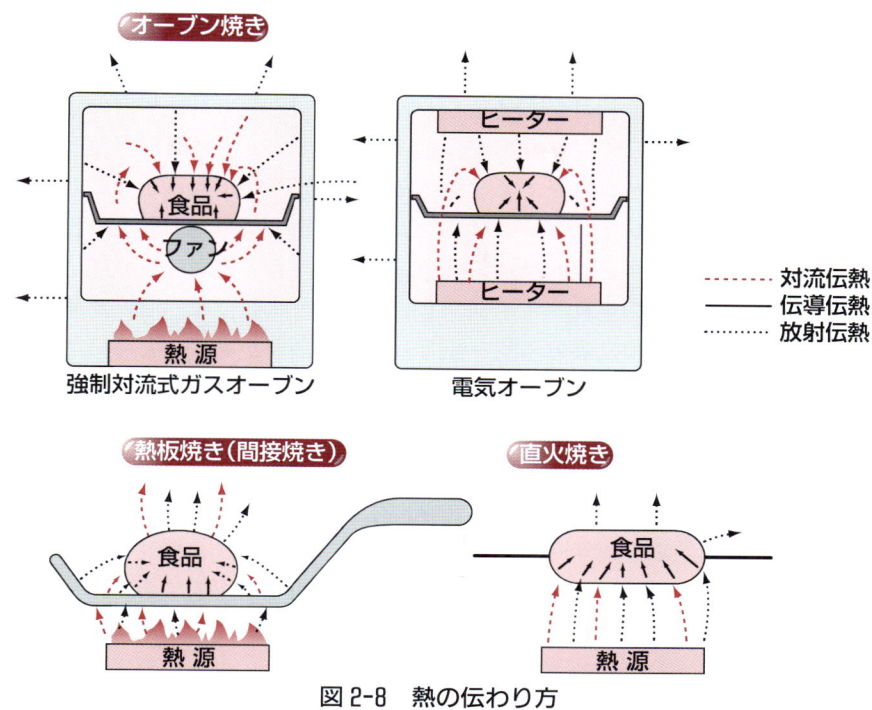

図 2-8 熱の伝わり方
渋川祥子（編）：食品加熱の科学．朝倉書店，1996．

ものを用いると，加熱中の温度変化が小さく操作しやすい．石や砂は比熱が大きく，温度上昇が緩慢で一定の温度を保持しやすいので，長時間の加熱が可能である．栗やいも類に利用すると，甘味が増しておいしく調理できる．

肉や魚などのようなたんぱく質性食品は，熱した中間体に直接触れると熱凝着を起こすので，油脂を塗って防ぐ．このことにより，油脂の風味も付与される．最近では，テフロン加工またはフッ素加工を施した，油脂を塗る必要のない調理器具もある．

オーブン加熱の場合　金属製の箱型の調理器具で，扉を閉めた状態で加熱が行われる．①囲まれた空間内で熱された空気の対流，②熱された庫壁からの放射熱，③天板からの伝導熱，といった3種の熱の伝わり方により食品が加熱される（図2-8）．全方向から加熱されるため，食品の位置を変える必要はなく，加熱中の移動が困難な軟らかい食品や大きな食品，型に流し込んで固めたい食品，大きく膨化する食品などの加熱に適する．また，扉を閉めた状態で加熱が行われるので，食品から蒸発した水分が庫内に充満し，蒸し焼きの効果もある．ローストビーフやローストチキンの調理時には，肉とともに香味野菜を天板に並べて加熱するが，これは肉の臭みを消すためだけでなく，野菜から放出される水分を利用して肉を蒸し焼きにするためでもある．この場合，野菜の水分が庫内に充満するので，肉からの水分蒸発は少なく，比較的軟らかく焼き上がる．また，カスタードプリンを加熱する際のように天板に湯を入れて加熱し，蒸し焼きする方法もある．

オーブン加熱の熱源は，主としてガスあるいは電気である．ガスオーブン

は，熱源が下にある場合が多く，加熱された空気が自然に庫内で対流する自然対流式と，加熱された空気を庫内に設置されたファンが強制的に循環させる強制対流式がある．自然対流式オーブンは庫内の温度分布に差を生じるが水分蒸発が少なく，強制対流式オーブンは庫内の温度分布の差は少ないが，ファンの風により食品表面の水分蒸発が大きいなどの特徴がある．電気オーブンは，空気の対流や伝導熱のほかに庫内の上下に設置したシーズヒーターからの放射熱が利用されるので，食品表面の焦げが早期に生じる．

いずれのオーブンも扉を閉めた状態で庫内温度が保持されているので，加熱中は扉の開閉を極力おさえる必要がある．とくに加熱により膨張させるパンやスポンジケーキの場合は，庫内温度が低下すると膨化が継続せず，十分に膨化しない．食品が十分に加熱されたことを確認した後に，扉を開くように注意する．

そのほか，オーブンに電子レンジ機能が付与されたオーブン電子レンジがあり，オーブンと電子レンジのそれぞれの機能を単独利用または併用でき，両者の加熱調理特性をいかした調理が可能である．また最近では，オーブン電子レンジにスチーム機能が付加されたスチームオーブン電子レンジが使われはじめてきた．乾式加熱であるオーブンや電子レンジの機能と，湿式加熱であるスチームの両方の加熱調理特性が利用できる．

その他の間接焼き　　食品の周囲を紙やアルミ箔で包み，加熱を行う奉書焼きやホイル焼きなどがある．食品を包み込むことで蒸し焼きとなり水分の蒸発が少ない．焼く調理操作特有の焦げは生じないが，食品の香りを保持するには有効な調理である．この場合の加熱には，オーブン，フライパン，グリルなどが利用される．

4．揚げる・炒める

1）揚げる

揚げる調理では，加熱した液状の油脂の中で食品を加熱する．揚げる調理には，てんぷら，フライ，コロッケ，ドーナッツ，ポテトチップスなどいろいろあるが，その調理に使用する主要なものは，揚げ油，揚げ材料（種物），揚げ衣である．

（1）揚げ油

揚げ油に使用する油脂は，ラードのような動物脂でも加熱により液体になるので使用可能であるが，冷めると口ざわりの悪い揚げ物になる．そこで，多くの場合，常温で液状の植物油が用いられる．

揚げ油を加熱して使用すると，泡立ち性，着色，発煙などの変化が起こる．泡立ち性は，新しい油と古い油では泡の状態が異なり，新しい油は揚げ材料を入れたときに大きな泡ができ，古い油では小さい泡が全面に広がる．また，

油は加熱によりしだいに色が濃くなるが，この着色には油の酸化重合物が関係し，さらに揚げ材料，なかでも肉類や魚類などの動物性食品により着色が著しく促進される．油の加熱時には発煙も起こるが，この煙はアルデヒド，ケトン，アルコールなど油の揮発性分解物による．

揚げ油の適温　　揚げる調理では，揚げる材料と大きさにより適温に加熱した油を使用することが大切である．コロッケのようにすでに加熱されているもの，あるいは揚げたあとにさらに加熱する場合などは，表面だけの加熱でよいことがあり，そのようなときには温度を高くして（190〜200℃）短時間で揚げる．一方，厚みがあるものや火が通りにくいものは，中まで十分に加熱する必要があり，温度を下げて（160〜180℃）加熱時間を長くする．また，こいなど魚の丸揚げのように大きな材料を揚げるときには，あらかじめ低温（140〜150℃）で揚げたものをさらに高温（180〜190℃）で揚げるという二度揚げをすることにより，中まで加熱されて，かりっと色よく仕上げることができる．

　揚げ油の温度管理には，揚げ油用の温度計を用いることが望ましい．温度計を使用しないで，揚げ衣などを入れてみたときの状態で判断することがあるが，その場合には，衣がいったん鍋底に沈んでから浮かぶ場合は150〜160℃，衣が鍋の途中まで沈んでから浮かぶ場合は170〜180℃，入れるとすぐに浮かぶ場合は約200℃を目安と考える．

(2) 揚げ衣

　材料に衣をつけないで揚げる調理は素揚げとよばれ，衣をつけて揚げる調理には，から揚げ，てんぷら，フライなどがある．

から揚げ　　材料の表面にでんぷんや小麦粉を粉の状態のままつけて揚げる．てんぷらの衣と比べて水分が少ないので，長時間の加熱で脱水しすぎたり，焦げたりするので注意が必要である．

てんぷら　　衣はからっと軽いことが望ましい．そのために小麦粉のグルテン形成をできるだけおさえるようにする．小麦粉は，たんぱく質含量の多い強力粉でなく，少ない薄力粉を使用する．

　小麦粉を溶かす水は冷やしておいて，小麦粉のグルテン形成を抑制する．さらに，小麦粉と水を合わせるには，ふるった粉をさっと混ぜるにとどめ，長時間捏ねないようにする．できた衣は時間が経つとグルテン形成が進むので，すぐに使用するようにする．

　小麦粉は水だけで溶くよりも，水の20〜30％を卵におきかえることによって味がよくなり，またふっくらと軟らかな衣になる．

　日本料理のてんぷらでは衣は厚くしないほうがよいとされているが，西洋料理のフリッターや中華料理の揚げ物のように，厚い衣をつくって揚げるものもある．

フライ　　西洋料理としてフライがあるが，その衣は，材料に小麦粉をまぶし，卵液に浸し，パン粉をつけたものである．パン粉には生パン粉と乾燥し

表 2-4　揚げ物・炒め物による油脂の酸化

	揚げ物（160±5℃，1.5時間）		炒め物（4分）	
	前	後	前	後
酸価	0.05	0.14	0.04	0.15
カルボニル価	2.5	7.4	2.0	7.4
過酸化物価	0.6	2.4	0.02	57.0

梶本五郎・吉田弘美・芝原　章：日本栄養・食糧学会誌，37(1)：37〜43, 1984.

たパン粉があるが，生パン粉は風味がよいが保存性に問題があり，乾燥したパン粉のほうが多く利用されている．

2）炒める

　炒める操作では，加熱された器具の中で材料を少量の油脂とともに加熱する．調理器具からの熱が直接材料に伝わる点で，油脂を媒介として加熱する揚げる操作と異なる．

　炒める操作は，材料に直接高熱が伝わるので焦げやすい．そこで，材料の前処理など準備をよくしておき，短時間で仕上げるようにする．具体的には次のような手順で進める．

① 材料，器具，調味料など必要なものを準備する．
② 器具を加熱してから油脂を入れて加熱する：材料を加熱する前に器具，油脂をあらかじめ加熱しておくことにより，材料そのものの加熱時間が短くなり，水分の放出量が減少し，歯ざわりのよいでき上がりになる．
③ 材料を入れて加熱する：長い加熱時間を要するものから先に入れ，加熱時間の短いものはあとにする．一般的に，動物性食品は植物性食品よりも先に加熱する．
④ 調味：加熱過程の最後に手早く調味し，できるだけ速やかに供する．

油通し　中華料理における炒め料理（炒菜）では，炒める前に材料の油通しが行われる．この油通しという前処理をすると，植物性食品では脱水が少なく歯ごたえがあり，色が鮮やかにでき上がり，動物性食品でも，脱水が少なく軟らかにでき上がることが確かめられている[11]．

3）油脂の劣化

　"揚げる"，"炒める"などの加熱操作による油脂の酸化では，自動酸化と同じくラジカル反応が進行する．揚げる操作では，ヒドロペルオキシドが加熱により分解されるので蓄積量は少ないが，低分子の酸化分解物や，重合物が蓄積する．そのために，酸化の指標である過酸化物価は低く，カルボニル価は高くなる．また，加水分解も進み，酸価が上昇する（表2-4）．

　炒める調理においては，油脂は非常に薄い層の状態にあるために，空気との接触面積がかなり大きい状態で加熱される．そのために，ごく短時間の加熱で油脂の酸化劣化が進む．

5. 誘電加熱（マイクロ波加熱，電子レンジ加熱）

誘電加熱とは，照射した電磁波エネルギーを食品内部で熱エネルギーに変え，食品を加熱する方式である．この方式を利用した加熱装置が電子レンジであり，マイクロウェーブオーブン，または誘電加熱装置ともよばれている．

1）誘電加熱の原理[13,14]

誘電加熱に用いられるエネルギーは，マイクロ波あるいは極超短波とよばれる電磁波の一種である．図2-9のように，周波数の高いものほど波長が短くなるので，順に短波・超短波・極超短波のように表現する．通信用の電波を混乱させないために，電波法によって電子レンジ用の周波数は $2,450\pm50$ MHzと定められており，この場合の波長は12.2 cmとなる．

このような電磁波を食品に照射すると，食品の構成分子のうち有極性の分子は正と負に誘電分極し，電場の方向に合わせようとして配向を繰り返す．周波数2,450 MHzとは，1秒間に24億5,000万回電場の正負が交代することなので，分子はこの激しい電場の変化に追いつけず，位相のずれを生じる．位相のずれは誘電体損失となり，電磁波のエネルギー損失を伴うが，食品にとってはエネルギーを吸収し熱に変換したことになる．

さまざまな物質が電磁波から1秒間に吸収する単位体積あたりのエネルギー（P）は，次式で表される．

$$P = K \cdot f \cdot \varepsilon \cdot \tan\delta \cdot E^2 \cdot 10^{-3} \text{ (W/cm}^3\text{)}$$
K：比例定数，f：周波数，ε：誘電率，$\tan\delta$：誘電正接，E：電場の強さ

電子レンジの場合，fとEは定数とみなせるので，主に物質の誘電率と誘電正接が吸収エネルギー，すなわち発熱量に影響する．$\varepsilon \cdot \tan\delta$を物質の損失率という．表2-5に示したように，水の損失率は他の物質に比べて高く，水分の多少が発熱効率に影響している．また，水と氷の損失率には大差があるので，水と氷が混在するような状態では，加熱ムラを生じやすい．

マイクロ波のエネルギーが物質に吸収され，1/2になる深さを半減深度といい，電力半減深度（D）として次式で算出される．

$$D = 3.31 \cdot 10^7 / f \cdot \varepsilon^{0.5} \cdot \tan\delta \text{ (cm)}$$
f：周波数，ε：誘電率，$\tan\delta$：誘電正接

損失率の大きい，つまり発熱の容易なものほど半減深度は短くなる．たとえば，陶器では19 cmあるのに対し，水では1 cm程度である．

2）電子レンジ

電子レンジはマグネトロンとよばれる電磁波発振器から出たマイクロ波を，金属製の庫内に照射して食品を加熱する装置である．マイクロ波は光と

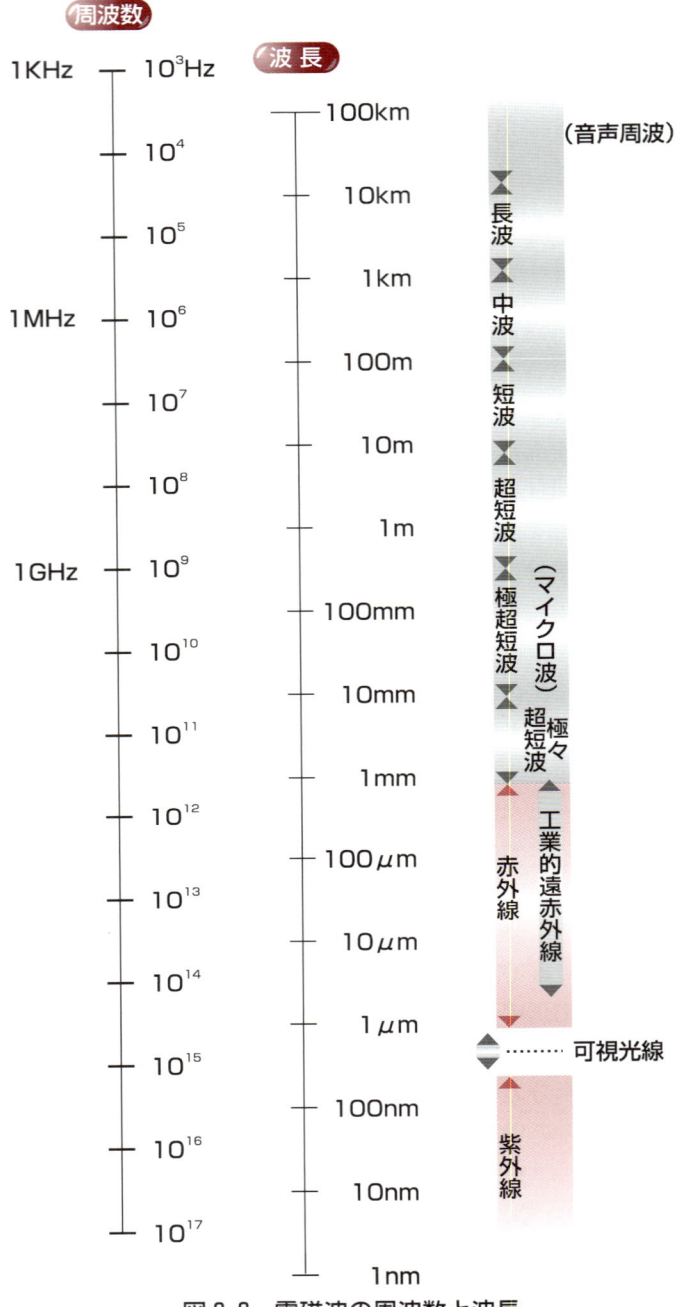

図 2-9 電磁波の周波数と波長

同様に金属の表面で反射するので，さまざまな方向から効率よく食品に照射される．マイクロ波の性質としてエネルギーのムラは避けられない．そこで，マイクロ波の出口で金属羽の回転により散乱させたり，食品の受け皿を回転させるなどの方法で，照射ムラや加熱ムラを少なくしている（図2-10）．

電子レンジには，マイクロ波加熱機能のみをもつ単機能型と，マイクロ波以外の加熱機構，電気ヒーターや熱風などを組み入れた複合機能型（オーブ

表 2-5　2,450 MHz における誘電特性と電力半減深度

物質名	誘電率 ε	誘電正接 $\tan\delta$	損失率 $\varepsilon \cdot \tan\delta$	電力半減深度 (cm)
水（5℃）	77.0	0.150	11.50	1.02
氷（−12℃）	3.2	0.00095	0.003	794.0
冷凍生牛肉	5.0	0.150	0.75	4.03
ロースト牛肉	28.0	0.200	5.6	0.12
じゃがいも	49.0	0.262	12.84	0.74
カレー	52.6	0.414	21.78	0.45
陶製食器	6.4	0.028	0.18	19.0

大藪　一：最近の電子レンジと電磁調理器．日本調理科学会誌，34：242〜249，2001．

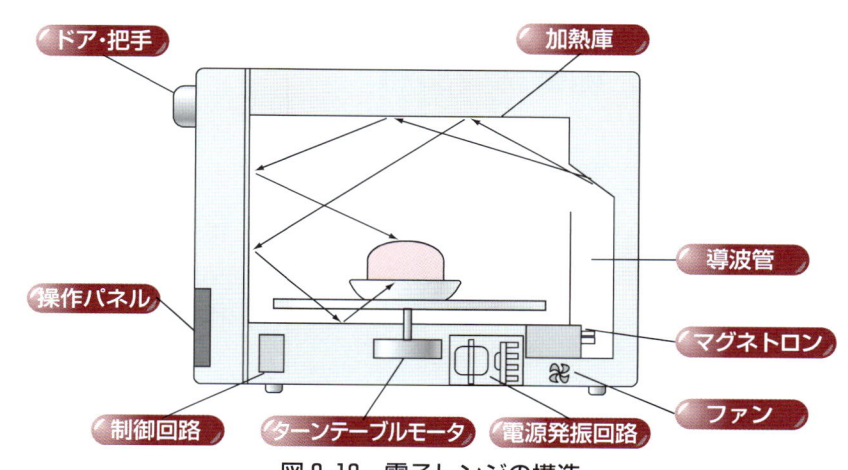

図 2-10　電子レンジの構造

大藪　一：最近の電子レンジと電磁調理器．日本調理科学会誌，34：242〜249，2001．

ンレンジ）がある．また赤外線センサーを備え，食品の表面温度を検知して加熱を止める機構をもつタイプが増えている．業務用の電子レンジはマグネトロン出力が 1〜1.7 kW と家庭用の倍以上あり，加熱時間が短い．コンビニエンスストアやレストランでよく利用されている．

3）電子レンジ加熱の特徴

　電子レンジ加熱において，食品の水分含量は加熱時間や食品内部と周辺部の温度差に影響を与える．水分が少ないと内部の昇温が速く，水分が多いと周辺部の温度が速く上がる．また，塩分を含む食品では，周辺部昇温傾向が強くなる[15]．

　電子レンジ加熱の特徴をまとめると次のようになる．
① 食品自体が発熱し，食品の性質によって昇温状態が異なる．
② 照射されたエネルギーの利用効率が非常に高く，温度上昇速度が速い．
③ 食品の量と加熱時間はほぼ比例し，量が増せばそれだけでき上がり時間が延長する．
④ 水分が蒸発しやすく，食品の重量減少が大きい．
⑤ 食品表面と内部の温度差が少ない．

⑥ 表面の焦げは，自然には発生しない．
⑦ 食品の形状や性質によって加熱ムラを生じる．とくに，生の状態に戻したい冷凍食品の解凍には工夫が必要となる．
⑧ 加熱容器として紙やプラスチックを利用できる．
⑨ 食品以外を直接温めないので，庫内温度が上昇せず，調理環境がよい．

電子レンジ加熱と従来の加熱を比較すると，再加熱や調理済み冷凍食品の解凍加熱，野菜のゆで加熱，蒸し加熱などで，消費エネルギーは1/6以下に，光熱費は1/4以下になるといわれている．一方，煮物のように従来の加熱とほとんど変わらない場合もある．電子レンジのような調理機器の利用にあたっては，その特徴をいかした使い方が必要である．

6. 電磁誘導加熱

1）電磁誘導加熱の原理と特徴

磁力線の中に金属を置くと，金属に電流が流れ，その金属の電気抵抗と面積に応じて発熱する．これを電磁誘導加熱（IH：Induction Heating）とよび，この原理を応用して磁力線発生装置と調節機構を備えたものが電磁調理器である（図2-11）．

従来の加熱では熱源が別に存在し，そこから熱が伝えられるが，電磁調理器では鍋の底を直接発熱させる．そのため，ガスコンロや電気コンロに比べて熱効率がよく，80〜90％と算出されている．一方，鍋の材質や形状，大きさにより発熱効率が変化する．銅やアルミニウムなどの電気抵抗の低い材質では発熱量が少ない．トッププレートの直下に組み込まれたドーナツ状の磁力発生コイルと鍋底との距離が発熱効率に影響を与えるので，中華鍋のように底が平らでなく曲線状のものは発熱が少なくなる．また，金属製のスプーンなどを誤ってのせても発熱しないように，小物加熱防止回路が組み込まれており，鍋底の直径が10 cm以下であると通電しない場合がある．したがって，電磁調理器で効率よく加熱するためには，鍋は鉄，鋳鉄，ステンレスな

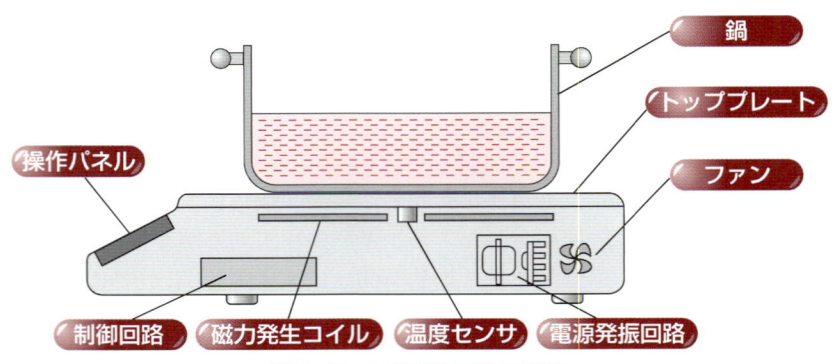

図 2-11 電磁調理器の構造

大藪　一：最近の電子レンジと電磁調理器．日本調理科学会誌，34：242〜249，2001．

どでつくられ，底は平らである程度の厚さがあり，直径12 cm以上のものを使用する必要がある．

最近になって，ある程度以上の重さをもつ銅鍋やアルミ鍋の場合に，比較的高い発熱の得られる機器が表れた．しかし，発熱量は鍋全体の重量に加えて，形状や底の厚さによって影響を受けやすいことに変わりはない．調理器と鍋の組み合わせには，エネルギー利用効率の面からも，配慮すべきである．

2）電磁調理器

電磁調理器には，卓上型で1口のもの，テーブル型で2口のもの，ビルトイン型で2～3口のものがある．テーブル型やビルトイン型は200 Vの電源を使用する．電気エネルギーのため火力調節に対する応答は速く，無段階調節が可能である．調理器そのものからは炎や熱が発生しないので，引火の心配がなく，こぼれた食物の焦げ付きがなく，周辺温度の上昇が少ないことから，安全性が高く清潔な調理器と考えられ，近年急速に普及してきている．

7．その他の加熱

1）赤外線と遠赤外線

赤外線は電磁波の一種で，電波などに比べ波長の短い0.78～1,000 μmのものをさす．食品の加熱に利用される赤外線は3 μm以上が主であり，これを工業分野では遠赤外線とよぶ（図2-9）．ただし，他の分野では30 μm以上を遠赤外線とする場合もあり，遠赤外線の波長範囲は定まっていない．

物質はその温度に応じて赤外線を放射するが，食品を加熱できるようなエネルギーの大きな赤外線は200℃以上の物体から放射される．一方，食品がよく吸収する赤外線は3～25 μmの赤外線であり，この範囲の波長を多量に放出できるヒーターは加熱効率が高い．

赤外線の入射エネルギーが1/100に減衰する距離は短く，実際の食品について測定された例では約2.5 mmである．これは表面の加熱効率がよいことを意味しており，波長の長い赤外線の割合の高いヒーターでは表面の焼き色がつきやすいことが報告されている．

2）炭火[16]

炭火の場合，食品は主に放射伝熱によって加熱される．赤熱された炭の表面温度は300～600℃に達する．このような温度範囲で放射される赤外線は，波長2～8 μmのいわゆる遠赤外部分の比率が高くなることが報告されている．炭火焼きはこのような波長域の放射熱を利用するため，表層が加熱されやすく，表面の着色や焦げ風味の発現が促進されると考えられる．

chapter 3 非加熱調理操作

1. 計量・計測

　調理操作が再現性をもち，計画的に行われるためには，食品・調味料の正確な計量，調理過程の適切な調理温度・時間の計測は基本的な操作である．それには適切な計器類を備えてその使用に慣れ，マニュアル化して有効に活用することが大切である．

重量　一般には秤（1 kg, 2 kg）の使用が便利である．重量で量ったほうが正確であるが，少量調理の場合は体積に換算して計量スプーンを用いると簡単である．大量調理では，食品・調味料とも重量によることが多い．また，身近な食品の概量（目安量）を知っておくとよい．

体積　計量カップ（200 ml）や計量スプーン（15 ml, 5 ml）を用いて液体，粉状，粒状のものを量ると便利で効率がよい．日常的によく使う食品・調味料の体積と重量の関係を知っておくと便利である．

温度　各調理操作過程における温度管理は料理のでき上がりに影響し，衛生管理上からも重要なことがらである．揚げ物，焼き物（パイクラストなど），蒸し物（茶碗蒸しなど），寄せ物（寒天・ゼラチンゼリーなど），パン生地発酵では温度制御が調理の要点となり，温度測定が必要である．温度計は100℃と300℃の温度計があると便利で，アルコール温度計が適している．食品の内部温度，表面温度を測るものなども各種市販されているので，使用目的に応じて選ぶようにする．

時間　時間の計測は，作業の能率，省エネルギーのうえからも大切なことである．フライヤー，オーブン，電子レンジなどの調理機器にはタイマーが内蔵されているので，それを活用するとよい．一般にはタイムスイッチを利用すると便利である．

調味パーセント（調味の割合）　調理で「食品材料の3％の砂糖を用いる」という場合は，「食品100 gに対して3 gの砂糖を加える」ことを示し，外割の計算を行う．食品材料の重量に対して，主に砂糖や食塩などの調味料の割合を表す．これを調味パーセント（調味の割合）という．

$$\text{調味パーセント（\%）} = \frac{\text{調味料の重量}}{\text{材料の重量}} \times 100$$

廃棄率　野菜の皮・根，魚の頭・内臓など食べられない部分の分量を廃棄量といい，全体量に対する廃棄量の割合を廃棄率という．食品の購入・調達にあたってはこの廃棄率を考慮して準備することが必要である．廃棄率は食品成分表に掲載されているもの，もしくは実測値を用いる．

$$\text{購入量} = \text{可食量（正味）} \times \{100/(100-\text{廃棄率})\} \times \text{人数}$$

2. 洗浄

食品をはじめ調理器具，調理従事者の手指・爪の洗浄は，すべての調理操作の第一段階で行われる基本的操作である．

食品の洗浄の目的としては次のことがあげられる．
① 有害物，汚れの除去（細菌，寄生虫卵，農薬，汚物など）
② 悪臭のある部分の除去（臓物，血液，遊離脂肪酸など）
③ 不味成分の除去（アクなど）
④ 不消化部分の除去（皮，すじ，種，泥砂）
⑤ 食品の色や外観の向上

これらは，おいしく，より衛生的で安全に調理を行うために必要な操作であるが，一方で，洗浄過程において食味の変化，水溶性の呈味成分や栄養成分（水溶性ビタミン，ミネラルなど）の損失，食品の吸水・膨潤も起こり，組織の変化や崩壊も少なくない．食品の種類や汚染状態，調理目的に応じた洗い方を選択する必要がある．食品材料による洗い方を表 2-6 に示す．

食品の洗浄は，基本的には物理的洗浄といえる水洗いである．流水洗い，ため水洗い，また，食品の特性に応じてこすり洗い（だいこん・にんじんなどの根菜類，たこ・なまこなど），もみ洗い（かんぴょうなど），とぎ洗い（穀類・豆類）などがある．洗浄効果を高めるために洗剤を併用する場合には，

表 2-6　食品の洗浄方法の例

穀類・豆類	水中での攪拌洗いや比重を利用して不要物を浮上あるいは沈殿させて除去する．乾燥食品は洗浄中に吸水しやすいので手早く洗浄する．
いも・根菜類	表面の土や泥をたわしなどで除き，流水でよく洗う．
葉菜類	根元を束ねて持ち，水をくぐらせるようにしてふり洗いする．とくに根株の茎の重なった部分，葉裏をよく洗う．
魚類	うろこを取り表面を洗い，内臓を取り出してから冷水で手早く洗って水気をきる．切り身は洗わないが，洗う場合は酒やしょうゆでふり洗いする．
貝類	ザルに入れ，薄い塩水でふり洗いする．殻付きのはまぐり，あさりは海水程度の塩水（2〜3％）につけ，しじみは真水につけて砂をはかせる．

使用濃度に留意し，洗剤の残留を防ぐため十分洗い流すことが肝要である．

　食品の洗浄以外に調理器具，食器，ふきんなどを清潔に洗浄することも大切なことである．この場合の洗浄には洗剤を用い，とくにまな板，ふきんなどは細菌が繁殖しやすいので，熱湯または煮沸消毒，台所用漂白剤により漂白し，十分乾燥させる必要がある．

3. 浸漬

　浸漬とは，食品を液体につけることであり，調理素材の状態によって次の調理段階への前処理としてより効果を上げるために行う操作で，広く利用されている．浸漬の目的には，① 不味成分の抽出，② うま味成分などの抽出，③ 乾物の吸水，膨潤，軟化，④ 調味液の浸透，⑤ 変色防止，⑥ テクスチャーの向上，などがある．1つの操作で重複した目的をもっている場合もある．

1）抽出

(1) 不味成分の抽出

アク抜き　　食品中に含まれる，渋味，えぐ味，苦味などを与える物質の総称を"アク"といい，アルカリ性無機塩類，アルカロイド，有機塩類，ポリフェノールなどの成分が主体で，多くは水溶性であるため水浸によりかなり除去できる．食品によって食塩水，酢水，米のとぎ汁，ぬか汁などにつけ，溶出または吸着作用により除去すると効果的である．しかし，アクを抜きすぎると食品本来の風味を失うことがある．

塩出し　　塩蔵食品は通常塩出しを行う．食塩水（1〜1.5％）につける方法を"迎え塩"とよび，溶出速度は遅いが塩蔵に用いられた荒塩のCa塩やMg塩を溶出させ，苦味を除き，かつ材料の中心からも平均して塩出しが行われる．水につけると食塩の溶出速度は速いが，うま味成分も流出しやすい．水温が高いほうが溶出速度も速い．

血抜き　　レバーを水，塩水，牛乳に浸すことで，内臓の血を抜くことができ，臭みを取り，微生物の繁殖をおさえ，腐敗を防ぐことができる．

(2) うま味成分の抽出

　昆布のうま味成分を抽出させるため，冷水に浸漬してゆっくりだし汁をとることを"水出し"という．そのほか，上質の削ったかつお節も，水出しすると色もつかず，不味成分も出ず，うま味成分のみ抽出されて上品な味のだし汁が得られる．干しえび，煮干し，干ししいたけなどのうま味を溶出する材料もあらかじめ水浸漬し，うま味が出やすい状態にして加熱すると，おいしいだし汁となる．

2）吸水・膨潤（乾物）

　穀類，豆類をはじめ一般の乾物類の水分は約20％以下であるから，加熱す

表 2-7 乾物の重量変化と戻し方

	乾物	戻したあとの倍率（倍）	戻し方
植物性	干ししいたけ	4〜5	さっと水洗いし，水または微温湯に15〜20分つける．戻し水は利用する．
	かんぴょう	5〜7	浸水後塩もみし，ゆでる．
	高野豆腐	4〜6	たっぷりの温湯につけ，戻ったら手にはさんで軽く絞る．
	ゆば	3〜4	ぬれぶきんに包む．
	きくらげ	9〜10	温湯なら20分，水なら約1時間つけ，もみ洗いする．
	ひじき	6〜8	40分〜1時間浸水し，砂などを洗い流す．
	大豆	2〜2.5	4〜5倍の水に10〜15時間つける．
	あずき	2〜2.5	4〜5倍の水で通常は戻さずに煮る．
動物性	干しえび	3	熱湯に軟らかくなるまでつける．つけ汁も利用する．
	干し貝柱	3	熱湯につけて一夜おくか蒸す．つけ汁も利用する．
	身欠きにしん	3	米のとぎ汁に一昼夜つけ，新しいとぎ汁に変えてゆでる．
	干しだら	2.5〜3	12時間〜4日間水につける．

※一般的な戻し方を示したが，製造方法・製品によって異なることがあるので食品の表示に注意する．

る前に水または湯に浸漬して十分吸水させから調理する．これを"戻す"といい，浸水時間，吸水速度，吸水量は，各食品の組成や組織の状態によって異なる．

米は浸漬により米粒が吸水・膨潤し，でんぷんの糊化を速める．豆類は組織が硬いので，大豆で10〜15時間近くかかる．ゼラチン，寒天では吸水・膨潤することにより溶解しやすくなる．乾物は戻すと吸水して重量・容量が増加するので，はじめの重量の何倍くらいになるかを知っておくと便利である（表2-7）．

3）調味液浸漬

水以外の液，すなわち，酢やしょうゆ，あるいはそれらを配合した調味液，油，アルコール漬けなどがある．照り焼きや竜田揚げのように，あらかじめ浸漬してから加熱する場合がある．魚の照り焼きの場合，調味液にしょうがなどを加えておくと魚臭が弱められる．ムニエルでは生魚を牛乳に浸すことでコロイド粒子に魚臭が吸着される．マリネなどのように加熱後に浸漬を行う場合もある．ピクルス，らっきょう，果実酒のように浸漬操作のみによる場合もある．梅酒は氷砂糖を入れたホワイトリカーに梅を浸漬してつくられ，果実の成分が抽出され，特有の風味をもつ果実酒ができる．

4）変色防止

りんご，うど，れんこんなどは，皮をむいたり切ったりして空気中に放置すると，食品中のポリフェノール類がポリフェノールオキシダーゼ（酸化酵素）によって酸化され，食品の色を変化させるが，水にこれらを溶出させたり，食塩水（1％），酢水（3〜5％）などに浸漬することにより酵素活性をお

さえ，褐変が防止できる．ただし，水溶性ビタミンや無機質の溶出もあるので，長時間の浸漬はしないほうがよい．

5）テクスチャーの変化

　生食する野菜をよく洗い冷水に浸すと，水分は細胞内に浸透して細胞はふくれ，組織全体が緊張した状態になり，歯切れをよくする．一方，1％以上の食塩水に浸漬すると野菜はしんなりする．これは細胞膜の半透性の働きによるものである．ただし，食品組織への吸水が飽和状態に達すると食品内部の水分が栄養成分を伴って排出されることもあるので，浸漬時間の配慮が必要である．

6）漬物

　野菜類を主材料として各種の副材料（塩，しょうゆ，みそ，こうじ，酒粕，酢）に漬け込んでつくったものを漬物といい，貯蔵性と呈味性を付与する操作である．漬物は原料の種類，発酵の有無，調味料の状態，副材料により分類され，野菜のほかに果実，獣鳥肉，魚介類を漬けたものなど多種類がある．

　漬物ができる過程では複雑な作用が進行するが，次の2つの作用が重要である．

食塩浸透と脱水　　生野菜のような植物性食品は，各細胞が細胞壁の内部に半透性の細胞膜で囲まれている．食塩を加えると細胞内外の浸透圧の大差によって脱水が起こり，さらに原形質分離して細胞が死滅する結果，膜の半透性が失われ，食塩は組織内の水に溶け込んでいく．一般に塩の適量は，野菜の一夜漬けで2～3％，当座漬けは3～5％，長期には10～15％がよい．

発酵と自己消化　　主材料・副材料自体の自己消化による香味の醸成と，副材料である漬け床の水分量や食塩濃度に応じて微生物が半選択的に発育し，発酵作用が起こり，特有の風味をもった漬物ができる．原料材料の乾燥・加熱・切断・加圧（重石）などの操作は浸透を促進する．

4．切る

　食品を調理の目的に合うように器具を用いて切る，きざむ，皮をむく，削るなどの操作を行う．

　その目的には，① 不可食部分の除去，② 形や大きさを整え，外観をよくする，③ 表面積が拡大され，熱の伝導，調味料の浸透をよくする，④ 歯ざわりや口ざわりをよくする，などがある．

　この操作はほとんどの調理で行われる基本操作で，切砕による"下ごしらえ"はその後の調理過程や最終的なできばえにも影響する．野菜類の場合は，繊維の方向に対してどのように切るか，調理の目的を考えて行うことが大切である．繊維に平行に包丁を入れると歯ごたえがよく，繊維に直角に入れると軟らかい口ざわりとなり，切り方でテクスチャーが変化する．また，ふろ

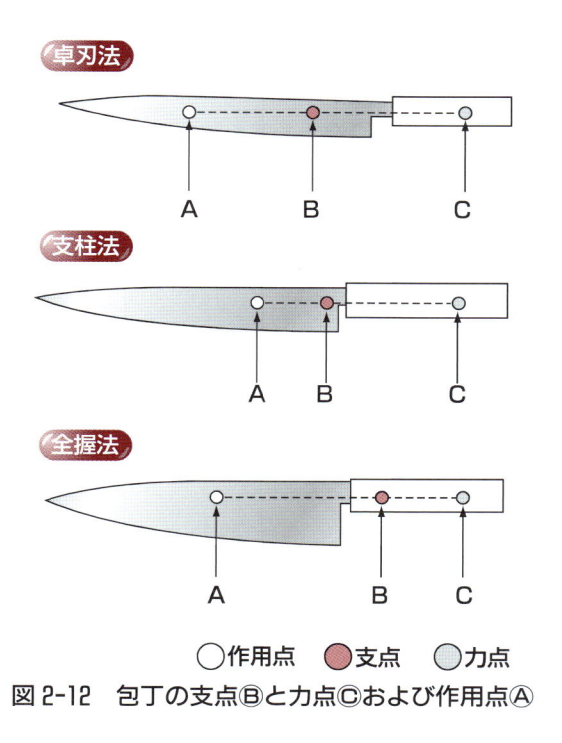

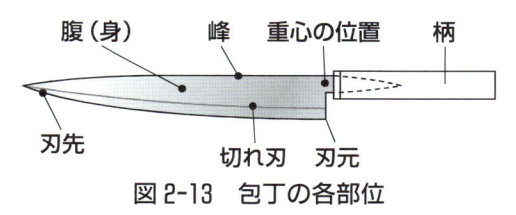

図2-12 包丁の支点Ⓑと力点Ⓒおよび作用点Ⓐ

図2-13 包丁の各部位

ふきだいこんなどでは"隠し包丁"といって，盛りつけたときに見えない部分に包丁目を入れて，火の通りをよくしたり，味をしみこませたり，食べやすくしたりする．畜肉類は繊維に対し直角に短く切ると食べやすくなる．一般に，食品は細かく切断すると成分の損失が大きくなり，うま味も溶出する．液体との接触面が大きいほど溶出するので，洗浄操作は切断前に行い，うま味を汁に抽出したいときは繊維に直角に薄く切る．

ものを切っている場合の包丁は，一種の"てこ"と考えることができる．包丁を支える親指または人差指のあたりが支点(B)，材料に刃があたる部分が作用点(A)，包丁の柄に小指があたる部分(C)が力点となり，包丁の持ち方によって変化する．図2-12の卓刃法は刃先でものを切る場合，支柱法は刃のつけ根に近い刃元で材料を切り，全握法は出刃包丁を使って押し切るか，たたき切るような切り方になる．

卓刃法　切り込みの触感を人差指が鋭敏にとらえるので，材料を切るときの力は比較的弱いが，細かい包丁使いや慎重性のある包丁使いに向く（魚の3枚おろし，刺身，松笠いか，キャベツのせん切りなど）．

全握法　包丁の重さと包丁を持つ手を振りおろす力を利用して，包丁に速

度をつけて切るときの持ち方である（硬い野菜の押し切り，とりがら，魚のあらのぶつ切りなど）．

包丁の各部分の名称を図2-13に示した．

一般に，野菜は組織がしっかりしているので両刃が切砕しやすく，魚肉類は肉質が軟らかく端から切り送る場合が多いので，片側に圧力のかからない片刃のほうが扱いやすい．包丁は切る食品に対して常にその刃を直角にあてて切砕するとは限らず，角度を変えて切る場合がある．向こうへ押し切ったり，手前に引き切ったり，たたき切ったりするなどである．食品の切り方には種々あるが，切ったあとの形態によってよび名がつけられている（図2-14）．

5. 砕く

食品材料におろす，する，ひく，つくなどの力を加えて組織や繊維を砕き，粉状またはペースト状にすることである．操作の目的には次のことがあげられる．

① 食品材料の分布の均一化：小麦粉，パン粉など．
② 香りの向上：焙煎ごま，焙煎コーヒー豆などは組織が破壊されて表面積が拡大し，発現する揮発成分によって香りがよくなる．
③ 食品の口あたりをよくする：つみれ，ごま豆腐和え衣，練りみそなど．
④ 消化吸収をよくする．
⑤ 食品材料中の酵素作用が発現する：わさびは組織破壊によりミロシナーゼが発現し，配糖体に作用して辛味を生じる．

野菜・果物類のビタミンCはアスコルビナーゼによって酸化が進み，ポリフェノール類は酸化により褐変するなどマイナス面もある．

磨砕器具は，細かく砕かれた食品に直接触れるので，食品成分との反応が少ない陶磁器やガラス，ステンレスなどの製品をなるべく使用するほうがよい．銅製などは一般にビタミンCの酸化を促進する．フードプロセッサーを利用するのもよい．

6. 混ぜる

混和，混捏（こんねつ），混合などともいわれる．後述の"和える"も広義では混ぜる操作に入る．調理における混ぜる操作の目的には，材料・調味料の均質化，熱の均質化，起泡，乳化，粘弾性の増強などがある．

材料・調味料の均質化　複数の材料や調味料を均一に分布させるため，あるいは，材料と調味料を均一に分布させるために混ぜる操作を行う．

熱の均質化　食品の加熱や冷却時に，特定の部分だけの温度変化が起こりやすいので，混ぜることにより熱の均質化をはかって，全体的に加熱・冷却が進むようにする．

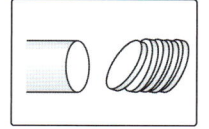

小口切り (洋)エマンセ (中華)花(ホワ)	輪切り (洋)ロンデル (中華)輪子片 (ルウンズピエヌ)	筒切り	半月 (中華)半月片 (パンユエピエヌ)	いちょう (洋)トランシエヴァンライユ (中華)扇子(シアヌズ)
色紙切り(薄切り) (洋)ペイザンヌ (中華)方(ファン)	短冊切り(薄切り) (洋)コルレット (中華)片(ピエヌ)	拍子木切り(算木) (洋)ポンヌフ (中華)条(ティオ)	荒せん切り (洋)リュス	せん切り (洋)ジュリエンヌ (中華)絲(スウ)
さいの目(1.5cm角) (洋)ドミノ (中華)丁(ティン)	あられ(0.7cm角) (洋)ブランタニエール	かのこ(0.5cm角) (洋)ブリュノワーズ (中華)小米(シャオミイ)	みじん切り (洋)アッシュ (中華)末(モォ)	よりうど
かつらむき (洋)リュバン	切りちがい	乱切り(廻し切り) (中華)馬耳(マアル)大 (中華)兎耳(トアル)小	駒爪	茶せん切り
たづな切り	矢羽根	面取り	菊花切り	ささがき
五角(梅)	蛇の目(竜眼)	地紙	櫛形	末広
(中華)仏手(フォシォウ)	蛇腹	松葉切り	(洋)シャトー(俵型卵型)	(洋)コルネ

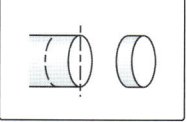

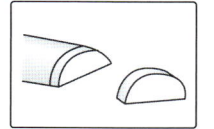

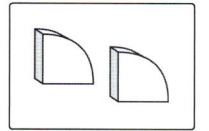

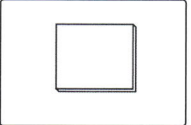

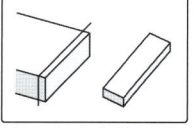

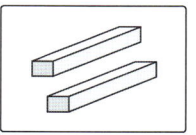

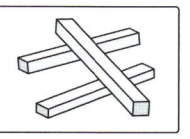

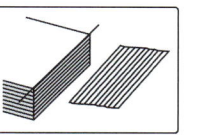

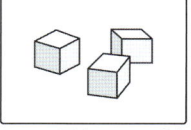

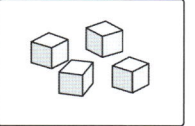

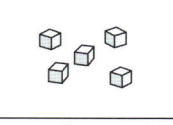

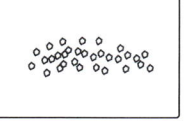

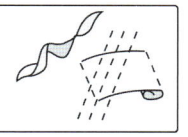

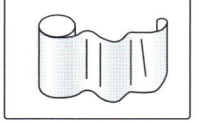

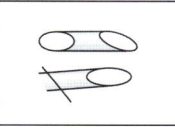

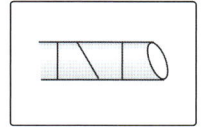

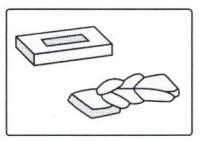

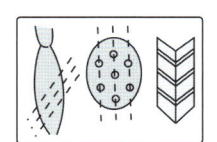

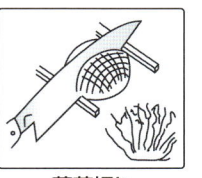

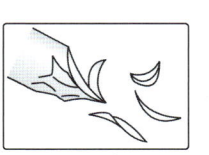

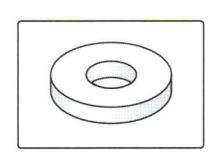

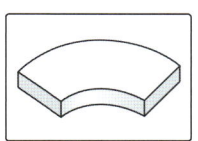

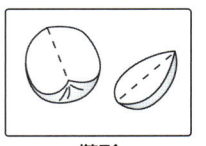

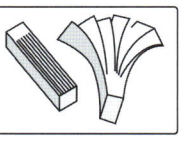

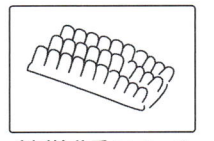

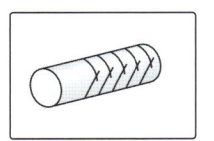

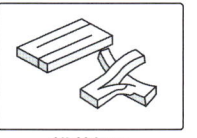

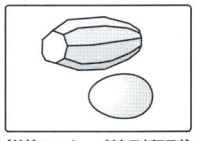

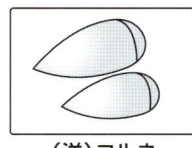

図 2-14 食品の切り方

起泡　卵白やクリームに対するホイップ操作により泡立てが行われる．起泡操作では，まず，空気が大きな気泡として液体中に取り込まれ，続くホイップ操作により小さな泡に細分される．卵白の泡立ち性には，温度，塩や砂糖などの添加物，操作方法などが影響する．また，油脂の混入により泡立ち性は低下する．

　泡の形成において，取り込まれた空気の量をオーバーランといい，起泡された製品の気体/液体の体積比率で表す．オーバーラン200％とは，$1\,l$ の液体が $2\,l$ の気体を含んで $3\,l$ の泡ができたことを意味する．

乳化　エマルションの乳化安定性には油滴の粒径が関係し，細かい油滴にするほど安定性のよいエマルションができる．そこで，安定なエマルションをつくるには，大形の油滴を細分化するためにホモジナイズ（均質化）が行われる．

　家庭でマヨネーズをつくるときには，手動や電動のミキサーで攪拌してつくられる．工業的には，高圧ホモジナイザーでより細かい油滴にして安定なエマルションがつくられる．

粘弾性の増強　肉団子，ハンバーグ，かまぼこなどの材料である魚肉や畜肉は，よく混ぜることにより，肉たんぱく質のゲル化が進み，粘弾性の増強が起こる．そこで，なめらかで口当たりのよいでき上がりにするために，よく混ぜる操作が行われる．また，パンの生地の製造において，よく混捏することにより小麦粉たんぱく質のグルテン網目構造形成を促進することが行われる．

　混ぜる材料の組み合わせは次のとおりである．

とけ合う液体と液体　しょうゆ，酒，酢，みりん，などの調味料は相互によく混ざり，またそれらの液体の調味料とだし汁とも容易に混ざる．

とけ合わない液体と液体　酢など水溶液と油はそのままでは混ざらず，攪拌してもすぐに分離する．したがって，フレンチドレッシングは使用時に混ぜる必要がある．また，卵のような界面活性物質を添加して攪拌することにより，分離しない安定なエマルションをつくることができる．

液体と固体　塩や砂糖のような固体の調味料とだし汁は混ぜると容易に均一になる．水溶きでんぷんは混ぜてもすぐに沈殿するので，使用時にあらためてよく混ぜて使う．

液体と気体　液体と気体はそのままでは混ざらないので，液体の小滴を気体に分散させたエアロゾルにしたり，逆に気泡を細分化させて液体に分散させた泡にする．

固体と気体　固体に気体を分散させた状態はスポンジケーキやパンにみられる．逆に気体に固体を分散させた状態はインスタントコーヒーなど粉末の食品でみられる．

固体と固体　ちらしずしなど複数の固体の材料を混ぜることは調理に多くみられる．

7. 和える

　和える操作は日本料理における和え物調理に用いられ，調味料を材料にからめて調味することを目的とする．調味料は和え衣といわれ，多くの和え衣には細かくした固体状の材料を用い，和えられる材料にからめて味をつける．

　和え物調理においては，和え衣と和える材料との組み合せが大切である．また，使用する和え衣の材料により和え物調理の名前がつけられていることが多い．よく知られている和え物には表2-8のようなものがある．

　和え物に使用する材料は，食べやすい大きさに切って使用する．下ごしらえでは，生のまま用いる場合と加熱後に用いる場合がある．

材料を生のまま用いる場合
　① 生のままで下味もつけないで使用する．
　② 野菜類などの水分含量の多い材料は，あらかじめ塩もみをして水分を減らしてから使用する．
　③ 魚類は魚臭を除き，薄く塩味をつけるためにあらかじめ塩じめをする．たい，すずき，さよりなど白身の魚は薄い塩味で短時間の塩じめであるが，あじ，さばなど青魚は濃い塩味で長時間しめる．
　④ 和え衣に酢味のある場合には，塩もみや塩じめのあとに酢洗いをする．

材料を加熱して用いる場合
　① ゆでることにより材料を軟化させ，また和え衣になじみやすくする．
　② 薄味であらかじめ煮る．
　③ 加熱後に下味をつけておく．
　④ 塩や酒で味をつけてから加熱する．

　材料と和え衣を合わせる時期により，和え物のできばえが異なってくる．一般的に，和えてから時間が経つと水分が放出されてできばえが悪くなるので，あらかじめ塩もみをするなど準備の段階で水分を減らしておく．また，和える操作は，食に供する直前に行うようにする．

表2-8　和え物の種類

和え物	和え衣の主材料
酢みそ和え	酢，みそ，だし
からし酢みそ和え	酢，みそ，からし，だし
黄身酢和え	卵黄，酢，塩，砂糖，だし
白和え	とうふ，砂糖，塩，だし
からし和え	しょうゆ，からし
ごま和え	ごま，しょうゆ，砂糖
くるみ和え	くるみ，砂糖，酢，塩，だし
みぞれ和え	きゅうり，酢，砂糖，塩

8. 寄せる

　寒天，葛などのでんぷん，ゼラチンなどが冷えるとゲル化する性質を利用して，材料を混ぜ合わせて固める調理を"寄せる"という．日本料理においては，このようにして調理されたものは寄せ物とよばれる．

寒天　　凝固させる目的では，でき上がり重量に対して0.5〜2％の濃度で使用される．凝固の程度は添加する調味料の影響を受け，砂糖や塩で調味することによりゲル強度を高める．でき上がりは寒天寄せとよばれる．

ゼラチン　　日本料理における寄せ物の例に煮こごりがある．煮こごりは，ゼラチンの多い煮汁を冷やしてゼリー状に固めたもので，ひらめ，かれい，さめなどが煮こごりの材料に適している．

　西洋料理における寄せる調理例にはアスピックがある．本来のアスピックは，ゼラチンを多く含む肉や魚と香味野菜を用いてスープストックをつくり，冷やして固めたものである．肉や魚のスープストックにゼラチンを添加して固めることも行われる．ゼラチンは2.5〜3％の濃度で使用され，冷製料理の付け合わせ，野菜を混ぜて固める，あるいは弱火で保温して料理の上にかけてつやをつける，などに利用される．ゼラチンのゲルは，寒天と比べて融解温度が低いので，室温でも時間の経過とともにかたちがくずれやすい．

でんぷん　　でんぷんは12〜15％の濃度で使用され，葛でんぷん，コーンスターチ，じゃがいもでんぷん（いわゆる片栗粉）などがある．葛でんぷんを使用したものは葛寄せとよばれる．ごま豆腐やブラマンジェなどもでんぷんを使用して調理される．

味付け　　①寄せる材料にあらかじめ味付けする，②固める前にゲルに味をつける，③薄く味付けした汁やあんを上からかけて食べる．

9. 冷やす

　冷やす操作は，食品の温度を下げることである．その方法，目的には次のようなものがある．

① 室温に放置する，または風を送る：加熱した食品を冷却するときに室温で放置する．冷却してから和えたり，混ぜたりする．すし飯を冷ますときにも風を送って冷やす．
② 冷水や氷水で冷やす：食品に水を混ぜるときに，冷たくない水の代わりに使用して食品を冷やす．また，直接食品に混ぜないで，周囲から冷却することもある．
③ 冷蔵庫や冷凍庫に放置する：冷蔵庫や冷凍庫でそれぞれの庫内温度まで冷やす．家庭用の冷蔵庫は5℃前後，冷凍庫は−20℃前後まで冷える．冷蔵庫や冷凍庫に入れるとき，熱いままで入れると庫内の温度が上がるので，必ず温度を下げてから入れるようにする．

また，冷やす操作の役割としては次のことがあげられる．

① 腐敗の防止：微生物の繁殖を防止して腐敗を遅らせる．微生物によっては低温下でも繁殖することがあるので，安心はできない．材料そのものの保存や，調理した食品の保存を目的にする．

② 嗜好性を高める：冷やすことによって嗜好性を高める．刺身，サラダ，ビール，冷菓，牛乳，ジュースなどはその例である．とくに，夏場には冷やすことにより，よりおいしさが増す．

③ 味覚の変化：多くの味覚は食物を冷やすことにより変化する．同じ濃度でも甘味は，体温付近から17℃まで温度が低下することにより味覚閾値が上昇，つまり味覚が弱く感じられる．一方，塩味や苦味は温度が低下することにより閾値は低下，つまり味覚を強く感じるようになる[17]．

④ ゲル化促進：ゼラチンや寒天のゾルを冷やすと凝固してゲルになる．凝固温度はゼラチンや寒天の種類と濃度により異なる．また，調味料の添加によっても凝固温度は変化する．

⑤ 冷凍調理：アイスクリーム，シャーベットの調理においては，材料を冷凍させることにより調理する．

⑥ 小麦粉のグルテン形成を抑制：てんぷらの調理において，衣の材料である小麦粉を溶くのに冷水または氷水を使用することにより，グルテン形成を抑制して軽い衣にする．

⑦ 魚のあらいにおける冷却：魚肉を薄く切ってから直ちに氷水の中や氷の上に置き，魚肉を引き締める料理を"あらい"という．この調理では冷却により筋収縮を促進させて，引き締まった身にして食する．すずき，たいなど白身の魚がよく使用される．

低温障害　野菜や果物には，低温で保存することにより品質が低下するものがある．このような変化を低温障害という．きゅうり，なす，バナナなどは低温障害を起こして凹んだり変色したりするので，表2-9に示す安全な最低温度以下では冷やさないように保存する．

表2-9　低温障害を受ける野菜果実類の貯蔵時における安全な最低温度

食品名	温度（℃）
バナナ	11～13
パイナップル	7～10
りんご	2～3
さつまいも	13
じゃがいも	3
かぼちゃ	10
きゅうり	7
なす	7
トマト（完熟）	7～10

坂村貞雄・他：農産物利用学．朝倉書店，1973．

chapter 4 調味操作

1. 調味料

　料理の味は，その食材がもっている味を生かしながら，料理をさらにおいしくするために各種の調味料を加えてつくられる．調味料には，食塩やしょうゆ，みそなど塩味をつけるもの（塩味料），砂糖やみりん，水あめなど甘味をつけるもの（甘味料），食酢や果汁，乳酸発酵食品など酸味をつけるもの（酸味料），うま味をつけるもの（うま味調味料）などがある．これらのほかに，消臭やコクのある味に仕上げるために酒類も調味料としてよく使われる．また，料理によっては独自の調味料も使われる．近年，うま味成分に調味料や香辛料を合わせ，手軽に料理できるようにした商品も出回っている．

1）食塩

　食塩は古くから世界中で使われてきたもっとも大切な調味料である．食塩の主な働きを表2-10に示し，使用濃度を表2-11に示す．

2）しょうゆ

　しょうゆは大豆と小麦にこうじと塩と水を合わせ，発酵させてつくる．しょうゆを用いると料理に黒い色と香りが付加される．しょうゆには濃口しょ

表2-10　食塩の主な働き

主な働き	例
料理に塩味をつけておいしくする	→ 各種の料理
食品中の水分を脱水する	
魚などの身が引き締まる	→ 魚の塩焼き
野菜がしんなりする	→ 野菜の塩もみ
保存性が高まる	→ 野菜や魚の漬物
肉臭を除去する	→ 魚の塩焼き
卵のゲル化を促進させる	→ 茶碗蒸し，卵豆腐
肉だんごに弾力性をもたせる	→ ハンバーグステーキ，肉だんご
対比作用により，甘味を強める	→ あんに塩を加える
クロロフィルを安定させる	→ 青菜の塩ゆで
小麦粉のグルテン形成を促す	→ パンやめん，餅（ピン）の製造

表 2-11　食塩濃度

食品名・料理名	食塩濃度（％）	調理加工時の目安
汁物	0.8〜1.0	しょうゆやみそで味付けする場合はそれらの食塩濃度から使用量を換算
炊き込みごはん	0.6〜0.8	炊く水量の約1％が目安
すし飯	0.7〜1.0	米カップ1に対して約3g使用
食パン	1.3	強力粉300gに対して5g使用
ゆでうどん	0.3	中力粉400gに対して12g使用
焼き魚（身）	1〜1.5	
漬物	2〜4	野菜重量の3〜6％の食塩
みそ	6〜12	大豆300gに対して125g使用
しょうゆ	12〜16	

うゆや薄口しょうゆ，たまりしょうゆ，白しょうゆなどの種類がある．濃口しょうゆは色の濃いしょうゆで，煮物やたれなどに用いられるが，ビーフステーキや炒飯の香り付けにも使われ，食塩濃度は約15％である．薄口しょうゆはやや色の薄いしょうゆであるが，食塩濃度は約16％で濃口しょうゆよりも塩辛い．色を薄く仕上げたい煮物や吸い物などに用いられる．たまりしょうゆは小麦を使わず，大豆にこうじと塩を合わせてつくられる．味は濃厚で，刺身やすしのつけじょうゆなどに使われる．白しょうゆは小麦を主原料としてつくられたしょうゆで，色が黄金色で薄く，独特の香気があり，主に汁物に使われる．

日本には"しょっつる"とよばれる魚しょうゆがあるが，フィリピンやタイにもしょっつるに似たニョクマムやナンプラーがあり，またほかに，えびしょうゆのバゴーンやカピなどもある．

3）みそ

みそは蒸した大豆をつぶし，こうじと塩を混ぜて発酵させてつくる．米こうじでつくられるみそが多いが，麦こうじや豆こうじでつくられるものもある．色で分けると，普通のみそのほかに赤みそと白みそがある．赤みそは赤い色をしたみその総称で，大豆を長時間煮たり，高温で煮ると大豆の色が濃くなるが，さらに熟成期間を長くしてみその色を赤くさせたものである．赤みそには濃厚なうま味がある．白みそは白っぽい色をしたみその総称で，米こうじを多く使った甘味のあるみそである．

みその食塩濃度は12％ほどの辛いものから，6％ぐらいの甘いものまでいろいろなものがある．みそには芳香があり，みそ汁やみそ煮，みそ漬けに用いられるほか，いろいろな"なめみそ"にも加工される．

日本のみそに似た調味料として，中国には甜麺醤（テンメンジャン）や豆板醤（トウバンジャン）があり，韓国にはコチュジャンなどがある．

4）砂糖

砂糖は砂糖きびや砂糖だいこんから絞ったり，煮出したりして砂糖を取り

出したあと，これを濃縮させ，さらに結晶化させてつくる．砂糖には，糖蜜を含んだ含蜜糖と，糖蜜を分けた分蜜糖がある．含蜜糖は黒砂糖に代表されるが，分蜜糖には，結晶が小さくて白い上白糖，褐色の中白糖（三温糖，ブラウンシュガー），結晶が粗く褐色の赤双目（ざらめ）糖などがある．普通の料理には上白糖が使われるが，色を濃くしたい場合には中白糖や赤双目糖が使われる．佃煮など硬く仕上げたい場合には双目糖を用いるとよい．ほかに，グラニュー糖，氷砂糖，角砂糖，粉糖などがある．和三盆は砂糖きびの糖液を圧搾する作業を繰り返してつくられる砂糖で，風味と口あたりがよい．

5）みりん

みりんは蒸したもち米に米こうじと焼酎を混ぜ，熟成させてつくる．アルコール分14％，糖分38％を含み，主に甘味と照りをつけるために用いられる．アルコール分が1％未満で，みりん風につくられたものはみりん風調味料と表示されている．また，食塩を加えたみりん系の調味料もある．

6）食酢

食酢は約4％の酢酸を主成分とし，その他有機酸や糖類，香気成分を含んだ酸性調味料である．食酢には醸造酢と合成酢がある．食酢には雑菌の繁殖をおさえる効果や，食欲をそそる効果がある．

7）うま味調味料と風味調味料

うま味成分にはアミノ酸系のL-グルタミン酸ナトリウムや，核酸関連物質の5′-イノシン酸ナトリウム，5′-グアニル酸ナトリウムなどがある．うま味は成分を単独で使うよりも組み合わせて使うほうが相乗効果があるので，うま味調味料はこれらを組み合わせてつくられている．

一方，風味調味料といわれるものは，かつおだしや昆布だし，鶏がらスープなどをベースにし，食塩を加えた調味料で，顆粒状や固形で，だしの素やスープの素として多く市販されている．

8）酒類

飲み物としてではなく調味料として使われる酒は，好ましくないにおいを消したり，肉を軟らかくしたり，また殺菌の目的や，酒のよい香りをつけたり，煮くずれを防ぐためなどに用いられる．使われる酒の種類は多く，清酒，焼酎，ワイン，ブランデー，キュラソー，ラム酒，紹興酒などがある．

清酒は日本料理や中国風料理で，魚のにおい消しや煮くずれ防止などに使われる．焼酎は漬物などの保存食をつくるときに，主に殺菌のためや料理の香り付けなどに使われる．料理に使われるワインには白ワインと赤ワインがあるが，白ワインはぶどうの汁を搾って発酵させたもので，甘味がある．赤ワインはぶどうを丸ごとつぶして発酵させたもので，渋味と酸味がある．白ワインは主に魚や鶏の料理，色の白い煮込み料理に用いられ，赤ワインは主

に肉料理に用いられる．ブランデーやキュラソー，ラム酒などは香りがよいので，洋菓子などに使われる．紹興酒は中国の代表的な醸造酒で，酸味と特有の香りがあり，いろいろな中国調理に使われる．

2. 香辛料

香辛料（スパイス）には調味料と同様，食品に色，味，香りを賦与し，嗜好価値を高める働きがある．調味料が主として塩，甘，酸，うま味を賦与するのに対して，香辛料は主に辛味と独特の芳香を与える．

辛味性もしくは芳香性を有する食用植物の葉，茎，果実，種子，花，蕾，樹皮，根塊など，あらゆる部分が香辛料として利用されており，乾燥品をホールのまま，あるいは粉末状にしたもの，または生鮮品を使用する．日本では葉茎から調製される香辛料をとくにハーブとよび，それ以外をスパイスとよんで区別することがあるが，本来ハーブは薬用で，有毒植物も包含する植物草本全体を意味するので，ハーブがすべて食用ではないことに注意しなければならない．

香辛料の調理機能は賦香，矯臭・消臭，辛味付け，着色の4つに分類することができる．賦香作用とは芳香性の高い香辛料が食品や料理に強い香りを賦与して食品独特の臭みを感覚的に弱める作用であり，揮発成分（精油）がその機能に関与している．矯臭・消臭作用は香辛料成分と食品の臭気成分との化学的反応によって臭気成分が不揮発化したり無臭物質へ変化することによる．辛味にはとうがらし，こしょうのように舌や口腔内を刺激する辛さ（ホットな辛さ），しょうがやさんしょうのように舌がしびれるような辛さ，マスタードやわさびのようにツーンと鼻に抜ける辛さ（シャープな辛さ）がある．着色作用をもつ香辛料にはターメリック，パプリカ，サフランなどがある．一般に香辛料はこれら4つの機能の1つ以上を有していることが多い．

香辛料を有効に利用するコツは，香辛料と食材との相性や香辛料を加えるタイミングなど調理特性を把握することである．矯臭・消臭を目的とする場合は，調理の下ごしらえ時か加熱中に加えると効果的である．一方，賦香を目的とするときは調理の仕上げの段階で加えるほうがよい．個々の香辛料の調理特性は別項にまとめた．

一般に，香辛料は単品で用いるより複数を組み合わせて利用する場合が多い．これは香辛料単独では強すぎる芳香を，ブレンドすることにより調和のとれたまろやかな芳香に変えるためである．表2-12に代表的なブレンドスパイスを掲げた．

香辛料を添加したリキュールは菓子類の風味付けや隠し味として活用される．日本でも沖縄地方にレッドペパーを泡盛に漬け込んだ調味料がある．また，香辛料を漬け込んだオリーブ油をドレッシングなどに利用している．これらは，アルコールや油に溶出した香辛料成分の芳香や辛味を効果的に利用した調味料である．

表 2-12　主なブレンドスパイス

ブーケガルニ	フランス料理用のブレンドスパイス．スープや煮込み料理で動物性素材の矯臭の目的で用いられる．ベイリーブス，セロリー，パセリ，タイムを中心にシソ科，セリ科の香辛料，ガーリック，ジンジャー，ペパーなども配合される
ガラムマサラ	インドのブレンドスパイスで粉末状，ペースト状のものがある．ベイリーブス，ブラックペパー，カルダモン，シナモン，クローブ，コリアンダー，メースなどが配合されている
カレーパウダー	カレー料理用のブレンドスパイス．ブラックペパー，シナモン，クローブ，コリアンダー，クミン，カレーリーフ，フェヌグリーク，ジンジャー，マスタード，レッドペパー，ターメリックなどが配合されている
ピクリングスパイス	ピクルス用のブレンドスパイス．一般には原形もしくは大きく砕いた約10種類のスパイスが配合される．オールスパイス，クローブ，メース，ベイリーブス，コリアンダー，ディル，フェンネル，ジンジャー，レッドペパー，マスタード，ペパーなどが配合されている
七味唐辛子	「二辛五香」を基本組成とする日本独特のブレンドスパイス．一般的にはトウガラシ，サンショウ，麻の実，陳皮，ケシの実，ゴマ，青のりまたは青シソが配合されている
五香（ウーシャン）	「四香一辛」を基本組成とする中国のブレンドスパイス．シナモン，クローブ，陳皮の3種類にフェンネルもしくはスターアニス，花椒もしくはコショウが配合される

3. 調味操作

　調味操作は，食材固有の味を理解し，料理全体の嗜好性をより高められるように，調味料を賦与する操作である．すなわち，調味料によって食材のもつ好ましくない風味を抑制し，好ましい風味を強調する．また，食材に含まれない風味をもつ調味料を合わせることによって新しい風味を創造する．さらに調味操作は，風味付けだけでなく，テクスチャーの変化も引き起こす（表2-13）．

1）調味時期

　調味時期は，調理方法，食材の特性，調味目的によって異なる（表2-14）．
下ごしらえ時　　調味料をふりかける．調味料に浸す．加熱中に調味できない場合は，加熱調理前に食材に下味をつける．
加熱段階　　調味液中で加熱する．調味された食品にほかの食品を混ぜる．一般に，植物素材は，でんぷんの糊化・組織の軟化後に調味し，動物素材は，調味液が沸騰したところに食材を加えて加熱する．
供卓前もしくは喫食時　　調味液をかける，浸す，和える（和え物，サラダなど）．
喫食時　　調味液をつける（刺身など）．
　いずれの場合も，食品量と嗜好に合わせて適量の調味料を使用することが大切である．

表 2-13　調味料と食品のテクスチャー

調味料	調味料のもつ作用	テクスチャー変化
食塩	たんぱく質溶解作用	塩水には塩溶解性たんぱく質が溶ける ・グルテン形成が促進され，うどんやパンなどこしの強いものができる ・大豆類を塩水に浸漬すると組織の軟化が起こり早く煮える ・ひき肉調理における結着性向上効果
	たんぱく質熱凝固促進	魚や肉に塩をして加熱すると表面が凝固しやすく，エキス分の流出を防ぎ，硬くならない
食酢	たんぱく質の変性	・pHの低下により酸性プロテアーゼ活性を促進．マリネした獣肉は軟らかい ・魚肉たんぱく質は変性し，締まった食感となる（酢じめ）
砂糖	保水性（脱水性）	少量の水に多量の砂糖が溶けるため，周囲の水分を奪い取り，でんぷんの老化をおさえ，硬くなるのを防止．ケーキ，カステラ，ようかん，ゼリー
酒類	温度降下	15％エタノール溶液に肉を浸漬して焼いた場合，肉の内部温度は低下する．内部温度が低いと内容成分の溶出がおさえられ，肉の収縮変形が少ない

田村真八郎・川端晶子：食品調理機能学．建帛社，1997，p.265．

表 2-14　加熱調理と調味時期

調理操作	調味時期			
	加熱前	加熱中	加熱後	供卓時
煮 物		○		
蒸し物	○			○
ゆで物			○	
焼き物	○	○		
揚げ物	○			○
炒め物	○	○		
マイクロ波加熱	○		○	

2）調味料の配合

　調味料の使用量は，個人の嗜好や環境などによって左右されるが，調味料や料理の種類によってだいたいの使用目安量がある（図2-15）．なかでも食塩はほかの調味料と比較して，ちょうどよいと感じられる濃度範囲が狭いため，塩加減は味付けの決め手となる．食塩濃度は，汁物では0.8％前後，その他の調理では材料の1〜2％が基準である．塩味の賦与の目的でしょうゆやみそを使う場合，使用量は食塩含量をもとに算出する（表2-15a）．また大量調理では，少人数用レシピの調味パーセント〔（調味料重量/材料重量）×100〕をもとに換算して添加すると塩味が強くなりすぎる場合があるため，まず計算量の70％を添加したあと，味をみて使用量を調整する必要がある．

　一方，砂糖は食塩と異なり，広い濃度範囲で用いられる．一般に，砂糖濃

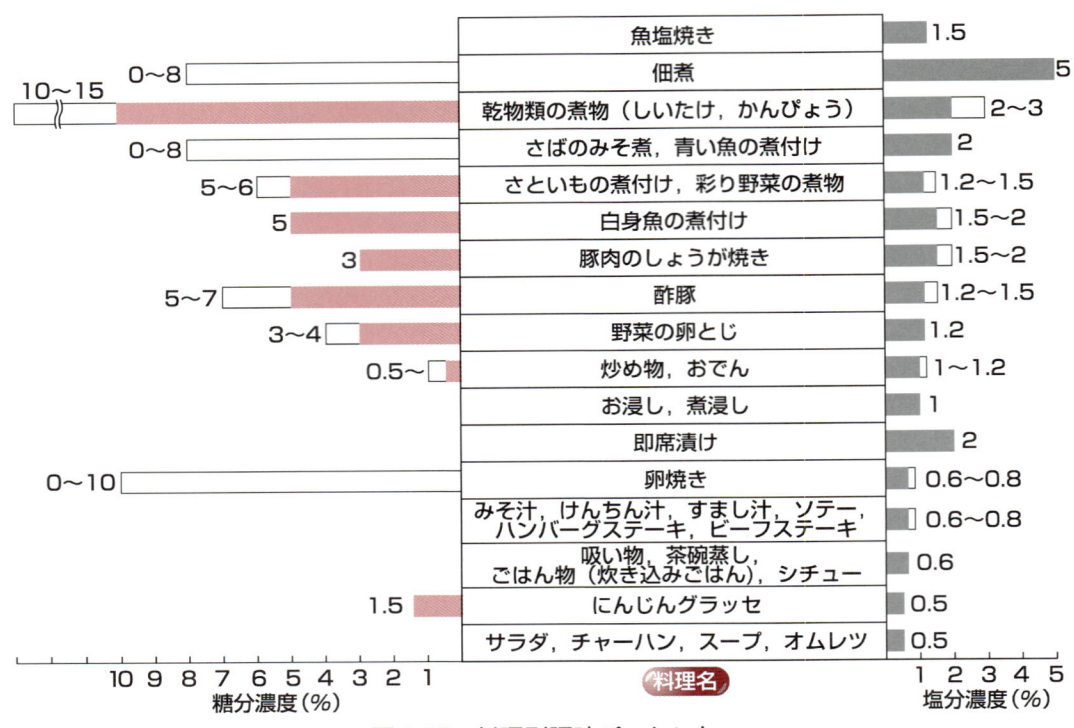

糖分濃度(%)	料理名	塩分濃度(%)
	魚塩焼き	1.5
0~8	佃煮	5
10~15	乾物類の煮物（しいたけ，かんぴょう）	2~3
0~8	さばのみそ煮，青い魚の煮付け	2
5~6	さといもの煮付け，彩り野菜の煮物	1.2~1.5
5	白身魚の煮付け	1.5~2
3	豚肉のしょうが焼き	1.5~2
5~7	酢豚	1.2~1.5
3~4	野菜の卵とじ	1.2
0.5~	炒め物，おでん	1~1.2
	お浸し，煮浸し	1
	即席漬け	2
0~10	卵焼き	0.6~0.8
	みそ汁，けんちん汁，すまし汁，ソテー，ハンバーグステーキ，ビーフステーキ	0.6~0.8
	吸い物，茶碗蒸し，ごはん物（炊き込みごはん），シチュー	0.6
1.5	にんじんグラッセ	0.5
	サラダ，チャーハン，スープ，オムレツ	0.5

図 2-15　料理別調味パーセント

遠藤仁子：調理学．第 2 版，中央法規，1997，p.74．

表 2-15 a　塩分の換算

種類		塩分含有量(%)	使用量の概要比
食塩		99	1
しょうゆ	濃口	15.0	7
	薄口	16.3	6
みそ	辛口	12.4~13.0	8
	甘口	6.1	16

表 2-15 b　糖分の換算

種類	糖分含有量(%)	使用量の概要比
砂糖	99.1	1
みりん	31.5	3

度が同じでも，水分の多い場合は甘味を強く感じ，水分の少ない場合は甘味を弱く感じる．また，砂糖量の 1％以内の食塩量を加えると，対比効果によって甘味が増強される．みりんで甘味をつける場合は，砂糖の 3 倍量を用いると同程度の甘さになる（表 2-15 b）．

また，調味料の分布が均一な場合と不均一な場合とでは，満足する濃度が異なり，概して均一に調味するよりも，一部を（煮物や焼き物は表面を）重点的に調味すると低濃度でも満足できる．この方法は，減塩食や低エネルギー食の調理に有効である．

3）うま味の賦与

だし汁は，料理の基調として，食品自体の持ち味にさらに風味を補って，よりおいしく食べるために欠かすことができないものである．その主体とな

表 2-16 うま味材料とその呈味成分

うま味材料	主なうま味成分
かつお節（その他の節類），煮干し，魚類	5′-イノシン酸ナトリウム（5′-IMP）（ヌクレオチド），各種アミノ酸，有機酸，有機塩基
昆布	L-グルタミン酸ナトリウム（MSG），マンニット
干ししいたけ	5′-グアニル酸ナトリウム（5′-GMP）（ヌクレオチド）
干し貝柱	コハク酸
生鮮貝類，いか	コハク酸，ベタイン，タウリン，トリメチルアミンオキサイド
牛・豚肉，牛・豚骨，鶏がら	5′-グアニル酸ナトリウム（ヌクレオチド），各種アミノ酸，有機酸，有機塩基，溶出ゼラチン

管理栄養士国家試験教科研究会：調理学．第一出版，2001，p.65．

表 2-17 だし汁の種類ととり方の例

	材料	使用量(%)	とり方
和食	かつお節（一番）	2〜4	沸騰水中に入れ，約 1 分間加熱し，上澄みをこし分ける
	かつお節（二番だし）	4〜8	一番だしをとったかつお節に 1/2 量の水を加え，沸騰後約 3 分加熱し，上澄みをこし分ける
	昆布	2〜4	水浸 30 分〜1 時間，または水から昆布を入れ，80℃ぐらいで昆布を取り出す
	混合だし	かつお節 1〜4 昆布 1〜2	水から昆布を入れ，80℃くらいで昆布を取り出し，かつお節でだしをとる
	煮干し	2〜4	頭とわたを取り，半身にさいて水浸後，火にかけて煮出す，上澄みをこし分ける
洋食	例1 { 牛肉 野菜（にんじん，たまねぎ，セロリー） 香草 塩	30〜50 20 0.3〜0.5	水に肉を入れ，沸騰したら香草，塩を入れてアクを取りながら弱火で加熱する．野菜を入れてさらに加熱し，布でこす
	例2 { 鶏骨 牛ひき肉 野菜（にんじん，たまねぎ，セロリー） 卵白 塩	30〜50 10 5 0.6	塩以外の材料をよく混ぜ，スープストックを加えて火にかける．沸騰直前まで混ぜ，引き続き弱火で塩を入れて加熱し，布でこす
中国風	例 { 鶏肉，豚肉，鶏骨 長ねぎ しょうが	40〜50 3〜5 3〜5	水に材料を入れ，沸騰後は弱火で加熱し，こす

島田敦子・畑江敬子：調理学．朝倉書店，1995，p.32．

るのはだし汁中のうま味成分である．うま味成分は各食材のさまざまな風味を総合的に好ましい方向に誘導することができるため，煮物や汁物には，そのベースとして，だし汁が用いられる．日本料理では"だし"，"だし汁"と

よぶが，西洋料理ではスープストック（英），ブイヨン（仏），中国料理では湯(タン)とよぶ．だしをとる材料にはかつお節，昆布，煮干し，肉類，野菜などがあり，うま味に関与するだし成分は，グルタミン酸ナトリウムなどの各種アミノ酸，5′-イノシン酸や5′-グアニル酸を含む核酸関連物質や有機酸などである（表2-16，表2-17）．だしと各種調味料が食材の風味と適切に調和することによって，総合的に嗜好性の高い料理が生み出される．

4）調味料の浸透

調味とは，調味料の食品内部への移動，すなわち浸透・拡散を意味し，この過程は，食品の状態，調味料の種類，調味方法などによって異なる．

生の食品の調味　生の食品（野菜など）を構成している細胞は生きている状態を保っているため，細胞膜の半透性が維持されている．すなわち，水は細胞膜を自由に通過できるが，塩や砂糖といった調味料は侵入できない．そのため，まず，食品に調味料をふる，もしくは食品を濃い調味液につけると，食品内外の濃度差によって起こる浸透圧の差に従って，細胞内から水が流出してくる．食品の脱水が進むと細胞が死に，細胞膜の半透性が失われる．その結果，水と調味料がともに自由に移動できるようになるため，調味料が細胞内に侵入し，食品内部まで調味される．

また，魚にふり塩した場合，脂肪が少なく，含水量が高く，筋原繊維の太いものほど食塩の浸透量が大きい．調味料の浸透には，食品の成分組成，組織構造が大きく関与している．

加熱調理における調味　食品を構成する細胞膜が加熱によって半透性を失うと，調味料は拡散によって細胞内に侵入・移動する．すなわち，生の間は，細胞膜や組織構造が存在しているため浸透によって起こるが，食品を加熱すると，調味料の食品への侵入は，温度が上昇してこれらの障壁がなくなり，拡散によって移動できるようになる．その調味速度は生の状態よりも速くなる．また，拡散は，食品内外の濃度差が大きいほうが急速で，濃度差が小さくなるにつれて緩慢となるので，基本的には，加熱初期の調味料の浸透量が大きい．しかし，加熱によって食品中の膜系が機能を失ったり，内部組織が変質したりするなど種々の要因が絡んでいるため，調味料の浸透量が必ずしも加熱初期から順次減少するわけではない．また，多くの調味料は水に溶けて食品中を移動するため，水の存在が調味効率に大きく影響する．そのため，含水量の大きい食品では，調味料の浸透量が大きい（図2-16）．しかし一般に，煮上がりの時間は，調味料が均一に拡散するまでの時間に比べて短く，味は食品内部まで十分に浸透していない．"含め煮"や，加熱終了後は一定時間放置することによって味を均一になじませることが可能である（図2-17）．

また，浸透する距離を短くすると，味が平均化するまでの時間が短縮できる．すなわち，ある程度食品を小さくすると味の均等化が速くなる．食品を小さくすることが困難な場合は，目立たないところに切り込みを入れる"隠し包丁"によって浸透距離を短くする工夫をするとよい．

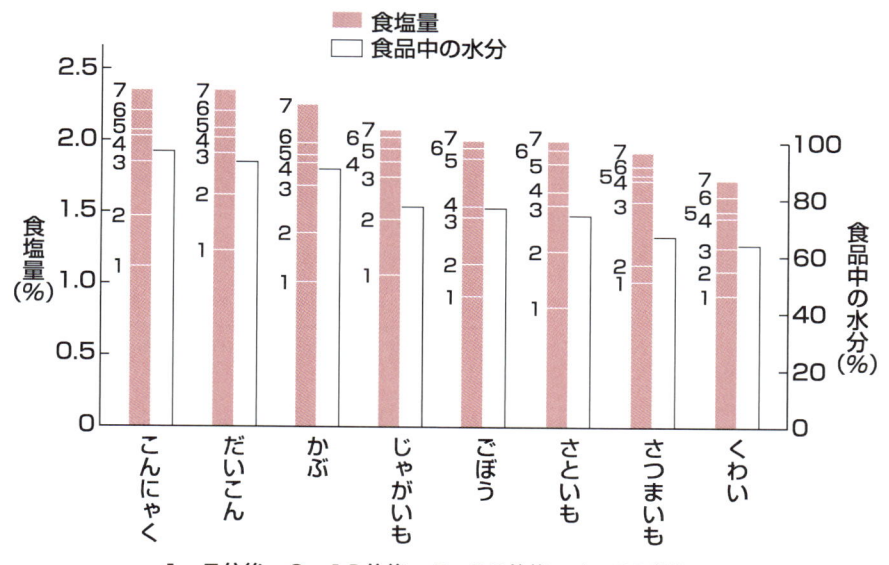

図2-16 各種食品の吸塩量

野口　駿：食品と水の科学．幸書房，1992，p.58．

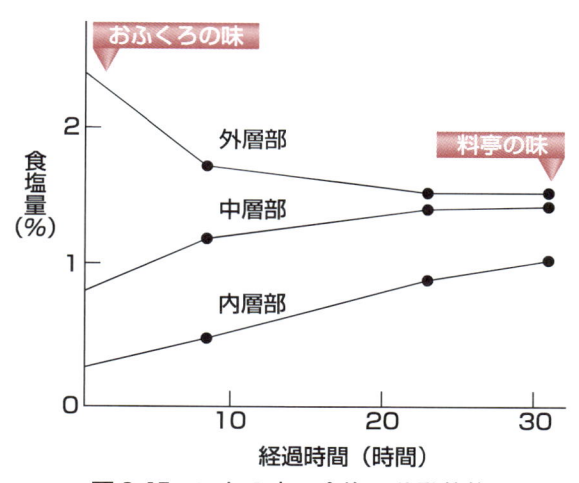

図2-17 いもの中の食塩の移動状態

松元文子：新調理学．光生館，1990，p.40．

　一方，煮汁に粘性があると調味料の拡散速度が遅くなるため，食品内部に調味料を浸み込ませる場合は，でんぷんやルウで煮汁にとろみをつけるのはできるだけ遅くしたほうがよい．また，煮汁が少ない場合は，食材が煮汁に浸っていない部分が生じ，均一に調味されにくい．そこで，落としぶたをすると，調味料分布の差を小さくすることができる（表2-18）．

表 2-18 落としぶた，紙ぶた法による
じゃがいもの食塩吸収量

	いもの吸塩量(%)		
	上半(A)	下半(B)	差(B−A)
普 通 の ふ た	0.57	1.23	0.66
落 と し ぶ た	0.60	0.93	0.33
紙 ぶ た（日本紙）	0.66	1.00	0.34
紙ぶた(セロファンに小穴をあけたもの)	0.67	1.11	0.44

島田敦子・畑江敬子：調理学．朝倉書店，1995, p. 31.

5）調味順序

　煮物など加熱調理中の調味順序は，一般に"さ・し・す・せ・そ"といわれている．すなわち，"砂糖・塩・酢・しょうゆ・みそ"の順に加えていくとよい，という意味である．物質の拡散する速さは，物質の分子量の平方根に反比例する（グラハムの法則）ため，分子量の大きい砂糖（ショ糖；分子量342.2）は，分子量の小さい食塩（分子量58.5）より先に添加しないと拡散浸透しにくくなる．また，食塩は，たんぱく質の熱凝固を促進するなど，食品の組織を硬く引き締める作用がある．その意味からも，砂糖を先に添加したほうが効率よく調味できる．一方，醸造酢やしょうゆは加熱によって特有の香りが失われるため，あまり早くから加えることは好ましくない．加熱終了直前に加えるか，使用量の一部を最後に加えることもある．

REFERENCES section 2

1) 渋川祥子(編)：食品加熱の科学．朝倉書店，1996, pp. 122～138.
2) 川端晶子・畑 明美：新栄養士課程講座 調理学．建帛社，1999, pp. 83～87.
3) 遠藤仁子(編)：健康・栄養・食生活教育シリーズ 調理学．中央法規，1997, pp. 50～51.
4) 藤沢和恵・南 廣子(編)：現代調理学．医歯薬出版，2001, pp. 46～53.
5) 池田ひろ・木戸詔子(編)：調理学．化学同人，2003, pp. 29～31.
6) 南出隆久・大谷貴美子(編)：調理学．講談社，2000, pp. 22～25.
7) 川端晶子・畑 明美：調理学．建帛社，1999, pp. 164～167.
8) 品川弘子・川染節江・大越ひろ：調理とサイエンス．学文社，2001, pp. 144～177.
9) 高橋敦子(編著)：調理学．光生館，2003, pp. 97～99.
10) 玉川和子・口羽章子・木地明子：臨床調理．医歯薬出版，1998, pp. 94～102.
11) 松本睦子・吉松藤子：調理科学，16(1)：40～46, 1983.
12) 太田静行，湯木悦二：フライ食品の理論と実際．幸書房，1976.
13) 中沢文子：食品加熱の科学（渋川祥子編）．朝倉書店，1996, pp. 30～40.
14) 大薮 一：最近の電子レンジと電磁調理器．日本調理科学会誌，34：242～249, 2001.
15) 肥後温子：食品加熱の科学（渋川祥子編）．朝倉書店，1996, pp. 145～150.
16) 渋川祥子：食品加熱の科学（渋川祥子編）．朝倉書店，1996, pp. 134～138.
17) 小俣 靖：美味しさと味覚の科学．日本工業新聞社，1986.

section 3

食品の調理特性と調理

- chapter 1　植物性食品の調理特性と調理
- chapter 2　動物性食品の調理特性と調理
- chapter 3　成分抽出素材の調理特性と調理
- chapter 4　その他の食品の調理特性と調理

chapter 1 植物性食品の調理特性と調理

　食品を分類する方法は給食管理，栄養指導，国民栄養調査，FAOの調査など，利用目的によってさまざまであるが，ここでは食材の起源によって植物性食品と動物性食品に分けるとともに，2002年制定の管理栄養士国家試験出題基準（ガイドライン）の分類にほぼ従って，それぞれ食品の調理特性を記述した．

1. 米

　わが国では，近年，穀類の摂取量は漸減し，とくに米の摂取量が減少しているが，米，ことに米飯はいまも日本人の主食である．3食米飯摂取は少数派になったが，食生活の多様化した現在も，一般の日本人は1日1食は米飯を食べている．ただし，副食が豊かなために1食あたりの米飯摂取量は少なく，米の消費量は減少している．

　わが国で生産される米の大部分はジャポニカのうるち米であり，主として飯米として使用されている．今日，稲の栽培は多様化し，新形質米なども登場しているが，その一方で，最近のうるち米の全国作付けの大部分は，良食味米として知られるコシヒカリまたはコシヒカリ系である（2001年で75.5％）．これらは日本人好みの適当な粘りとこしがある品種であるが，産地・産年などによって食味は若干異なり，また保存状態その他によっても異なって

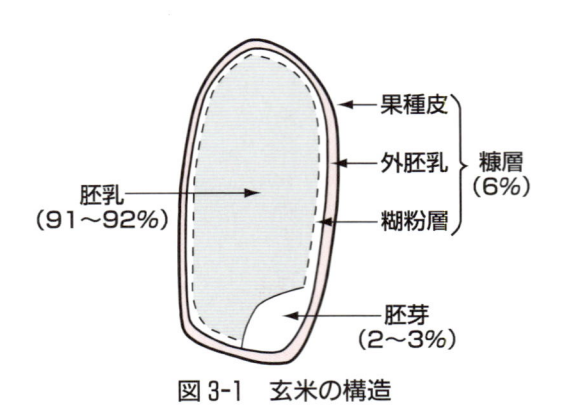

図3-1　玄米の構造

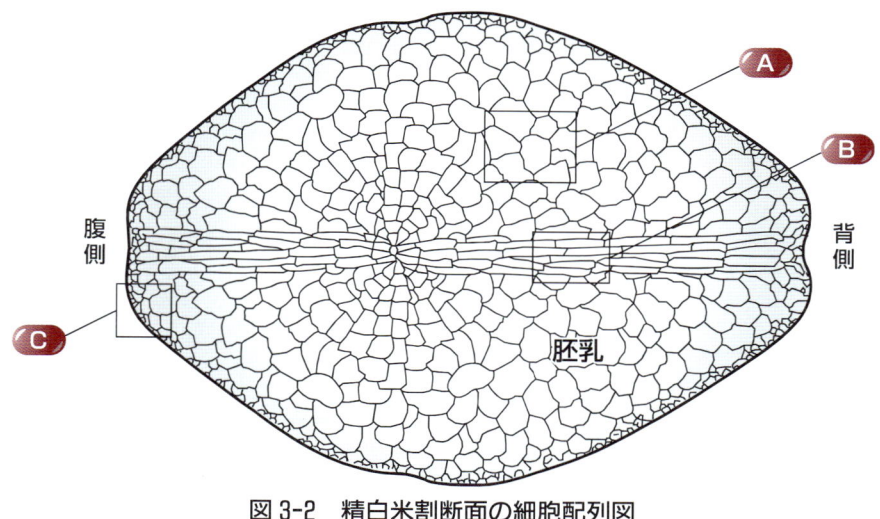

図 3-2 精白米割断面の細胞配列図

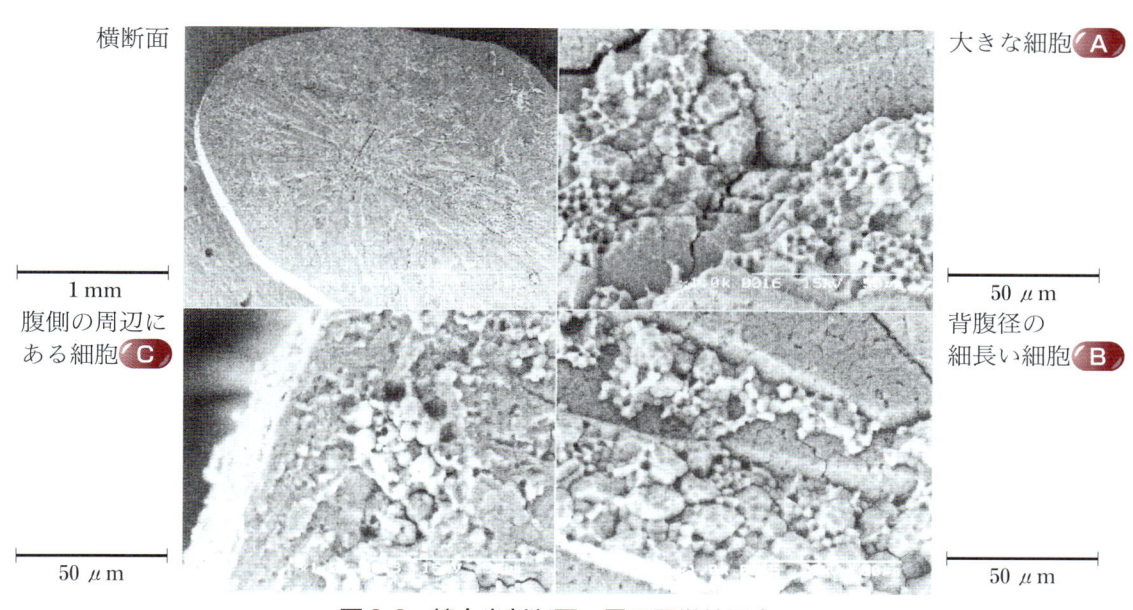

図 3-3 精白米割断面の電子顕微鏡写真

くる．

米は粒食される．米飯に用いる米粒は玄米を搗精して得るが，通常は精白米を用いる．ここでは主としてもっとも基本となる精白米の米飯，すなわち白飯の炊飯について述べる．

1）搗精

米粒（玄米）の構造は図 3-1 のとおりであって，籾殻を除いた玄米を搗精し，約 8％の表面の糠層が除去され，搗精歩合 92％になったものが精白米である．精白米はほぼでんぷん細胞のみになっている．玄米から精白米まで搗精度の増える順，すなわち搗精歩合の小さくなっていく順に，玄米，半搗

図 3-4　米でんぷん単粒の電子顕微鏡写真（×4,000）

き米，七分搗き米，精白米となる．健康や嗜好上の理由で玄米〜七分搗き米を米飯にすることがあるが，玄米などの炊飯方法は精白米と若干異なる．ここでは主として通常の精白米の炊飯について述べる．

2）精白米の構造

精白米の構造は，胚乳細胞・でんぷん複粒・でんぷん単粒の3段構成になっている．つまり，普通に"米でんぷん"とよばれている米のでんぷんの単粒が複粒を構成し，これが胚乳細胞の中にぎっしり充填されて胚乳組織を構成している．すなわち，米でんぷんは細胞という小さな袋にぎっしり充填されたまま，さらにその細胞が組織にぎっしり充填されている（図3-2〜4）．この状態で周囲から水と熱を受けて，でんぷんが適当に糊化膨潤し，細胞も膨張し，米粒も膨張して米飯粒になる．一般に，元の米の重量の2.3倍になっているとき，日本人好みの食味とレオロジー性をもった米飯になる．その過程が炊飯である．

3）炊飯

炊飯は米粒組織を構成したままの米でんぷんの糊化である．うるち米でんぷんのアミロペクチンは約83％，アミロースは約17％であるが，米でんぷんはほかの，たとえばじゃがいもでんぷんなどに比して糊化しにくい．そのうえ，米でんぷんは米胚乳組織に緊密充填されている．でんぷんの糊化は，いわばでんぷんの吸水膨潤であり，水がでんぷんの周囲に入り込みにくい状態で，しかも日本式炊飯では加水比が水の1.5と小さく，炊飯は厳しい条件での米でんぷんの糊化といえる．

炊飯工程は，洗米−加水−浸漬−加水−加熱（昇温−沸騰−蒸らし）であるが，これに，ほぐしを加えることもある．

（1）洗米

最近の進んだ精米機を用いて搗精しても，精白米にはなお糠が残留し，米

飯の風味が損なわれるので，炊飯の前処理として，洗米が2,3回行われる．洗米は淘洗が過ぎると，水との接触で軟らかくなった表面が削り取られて表面組織の細胞が破壊され，でんぷんが流出していつまでも洗浄水は白くなる．また，水との接触が長時間にわたると，米粒組織は壊れやすくなる．

　この洗米工程は大規模炊飯においてはかなりやっかいな工程であり，適当な洗米機も出現しなかった．そのうえ，洗浄水の環境基準の問題があり，精米機の工夫により洗米不要な無洗米が登場した．

　無洗米は，搗精しながら精白米から糠を除去したものである．僅少であるが精白米よりさらに表面が研削（糊粉層がほぼ除去）されているので，米の白度が増し，米の香りが少々薄くなっている．価格も精白米よりやや割高であるが，大規模炊飯での洗米問題の観点から無洗米は大いに普及した．近ごろは，洗米の手間が省けるという理由で，家庭用にも普及している．

(2) 加水

　基本的に加水比1.5，すなわち重量で米1に対して水1.5が標準であるが，米の条件と，軟らかさの好みなどに応じて少々前後する．これが水加減である．加水比範囲1.0〜2.0で一応米飯らしきものになるが，通常は1.4〜1.6程度である．炊き上がり重量が米の2.3倍になった米飯が，一般的にその軟らかさと粘りがとくに好まれる．これは通常加水比がほぼ1.5の場合の炊き上がりである．その差，すなわち減少水量は炊飯中の蒸発分である．

　日本式の炊飯方法は"炊き干し法"である．米に加えた少量の水は炊飯によってほぼ米に吸収される．これに対し，タイ国などでは，インディカ米をいわゆる"湯取り法"で炊飯する．これは，多量の熱湯に米を投入し，十数分の加熱のあと，ゆで汁を捨て，適当に加熱して蒸らしを行う方法である．この方法では米の加熱時に水は十分存在する．なお，"湯炊き"というのは，大量の米を炊飯するとき，浸漬吸水後の米を湯から炊きはじめることで，火力を補う方法である．

(3) 浸漬

　加熱に先立って米を水に浸漬する．水温にもよるが，冬で2時間，夏で30分間程度の浸漬を行う．この操作で米粒胚乳組織の間に米のほぼ20％程度の水が浸入する，すなわち吸水する．浸漬は糊化温度以下で行われ，温度が高いほうが吸水が速い．吸水された水は加熱時の米でんぷんの糊化を助ける．なお，本来の米粒自体は硬いが，水に浸漬すると急速に軟らかくなり組織が損傷されやすくなる．最近の家庭用炊飯器では，温度操作で調整し，浸漬不要としているものもある．

　味付け飯の場合，炊飯液にはじめから調味すると吸水が少なくなるので，浸漬時には調味しないのが普通である．

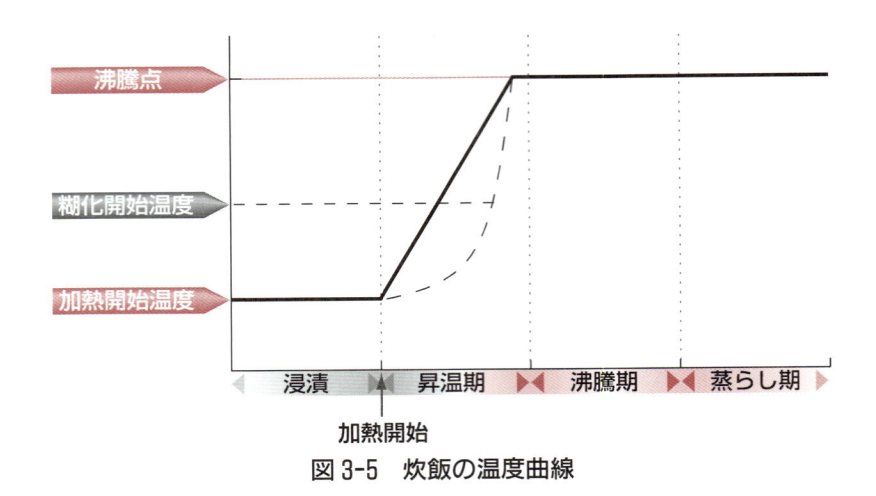

図中ラベル: 沸騰点／糊化開始温度／加熱開始温度／浸漬／昇温期／沸騰期／蒸らし期／加熱開始

図 3-5　炊飯の温度曲線

(4) 加熱

① 加熱容器（炊飯釜）と熱源

米と水を入れた羽釜などをかまどにかけて薪をくべて加熱するのが，昔の普通の炊き方であり，むずかしいことでも知られていたが，いまも，おいしいごはんの炊き方として，"かまど炊き" が自動炊飯器の理想にもなっている．現在，電気・ガスをエネルギー源にして自動的に火力を調節する自動炊飯器が普及している．炊飯に大切な火力は一般にガスが強いが，最近はIH（電磁誘導）式と200Vが登場し，電気の火力が強くなってきた．

炊き干し法による炊飯は，とくに大量炊飯の場合はむずかしく，通常1つの釜での最大限度量は12～15 kg であり，少量炊飯以上に火力の強さが要求される．

② 昇温

水加減の次に重要なのは火加減であり，日本式の炊き方には「はじめちょろちょろ，中ぱっぱ…赤子泣くともふた取るな」という言い伝えがある．

炊飯とは米でんぷんの糊化であるといわれているが，すでに述べたように米は粒食であり，でんぷんは米粒組織を構成する細胞の中に緊密充填されたままであるうえ，米でんぷんが十分に糊化するときは何十倍かの水が吸収されるのに，それよりはるかに少量の，わずか何倍かの水で加熱するので，糊化が困難であることは容易に想像がつく．片栗粉（じゃがいもでんぷん）に水を加えて加熱あるいは熱湯を加えると，たちまち半透明化，つまり糊化することに比べると，はるかに時間がかかるのである．また米粒を加熱するので，米量の多少にかかわらず，炊飯時間はほとんど同じである．

炊飯には高温長時間加熱が必要であるが，加熱時期は昇温期，沸騰期，蒸らし期の3期に分けられる（図3-5）．

糊化温度は60～70℃であるから，この昇温期に糊化が開始される．昇温期は一般に10分程度が適当とされるが，米粒の中心部まで糊化するには沸騰と蒸らしが必要で，もっとも糊化膨潤が進行するのは沸騰期である．

昇温期は糊化温度を境に昇温前期と昇温後期に分けられる．

昇温前期（20〜60℃）　室温から糊化温度付近まで．この間に糊化は起こらない．しかし，糊化に必要な水が，組織間つまりでんぷんのすぐそばまで浸入する．でんぷんに吸収されないが，空隙の少ないでんぷん粒間隙によく浸入し，その後に起こるでんぷんによる糊化吸水に備えて，糊化温度以下でのこの昇温前期は緩やかに経過させる．この期間は米粒はほとんど膨潤しない．

昇温後期（60〜100℃）　糊化開始温度付近から沸騰まで．米粒の表面から内部に向かって糊化が進行し，米粒は膨潤を開始する．しだいに米粒は大きくなるが，次の沸騰期に主として糊化するので，そこに必要な水を残すため，この時期は急いで経過することが望まれる．

沸騰期（100℃）　炊飯液が消失するまで沸騰を続ける．それが十分に行われるためには，この時期に炊飯液がなるべく多く残留し，高温の炊飯液が釜内の米にまんべんなく熱と水を届けることが重要である．炊飯液の量がしだいに減少し，かつ粘稠になっても，釜内にあるすべての米粒の間を流動する勢いがなるべく続くだけの高温と火力の維持が必要である．

③ 蒸らし

沸騰期が終わって遊離水がほぼ消失しても，まだ米粒の中心部は十分に糊化していない．蒸らし中に中心部がよく糊化するように100℃近い高温を10〜20分間維持するのである．米でんぷんはもともと糊化しにくいうえ，糊化温度の高いでんぷん粒が未糊化で残存するので，この時期は重要である．また蒸らし後，米粒は芯までしっかり糊化する．

加熱開始から蒸らしが終わるまで，つまり炊飯時間は普通40〜50分かかる．

(5) ほぐし

炊飯終了後，釜内の米飯全体がほぼ均一になるように米飯を釜底から軽くかき混ぜる．そのまま放置すると，米飯粒全体が接着して団塊になるので，それを防ぐ作業でもあり，同時に米飯に適当な空隙をつくり，また，残余の水分を放散させる効果もある．昔は蒸らしが終わるとすぐ，飯櫃（おひつ）に移すことによって自然にほぐしが行われていた．いまは家庭用自動炊飯器の釜内でそのまま保温することが多く，ほぐしが軽視されているが，大量炊飯では，製品の味と取り扱い上の問題が大きいため，ほぐしが見直されるようになった．

4）変わり飯の炊飯

すし飯　加水比を合わせ酢の分量だけひかえた炊飯液で炊飯し，でき上がり直後の熱い米飯にすし酢（合わせ酢）を散布して米飯に吸収させてつくる．すし酢は米10に対し食酢1を基本に，食塩，砂糖，うま味調味料などが嗜好に応じた割合で調合される．

炊き込みごはん（味付け飯）　調味料で吸水がおさえられるため浸漬時には

調味料を加えず，十分に水を吸収させておいてから，その後に調味料を加える．また，しょうゆなどの液体調味料の分は加水をひかえることが必要である．

ピラフ　米をバターなどで炒めてから水を加えて煮るのが本来の炊き方である．

5）かゆ

かゆは消化がよく，また一般に水量の多い分だけ低エネルギーとなり，疾病とくに消化器疾患のときの治療食となるほかに，米飯の増量目的，かゆ志向，ヘルシー食あるいは神事に用いられる．

米に多量の水を用いて加熱する．粥粒は米粒の何倍かまで膨潤するが，長時間炊くと煮くずれる．でんぷんも細胞の中から流出して全体が粘稠性を帯びる．

かゆには全がゆ，七分がゆ，五分がゆ，三分がゆがあり，米に対する水の比率は容量でこの順に，5，7，10，13倍である．重湯は五分がゆまたは三分がゆをガーゼでこすか裏ごしして，かゆ粒を除去したものである．

米のほかに何も加えない白がゆから，加える副材料によってあずきがゆ，いもがゆなどがある．また，おじやは雑炊ともいい，飯にさまざまの具や調味料を用いて炊いたかゆである．

6）もち米

もち米のでんぷんはアミロペクチン100％で，浸漬による吸水は大きく，米重量の30～40％に及ぶ．しかし，うるち米のような炊飯はむずかしいので蒸すが，蒸す間の吸水は少なく，加熱中にふり水を3～5回行って吸水させるのが普通である．

7）米飯・炊飯の社会化と大量炊飯

最近，中食産業が台頭し，米飯も外部化・社会化し，弁当やおかずではなく，白飯・おにぎりなどの米飯自体までが家庭用にコンビニエンスストアなどで購入できるようになった．一方，レトルト米飯，冷凍米飯などの保存可能な米飯製品もあり，なかでも無菌包装米飯は，常温で6か月保存可能であり，電子レンジで2分加熱するだけで炊きたてと同様の1食パックになるという簡便性から，家庭で不足分のごはんを補うことなどにかなり活用されている．

大量炊飯　食の社会化の進行が主食である米飯に及んだことに伴い，大量炊飯が従前に増して広く行われている．家庭炊飯を行わずに，パンを買うようにごはんを買う行為に抵抗がなくなってきたのはごく最近のことである．

周りを水に取り囲まれた米粒を炊くことは，大量炊飯でも少量炊飯でも本質的には大きな相違はなく，炊飯時間はほとんど変わらないのであるが，大量炊飯には少量にはない問題もある．よく開発された大量炊飯機でも炊飯釜

表 3-1　米粉の種類と用途

米粉	原料	種類	用途
生	もち精白米	白玉粉	もちだんご，ぎゅうひ，しるこ，大福もちなど
		もち米	もなか，もちだんご，しるこ，大福もちなど
	うるち精白米	上新粉	だんご，かしわもち，草もち，ういろう，かるかん，まんじゅうなど
糊化	もち精白米	寒梅粉	押菓子，豆菓子，糊用，重湯用など
		みじん粉	和菓子など
		道明寺粉	さくらもち，おはぎもち
		上南粉	玉あられ，さくらもち，つばきもち，おこし，てんぷら粉用など
	うるち精白米	みじん粉	和菓子など
		上南粉	和菓子など
		乳児粉	乳児食，重湯用など

の大きさには制限があり，最大量 12〜15 kg を超えることができず，また強い火力を要し，お焦げができては困るなど，むずかしい問題がある．一方で，大規模炊飯では米量や加水をコンピュータ処理できるなどの利点もあり，各種の炊飯補助剤が用いられる場合もある．

大量炊飯における洗米問題は無洗米の登場で解消されたが，いまなお大量炊飯機器には改良の余地があり，ごはんをおいしく炊くことには課題が山積している．

8）米粉とビーフン

米粉　もち米またはうるち米，生または糊化，などの組み合わせでいろいろな種類と用途がある（表3-1）．上新粉（生の精白うるち米の粉），白玉粉（生の精白もち米の粉），道明寺粉（精白もち米を α 化した粉）がよく使われるが，これらは菓子に使用されることが多い．

ビーフン　精白インディカ米を水挽きして，その固まりを蒸煮したものを押し出し機でめん状にし，さらに加熱してから乾燥したもの．焼きビーフン，汁ビーフンなどに料理される．東南アジア方面でよく利用されているが，近ごろはわが国でもよく使われるようになった．

2．小麦粉

小麦は世界の各地域でもっとも多く栽培されている穀物であり，人類はエネルギーの約 20 % を小麦から摂取しているといわれている．

小麦のもっとも大きな特徴は，同じ主要穀物である米の大半が粒食されるのに対して，そのほとんどが小麦粉として粉食される点にあるが，その主な理由をあげると次のとおりである．

① 小麦粒は米粒と違って胚乳部が軟らかく外皮が強靭なため，粒形態を残

しながら外皮を分離することが困難である．そこでまず，全粒を粉砕後外皮のみを分離除去し，残った粉末状の胚乳部を小麦粉として利用する．最近は製粉後外皮や胚芽を除去しないままの，あるいは一部残したままの全粒粉の利用も増えている．全粒粉にはセルロースやヘミセルロースなどの不溶性食物繊維をはじめビタミン，無機質などが多く含まれているため健康食品としての価値が高い．

②穀類中小麦のみに含まれ，特有の調理性を示す非水溶性たんぱく質のグルテンを形成させるためには加水と混捏が不可欠であるが，小麦粉はそのような操作に適した形態といえる．また水やほかの食品材料との混合が容易であるため，目的に応じた形状やテクスチャー，バラエティに富んだ食味をもったさまざまな調理加工品をつくり出すことが可能である．

③粒形態のままでは，炊いて米飯のようにして食用に供しても硬くて粘りがなく，ボロボロしておいしくない．そのうえ消化も悪い．

1）小麦粉の成分と調理性

五訂日本食品標準成分表によると，小麦粉の主要成分組成は，炭水化物 70.5〜75.9％，食物繊維 2.5〜2.9％，たんぱく質 8.0〜12.4％，脂質 1.7〜2.1％，灰分 0.4〜0.5％，水分 14.0〜14.5％となっている．そのほか，脂溶性のビタミン E や水溶性のビタミン B_1，B_2，B_6 が多く含まれるほか，カロテノイド系やフラボノイド系の色素も多い．さらに小麦粉の調理加工性や貯蔵性に影響するアミラーゼ，プロテアーゼ，リポキシゲナーゼなどの多種類の酵素が含まれている．

小麦でんぷんの調理性　小麦の主要成分である炭水化物のうち，約70％がでんぷんである．でんぷんは胚乳のアミロプラストで合成され，大粒子（径 10〜35 μm）と小粒子（径 1〜10 μm）の2群よりなる円，あるいは楕円形のでんぷん粒という状態で存在する．このでんぷん粒は水を加えて加熱すると吸水膨潤して 60〜65℃で糊化し，糊化でんぷんは冷却によってゲル化する．また糊化によって粘性や付着性が増加する．こうしたでんぷんの性質を主として利用した調理例がスポンジケーキ，クッキー，てんぷらの衣，ルウなどである．またパンのようにグルテン形成性が主体となる調理加工品においても，でんぷんは焙焼中の糊化により組織を固定して容積の縮小を防いだり，アミラーゼによって糖に分解され，イースト発酵を助けて膨張を促進するなどの重要な役割を果たしている．

小麦たんぱく質の調理性　小麦には表3-2に示すようなたんぱく質が含まれている．このうち，特有の調理性を有するのがグルテンであり，このグルテンを形成するのが非水溶性たんぱく質のグリアジンとグルテニンである．グリアジンが低分子量で流動性のねばねばした物質であるのに対して，グルテニンは高分子量で非流動性，高弾性の物質であるため，グルテンにはこれら両たんぱく質に由来する弾性と粘着性が備わっている．このようなグルテン形成性を利用した調理例がパン，パスタ，めん類，中華皮類などである．

表 3-2　小麦たんぱく質の分類

小麦たんぱく質（小麦粉の8.0～12.4％）	水溶性たんぱく質（総たんぱく質の10～15％）	アルブミン…熱凝固性，水および中性塩類溶液に可溶（水溶性たんぱく質の約60％）
		グロブリン…熱凝固性，稀い中性塩類溶液に可溶（水溶性たんぱく質の約40％）
		ペプチド，アミノ酸，酵素（少量）
	非水溶性たんぱく質（グルテン）（総たんぱく質の85～90％）	グリアジン…中性塩類溶液に不溶，70％エタノール溶液に可溶（非水溶性たんぱく質の約50％）
		グルテニン…中性塩類溶液，70％エタノール溶液に不溶，稀酸および稀塩基に可溶（非水溶性たんぱく質の約50％）

松本　博：製パンの科学，2004, p. 64 を一部改変

2）小麦および小麦粉の分類と用途

　世界中で栽培されている小麦には，普通小麦（パン，めん，菓子用），クラブ小麦（高級菓子用），デュラム小麦（マカロニ，スパゲッティ用）など10種近い栽培種がある．このうち，食用種としてもっとも多く栽培されているのは普通小麦である．

　小麦はその特徴によって表3-3のような種類に分類される．一般的に小麦を商品として取り扱う場合には，その小麦の品質（性状，用途）がよくわかるように，小麦の栽培地と品種の特徴を組み合わせた名称が用いられることが多い（例：米国産で硬質の赤色冬小麦の場合→米国産ハード・レッド・ウインター）．

　小麦粉はそのたんぱく質含量によって薄力粉，中力粉，準強力粉，強力粉に分類される．そのほか，パスタ類に適した性質のデュラム小麦より得たセモリナがある．表3-4に小麦粉の用途別分類とそれぞれの特性を示した．

　また小麦粉は，その灰分含量により1等粉（灰分0.4％），2等粉（同0.5％），3等粉（同1.0％前後）などの等級に分類され，灰分が多い粉ほど品質は劣る．家庭用として用いられる小麦粉の大半は品質の高い1等粉である．

3）グルテン形成と小麦粉調理

　小麦粉調理には，大別してグルテン形成を必須とする調理と，逆にグルテン形成を必要とせず，むしろグルテン形成を抑制してでんぷんの性質のほうを主体とする調理とがある．

　パンやめん類はグルテン形成に依存する代表的な調理品であるが，これらをつくるための基本となる小麦粉生地のことをドウとよぶ．

　一方，スポンジケーキやてんぷらの衣はグルテン形成を抑制するほうの代表的調理品であるが，これらをつくるために調製する小麦粉生地はバッターとよばれる．

表 3-3 小麦の分類と特徴

分類	種類	特徴
栽培時期	冬小麦（ウインター）	秋に種をまき翌年の初夏に収穫．世界的にも，日本でも生産の中心を占める．
	春小麦（スプリング）	春に種をまき夏から晩秋にかけて収穫．冬小麦に比べ単位面積あたりの収穫量は少ない．製パン性の優れているものが多い．
小麦粒の硬さ	硬質小麦（ハード）	粒が硬くたんぱく質含量が高い．主に強力粉の原料となる．
	軟質小麦（ソフト）	粒が軟らかくたんぱく質含量が低い．主に薄力粉の原料になる．
小麦粒の内部構造	硝子質小麦	短軸方向に2つにカットしたときの切断面が半透明．たんぱく質含量が高く，硬質である．
	粉状質小麦	切断面が白く不透明．たんぱく質含量が低く，軟質である．
種皮の色	ダーク	赤小麦系．とくに濃い褐色のもの．
	赤小麦（レッド）	やや褐色のもの．日本の小麦は赤小麦のみ．
	アンバー	白小麦系．こはく色のもの．
	白小麦（ホワイト）	やや黄色のもの．

表 3-4 小麦粉の用途別分類と特性

種類	粒度	グルテン 量	グルテン 質	たんぱく質含量	用途	原料小麦
薄力粉	細	少	粗弱	7.5〜8.5	カステラ，ケーキ，クッキー，てんぷら，ビスケット，一般菓子	米国産ウエスタン・ホワイト等
中力粉	中	中	やや軟	9.0〜10.5	日本めん，即席めん，クラッカー，一般菓子，料理	オーストラリア産スタンダード・ホワイト，日本産小麦等
準強力粉	粗	多	強	10.5〜11.5	菓子パン，中華めん，中華皮類，パン粉	米国産バード・レッド・ウインター等
強力粉	粗	極多	強靭	12.0〜13.5	食パン，フランスパン，菓子パン，パン粉，日本そばつなぎ	カナダ産ウエスタン・レッド・スプリング，米国産ダーク・ノーザン・スプリング等
デュラム粉	極粗	多	軟	11.5〜12.5	マカロニ，スパゲッティ	米国産アンバー・デュラム等

菓子総合技術センター（編）：洋菓子製造の基礎と実際，光琳，1991，p. 165．

(1) ドウの調製

小麦粉に50〜60％の水を加えて混捏すると，小麦粉は水を吸水してボロボロした状態からなめらかな耳たぶ程度の硬さの生地になる．これがドウで，この生地には粉のときにはまったくなかった粘弾性や伸展性が備わっている．このようなドウ特有の物性は，混捏過程でグリアジンとグルテニンの2種類のたんぱく質が相互に作用して形成されたグルテンの三次元の網目構造によるものである．ドウの物性は，小麦粉の種類，加水量，水温，混捏条件，ねかし，副材料などによって複雑に影響される．

小麦粉の種類　図3-6のファリノグラムより，たんぱく質が多い粉ほど吸水率は高く，粘弾性が大で，長時間混合しても弱化しにくく，安定度の高いドウが得られることがわかる．また図3-7のエキステンソグラムより，たん

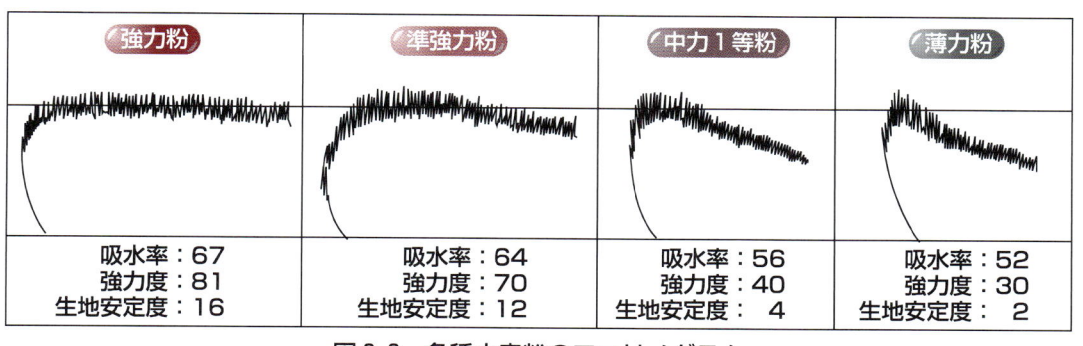

図3-6 各種小麦粉のファリノグラム

強力粉　吸水率：67　強力度：81　生地安定度：16
準強力粉　吸水率：64　強力度：70　生地安定度：12
中力1等粉　吸水率：56　強力度：40　生地安定度：4
薄力粉　吸水率：52　強力度：30　生地安定度：2

桜井芳人(監修)：洋菓子製造の基礎．光琳書院，1969，p.77.

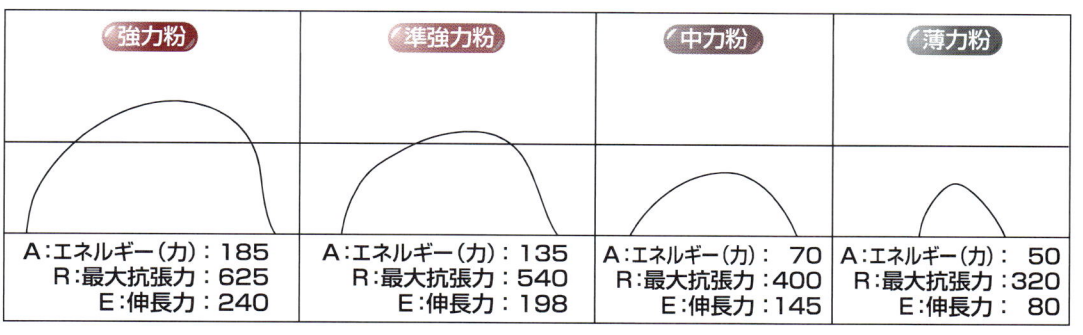

図3-7 各種小麦粉のエキステンソグラム

強力粉　A：エネルギー(力)：185　R：最大抗張力：625　E：伸長力：240
準強力粉　A：エネルギー(力)：135　R：最大抗張力：540　E：伸長力：198
中力粉　A：エネルギー(力)：70　R：最大抗張力：400　E：伸長力：145
薄力粉　A：エネルギー(力)：50　R：最大抗張力：320　E：伸長力：80

桜井芳人(監修)：洋菓子製造の基礎．光琳書院，1969，p.78.

ぱく質の多い粉ほど抗張力が大で伸長性の大きいドウとなることがわかる．したがって，ドウの粘弾性や伸長性を利用する調理では，強力粉をはじめ準強力粉，中力粉などを用いる必要がある．

加水量　一定の硬さのドウを得るために必要な加水量は小麦粉の吸水率によって決まる．ファリノグラムによる一定条件下での吸水率は，強力粉63〜64％，準強力粉60〜61％，中力粉53〜55％，薄力粉48〜50％で，たんぱく質の多い粉ほど大きくなる．

水温　水温は加水量に影響する．通常は30℃前後の水が用いられる．水温が40℃，50℃と高いとドウは軟化するため，加水量を減らす必要がある．70℃を超えるとでんぷんの糊化とともにグルテンの熱変性が進み，ドウは硬くなるので加水量を増やす必要がある．

混捏　ある限界内までは，強く混捏するほど，また混捏速度が速いほど，混捏時間が長いほどグルテン形成のよい生地ができる．しかし，混捏が過剰になるとグルテンの網目構造がくずれてドウの粘弾性やガス包蔵性が失われ，製品の品質は低下する．

ねかし　図3-8に示したように，ドウは"ねかす"ことによってグルテンの網目構造が緩和され，混捏直後よりも伸長抵抗が著しく減少して伸長度が増加する．すなわち，製パンや製めんの際に不可欠な伸展性や成形性が備わるようになる．こうした"ねかし"による構造緩和はたんぱく質含量によって

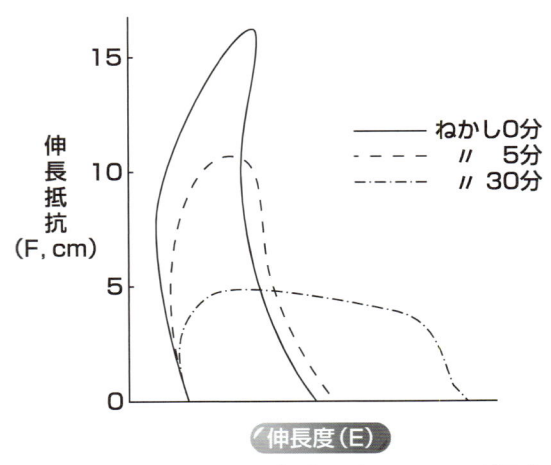

図 3-8 ドウの"ねかし"とエキステンソグラム
松元文子・他：家政誌，11：348，1960.

影響され，強力粉は薄力粉に比べて構造緩和に多くの時間を要する．また温度の影響も大きく，ドウを適度な抗張力と伸展性を備えた状態に長時間保持する必要があるときには，高温よりも低温下でのねかしのほうが有効である．

副材料　製パンや製めんに際して欠かせないのが食塩である．食塩はグルテン形成を助けてドウの粘弾性を高め，伸展性を増加させる．砂糖は親水基を多くもつため，生地中の水を奪いグルテン形成を抑制する．また，ドウの抗張力を低下させて膨張を助ける．油脂はその疎水性のために水と小麦粉の接触を妨げ，グルテン形成を阻害するが，時間の経過とともにグルテンを形成し，ドウの安定性や伸展性を増加させる．また，製品にショートネス（歯もろさ，砕けやすさ）なテクスチャーを与える．そのほか，牛乳や卵は多量の水分を含むため，グルテン形成に対しては水とほぼ同様に作用すると考えてよい．しかし，含有する脂肪分のためにドウの安定性や伸展性は水だけの場合に比べていくぶん大きくなる．

なお，これらの副材料を加えるときには，適度な硬粘度のドウを調製するために，表 3-5 に示した換水値を考慮して加水量を増減する必要がある．

(2) バッターの調製

バッターは表 3-6 に示すように，加水量が100〜400％と多く流動性のある生地となる．バッターでは，ドウの場合と異なり，グルテン形成をできるだけ抑制することが必要であるため，次のような点に留意する．

① グルテンは強靱な膜をつくって空気，二酸化炭素（CO_2），水蒸気圧などによるバッターの熱膨張を阻害し，テクスチャーを硬くするので，グルテンの少ない薄力粉を用いる．

② 水温は低いほうが小麦粉の吸水性が低下してグルテン形成が抑制される．てんぷらの衣などでは水温15℃前後の冷水がよいとされている．

③ 過度の混合はグルテン形成を促進するので，通常は軽く混合する．

表 3-5　副材料の換水値（水として作用する割合）

材料名	材料の水分（%）	換水値	備考
水	100	100	
上白糖	0.8	30～40	
バター	約16	60～80	融点や気温により換水値が異なる
鶏卵	約76	80～90	
牛乳	約87	90	

表 3-6　ドウ・バッターの小麦粉と水の比率

小麦粉：水	生地の状態	調理例
100：50～60	手でまとめられる硬さ	パン，めん類，ぎょうざ，しゅうまいの皮，まんじゅうの皮，ビスケット，ドーナッツ
100：65～100	手でまとめられないが，流れない硬さ	蒸しパン，ソフトクッキー，ソフトドーナッツ
100：130～160	ゆっくりと広がる	ホットケーキ，パウンドケーキ
100：160～200	つらなって流れる	てんぷらの衣，桜もちの皮，スポンジケーキ，カップケーキ
100：200～400	さらさらと流れる	クレープ，お好み焼き

下村道子・和田淑子（編）：調理学．光生館，2002，p.93．

④グルテン形成は加水後時間経過とともに促進されるので，通常は調製後は直ちに加熱調理するのが望ましい．しかし，適度の粘性や展延性が要求されるクレープのような生地では30分程度のねかしが必要となる．

⑤砂糖，油脂，卵，牛乳などの副材料を加える場合には表3-5の換水値を考慮してバッターの硬さを調整する．また，副材料を加える順序もグルテン形成に影響し，てんぷらの衣のように小麦粉と水が直接接する生地ではグルテンが形成されやすい．

4）主な小麦粉調理

(1) 膨化調理

<u>イースト発酵による膨化調理（発酵パン）</u>　　イースト（酵母）の発酵を利用してドウを膨化させたものである．現在，日本のパンの多くは発酵パンである．

　三次元の網目状に形成されたグルテンが，ドウに練り込まれたイーストの発酵により産生された炭酸ガスを包み込み，無数の気泡を内包したドウとなる．発酵パンの膨張は，内包されたガスの熱膨張だけでなく，発酵によるガス量増加によるものであり，これが発酵パン特有の大きな膨張となる．発酵は，加熱によりドウの内部温度が60℃を超え，イーストが死滅するまで継続する．加熱がさらに進むと小麦粉に含まれるでんぷんが糊化を開始し，さらに高温になるとグルテンが熱変性し，全体が固定化して最終的にスポンジ状の組織を内包するパンとなる．

　膨化力の大きな発酵パンの調製には，ガス泡の包蔵性が高いグルテンの形成が必要であるので，たんぱく質含量の多い強力粉を用いる．薄力粉はたんぱく質含量が少ないだけでなく，強力粉のグルテンに比較して粘弾性が小さ

なグルテンを形成するので不適である．食事療養を行う際の主食として，たんぱく質を減じたパンが必要な場合でも，薄力粉ではなく強力粉にでんぷんを加えて希釈して調製するとよい．

　イーストは，パンに適した酵母を工業的に単一培養したもので，サッカロミセス・セレビシエ（*Saccharomyces cerevisiae*）に属する酵母菌が主に使用されてきた．市販品には，65〜68％の水分を含む生イースト，低温乾燥したドライイースト，予備発酵が不要のインスタントイーストがある．いずれも古くなると活性が低下するので，新しいものを利用する．通常，小麦粉100に対して生イースト約2％，ドライイースト約1％で同等の発酵力となる．イーストは，発酵により炭酸ガスを産生すると同時にアルコールや有機酸を産生するので，発酵パン特有のフレーバーをもつパンとなる．イーストの発酵を次式に示す．

$$C_6H_{12}O_6（ブドウ糖）\rightarrow 2\,C_2H_5OH（アルコール）+2\,CO_2（炭酸ガス）$$

調理に際しては，次のような事項に留意する．

① 混捏を十分に行い，グルテン形成のよいドウを調製する（図3-9）．

② 混捏直後のドウは抗張力が高いので，成型を行う前にねかし操作を行い伸展性を高める．

③ ドウの発酵を適切な時期に終了する．発酵の進行の速さは，ドウの温度や副材料の配合に影響されるため，時間による管理は困難である．そのため，焼成前の2次発酵では，成型後の大きさの約1.5倍までを目安とし，オーブン内でさらに膨張して最終的に約2倍に膨らむように適切な発酵力とドウの抗張力を残し，発酵を終了する．発酵不足の状態ではドウの抗張力が大きく，オーブン内でのドウの膨化が小さくなる．発酵過剰では，発酵中にドウが大きく膨張するため，焼成後のパンも大きくなるが，ドウが過度に引き伸ばされることで抗張力が減少し，内相が粗いパンとなる（図3-10）．また，イーストの発酵に適切な温度は28〜32℃であり，この範囲内でドウの内部温度を維持する．パン以外の発酵膨化調理例は，中華まんじゅう，サバラン，クグロフなどがあり，いずれもグルテンのガス包蔵性を利用したものである．

　一方，イーストを用いないで炭酸水素ナトリウム（重曹）やベーキングパウダー（BP）のような化学膨化剤を加えて焼き上げた非発酵パンと称するパンもある．ソーダブレッド，クイックブレッド，蒸しパンなどがその代表である．いずれも発酵を必要としないため短時間で調製可能であるが，発酵に伴うフレーバーは期待できない．化学膨化剤は，イーストより膨化力が弱いので，グルテンの形成は不要である．したがって，これらのパンにはたんぱく質含量の少ない薄力粉を用いる場合が多い．パンの内相の組織は細かく食感はもろい．

　小麦粉以外の粉を利用した例では，米粉を用いたパンがあげられる．食料自給率の向上，地産地消，食育などの面から注目され，学校給食にも導入さ

図 3-9 混捏時間によるパンの比較
注 1）不足：手こね 10 分間　適度：手こね 40 分間

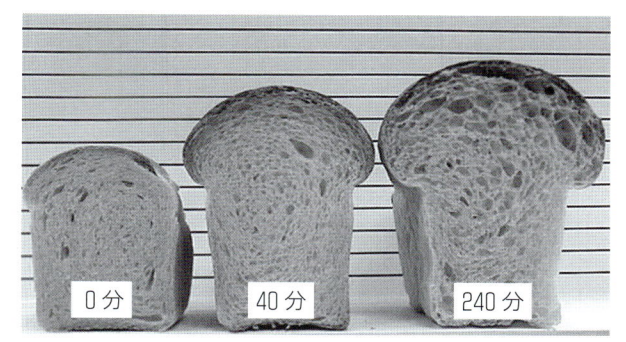

図 3-10 発酵時間によるパンの比較
注 1）数字は 2 次発酵時間　2）発酵温度：38℃

れている．米はグルテンのような粘弾性を示すたんぱく質を含まないので，パン用米粉には小麦たんぱく質を約 15％添加している．米粉は吸水性が高いので，小麦粉ドウ調製時の約 2 倍の水を添加する．ドウの発酵が速く，調製は短時間で終了する．焼成したパンは，もっちりとした食感を示す．

包含する気泡による膨化調理（スポンジケーキ）　卵白起泡性を利用して，バッター内に混入した気泡の熱膨張と気泡を核とした水蒸気の圧力でスポンジ状に膨化させる調理である．膨化はバッター内の気泡量に依存するため，泡を極力多量に混入して保持したまま膨張させることが重要である．

製法は，全卵を卵白と卵黄に分け，それぞれに砂糖を加えて泡立てたものを小麦粉とあわせてつくる"別立て法"と，全卵と砂糖を泡立ててから小麦粉を混入する"共立て法"に大別される．泡の安定がよく硬いバッターとなる別立て法は，搾り出して使用するものに適する．共立て法は，卵黄の乳化性と卵白の起泡性の両方が生かされ，軟らかくしっとりとしたケーキとなる．

小麦粉に含まれるたんぱく質は，バッターに適度な粘性を付与して気泡の破壊を防ぎ，加熱により熱凝固してスポンジ構造の骨格を担う．また，しっとりした食感や適度な弾力を与える．しかし，過剰なたんぱく質含量は高粘弾性のグルテンを形成し，気泡の熱膨張を阻害するため，ケーキには薄力粉が適する．薄力粉に多く含まれるでんぷんは，気泡の周囲を均一に取り囲み，熱膨張による気泡の破壊を防ぎ，加熱により糊化して気泡の形状を保持したまま固定化する．また，グルテンの過剰な形成をおさえ，もろい食感を付与する．調理に際しては次の事項に留意する．

① 鶏卵を十分に泡立て，安定性のよい泡を得る．卵白だけを泡立てる場合は低温で撹拌し，全卵は起泡性が劣るので 38〜40℃に加温して粘度を下げて撹拌する．

② 小麦粉を混入したあとの撹拌を最小限にする．過度に撹拌を行うとグルテンが形成されるとともに気泡の破壊が進み，十分に膨化できない．

③ 小麦粉混入後は速やかに焼成する．時間の経過とともにグルテンが形成され，加熱膨張を妨げるので長時間放置しない．

④ 砂糖の添加量を適切にする．通常は卵に対して 50〜100％の添加量が

必要である．親水基を多くもつ砂糖には卵液の粘度を上げ，気泡安定性を高める働きがあり，添加量が少ないと焼成中に気泡が破壊され，ケーキの膨化が小さくなる．また，たんぱく質と同時に加熱されることにより，香ばしいフレーバーと表面の焦げ色が付与される（アミノ-カルボニル反応）．

⑤ 油脂を添加すると気泡が著しく消失するので，調製の最後に加えて撹拌を最小限にする．固形脂はスポンジケーキにもろい食感を付与するので，風味のよいバターを用いることが多い．

小麦粉以外の粉を利用した例では，米粉を用いたスポンジケーキがあげられる．ケーキにはグルテンの形成がほとんど必要ないので，米粉のみで小麦粉の100％を代替可能であり，小麦アレルギー疾患の患者にも利用できる．できあがったケーキは，もっちりとした食感を示す．米粉は吸水性が高いので，米粉の5％程度の水を調製時に添加するとよい．

バターのクリーミング性を利用した膨化（バターケーキ）　バターは可塑性を保つ温度範囲内で撹拌を行うと，気泡を多量に抱き込む性質を保有する（クリーミング性）．この性質を利用してバター内に混入した気泡を熱膨張させてスポンジ状に膨化させる調理である．可塑性をもつ固形脂を用いることがこの調理の特徴であり，マーガリン，ショートニングを用いる場合もある．

十分に撹拌した固形脂に砂糖，卵液，粉を加えるとW/O型のエマルションとなり，流動性のある安定した小さな気泡を多量に含むバターとなる．このバターは油脂を多量に含むので小麦粉のグルテン形成が抑制され，気泡の熱膨張が阻害されない．しかし，膨化力が弱いので，ベーキングパウダー（BP）を粉の1〜2％添加する場合が多い．代表的な調理例は，パウンドケーキである．この名称は，材料の油脂，砂糖，鶏卵，小麦粉をすべて1ポンドずつ用いることに由来する．油脂の配合が多いほどきめが細かくなるが，食感が重くなるので，実際の油脂配合は粉の50〜100％である．

化学膨化剤による膨化調理（ホットケーキ，クッキーなど）　化学膨化剤を加え，加熱中の化学変化によって発生したCO_2によって生地を膨化させる調理である．化学膨化剤にはベーキングパウダー（BP），重炭酸ナトリウム（重曹），重炭酸アンモニウム，炭酸アンモニウム，塩化アンモニウムなどがあるが，一般的にはBPが用いられる．BPはガス発生剤（主に重炭酸ナトリウム）と酸性剤（ガス発生促進剤）と緩和剤（主に乾燥でんぷん）から構成され，次式によりCO_2を発生する．

$$2\,NaHCO_3 + \begin{array}{c}CHOH \cdot COOH\\CHOH \cdot COOH\end{array} \xrightarrow{\text{加熱・水}} 2\,CO_2 + \begin{array}{c}CHOH \cdot COONa\\CHOH \cdot COONa\end{array} + 2\,H_2O$$

重炭酸ナトリウム　酒石酸　　　　　炭酸ガス　酒石酸ナトリウム　　水

このとき同時に生成する酒石酸ナトリウムは中性のため，製品の色や味に対して悪影響を及ぼすことは少ない．これに対して重炭酸ナトリウムを単独で用いた場合には次式に示すように，強アルカリ性の炭酸ナトリウムがあとに残って，小麦粉のフラボン系色素の黄変化や独特の風味をもたらす．

$$2\,NaHCO_3 \xrightarrow{加熱・水} CO_2 + Na_2CO_3 + H_2O$$
重炭酸ナトリウム　　加熱・水　　炭酸ガス　　炭酸ナトリウム　　水

　また80℃以上でのガス発生量が多いため，使用量が多いときには製品表面のひび割れや粗さの原因となることがある．また，ガス発生効力もBPの1/2と少ないため，重炭酸ナトリウムを単独で用いることは望ましい方法とはいえない．化学膨化剤による膨化調理例としては，ホットケーキ，クッキーのほか，ビスケット，ワッフル，ドーナッツ，まんじゅう，マドレーヌや前述の非発酵パンなどがあげられ，これらの調理にあたっては次のような点に留意する．

　① 主として薄力粉を用いる．

　② グルテン形成抑制のため生地は軽く混合する．ただし，クッキーやビスケットの場合，外観やテクスチャーのよい製品を得るためには，生地全体が均質状態になるまで適度の混合を行う．

　③ 通常，生地調製後は時間をおかず直ちに焙焼する．しかし，クッキーやビスケットでは，暫時容器でねかせたあとに展延・整形し，焙焼するほうが外観のよい製品が得られる．

蒸気圧による層状膨化調理（パイクラスト）　　パイ生地の主材料は小麦粉，冷水，食塩，固形油脂で，イーストや卵白，BPのような膨化剤を加えないにもかかわらず，薄く圧延した生地が高温加熱によって垂直方向に大きく膨張する．これはドウと固形油脂が薄い積層構造を成しているためで，加熱によって融けた油脂がドウ層に吸収され，そこに生じた空間にドウから蒸発した水蒸気が充満し，その蒸気圧によって生地が層状に浮き上がるというメカニズムによる．

　パイ生地には折りパイ生地（フレンチパイ）と練りパイ生地（アメリカンパイ）とがあるが，固形油脂が生地中に不連続で存在する練りパイ生地よりも，連続した薄膜状で存在する折りパイ生地のほうが膨化，浮き，層状構造，テクスチャーのよい製品となる．

　折りパイ生地の製造にあたっては次のような点に留意するとよい．

　① 中力粉，または強力粉と薄力粉を1：1に混合したものが作業性がよく，ねかし時間が短縮でき，強力粉単独に比べて製品の収縮が少なく食感がソフトになる．包み込む油脂とは別に，小麦粉に対して約5％程度の油脂（ドウファット）を加えて混捏すると製品の収縮が抑制される．

　② 油脂に欠かせない特性は可塑性とショートニング性である．また，融けることなく薄層に伸展するような作業温度に適した融点の固形油脂を選ぶ．天然バターは風味の点では優れているが，融点が低いため（32℃前後），作業温度が15℃前後と限定される．バターの温度を7±1℃まで冷やすと固相8：液相2以上となって層形成性が向上する．そのため，バターを用いるときにはドウをはじめ作業台やめん棒もよく冷やし，生地温を上げないように操作することが大切である．一方，室温の高い季節や作業室ではショートニングや

表 3-7 折りたたみと層の数

折り方	三つ折り			四つ折り		
層数 回数	総　数	小麦粉層の数	油脂層の数	総　数	小麦粉層の数	油脂層の数
1回	9	6	3	12	8	4
2回	27	18	9	48	32	16
3回	81	54	27	192	128	64
4回	243	162	81	768	512	256
5回	729	486	243	3,072	2,048	1,024
6回	2,187	1,458	729	—	—	—

菓子総合技術センター（編）：洋菓子製造の基礎と実際．光琳，1991，p. 186.

図 3-11 折りたたみ回数を変えたときのパイ製品の比較（平岡による）
注1) 数字は三つ折りの回数を示す
注2) 写真の上段は製品の表面，下段は側面を示す

高融点のパイバターなどが用いられる．高融点の油脂ほど薄層形成が容易で，浮きがよくなるが，反面口融けが悪く風味は低下する．

③ 食塩はドウの伸展性を向上させ，浮きや焼き色にもよい影響を与える．適量は小麦粉に対して1.5〜2.5％で，生地混捏時に冷水にとかして加える．

④ 基本操作では折りたたみ回数が製品の品質に顕著に影響する．折りたたみ回数と計算上の層数との関係は表3-7のとおりで，層数が多すぎても少なすぎてもよい製品は得られない．図3-11に示すように，三つ折では4〜6回のときの製品が層形成がよく浮きも大きい．四つ折や，両者を併用する場合にも層数がこの範囲内になるように折りたたみ回数を決めるとよい．

⑤ 成形時の生地の厚さは，通常約4mm程度がよく，これより厚いと浮きや食味が低下する．薄いと浮きはよくなるが，過剰の水分蒸発のために食味が悪くなる．

⑥ 焙焼温度は生地のかたちや大きさ，あるいはフィリング（詰め物）の種

表 3-8 シュー生地の焙焼温度と時間とシューの状態

焙焼時間(分) \ 温度(℃)	180	200	210	備考
30	×	×		
20		△		
15	×	○	◎	
10	×		○	180℃ではしぼむ 210℃ではしぼまない
5			×	しぼんでしまう
備考	空洞ができにくい	長時間加熱すると焦げる	きれいに空洞ができる	

金谷昭子（編）：フローチャートによる調理科学実験・実習．医歯薬出版，2002，p.16.

類や量によっても異なるが，通常は 210〜220℃の高温で急速に膨化させる．温度が低いと油脂が外部に漏出して生地層に吸収されず，浮きやテクスチャーの低下をもたらす．

蒸気圧による空洞状膨化調理（シューペーストリー）　シュー生地は小麦粉，水，卵，固形油脂を主材料とし，パイ生地と同様，膨化剤を加えていないにもかかわらず，加熱により発生した水蒸気圧によってペースト状の生地が大きく空洞状に膨化するのを特徴とする．製法には水＋油脂法と小麦粉＋油脂法の 2 通りあるが，一般的には水＋油脂法が用いられることが多い．

大きく空洞状に膨れ，軽くソフトな食感のシューペーストリーを得るためには次のような点に留意する．

① 薄力粉を用い，油脂は卵液中でのでんぷんやグルテンの分散性をよくする乳化性に富んだ固形油脂（バター，マーガリンなど）を用いる．

② 鍋の中で水とバターを沸騰させたあと小麦粉を加え，生地がなめらかになるまで加熱するが，この鍋内での生地の温度を 78℃付近にコントロールする．でんぷんの糊化とともにグルテンの熱変性による失活が進んで，生地は適度な粘度を得て伸展しやすくなり，キャベツ型のかたちよいシューになる．

③ 卵の熱凝固を防ぐために生地温を 65℃前後まで下げてから卵を加える．また生地中に多くの気泡を取り込めるようによく撹拌する．卵の量は生地温により影響されるので加減して加える．

④ 表 3-8 に示したように，最適な焙焼条件は 200〜210℃で 15 分間である．

さらに重要なことは，製品の水分残存量が多いとシューは空洞状の形態を維持することができずにしぼんでしまうため，15分間焙焼後，引き続き160℃程度まで温度を下げた状態で乾燥させたあとに取り出すようにする．

(2) ルウ

ルウは小麦粉を油脂（バター，マーガリンなど）で炒めたもので，スープやソースに濃度をつけるとともに，特有の風味となめらかな舌ざわりを与える．主にでんぷんの糊化による粘性を利用する調理である．

ルウは炒め温度により色調や風味が異なり，炒め温度120～130℃のルウをホワイトルウ，140～150℃のルウをクリームルウ，180～190℃のルウをブラウンルウとよぶ．

小麦粉と油脂が均一に分散したルウを得るためには次の点に留意する．

① 強力粉よりも薄力粉のほうが炒めやすく，液体でのばしやすく，ソースにしたときの状態変化が小さい．

② バターと小麦粉の比率を1：1にすると，流動性があるため小麦粉を炒めやすく均一に分散させやすい．

③ 低温で時間をかけて炒めたほうが均一に分散させやすい．

④ ルウの粘度はホワイトルウで大きく，ブラウンルウで小さい．これは炒め温度の上昇とともにグルテンが失活し，でんぷん粒は崩壊，デキストリン化して溶解しやすくなるためである．

ついで，ルウを液体（牛乳，ブイヨンなど）でのばして，"ダマ"（凝塊）のないなめらかなソースを得るためには次の点に留意する．

① ルウと液体の分離を防ぐため，初期段階では小麦粉が油脂を吸着するように強く攪拌しながら液体を徐々に加える．

② 液体の温度は，液体を加えたときのルウの温度が小麦粉の糊化温度以下で，バターの固化温度以上になるような温度（約60℃）とする．

③ 図3-12に示したように，ソースの粘度は温度が下がると増加して硬くなる．また炒め温度が低いものほど冷却後の粘度増加は大きい．調理にあたっては，こうした温度によるソースの粘度変化に留意する．

(3) てんぷらの衣

てんぷらの衣は主として小麦でんぷんの吸水性や糊化性を利用する調理である．でんぷんは加熱によって衣と材料から吸水して糊化し，衣を固める役割を果たす．このとき，衣の水分は高温加熱によって急激に蒸発し，代わって油脂が衣に吸着され，"軽くカラリとした"テクスチャーの衣に仕上がる．グルテンは衣の骨格形成にかかわるが，グルテンが多すぎると吸水性が強いため，こうした加熱中の油脂と水分との交換を阻害する．

したがって，てんぷらの衣の調製にあたっては，過度のグルテン形成を抑制することが必要で，次のような点に留意する．

① 薄力粉を用いる．

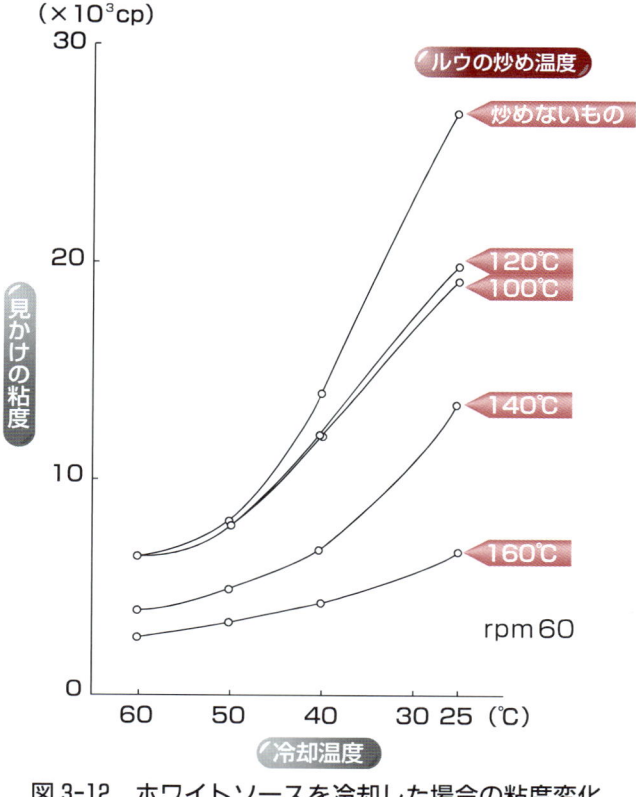

図3-12 ホワイトソースを冷却した場合の粘度変化
大澤・中浜：家政誌，24(5)：13, 1973.

②加水量の25～30％を卵で置換して総体的にグルテン量を減少させると，水だけのときよりも"軽い"衣が得られる．
③バッター調製時には冷水（約15℃程度）を用いる．このとき衣の水分と油脂の交換がもっともよいとされている．
④撹拌時間は短く，軽く混合する．
⑤衣は揚げる直前に調製し，調製後は直ちに加熱調理する．
⑥加熱終了後は直ちに供する．時間経過とともに内部の水分が表面に移動して衣の"カラリとした"テクスチャーが失われるからである．

(4) めん類

ドウを薄く圧延してつくるものに，ぎょうざやしゅうまいなどの中華皮類がある．これをさらに細くカットしてつくるのがめん類である．めんの種類によって小麦粉の適性は異なり，うどん，そうめんには中力粉が，中華めんには準強力粉が，マカロニやスパゲッティなどのパスタ類にはセモリナが用いられる．また，めんの種類によってはその特性をさらに強化することを目的として，手延べそうめんのように多量の食塩を加えたり（小麦粉の3.5～4.0％），中華めんのようにアルカリ性のかん水(鹹水)を加えたりする．かん水を加えるとグルテン形成が促進され，収斂効果でドウは硬く弾力性を

増す．また，アルカリ性のため小麦粉のフラボン系色素は黄変し，中華めん独特の風味が備わる．

　通常，一般家庭ではめん類を製造することは少なく，調理の主体は"めんをゆでる"ことにある．めん類のゆで方の要点をあげると次のとおりである．
　① ゆですぎによる食味低下を防ぐために，大量の水を沸騰させた中に投入し，高温短時間内にゆでる．
　② 加熱中は沸騰しない程度の高温を保つ．激しく沸騰させるとめんの表面が荒れて食感が低下する．
　③ パスタ類ではその弾力ある特有のテクスチャー保持のため，約1％程度の食塩を加えてゆでる．
　④ そうめんなどの乾めんをゆでたあとは直ちに水にとり，よく洗って表面の粘りを除去する．めん相互の付着を防ぎ，表面のでんぷんをβ化させて吸水性を低下させ，余分な水分の浸透による食味低下を防ぐためである．一方，パスタ類は吸水性が強いので，ゆでたあとの水洗いは行わない．また粘性が強く相互に付着しやすいので，ザルに上げたら直ちに少量の油脂を加えてよく混ぜておく必要がある．

　めん類はゆでた直後がもっともおいしく，時間経過とともに特有のテクスチャーが低下して不味となる．こうした時間的変化は，たんぱく質が少なく水分の多いめん類において顕著であるため，とくにうどんなどはゆでたあとはすぐに食べるようにする．

3. いも類

1）いもの種類と成分の特徴

　いも類は，植物の地下茎や根が肥大し，栄養分を蓄積したものである．食用としての歴史は古いが，水分が多く貯蔵性に劣るため，穀物のような主要食糧とはならなかった．穀類ではほとんどがイネ科の植物であるのに対し，いも類は表3-9のように植物分類上別種のものが多い．
　成分の特徴は，水分と炭水化物，無機質のカルシウムやカリウムが多いことである．炭水化物の主要部分はほとんどの場合でんぷんであるが，さとい

表3-9　調理材料として用いるいもの種類と成分*

名　称	科　名	水分（％）	たんぱく質（％）	炭水化物（％）
じゃがいも	ナス科	79.8	1.6	17.6
さつまいも	ヒルガオ科	66.1	1.2	31.5
さといも	サトイモ科	84.1	1.5	13.1
ながいも	ヤマノイモ科	82.6	2.2	13.9
いちょういも	〃	71.1	4.5	22.6
やまといも	〃	66.7	4.5	27.1

*成分値は日本食品標準成分表2010より

もや，やまのいも類はでんぷん以外に独特の粘質物（多糖，あるいは多糖とたんぱく質の結合したもの）を含んでいる．

こんにゃくの原料であるこんにゃくいもはサトイモ科に属するが，主要炭水化物はでんぷんではなく，グルコマンナン（マンノースの多糖）である．

2）いも類の調理

水分量が比較的多く，穀類のような吸水を必要とせずに加熱できる．切り口の褐変防止やアク抜きのために水浸するが，これを長時間行ったり，加熱を中断したりすると，その後十分に加熱しても軟らかくならず"ゴリいも"になることがある．これは，細胞膜や細胞間に存在するペクチン質がカルシウムやマグネシウムなどと結合して不溶化するためと考えられている．

(1) じゃがいも

甘味が少なく，くせのない味をもつため，応用範囲の広い材料である．原産地は南アメリカの高地と考えられており，16世紀末にヨーロッパに伝えられ，その後日本にもたらされた[21]．

調理素材としてみると，粉ふきいもやマッシュポテト，コロッケなどに適する男爵，ワセシロ，キタアカリのような粉質タイプと，煮くずれしにくくカレー，シチューなどの煮物に適するメークイン，とうや，の粘質タイプがある．デジマはやや煮くずれするが，肉じゃがなどには適している．また，とうやは調理後黒変しにくい．フレンチフライやポテトチップスには，還元糖が少なく比重の大きな品種（ワセシロ，トヨシロなど）が選ばれる[22]．なお，新いもはいずれの品種でも煮くずれしにくい．

じゃがいもは，無機質のほかにビタミンCを比較的多く含んでいる．一度に食べられる量が多いことから，ビタミンCのよい給源となり，近世のヨーロッパでは，冬季のビタミンC欠乏症の克服に役立った．

じゃがいもに光をあてると外皮が緑変し，芽が出やすくなる．緑変部分や芽の部分には有毒でえぐ味をもつ配糖体（グリコアルカロイド）が増加する．したがって，じゃがいもの保存は冷暗所が基本であり，店頭においても透明な袋に入れて光にさらすような取り扱いはすべきでない．緑変した部分や芽は，調理にあたっててていねいに取り除く．

切り口が空気にふれた場合の褐変は，含まれるチロシンやポリフェノール類が酸化酵素によって酸素と結びつき，メラニン様の褐色色素を生じることによる．この反応に関与する酵素や基質は水溶性なので，切断後水浸を行うと褐変を防止できる．ゆでたあとに生じる黒変は，鉄イオンとポリフェノールの一種であるクロロゲン酸とが反応した結果と考えられている．

マッシュポテトや粉ふきいもの粉に相当する部分は，膨潤したでんぷんの詰まった細胞が，細胞単位でバラバラになったものである（図3-13 a）．いもの温度を下げてから裏ごしするなどの力を加えると，でんぷんが細胞外に飛び出して粘りを生じ，ほくほく感がなくなる（図3-13 b）．マッシュポテトで

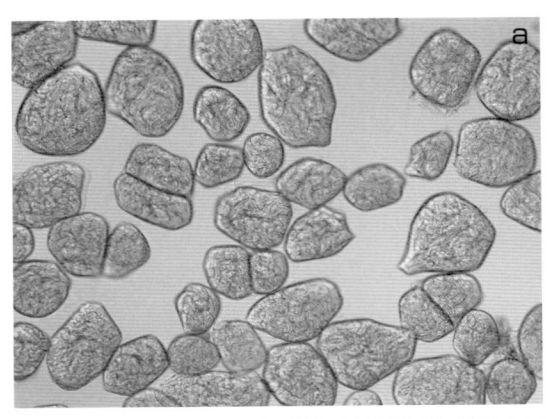

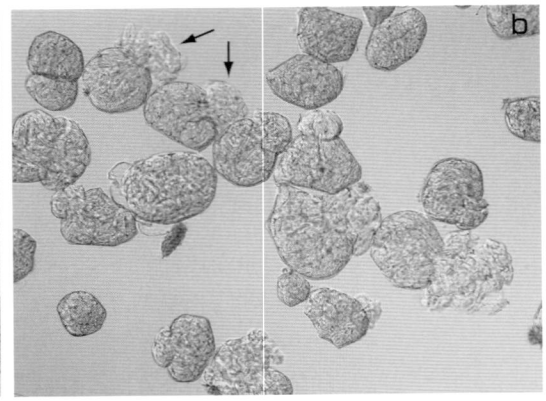

図 3-13　水煮後の処理温度が異なるじゃがいもの顕微鏡画像（×67倍）
a：熱い状態でつぶした場合（膨潤でんぷんを内包した細胞が細胞単位でバラバラになる）
b：冷えた状態でつぶした場合（矢印の部分は細胞からでんぷんの一部が飛び出している）

は，ペクチン質が流動性を失わない熱いうちに裏ごしすることが大切である．新いもはペクチン質が未熟で，水に不溶のプロトペクチンが多いので，細胞同士が分離しにくく，粉ふきいもやマッシュポテトには不適当である．

じゃがいもを生から，牛乳やみそ汁中で加熱すると，水煮よりも硬いことがある．これは煮汁中のカルシウムがじゃがいものペクチン質と結合したためと考えられている．

フレンチフライやポテトチップスをつくる場合は，切り口のでんぷんや還元糖を水さらしで減少させ，揚げ操作による色付きをおさえる．ポテトチップスの場合は，厚みをできるだけ均一にして，最初 140～150℃でゆっくりと加熱し，仕上げは 180℃程度で揚げるとよい．

(2) さつまいも

アジア地域で世界の 90％を生産している．日本における青果用としては高系 14 号，ベニアズマなどの生産量が多いが，栽培しやすいため在来品種も地域ごとに流通している．近年，カロテンやアントシアン色素を内部に蓄積する品種（前者：ベニハヤト，後者：アヤムラサキなど）が開発され，冷凍ダイス，フレーク，ペースト，パウダーなどの状態で供給されている[23]．じゃがいもと同様にビタミンCを比較的多く含み，無機質のほかに食物繊維の給源として利用しやすい食材である．

糖分が多く甘味を感じるので，菓子類を中心に利用されている．保存中や加熱中に含有する β-アミラーゼが働き，マルトースなどの糖が生成して甘味が増す．低温（5～10℃）に保存すると糖量の増すことが知られており，食べる前に 1 週間程度低温に置くことがある．加熱方法に関して，図 3-14 に示したように，80℃に到達する時間が長いオーブン加熱や蒸し加熱では糖の生成量が多く，電子レンジ加熱では少ない．

ポリフェノール酸化酵素によって切り口の褐変や黒変を生じることがあるが，じゃがいもと同様に酵素や基質を溶出させるため水さらしを行うとよい．

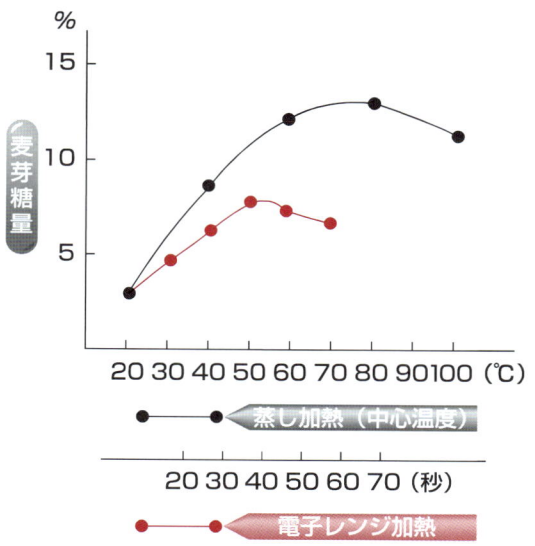

図3-14 さつまいもの電子レンジと蒸し加熱の加熱程度と麦芽糖量
松本文子・平山静子・大竹蓉子：家政誌，16：5，1965．

内皮部分に多く含まれる樹脂配糖体は，水に溶けずに空気によって黒くなる．色よく仕上げるためには皮を厚くむき，内皮部分を除くほうがよい．重曹を入れた衣でさつまいもをてんぷらにすると，表面が緑色になることがある．これはさつまいも中のクロロゲン酸とアルカリが反応した結果である．

(3) さといも

東南アジアに多いタロイモと同種であり，稲作以前に日本に伝来したとの説が有力である．食用部分は球茎にあたり，子いもを食べるもの(石川早生)，親いもを食べるもの（たけのこいも，京いも，やつがしら，セレベス）がある[23]．親いもは粉質で粘りが少なく，子いもは粘りが強い．

特有の粘質物をもち，独特の口当たりを感じる．この粘質物はガラクタンを主体としたものであり，煮汁の粘度を上昇させてふきこぼれの原因となるとともに，調味料の浸透を妨げる．過度の粘質物を除くには，図3-15に示すように，一度ゆでこぼすか，食塩や食酢を加えるとよい．

さといもを素手で扱っていると，ときにかゆみを強く感じることがある．これはシュウ酸の針状結晶が皮膚を刺激するためであり，酢水で洗うとかゆみを除くことができる．

(4) やまのいも類

概して粘りの強い粘質物をもつ．やまといも(つくねいも)，いちょういも(てのひらいも)，ながいもなどの種類がある．ながいもはほかの2種に比べ水分が多い(表3-9)．また，すりおろした場合の粘性は，やまといも＞いちょういも＞ながいもの順に高い．粘質物は混和すると空気を抱き込む性質があり，これを利用して，かるかん蒸しやじょうよまんじゅうの皮がつくられる．

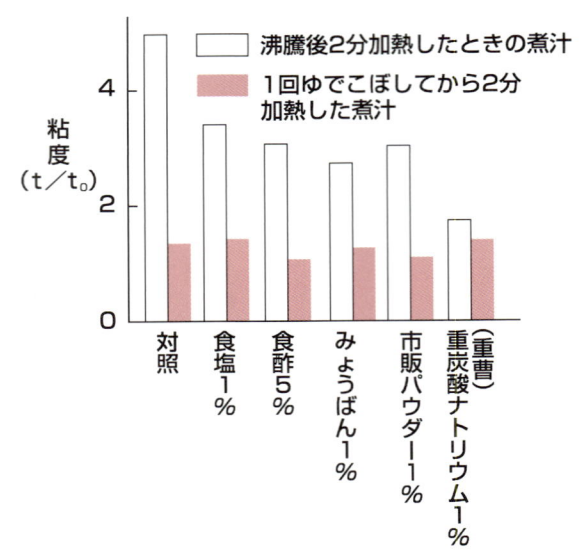

図3-15 さといもをゆでこぼした場合の煮汁の粘度
河村フジ子・松元文子：家政誌, 18：147, 1967.

やまのいも類はすりおろして生食することがある．生食可能な理由として，強力なアミラーゼの存在を推測する考え方もあるが，確認はされていない．一方，細胞壁の層がほかのいもに比べて薄く，もろい構造をもつと報告されており，これが生食可能な根拠のひとつとも推測されている[24]．

(5) こんにゃくいも

97％の水分を除くと，残りのほとんどがグルコマンナンである．グルコマンナンはヒトの消化酵素によって分解されないので，製品のこんにゃくは触感を楽しむ食品のひとつであり，食物繊維の給源にもなっている．

こんにゃくを製造するときに用いるカルシウム塩などの臭みを除くため，塩もみやゆでるなどの下処理を施してから調理に用いる．また，カルシウム塩は肉を硬くし，色を退色させるので，生から一緒に加熱しないほうがよい．

4. 豆類

マメ科植物の種子のうち，食用になる豆の種類は多く，大豆，あずき，いんげん，えんどう，ささげ，そらまめ，りょくとう，ライマまめなどがある．これらは完熟種子で，グリンピースやえだまめなどの未熟な種子，さやえんどうなどの未熟なさや，豆類を発芽させたもやしなどは野菜として用いられている．

豆は種皮，子葉，胚芽から構成されている．一般に構成部分の重量比は8：90：2で，可食部は子葉である．種皮は厚く，外側は表皮としてクチクラ層になっていて水を通しにくい．種皮の成分はセルロース，ヘミセルロースからなっているので，消化されない．しかし，この種皮に覆われているため，

米などの穀類に比べて害虫や微生物による被害を受けにくい．

　豆はその成分の特性により，大豆とその他の豆類（雑豆類とよばれている）とに大きく二分されている．大豆はたんぱく質約35％，脂質約20％，糖質約25％を含み，糖質は単糖類，少糖類で，でんぷんを含んでいない．これに対して，あずきをはじめ雑豆類は脂質約2％と少ないが，たんぱく質（20～26％），糖質（50～55％）に富み，糖質のほとんどはでんぷんである．この成分的な相違から大豆は煮豆や伝統的な加工食品に用いられているのに対し，雑豆類は煮豆，あんとして利用されている．

1）豆類の調理・加工における吸水膨潤

　豆類の利用形態，調理・加工例を図3-16に示す．煎り豆，きな粉以外の豆類の調理・加工の第一段階では吸水膨潤処理が行われる．この処理いかんがその後の操作や製品の品質に与える影響は大きい．

　豆類の水分含量は14～17％で，多くは吸水膨潤させてから調理・加工する．この吸水膨潤の目的は，加熱時間の短縮や均一な組織の軟化など煮熟性を高めることや，豆類に含まれる不純物（タンニン，サポニン，シアン化合物など）の除去である．

　豆類の吸水性は豆の種類，新旧で異なる．あずき以外は水温19～24.5℃の場合，水浸後5～7時間の初期の吸水が速く，その後はゆっくり吸水し，約20時間でほぼ飽和状態に達し，豆と同量程度の水を吸水する．大豆の吸水がもっとも速く，次いで白いんげん，うずらいんげんで，あずきがもっとも遅い（図3-17）．これは吸水の仕組みが異なるためである．大豆などは表皮全体から吸水するのに対し，あずきは表皮が硬いので，はじめは小さな珠孔部の穴からわずかに吸水する．また，吸水速度は豆の新旧，保存状態，水温，浸漬

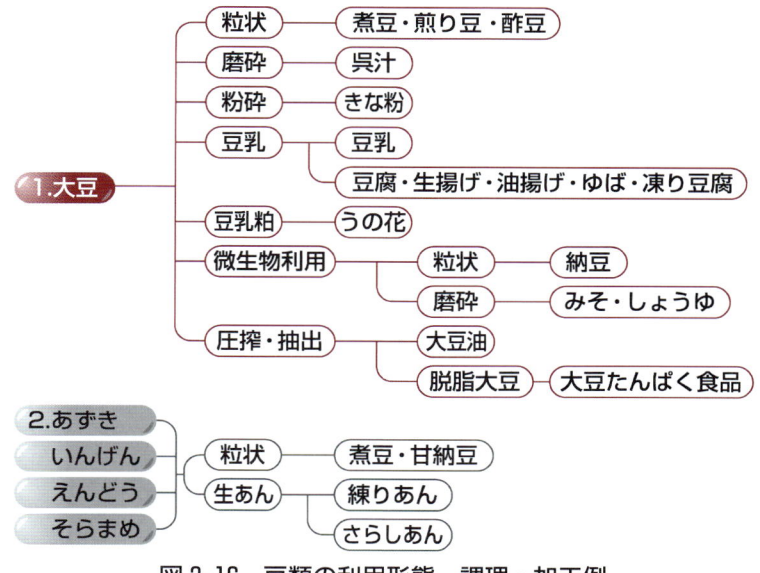

図3-16　豆類の利用形態，調理・加工例

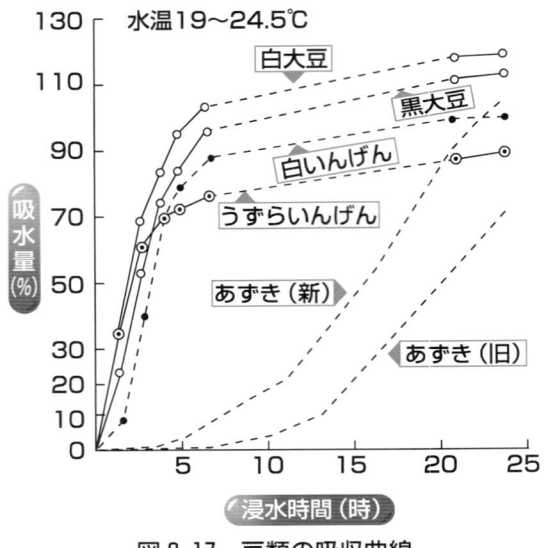

図 3-17 豆類の吸収曲線
松元：全訂調理実験．1966．

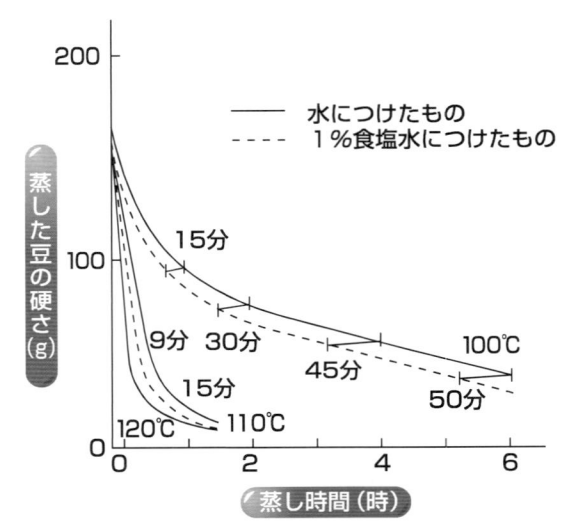

約10℃の水温で16時間浸漬後，各温度で蒸し加熱をしたもの．食塩水につけたもののほうが軟化が速い

図 3-18 水と食塩水につけた豆の加熱による変化
鎌田・他：農産加工技術研究会誌，8，1961．

液の種類，量に影響される．

2）煮豆

煮豆は古くから家庭でつくられ，保存性の低いものであった．しかし，真空包装，殺菌技術の開発などにより，保存性が高くなるとともに商品化されるようになってきた．

煮豆は，しわ寄り，皮むけ，腹切れ，胴割れがないものがよく，そのおい

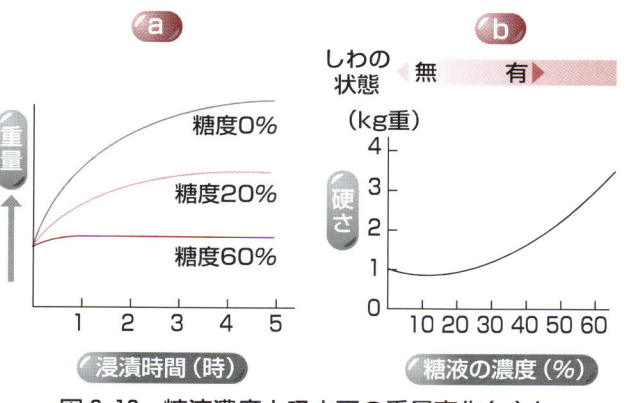

図 3-19 糖液濃度と吸水豆の重量変化(a)と糖液の濃度と硬さ(本煮)(b)

金谷昭子：食物と健康，7(3)：56，1977．

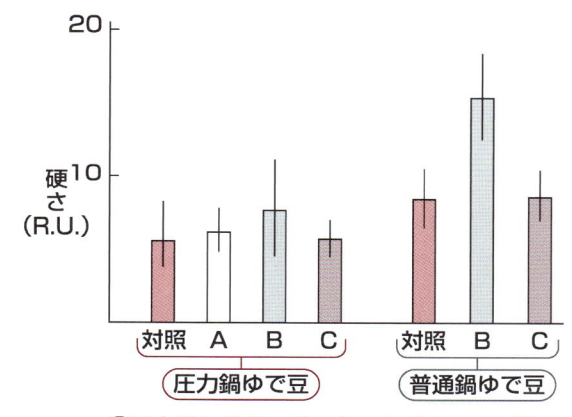

① 圧力鍋と普通の鍋で軟らかくゆで（対照），その豆をそれぞれの調味方法で味付けした場合の硬さの変化
② 調味方法　A：ゆで豆を調味液に入れ圧力鍋で加熱，B：ゆで豆を調味液に入れ普通鍋で加熱，C：ゆで豆を室温で調味液に浸漬
③ 試料：金鶴大豆，硬さはレオロメーターで測定

図 3-20　大豆の調味による硬さの変化

渋川：家政誌，30，1979．

しさは，ふっくらとして，口に入れると甘みが広がり，軟らかいことである．したがって，煮豆の調理・加工上の留意点は豆のかたちをくずさず，軟らかく仕上げることである．

煮豆の一般的な調理では，水浸漬→煮熟→調味料添加→煮含め→煮汁浸漬の過程を経るが，それぞれの操作の適否が煮豆の品質に与える影響は大きい．

大豆を用いて煮豆をつくる場合，大豆の種皮は吸水すると膨潤し，子葉の膨張は遅いのでしわができる．豆の浸透圧と相当以下の薄い食塩水で煮ると軟化が速くなる（図3-18）．また浸漬液，煮汁の砂糖濃度が高くなると浸透圧が高まり，子葉は収縮し種子にしわができて硬くなる（図3-19）．砂糖は3回ぐらいに分けて加えるか，あるいは少しずつ砂糖濃度を高めて調味するとし

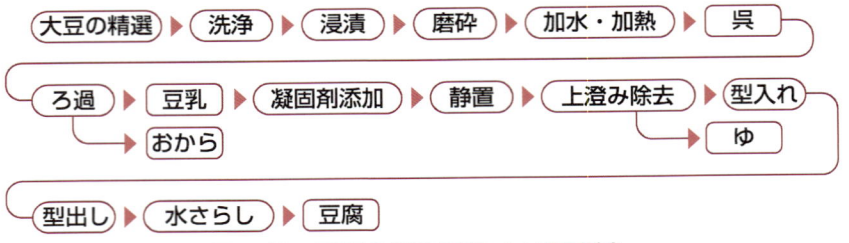

大豆の精選 ▶ 洗浄 ▶ 浸漬 ▶ 磨砕 ▶ 加水・加熱 ▶ 呉
▶ ろ過 ▶ 豆乳 ▶ 凝固剤添加 ▶ 静置 ▶ 上澄み除去 ▶ 型入れ
　　　▶ おから　　　　　　　　　　　　　　　　　▶ ゆ
▶ 型出し ▶ 水さらし ▶ 豆腐

図 3-21　豆腐の製造工程（木綿豆腐）
桜井芳人（編）：総合食品事典．第6版，同文書院，1986．

わは防げる．水浸膨潤させるとき，薄い食塩濃度の調味液に浸漬して膨潤させて加熱した豆のほうが，水につけたものより速く軟らかくなる．これは，大豆たんぱく質のグリシニンが塩溶液に溶解するためといわれる．浸漬水に重曹を加え，アルカリ性の水で加熱すると軟らかくなるが，味も悪くなり，アルカリの作用によりビタミン B_1 が破壊される．大豆を煮るとき，サポニンのために泡が出るので取り除く．圧力鍋による煮豆は常圧加熱より加熱時間が短縮され，感触も味もよい結果が得られる（図 3-20）．

3）大豆製品

日本や中国では古くから大豆を原料とした優れた加工食品が伝えられている．煮豆に調理するのみでなく，豆乳にして加工したものでは豆腐，生揚げ，油揚げ，ゆば，凍り豆腐があり，豆乳粕（おから）も，うの花料理に用いられる．また，微生物を利用して納豆，みそ，しょうゆなどがつくられている．

(1) 豆腐

大豆を浸漬してすりつぶし，加熱，ろ過して得られた豆乳に凝固剤（硫酸カルシウムなど）を加え，大豆たんぱく質のグリシニンを大豆の油脂成分とともに固めたものである（図 3-21）．消化率は高く 95％である．

木綿豆腐は絹ごし豆腐に比べると，たんぱく質含量はわずかに高く，組織は不均一で舌ざわりは粗い．木綿豆腐は製造の段階で上澄みの水を除去し，絹ごし豆腐は木綿豆腐より濃い豆乳に凝固剤を加え，穴のない型箱の中で豆乳全体をゲル状に固めたもので，なめらかな舌ざわりできめ細かい．豆乳は，軟らかさ，なめらかさのみでなく，弾力のあるテクスチャー，白い色，飽きのこない淡白な味に特徴があり，健康食としてもよく用いられる．

豆腐は水分を 86〜90％も含んでいるので，料理によっては水切りをして用いる．加熱処理をする調理では，豆腐の熱凝固力を残すため，先に軽めの重しやふきんを用いて脱水し，加熱処理のない調理のときは短時間熱湯中に入れて加熱脱水をする．これは殺菌の意味もあるが，加熱処理したほうが自由水の分離がよく，調理したものが時間経過しても水っぽくならないためである（図 3-22）．豆腐は水分が多いため変敗が速いので，衛生面での配慮が必要である．

豆腐の加熱では，内部に空洞ができて収縮硬化する"すだち現象"が起こ

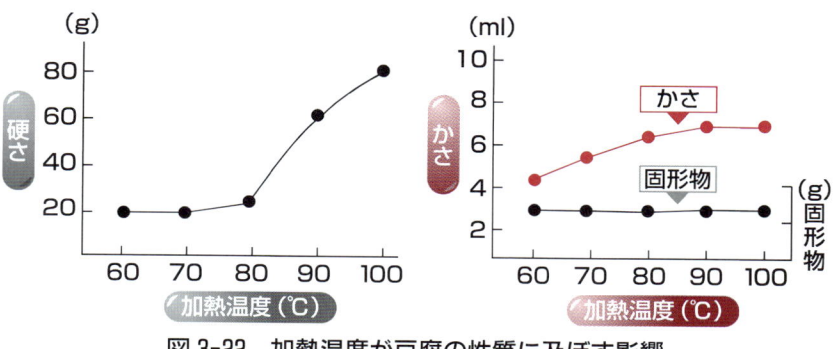

図 3-22 加熱温度が豆腐の性質に及ぼす影響

渡辺篤二：食の科学, 29：116, 1976.

らないように注意する．すだちの原因として，豆腐中の凝固剤，高温・長時間の加熱があげられる．食塩の添加は 0.5〜1.0％では収縮硬化が防止されるが，食塩濃度が 1.5％以上になると硬くなり，すだちが起こりやすくなる．湯豆腐では昆布を敷いて 1.0％以下の食塩を入れると硬化は防止される．

　豆腐を加工したものに焼き豆腐，生揚げ，油揚げ，がんもどき（ひろうす），凍り豆腐などがある．油で揚げたものは油抜きのための熱湯処理をすると，油脂の酸化による渋みと油を除くことができ，調味料の浸透をよくする．うの花（おから）も最近，栄養上見直され，豆腐とともに国内のみならず外国でも調理されている．

(2) 凍り豆腐

　凍り豆腐は，硬めにつくった豆腐を切り，急速凍結して乾燥させたもので，たんぱく質は凍結によって変性している．たんぱく質約 50％，脂質約 33％を含有し，消化率もよい．製造中に膨軟化処理加工されているので戻しやすく，軟らかさ，弾力，歯切れなど，よいテクスチャーが得られる．湯温約 75℃で 5 分間湯戻しして凍り豆腐内の液を押し出し，吸水を繰り返し，最後に水を押し出して調味液で煮含める．緻密な海綿状の組織に含まれた調味液と煮方で味の良否が決まるといってもよい．湿気や長期保存などにより脂肪の酸化，褐変が起こり，味も悪くなり，戻しも十分できなくなるので，保存には十分注意する．

(3) 納豆

　大豆を原料とした発酵食品で，用いる微生物および製法により普通の糸引き納豆と，浜納豆や大徳寺納豆で知られる寺納豆の 2 種類に分けられる．糸引き納豆は，蒸し煮した大豆を納豆菌を用いて発酵させることにより硬い組織が軟化され，成分の一部が分解するので消化がよく，納豆特有の香りと粘りが出る．寺納豆は，蒸し煮大豆に大麦を焙煎した香煎・こうじ・食塩を加えて 1〜6 か月間熟成させる．

　納豆は栄養的にも優れた食品で，そのまま食べることが多いが，汁物，炒

め物，揚げ物などに工夫・調理されている．

(4) ゆば

ゆば（湯葉・油皮）は，豆乳を加熱したときに液の表面にできる皮膜のことであり，平鍋に入れて80℃以上に加熱したときに表面にできる皮膜をすくい上げたものが生ゆばで，これを巻いたり折りたたんだりして用いる．生ゆばを乾燥したものが干しゆばであり，生ゆばは保存と取り扱いに注意し，干しゆばは戻して用いる．ゆばは消化もよく，精進料理，椀種，煮物，和え物，鍋物などに用いられる．

(5) あん

あんは，でんぷん含量の多い豆類を水中で煮熟して生成させた，細胞でんぷんを利用した食品で，日本に古くから伝わる和菓子素材である．製あん原料としては主に雑豆（あずき，いんげんまめ，えんどう，ささげ，そらまめなど）を用いる．

あんには次のように多種多様な名称がある．

① 加工の程度・・・・・・・・・・・生あん，練りあん，乾燥あん（さらしあん）

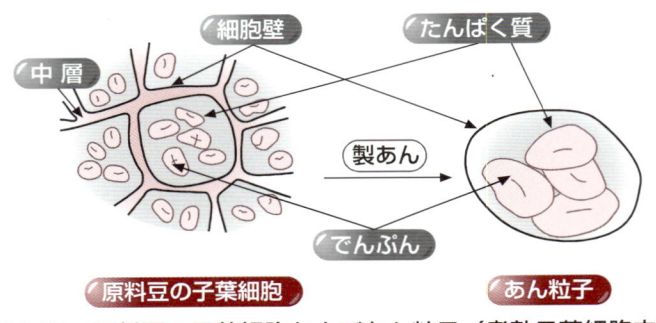

図3-23 原料豆の子葉細胞およびあん粒子（煮熟子葉細胞内）

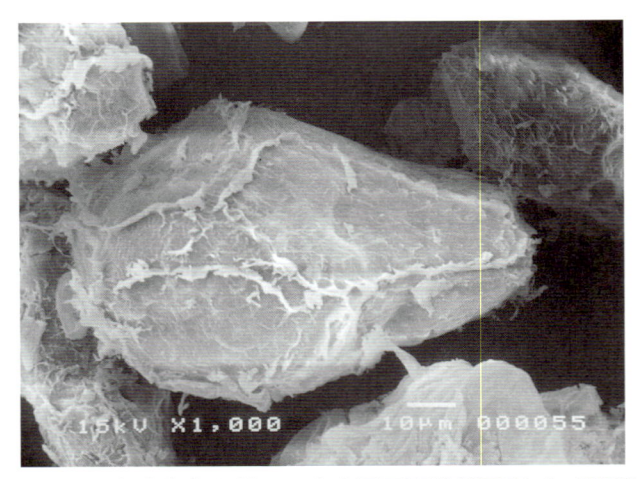

図3-24 あずきあん粒子の走査電子顕微鏡写真（×1000）

② 原料豆の種類‥‥‥‥‥赤あん，あずきあん，白あん
③ 製あん方法‥‥‥‥‥‥生こしあん，潰しあん，煮くずしあん
④ 練りあんの配合糖量‥‥並割りあん，中割あん，小倉あん，上割あん
⑤ 仕向先，用途‥‥‥‥‥あんパン用あん，最中あん，冷菓用あん，大福あん，黄味あん，柚子あん，挽茶あん

あんの製造工程はあんの種類，生産規模の大小などによって多少異なるが，一般には原料豆の精選→水洗→浸漬→煮熟→摩砕→篩別→水晒→脱水により生あんがつくられる．

あんの製造工程でもっとも重要なのは浸漬と煮熟である．浸漬は，豆の内部まで十分に水を浸透させ，煮熟の際に熱の浸透をよくし，煮熟時間を短縮すると同時に均等に煮熟するために行う工程で，煮熟は，あん粒子を形成させるために行う重要な工程である．あん原料の雑豆の組織は細胞膜で仕切られた細胞がぎっしり詰まっており，その細胞中には数個ないし十数個のでんぷん粒子とたんぱく質，その他内容物が含まれているが，浸漬によりでんぷん粒子は吸水し，たんぱく質は溶解する．その次の煮熟で，細胞内のでんぷん粒子が糊化を始める温度に達する前に，溶解していたたんぱく質が熱凝固してでんぷん粒子を取り囲み，皮膜を形成する．この取り囲まれた状態でんぷん粒子は熱を受けるので，粒子の崩壊なしに糊化して，あん粒子が形成される（図3-23, 24）．このあん粒子を分離して生あんがつくられ，さらに練りあん，乾燥あんへと加工され，食品素材と利用される．

5. 種実類

種実類は，穀類と豆類を除いた植物の種子を可食部とする食品の総称である．わが国では，くり，くるみ，かやの実，とちの実など，木の実類の食文化が古くより伝承されている．これらの種実類は大切な保存食品とされ，折々のハレの食事を彩り，万一のための備荒食品としての役割をも果たしてきた．

1）種実類の種類と成分の特徴

種実類はその形態によってナッツ類（堅果類）と種子類に大別される．

ナッツ類は子房壁が発達してでき，果皮は薄く，その外果皮が著しく硬くなったもので，主として種子中の仁（胚芽および胚乳）を食用とする．種類としては，かやの実，ぎんなん，くり，くるみ，しいの実，とちの実，ひしの実，まつの実，らっかせいなどがあるが，近年は，アーモンド，カシューナッツ，ピスタチオ，ブラジルナッツ，ヘーゼルナッツ，ペカン，マカダミアナッツなど多種類の外国産ナッツが大量に利用されるようになり，多様になっている．

種子類には，野菜類や油料作物などの種子が含まれている．種類としてはあさの実，えごま，かぼちゃの種，けしの実，ごま，すいかの種，はすの実，ひまわりの種などがある．

種実類には水分が2～6％と他の食品に比べて低いものが多い．ぎんなん，くり，しいの実，とちの実，はすの実，ひしの実などは糖質（でんぷん）を多く含む．これに対して，アーモンド，くるみ，らっかせいをはじめ多くの種実類は脂質含量が30％以上と高く，エネルギーも460 kcal/100 g以上で栄養価も高い．たんぱく質の多いものには，あさの実（30％），すいかの種（30％），らっかせい（25％）がある．これらの成分の相違が調理・加工の仕方を方向づけている．

　カリウム，リン，マグネシウム，カルシウムなどの無機成分含量も他の食品に比べて多い．また，一般にビタミンB_1，B_2が多く含まれている．

　色としては黒ごま種皮の黒色が特徴的である．この黒色成分はアントシアン系色素といわれている．新鮮なぎんなんの鮮やかな緑はクロロフィルによるが，退色後の黄色はカロテノイドであり，ビタミンA効果を示す．くりの黄色もカロテノイドで，果肉表層部に含まれる色素の大半はルチンである．

　焙煎すると香ばしい香りを生じるのは，種実に含まれる糖，アミノ酸，脂質などの加熱による化学的変化であり，これら成分の種類や含有比率によって，特有の香りを生じる．

　脂質の多い種実は味にコクがあるが，これは含まれる脂質とたんぱく質に起因すると考えられている．また，くりのように渋皮や果肉にタンニンを含むもの，とちの実のようにサポニンなどの苦味物質を含むものはアク抜きが必要である．

2）種実類の調理性

　種実類は焙煎，蒸し煮，油揚げなどの加熱処理をし，そのまま塩味などをつけ，ナッツとして，そのものの風味を味わうものが多い．また，料理や菓子の材料として使用されるものもある．

和え衣　脂質含量の多いごま，くるみ，らっかせいなどは野菜料理の和え衣として用いられる．これらの種実は焙煎されたあと，脂質がにじみ出るまで，すってペースト状にし，調味して和え衣とする．ねっとりとした食感と特有の風味が，淡白な味の野菜とよく調和する．

ごま豆腐　焙煎したごまをすってペースト状にしたすりごまを，くずでんぷんとともに攪拌しながら加熱する．糊化したくずでんぷんにごまペーストを完全に分散させたあと，型に入れて冷やし固めてつくる．なめらかで，こしのある食感のなかにごま特有の香りを味わう，風味のよい料理である．一般に白ごまが使われるが，黒ごまでもつくられる．

　すりごま，くずでんぷんと水の割合を変えてつくる場合，たとえばすりごまの添加量を増した分，水の量を減らさなければならない．硬さ，粘稠度，および風味は好ましくなるが，なめらかさは逆の傾向を示す．こしの強さとして好ましく感じられるには，くずでんぷんとすりごまは同じ割合（重量比）がよく，ごまの量が多すぎても少なすぎてもよくない．総合評価も同じ傾向を示す（表3-10）．

表 3-10 すりごまの添加量の影響

測定項目			A	B	C
配合	くずでんぷん	(g)	60.0	60.0	60.0
	すりごま	(g)	40.0	60.0	80.0
	NaCl	(g)	1.0	1.0	1.0
	水	(g)	620.0	600.0	585.0
ガス消費量		(l)	27.40	27.25	27.15
仕上がり重量		(g)	477.5	490.5	484.0
仕上がりくず濃度		(%)	12.6	12.2	12.4
仕上がりごま濃度		(%)	8.4	12.2	16.5
仕上がりNaCl濃度		(%)	0.21	0.20	0.21
ゾル	粘度 ($\times 10^5$ c.p.)		1.35	1.47	1.91
ゲル	硬さ ($\times 10^4$ dyne/cm^2)		0.88	1.00	1.04
	粘稠度 ($\times 10^5$ dyne・sec/cm^3)		1.65	1.86	2.31
官能検査(順位合計値)	風味		*24	16	**8
	こしの強さ		*22	**11	15
	なめらかさ		*9	16	*23
	舌へのへばりつき		18	16	15
	総合評価		20	13	15

Kramerの検定による．
*5％有意差，**1％有意差．

村田・他：家政誌．1974．

表 3-11 3種のゲルの官能検査結果

試料	A	B	C
配合 (g)	くずでんぷん 60.0 すりごま 60.0 NaCl 1.0 水 600.0	くずでんぷん 60.0 ごま油 35.9 NaCl 1.0 水 600.0	コーンスターチ 60.0 すりごま 60.0 NaCl 1.0 水 600.0
官能検査項目			
ごま豆腐といえると思うパネル数	7	0	2
順位合計値 こしの強さ	11	15	16
なめらかさ	14	*7	*21
舌へのへばりつき	12	**10	*20
総合評価	**8.5	18.5	15.0

Kramerによる検定，パネル7人．
*5％有意差，**1％有意差．

村田・他：家政誌．1974．

　すりごまの代わりにごま油を用いると，ごまの香りが得られ，なめらかさ，舌へのへばりつき感は改善されるが，ごま豆腐とは別のものになってしまう．くずでんぷんの代わりにコーンスターチを使った場合も，なめらかさ，舌へのへばりつきが悪くなる（表3-11）．

　ごま豆腐は，くずでんぷんとごまの組織や脂質，香り，その他の成分の織りなす，特有の風味をもつ料理である．

菓子材料　ごまやナッツ類は，全粒，スライス，粉末の形態で，その処理前後の加熱処理をすることが多く，和・洋・中華風の菓子材料に用いられる．これらを用いることにより，菓子に独特の風味や食感を与えるので，量的には少なくても，幅広く用いられている．

表 3-12　緑黄色野菜

あさつき	しそ（葉・実）	なずな	ひろな
あしたば	じゅうろくささげ	なばな類	ひろしまな
アスパラガス	しゅんぎく	和種なばな	ふだんそう
いんげんまめ（さやいんげん）	すぐきな	洋種なばな	ブロッコリー
エンダイブ	せり	にら類	ほうれんそう
えんどう類	タアサイ	にら	みずかけな
トウミョウ	だいこん類	花にら	みつば類
さやえんどう	かいわれだいこん	にんじん類	切りみつば
おおさかしろな	葉だいこん	葉にんじん	根みつば
おかひじき	だいこん（葉）	にんじん	糸みつば
オクラ	たいさい類	きんとき	めキャベツ
かぶ（葉）	つまみな	ミニキャロット	めたで
かぼちゃ類	たいさい	茎にんにく	モロヘイヤ
日本かぼちゃ	たかな	ねぎ類	ようさい
西洋かぼちゃ	たらのめ	葉ねぎ	よめな
からしな	チンゲンサイ	こねぎ	よもぎ
ぎょうじゃにんにく	つくし	のざわな	リーキ
きょうな	つるな	のびる	レタス類
キンサイ	つるむらさき	パクチョイ	サラダな
クレソン	とうがらし（葉・実）	バジル	リーフレタス
ケール	トマト類	パセリ	サニーレタス
こごみ	トマト	ピーマン類	ロケットサラダ
こまつな	ミニトマト	青ピーマン	わけぎ
さんとうさい	とんぶり	赤ピーマン	
ししとうがらし	ながさきはくさい	トマピー	

厚生労働省：五訂日本食品標準成分表の取り扱いの留意点について，2001．

くりを主材料とした代表的な菓子にマロングラッセがある．また，シロップ漬けも菓子材料とされる．くりの甘露煮は和菓子に用いられる．

6．野菜類

　野菜類は一般に水分が多く，エネルギーも低いものが多いが，ビタミン，無機質，食物繊維などの重要な給源である．野菜類には抗酸化性，抗変異原性，抗発がん性，活性酸素消去能，血圧降下作用など，従来の栄養素とは異なる健康維持・増進に大切な第三次機能成分が含まれている．

　野菜は緑，黄，赤，紫などの色をもち，含まれる色素にはクロロフィル，カロテノイド，フラボノイドなどがある．カロテノイドの含量によって緑黄色野菜（表3-12）とその他の野菜とに分類される．緑黄色野菜は可食部100 gあたりカロテン（五訂増補日本食品標準成分表ではβ-カロテン当量を指す）600 μg以上を含む食品をいう．その他の野菜に比べるとカロテンのほかにビタミンCも多く，ビタミンB_1，B_2，ニコチン酸も微量に含まれる．にんじん，かぼちゃなどはカロテノイドによる赤，黄橙色である．緑色野菜はこのほかにクロロフィルを含み（クロロフィル3：カロテノイド1），肉眼では緑色にみえる．淡色野菜は100 g中，カロテノイド600 μg以下の食品で，ビタミンCおよび無機質の供給源である．また表3-13のように食用部位による分類法もある．

表 3-13　野菜の食用部位による分類

分類	食用部位	野菜の種類
葉菜類	葉	こまつな, サラダな, しゅんぎく, チンゲンサイ, にら, はくさい, パセリ, ほうれんそう, みつば, など
茎菜類	茎・葉柄・りん茎	アスパラガス, うど, ずいき, セロリー, たまねぎ, つわぶき, にんにく, ふき, らっきょう, リーキ, ルバーブ, など
根菜類	根・塊茎, 根茎	ごぼう, コールラビ, しょうが, だいこん, ビート, にんじん, れんこん, わさび, など
花菜類	花弁・花蕾・花托	アーティチョーク, カリフラワー, きく, みょうが, ブロッコリー, など
果菜類	果実・種実	えだまめ, えんどう, オクラ, かぼちゃ, きゅうり, かんぴょう, ししとうがらし, しろうり, そらまめ, とうがん, トマト, なす, ピーマン, など

表 3-14　野菜類に含まれる色素と pH 反応

	色素名	一般呼称	含まれる野菜	pH による反応	
				アルカリ性	酸性
脂溶性	クロロフィル　クロロフィル a　クロロフィル b	緑色　a：青緑色　b：黄緑色	ほうれんそう, しゅんぎく, ブロッコリー, にら, こまつな	鮮やかな緑色になる	黄褐色になる
	カロテノイド	黄色, 橙色	にんじん, かぼちゃ, とうもろこし	変化なし	変化なし
水溶性	フラボノイド	無色, 白色, 淡黄色	ごぼう, れんこん, たまねぎ, カリフラワー	黄色くなる	白くなる
	アントシアン	赤色, 紫色	なすの皮, 赤じそ, ぶどう, いちご, ラディッシュ	青色となる	鮮やかな赤紫となる

石松成子・他：NEW 基礎調理学. 医歯薬出版, 1999.

1）野菜類の特性

(1) 色素

　野菜類の色は料理に彩りを添え，食欲を増進させる．野菜中の色素の種類と性質および所在を表 3-14 に示す．

クロロフィル　　ほうれんそうなどに含まれる緑色の色素で，調理操作の過程で変色する場合が多いので，美しい緑色を保つためには注意が必要である．クロロフィルは長時間の加熱，酸，酸化酵素などによってフェオフィチンとなり，黄褐色に変色する．調理に際してこの酸の影響を最小限に止めるには，長時間の加熱を避け，酢を用いる調理では供卓直前に加えるとよい．また，重曹などを加えたアルカリ性の水で加熱すると鮮緑色のクロロフィリドとなり，さらに分子中のマグネシウムを鉄や銅で置換すると，安定なクロロフィリンになる（図 3-25）．

カロテノイド　　赤色および黄橙色の色素で，にんじん，かぼちゃなどに含まれている．ほかの緑黄色野菜中にもクロロフィルとともに含まれている．鮮度が低下するとクロロフィルが分解し，共存しているカロテノイドが現れ

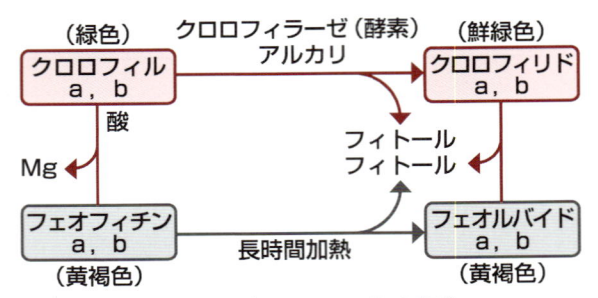

図 3-25 クロロフィルの変化
藤沢和恵・他：現代調理学．医歯薬出版，2001．

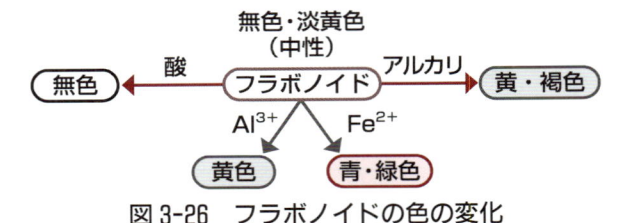

図 3-26 フラボノイドの色の変化
藤沢和恵・他：現代調理学．医歯薬出版，2001．

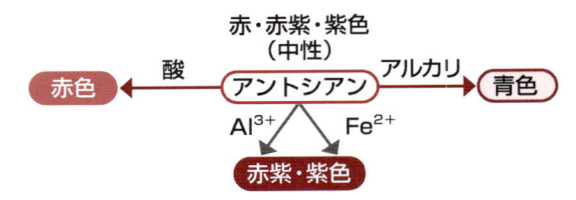

図 3-27 アントシアンの色の変化
藤沢和恵・他：現代調理学．医歯薬出版，2001．

て黄色く変色する．カロテノイドは水に不溶で熱に安定であり，にんじんなどは長時間加熱しても変色しない．また，アルカリに強く酸にはやや弱いが，普通の酢の物程度では問題はない．しかし，紫外線には弱いので保存中や乾燥によって退色しやすい．水に溶けないため，炒め物，揚げ物など油と一緒に摂取すると吸収がよくなる．カロテノイドのうち，α-，β-，γ-カロテン，クリプトキサンチンは体内でビタミン A 効力を示すので，プロビタミン A とよばれる．

フラボノイド　白または淡黄色の色素であり，たまねぎやカリフラワーなどに含まれている．酸性で白色，アルカリ性で黄色を呈する．れんこんやカリフラワーなどを白くゆでるときは酢を加えると真っ白になる．また，小麦粉にかん水を加えると中華めんのように黄色くなるのはアルカリ性による変化である．さらに，アルミニウムや鉄などによって錯塩をつくり変色する（図 3-26）．

アントシアン　赤紫の色素で，なすの皮，赤じそ，ぶどうの皮などに含まれている．酸性で鮮やかな赤色，アルカリ性で青色を呈する．水溶性の色素で加熱すると退色する．また，鉄，アルミニウムと結合して安定な錯塩をつ

表 3-15 アクの種類と成分

	アク成分	主な食品
えぐ味	ホモゲンチジン酸，配糖体シュウ酸，シュウ酸塩類，無機塩類	たけのこ，わらび，ぜんまい，ふき，たで，はんげ，さといも，こんにゃくいも，やつがしら，ずいき，アスパラガス，ほうれんそう，しゅんぎく，よもぎ，メロン
苦味	アルカロイド，配糖体，タンニン，サポニン，無機および有機塩類，糖やペプチドの誘導体，テルペン，アミノ酸	ふきのとう，くわい，きゅうり，冷蔵にんじん，夏みかん （ビール，コーヒー，ココア，八丁みそ）
渋味	タンニン類，アルデヒド，金属類	かき，くり，未熟な果実や種子 （茶，ぶどう酒）
その他褐変現象	ポリフェノール類	うど，ごぼう，れんこん，なす，やまいも

調理科学研究会：調理科学．光生館．1984．

くり，青紫色を呈する．なすの床漬けに焼みょうばんを入れると美しい紫色になる．黒豆を鉄鍋で煮ると美しい黒色になるなどは，この反応を利用したものである．梅干しは梅の実から出る酸により，しその葉のシソニンが赤くなることを利用している（図3-27）．

(2) 酵素作用による褐変

野菜は切り口を空気中に放置すると表面が褐色になる．これは主に野菜中に含まれるポリフェノール酸化酵素やチロシナーゼによって酸化されるためである．このため，野菜を切ったらすぐに水につけて空気との接触を防ぐ，70℃以上で加熱して酵素を失活させる，食塩水や酢水で酵素作用を抑制する，ビタミンCを加えて酸化反応による褐変を防ぐ，などの方法がある．また，鉄に触れることによって褐変を生じる．

(3) アク

表3-15に示すように，野菜には"アク"といわれるえぐ味，苦味，渋味などを与える不味成分をもつものがある．アクの成分は無機塩，有機塩，有機酸，アルカロイド，タンニンなどであるが，多くは水溶性であるため，水浸やゆで操作により溶出除去される．また，灰などのアルカリ性溶液で処理すると除去できるものが多い（表3-16）．

(4) 香り

野菜類は特有の香りをもっている．香り成分はアルコール類，エステル類，含硫化合物などが主なものである．生たまねぎの香気成分は含硫化合物で加熱により減少し，甘い香気成分に変化する．たまねぎを切るときに生じる揮発性物質は，含硫化合物のジスルフィド，トリスルフィド，チオフェンなどである．そのほかにセロリー，パセリ，しょうが，ねぎ，みつば，香菜など，

表 3-16　アクの除去方法

除去方法	作　用	野菜の種類
水 食塩水（1％程度） 酢　水（5～10％） に浸漬する	酸化酵素による褐変を防ぐ． 酸化酵素は水，食塩水にとけ，酢（pH低下）により酵素の活性をおさえる．	なす うど ごぼう れんこん
熱湯でゆでる	水溶性のシュウ酸またはシュウ酸化合物．	ほうれんそう しゅんぎく
小麦粉や糠の10％液でゆでる	でんぷんコロイドの吸着作用により除去する． 表面が粒子に覆われ，酸化を防ぎ，白くゆで上がる． 糖分の流失も少ない． たけのこを皮付きでゆでると皮中の還元性亜硫酸が，繊維を軟化する効果がある．	たけのこ カリフラワー だいこん
木灰5％溶液 重曹0.3％溶液 を用いる	アルカリにより繊維を軟化し，アク成分が流出する． 重曹は繊維の軟化が強いので，使用量およびゆで時間に注意する．	山菜類
卵白を用いる	微細な浮遊物と一緒に苦味や渋味も卵白に吸着される．	スープや砂糖，寒天などのアク引きに使用

山口和子・他：調理—理論と実習—．和広出版，1981．

西洋料理や中華料理では香味野菜として，日本料理では薬味や清汁の吸口などとして用いられている．

2）野菜類の調理性

生食調理　野菜の生食では，新鮮な風味，歯切れのよいテクスチャーが基本である．野菜を生で食べる場合には，キャベツやだいこんのせん切りなどを冷水に浸すと浸透圧の作用で細胞内に水が浸透し，パリッとした歯ざわりになる．細胞膜を構成するセルロースやペクチンなどの状態がこの歯ざわりに関与している．また，野菜に食塩をふると半透性である原形質膜を通して放水が起こり，細胞が締まってくる．きゅうりの塩もみなどで液が出てくるのはこのためである．

野菜の細胞内外の浸透圧は約0.85％食塩溶液，10％砂糖溶液，あるいは0.2％酢酸溶液の浸透圧とほぼ等しい．したがって，新鮮野菜より低い浸透圧の溶液中では，水は野菜の細胞内に入り，細胞の膨潤が高まり，歯ざわりがよくなる．濃い溶液でもむと細胞液が放水され締まってくる．和え物の前処理の塩もみや，きゅうりの塩もみなどは，いずれも野菜から適当に脱水させて調味料の浸透を助けるためである（図3-28）．

また，だいこんおろしは，だいこんの生食調理の代表的なものである．おろす操作によって組織が破壊され，酵素作用が進み，辛味成分が生成する．辛味成分はだいこんの上部に少なく，下部になるほど強いといわれている．

だいこんおろしはビタミンCの給源として重要であるが，アスコルビン酸

図 3-28　生野菜の細胞変化

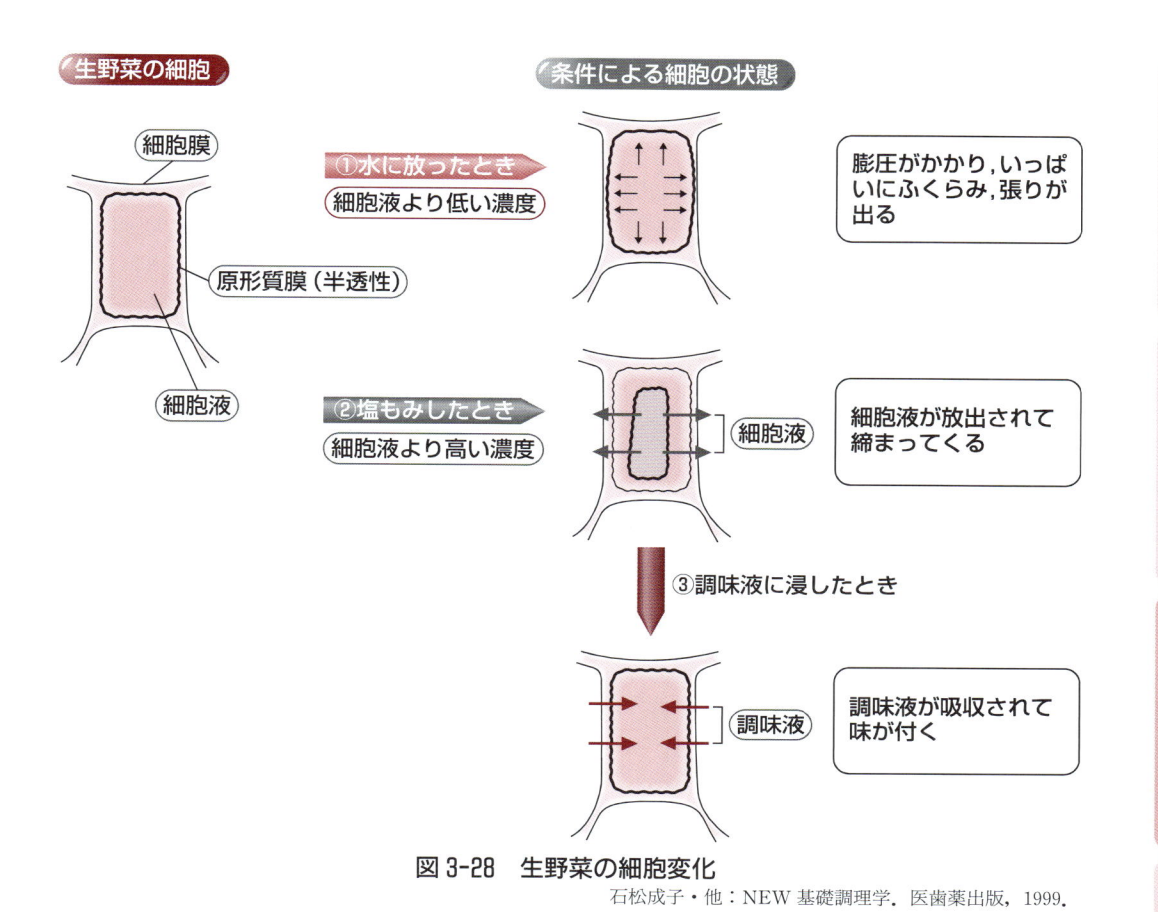

石松成子・他：NEW 基礎調理学．医歯薬出版，1999．

酸化酵素を含む野菜（にんじん，きゅうりなど）とともにすりおろすと，著しいビタミン C の減少がみられる．酢を加えると辛みが和らげられ，ビタミン C の低下を抑制できる．

加熱調理　多くの野菜は組織が硬く，不味成分を含むものもあるので，"ゆでる"，"煮る"，"炒める"，"揚げる"などの加熱調理が行われる．加熱によって，主に細胞壁に含まれるペクチンが分解・溶解するために組織が軟化し，不味成分の除去，調味料の浸透などがみられ，食べやすく，かつ消化をよくすることができるが，各種の栄養成分や嗜好成分も溶出して損失する．

加熱調理では生食調理に比べてビタミン C の損失が問題になる．とくに水を用いる調理（ゆでる，煮る）では損失が大きい．一方，緑黄色野菜に多量に含まれるカロテノイドは油脂を用いる調理（揚げる，炒める）によって吸収率が増大し，高温短時間の操作であるため栄養成分の損失も少ない．

煮物の際には，野菜の煮くずれを防ぐため，加熱が均一になるように，野菜の大きさやかたちを考えて切砕する．面取りや焼きみょうばんの添加も煮くずれ防止に効果的である．また煮物は基本的に水分が多いため，野菜よりも浸透圧の高い調味液中で煮ると脱水されて野菜の硬化がみられる．したがって，低濃度の調味液中で加熱すると調味料の浸透が促進される．

107

7. 果実類

　果実類とは，樹木に実る果物をさし，一般に柑橘類，仁果類，核果類，漿果類，熱帯果実類に分類される．ここでは，種をまいて1, 2年で収穫する果実を食用する野菜，すなわち果菜類を含めて果実類とする（表3-17）．
　果実類は，野菜類と同様，水分含量が多く，食物繊維が豊富で，無機質やビタミンの供給源となるものが多い．しかし，概して糖質を多く含み，エネルギー量が高い．また，適度な甘味と酸味を有し，香りのよいものも多く，食生活に変化をつけることのできる食品である（表3-18）．

1）果実類の特性

(1) 栄養的特性

　果実は，一般に，85〜90％と水分含量が高いが，ブドウ糖，果糖，ショ糖などの糖質を多く含むためエネルギー量も高い．たんぱく質や脂質含量は少ないが，アボカドやオリーブのように脂質含量の高いものもある．
　無機質では，血圧降下作用があるといわれるカリウムが多い．ついで，カルシウムが多く，鉄，マグネシウムなども含まれるが，野菜に比べると少ない．ビタミン類では，とくに柑橘類，あんず，かき，びわなどにはカロテノイド（プロビタミンA）が，柑橘類，いちご，かきにはビタミンCが多い．ビタミンCは，貯蔵・加工中に破壊されることが多いため，生食することが多い果実類はビタミンC給源として有利である．
　果実類は，食物繊維を多く含む．セルロースなどの不溶性食物繊維とペクチン（ペクチニン酸）などの水溶性食物繊維の両方を含み，前者は，糞便のかさを増やし，排便を促進して便秘を予防し，後者は，血漿コレステロールや血糖値の上昇を防ぐことが報告されている．
　色素として，アントシアンやフラボノイドが含まれており，これらは，生活習慣病の一因と考えられる活性酸素を不活性化する抗酸化作用を示す．
　そのほか，パインアップル，パパイア，キウイフルーツ，いちじくなどにはたんぱく質分解酵素（プロテアーゼ）が，りんごやバナナにはポリフェノールオキシダーゼが含まれている．

(2) 嗜好的特性

色　　果実の色は，種類によってさまざまであるが，通常，脂溶性のクロロフィル，カロテノイド，水溶性のアントシアン，フラボノイドなどの色素が含まれている．未熟果，とくに果皮にはクロロフィルが含まれているが，成熟とともに分解されて褪色する．一方，カロテノイドとアントシアンは，果実の成熟とともに増加する．カロテノイドが増加すると黄色から橙色，アントシアンが増加すると，そのアグリコンであるアントシアニジニンの化学構造によって赤・紫・青と異なった色になる．フラボノイドは，アルカリ性で

表 3-17 果実類の分類

果実類	仁果・準仁果類	りんご，なし，かき，かりん，びわ
	柑橘類	みかん，オレンジ，グレープフルーツ，レモン，ゆず，すだち
	核果類	もも，あんず，さくらんぼ，プルーン
	漿果類	ぶどう，いちじく，きいちご，ブルーベリー，ラズベリー
	熱帯果類	バナナ，パインアップル，パパイア，アボカド，マンゴー，アセロラ
野菜類	果菜類	いちご，すいか，メロン，まくわうり

池田ひろ・木戸詔子：調理学．化学同人，2000，p. 63．

表 3-18 果実類の特徴

フルーツ	特徴と効能	効果的なとり方
いちご	赤い色はアントシアニン系の色素で，それ自体の抗酸化作用はそれほど強くないが，強い抗酸化作用をもつビタミンCを多く含む．ビタミンCの1日の必要量はいちご6〜8個である程度カバーできる．このほかミネラルやペクチン，食物繊維も含まれ，便秘解消にも効果的．	ビタミンCの流出を防ぐためにへたをつけたまま洗う．ビタミンCは熱に弱いので生食が一番．ミキサーにかけてサラダのドレッシングに使うと酸味が生きる．
りんご	カリウムと食物繊維が豊富．カリウムはナトリウムの排泄を促して，血圧を下げる効果がある．食物繊維は便秘解消に．抗酸化作用のあるビタミンCやポリフェノール類も多く含まれる．皮の赤い色素はアントシアニン．おろしりんごや煮たりんごは胃腸が弱っているときに食べるとよい．	なるべく皮ごと食べるのが，抗酸化作用を生かす食べ方．皮をむいたら，ポリフェノール類が酸化されて褐色になる前に食べること．
みかん	強い抗酸化作用をもつカロテノイドを豊富に含み，ビタミンC含有量も多い．フラボノイドなどの抗酸化作用も期待できる．皮には毛細血管の抵抗力を高めるビタミンPが含まれている．カルシウム，カリウムも比較的多い．	袋や袋についている白い筋も食べると，食物繊維をとることができる．皮を料理の風味づけやマーマレードにする場合は，表面にワックスのかかっていないものを選ぶこと．
キウイフルーツ	ビタミン類が多く含まれている．とくにビタミンCはいちごなどと並び含有量が多い．ビタミンEやβ-カロテンも多く含まれ，抗酸化作用が期待できる．また，たんぱく質分解酵素のアクチニジンは消化吸収を助ける働きがある．	生食するほか，料理のつけ合わせやサラダのドレッシングにすると，胃腸の働きを助ける効果がある．絞り汁に肉を漬け込んでおくと軟らかくなる．
ぶどう	糖質が多いため，効率のよいエネルギー源として疲労回復に効果的．皮の色が濃い品種は，皮に強い抗酸化作用のあるポリフェノールが大量に含まれている．渋味のタンニンも抗酸化物質．干しぶどうはカリウムやカルシウム，鉄分も豊富．	抗酸化作用を期待するなら，皮や種ごと食べるとよい．種が体に悪いというのは迷信．皮ごと乾燥させた干しぶどうは栄養成分が濃縮されている．
すいか	赤い果肉に豊富に含まれるリコペンは強い抗酸化作用がある．また同じ抗酸化物質であるカロテンやアントシアニンも含まれている．利尿作用があり，カリウムの働きで体内の余分な塩分を排出する効果も期待できる．	冷やして生食するほか，凍らせてシャーベットのようにして食べる方法もある．
ブルーベリー	ポリフェノールの一種であるアントシアニンが豊富に含まれる．カロテンやビタミンEも含み，優れた抗酸化作用がある．欧米では古くから目によいとされてきたが，くわしい働きはまだ解明されていない．	生で出回ることは少ない．ジャムやシロップ漬け，ワインなどがある．
いちじく	食物繊維や消化酵素が多く含まれているため，整腸作用や便秘解消に効果がある．また，鉄分，カルシウム，銅の含有量が多く，貧血や低血圧症の改善に効果的．	生が出回る時期は限られているため，ドライフルーツやジャム，シロップ煮でとるとよい．
プルーン	ポリフェノールの一種であるネオクロロゲン酸が多量に含まれる．フラボノイド，ビタミンCも含まれるため，抗酸化作用が強い．食物繊維は整腸効果が期待できる．また，鉄分，カリウム，カルシウムなどのミネラルを多く含んでいる．	生は出回る時期が限られているので，ドライフルーツでとるとよい．ワインやシロップで煮たものもおいしい．
パパイア	ビタミンCの含有量が多い．果肉の黄色の色素はカロテンで，抗酸化作用が期待できる．また，たんぱく質分解酵素パパインを多く含み，胃腸の働きを助ける効果がある．	肉料理と一緒に食べると消化がよくなる．沖縄や台湾，東南アジアでは，緑色がかった未熟果を，野菜として炒め物や漬物にする．
あんず	果肉の黄色の色素はカロテン．リコペンも含んでいて，抗酸化作用が期待できる．鉄，カリウム，カルシウムなどのミネラルの含有量はフルーツのなかでトップクラス．	ドライフルーツが手軽．ジャムやシロップ漬けもおいしい．
かき	ビタミンA，Cなどのビタミン類が豊富．果肉にはカロテンが含まれ，抗酸化作用が強い．とくにかきの葉は多量のビタミンCを含み，フラボノイド，カロテンの働きで，果肉以上に抗酸化作用が期待できる．	果肉はそのまま生食するほか，和え物や酢の物にする．葉を加工したカキ茶も手軽で効率のよいとり方．

※ブルーベリー，いちじく，プルーン，あんずは，通常生よりドライフルーツのほうが各種の成分を多く含んでいる．

NHK科学・環境番組部：食材読本．日本放送出版協会，2002，p. 123．

表 3-19 果実の成熟とペクチンの変化

広義のペクチン	果実中の状態	調理性
プロトペクチン ↓	果実が未熟のとき，カルシウム，マグネシウム塩となってセルロースと結び付き，細胞に適当な硬さ，弾性，可塑性などの力学的性質を与え，保水の役目をもつ プロトペクチナーゼによってペクチニン酸となる	水に不溶で，ゼリーをつくらない．熱水で処理するか，希酸と熱するとペクチニン酸となる
ペクチニン酸（狭義のペクチン） ↓	果実が成熟すると，酵素の作用でプロトペクチンが分解してペクチニン酸となるので，果実は軟らかくなる	水溶性で，果汁や抽出液にアルコールを加えると沈殿物をつくるのでペクチン酸含量の概量がわかる．糖と有機酸の存在を利用してゼリーをつくる
ペクチン酸	果実が過熟となると酵素の作用でペクチニン酸のメチルエステルが加水分解してペクチン酸となり，分子量も小さくなる	ゼリーをつくらない．ペクチニン酸は加熱により，また，酸によってペクチン酸となるので長時間の加熱はゼリー強度を弱める

川端晶子・大羽和子：新しい調理学．学建書院，1999，p. 126.

は濃い黄色を呈するが微酸性では無色なので，果実の色としては目立たない．

味　果実類の味の特徴は，適度な甘味と爽快な酸味である．果実の種類によっては，苦味や渋味も嗜好性に寄与する．果実の主な甘味成分は，果糖，ブドウ糖，ショ糖である．一般に，成熟に伴いでんぷん含量が減少し，総糖含量が 10％程度にまで増加する．酸味の主体は有機酸類で，0.3～2％程度含まれている．そのなかでも，クエン酸（柑橘類など）とリンゴ酸（りんご，ももなど）が広く分布しているが，酒石酸を多く含むもの（ぶどう）もある．成熟過程で有機酸類が分解・消費されるため，酸味は弱くなる．また，未熟果実には，タンニンといわれるポリフェノール類（カテキン，ガロカテキンなど）の渋味成分が含まれているものがある．通常，成熟に伴って不溶化し，渋味が感じられなくなる．渋柿は成熟しても可溶性のカキタンニンが含まれているため，アルコールなどにさらし不溶化させ，渋抜きする．

香り　果実の香りを形成する香気成分の種類は多いが，一般にエステル類，アルコール類，アルデヒド類が主体である．成熟した果物の甘い香りの主成分は，エステル類である．柑橘類の香気成分にはテルペン化合物が寄与している．

テクスチャー　果実の肉質の硬さ，口当たりのなめらかさは，細胞壁と細胞の構成成分および細胞の緊張度などによって決まり，品質や熟度によって異なる．果実の成熟，軟化にはセルラーゼやペクチン分解酵素などの酵素が関与し，実際，ペクチンは果実の成熟に伴って構造が変化する（表 3-19）．

図 3-29　ペクチンの分類

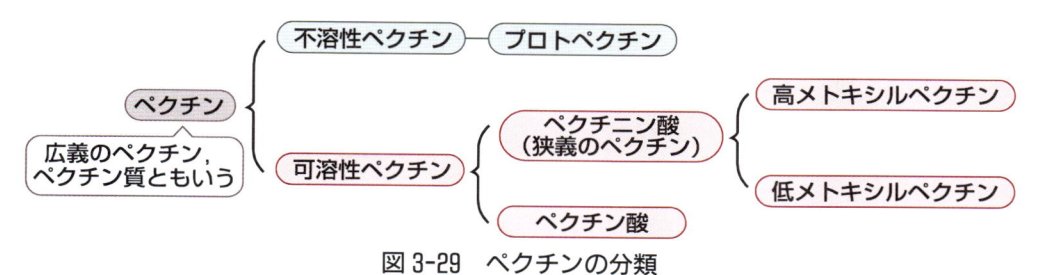

島田敦子・畑江敬子：調理学．朝倉書店，1995，p.95．

2）果実類の調理性

生食調理　適度に熟した果実を生食するのは，果実の特性をいかす食べ方である．そのまま食べるほかに，ジュース，和え物，サラダ，フルーツポンチなどに使われる．りんご，なし，もも，バナナなどポリフェノール類を含む果実は，切り口が空気に触れると，ポリフェノールオキシダーゼの作用によってポリフェノールが酸化され，速やかに褐変する．この褐変を防ぐためには，1％程度の食塩水に浸漬するか，レモンの絞り汁をかけるとよい．

また，柑橘類のなかでも，レモン，ゆず，すだち，かぼす，ライムなど特有の芳香と酸味をもつものは，薬味，風味づけ，魚介類や肉類のにおい消しなどに用いられる．

加熱調理　果実の加熱調理には，焼きりんご，コンポート，ソースなどがある．コンポートはシロップの甘味で酸味が和らぎ，果実の風味が引き立つ．果実の甘味と酸味は，肉の味によく調和するため，オレンジ，りんご，ももなどがソースに用いられることがある．

ゲル化調理　果実に含まれるペクチンのゲル化を利用した調理に，ジャム，ゼリー，マーマレードなどがある．これらの調理には，ペクチンのなかでも，可溶性ペクチンのペクチニン酸が用いられる．ペクチニン酸は，メトキシル基含量 7％以上が高メトキシルペクチン，それ以下のものが低メトキシルペクチンに分類され，それぞれゲル化機構が異なる．高メトキシルペクチンは，高メトキシルペクチン-糖-酸-水系にてゲル化する．砂糖 50～70％，ペクチン 0.5～1.5％，pH 3 前後の酸性であることが望ましい．ジャムやマーマレードに利用される．一方，低メトキシルペクチンは，低メトキシルペクチン-多価金属イオン-水系にてゲル化する．金属イオンとして，カルシウムイオンなど 2 価の金属イオンが関与する．このゲルは，低糖度ジャムやゼリーなどに用いられる（図 3-29）．

プロテアーゼの利用　パパイア，パインアップル，いちじくなどのプロテアーゼを含んでいる果実を肉料理の仕上げ処理に用いて，肉の軟化を促すことができる．

8. きのこ類

"きのこ"とは，一般に菌類（担子菌および子のう菌）が形成する子実体のなかで，肉眼で見ることのできる大型の子実体を意味し，その種類は非常に多い（表3-20）．市場に出回っているものは，しいたけ，なめこ，えのきたけ，しめじ，ひらたけ，マッシュルーム，きくらげなど栽培きのこが主体であり，

表3-20 可食きのこの種類

科　別	5冊以上での可食キノコ 数	%	キ　ノ　コ　の　名　称
シメジ	34	27.9	ホンシメジ，ハタケシメジ，シャカシメジ，ブナシメジ，カクミノシメジ，キツネタケ，カヤタケ，ムラサキシメジ，アカアザタケ，スギヒラタケ，ナラタケ，ナラタケモドキ，キシメジ，ミネシメジ，アイシメジ，シモフリシメジ，シロシメジ，ハエトリシメジ，マツタケ，バカマツタケ，ムキタケ，ヒラタケ，タモギタケ，マツオオシ，シイタケ，ツエタケ，エノキタケ，モミタケ，スミゾメシメジ，アオイヌシメジ，ヌメリツバタケモドキ，スギエダタケ，クヌギタケ，アマタケ
イグチ	13	10.7	クリイロイグチ，ヌメリイグチ，シロヌメリイグチ，ハナイグチ，アミタケ，ベニハナイグチ，アワタケ，ヤマドリタケ，イロガワリ，コウジタケ，ヤマイグチ，アカヤマドリ，キンチャヤマイグチ
ベニタケ	9	7.4	シロハツ，クロハツタケ，カワリハツ，アイタケ，チチタケ，ツチカブリ，ハツタケ，アカモミタケ，キチチタケ
サルノコシカケ	4	3.3	マスタケ，ニンギョウタケ，マイタケ，チョレイマイタケ
フウセンタケ	4	3.3	ショウゲンジ，アブラシメジ，ヌメリササタケ，ツバフウセンタケ
アカヤマタケ	6	4.9	アカヤマタケ，サクラシメジ，フユヤマタケ，ヒイロガサ，オトメノカサ，アキヤマタケ
ハラタケ	6	4.9	コガネタケ，ハラタケモドキ，ツクリタケ，シロオオハラタケ・ザラニノハラタケ，ハラタケ
モエギタケ	8	6.6	クリタケ，サケツバタケ，スギタケ，ヌメリスギタケ，チャナメツムタケ，キナメツムタケ，ナメコ・ツチスギタケ
テングタケ	3	2.5	タマゴタケ，ツルタケ，カバイロツルタケ
ホウキタケ	3	2.5	ベニナギナタタケ，シロソウメンタケ，ムラサキナギナタタケ
アンズタケ	2	1.6	アンズタケ，トキイロラッパタケ
ノボリリュウ	2	1.6	トガリアミガサタケ，アミガサタケ
ヒトヨタケ	4	3.3	ササクレヒトヨタケ，ムジナタケ，イタチタケ，キララタケ
ハリタケ	4	3.3	ヤマブシタケ，ブナハリタケ，シロカノシタ，カノシタ
イッポンシメジ	1	0.8	ウラベニホテイシメジ
クギタケ	2	1.6	クギタケ，オウギタケ
シロキクラゲ	3	2.5	シロキクラゲ，ハナビラニカワタケ，ニカワハリタケ
ホコリタケ	3	2.5	キツネノチャブクロ，タヌキノチャブクロ
オキナタケ	1	0.8	フミズキタケ
スッポンタケ	2	1.6	キヌガサタケ，スッポンタケ
キクラゲ	2	1.6	キクラゲ，アラゲキクラゲ
イボタケ	3	2.5	クロカワ，カラスタケ，コウタケ
オニイグチ	1	0.8	オニイグチ
コウヤクタケ	1	0.8	ハナビラタケ
ショウロ	1	0.8	ショウロ

下村道子・橋本慶子：植物性食品II．朝倉書店，1993，p. 121．

表 3-21　きのこ類の食物繊維含量（g/100 g）

きのこ	水溶性	不溶性
まつたけ	0.3	4.4
しいたけ（生）	0.4	3.7
しいたけ（乾）	2.1	40.4
えのきたけ	0.3	2.9
しめじ	0.2	2.8
ひらたけ	0.2	2.4
まいたけ	0.2	3.3
マッシュルーム	0.2	2.0

池田ひろ・木戸詔子：調理学，化学同人，2000, p. 67.

天然きのこは，人工栽培できないまつたけ，トリュフなどに限られる．きのこは，うま味や香気成分，食感が楽しまれているが，生活習慣病予防に有効な生理活性作用も注目されている．

1) きのこ類の特性

(1) 栄養的特性

生きのこには，水分が90％以上含まれており，栄養成分は少ないが，ビタミン B_1, B_2，ニコチン酸，ビタミン B_{12} とプロビタミンDのエルゴステリンが比較的豊富である．また，きのこに含まれる炭水化物の多くは複合多糖類の β-グルカン，ヘテログルカン，キチン質などで，食物繊維のよい供給源でもある（表3-21）．

乾燥きのこは，水分が10～13％にまで減少しているため，相対的に各成分が約10倍に濃縮されている．天日乾燥した乾燥きのこ中のプロビタミンDは，紫外線によってビタミン D_2 に変換されるので，ビタミン D_2 量が多い．天日乾燥していないきのこも，調理直前1時間程度，菌傘の裏側を日光にあてるとよい．

そのほか，きのこにはコレステロール低下作用，抗腫瘍作用，血圧降下作用などの生理活性作用があることが報告されている．とくにしいたけは，食物繊維がコレステロールの体内への吸収を抑制するだけでなく，エリタデニンによってコレステロール値の上昇を抑制する．

(2) 嗜好的特性

味　きのこの呈味成分は，ヌクレオチド（5′-グアニル酸，5′-アデニル酸など），遊離アミノ酸（アラニン，グルタミン酸，アスパラギン酸など）やペプチドである．しいたけは干すとうま味が強くなる．これは，干ししいたけを戻す過程で，しいたけ内の核酸とヌクレアーゼが接触し，5′-ヌクレオチドが生成するためである．しかし，このとき，5′-ヌクレオチドを分解するホスファターゼも共存するため，調理条件に注意する．10℃以下の冷水で戻してから加熱すると5′-ヌクレオチドの蓄積量が多くておいしい．また，同じくうま

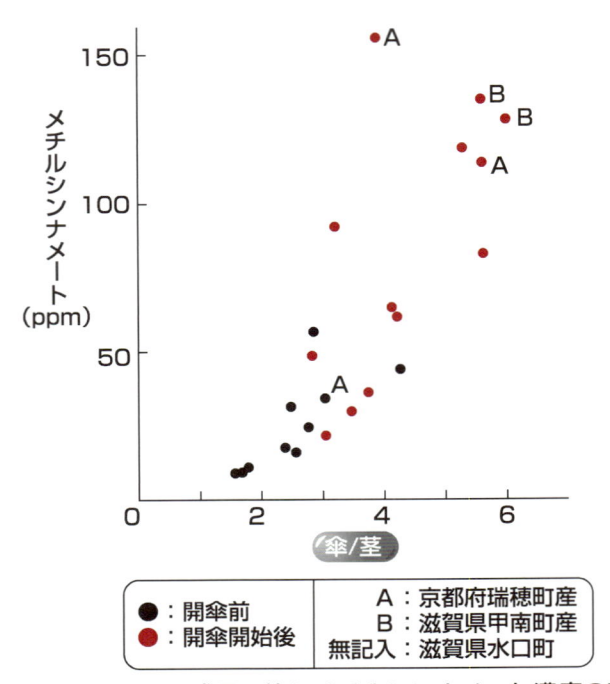

図3-30 まつたけの成長に伴うメチルシンナメート濃度の変化
下村道子・橋本慶子:植物性食品Ⅱ.朝倉書店,1993, p.123.

味を呈するグルタミン酸の生成量は,高温で長時間戻したほうが多くなるが,色が濃くなり,苦味も強くなる.

そのほか,保湿効果のあるトレハロースなどの糖,グリセロール,マンニトールなどの糖アルコール,リンゴ酸,コハク酸などの有機酸もきのこの味に寄与している.

香り きのこは特有の香りを有し,まつたけ,トリュフをはじめとして,香りを賞味するものも少なくない.

1-オクテン-3-オールは,ほとんどのきのこに含まれるきのこ臭の代表的成分とされている.まつたけの香りの主成分として,この1-オクテン-3-オールと桂皮酸メチル(メチルシンナオート)が同定されている.桂皮酸メチルの濃度は,まつたけの成長に伴って増大し,菌傘,とくにひだ部分では高い(図3-30).

また,干ししいたけを水戻しすると生じる香りは,レンチオニンによるものである.生しいたけにレンチオニンの前駆物質レンチオニン酸が含まれているが,干ししいたけに加工する過程,水戻しと加熱の過程で変化が進む(図3-31).水戻し時の水温が高いほど,水戻し後の加熱時間が10分を超えると,加熱後に生成するレンチオニン生成量が減少する.

テクスチャー きのこの嗜好的価値の重要な要因の1つが,特有の口当たり(舌ざわり)である.しかし,きのこの子実体表面はクチクラ層やワックスを含まないことから,表皮からの水分の蒸散が活発で,また収穫後,子実体内の成分を消費して生命を維持していることから,組織重量も減少する.

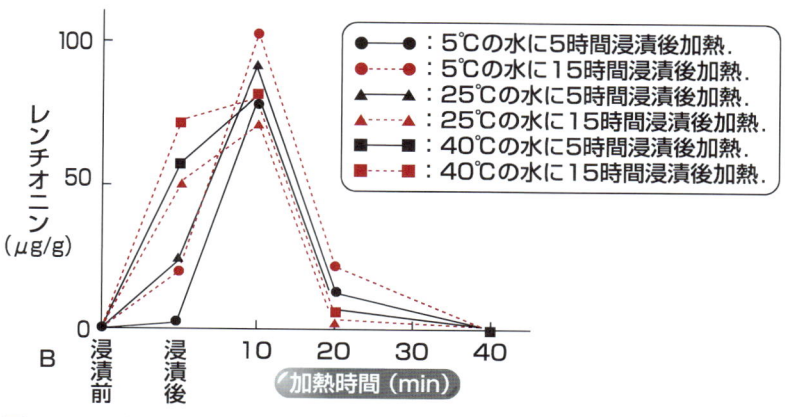

図3-31 水浸と加熱が及ぼす干ししいたけのレンチオニン含量の変化
佐々木弘子・酒井登美子・青柳康夫・菅原龍幸：干し椎茸の水もどし加工における香気成分ならびに香気生成関連物質の変化．日本食品工業学会誌，40(2)：107～112，1993．

その結果，短期間でしなびるので，注意が必要である．

また，なめこは，ペクチンとキシランからなるヘミセルロースとによる粘質物によって，特有のぬめりをもつ．

2）きのこ類の調理性

きのこの嗜好的価値は，味，香り，テクスチャーにある．それらをいかす調理法を選択する．

まつたけ 香りが大切とされているが，味，テクスチャーも優れている．香りをいかすために，洗浄は表面の軟らかい皮を落としてしまわないように，汚れをていねいにふき取るか流水でさっと洗う．加熱は短時間で，ふた付きの容器を用い，あまり小さく切らないなど，工夫する．土瓶蒸し，焼きまつたけ，まつたけごはんなどがその例である．

しいたけ 生・乾燥品ともによく用いられる．生しいたけは，香りは弱いがテクスチャーが好まれる．鍋物，蒸し物，揚げ物，焼き物などの調理に用いられる．干ししいたけは，菌傘の開き具合から冬菇（どんこ）と香信（こうしん）に分類されるが，肉厚で菌傘が開ききっておらず，傘表面に白く亀裂の入った冬菇（花冬菇）は最上級品である．特有の香りとうま味が強い．50℃以上の水で戻すと膨潤しにくいので注意する．炊き合わせ，すしの具，中華料理各種に用いられる．

えのきたけ 白色と粘質性の歯ごたえが好まれ，和え物，鍋物，汁物など広汎な料理に用いられる．

ひらたけ 人工栽培のものが多く，"しめじ"の名で市場に出回っている．歯ごたえがあり，火を通しても型くずれしないため，用途が広く，親しまれている．

マッシュルーム ヨーロッパを中心に，世界でもっとも多量に栽培されている．ホワイト種，ブラウン種，クリーム種（ほとんど栽培されていない）がある．香りは強くないが，まろやかな味と舌ざわりが好まれている．生で

食べることができる数少ないきのこで，スライスしてサラダなどに用いられる．しかし，ポリフェノールオキシダーゼの作用により褐変しやすいので，レモン汁や酢を切り口にかけて防止する．また，生食だけでなく，煮たり，炒めたりと使用範囲は広い．

きくらげ　"木耳"と書くように，形が半円形で耳のかたちに似ている．日本国内でとれる量が少なく，一般には，乾燥品を戻して用いることが多い．無味であるが，こりこりした歯ごたえが特徴で，精進料理など広く用いられる．色は黒と白があり，くろきくらげのほうが多用されるが，しろきくらげは中国料理の材料として珍重されている．

ふくろたけ　ころころした袋状の丸いかたちと，つるりとした歯ごたえが特徴である．二つ割りにし，中の水分を出してから用いる．中国料理の素材として用いられる．

トリュフ　南ヨーロッパに広く産しているが，イタリアのピエモンテ州の白トリュフとフランス南西部ペリゴール地方の黒トリュフが有名である．地下深くに生えるので，雌豚や犬を用いて採取する．独特の香りが非常に強く，主に高級フランス料理でステーキソース，冷製の飾り，パイ包みなどに用いられる．

9. 藻類

日本は藻類を古代から食用し，世界でもまれにみる藻類利用国である．色により緑藻類，褐藻類，紅藻類，藍藻類に分類され，それぞれに特色ある利

表 3-22　藻類の種類と利用法

分類	含有色素	種類	利用法
緑藻類	クロロフィル カロテノイド	あおのり属 ひとえぐさ属 かわのり	青のり，もみ青のり（乾燥品） 青のり（乾燥品），佃煮の原料 生産量が少ないので珍味品（乾燥品）
褐藻類	フィコキサンチン クロロフィル カロテノイド	こんぶ属	だし（乾燥品），とろろこんぶ，塩こんぶ，こぶ茶などに加工
		わかめ属	酢の物，和え物，汁の実，サラダ（生，塩蔵，乾燥品）
		ひじき	炒め煮，和え物，サラダ（煮干し品）
		もずく	酢の物，汁の実，雑炊（生，塩蔵）
		まつも	酢の物，汁の実（生，塩蔵，乾燥品）
		あらめ	煮物（乾燥品），酢の物，汁の実（生）
紅藻類	フィコエリスリン フィコシアニン クロロフィル カロテノイド	あまのり属 てんぐさ属 おごのり属	焼きのり，味付のり（焙乾品） 寒天，ところてんの原料 さし身のつま，酢の物，サラダ（塩蔵）
藍藻類	フィコシアニン クロロフィル カロテノイド	かわたけ （水前寺のり）	さし身のつま，汁の実（塩蔵，乾燥品）

川端晶子・大羽和子：新しい調理学．学建書院，1999，p. 128．

用法がある（表3-22）．低エネルギーでありながら，ミネラル，ビタミン類が豊富であり，食物繊維含量が高い．種々の生理機能を示す成分も報告されており，生活習慣病の予防効果も期待されている．

1）藻類の特性

(1) 栄養的特性

　市場に出回る藻類の多くは乾物である．乾物の場合，主成分は炭水化物で，一般に40～60％を占めている．しかもその大部分が食物繊維であり，食物繊維の供給源として重要な役割を果たしている．食物繊維として，不溶性食物繊維のセルロースのほか，水溶性食物繊維のアルギン酸やフコイダンといった粘質多糖類を多く含む．フコイダンが胃潰瘍の原因となるピロリ菌の働きをおさえるとの報告もある．また，ビタミン類は，ビタミンA，B_1，B_2，C，ナイアシン，パントテン酸など，野菜よりもはるかに多く含有するものがある．無機質についても，カリウム，カルシウム，鉄，亜鉛，ヨウ素などが豊富で，とくに，微量元素の優れた供給源である（表3-23）．たんぱく質は，昆布，ひじき，わかめでは10％前後含まれており，あまのりの場合は含有量が高く約40％含まれている．しかし，あまのりの摂取量が少ないうえにその消化吸収率は60％であり，質的にも劣る．

(2) 嗜好的特性

色　　藻類は，主にクロロフィル系色素（緑色）とカロテノイド系色素（黄色）からなっている．なかでも，緑藻類はクロロフィルaを，褐藻類はカロテノイド系のフコキサンチンを多く含む．灰干しわかめは，灰のアルカリ性によってクロロフィルの分解を抑制し，鮮やかな色を保っている．

　また，紅藻類は，クロロフィルとカロテノイドに加えて，フィコエリスリン（紅紫色）やフィコシアニン（青色）といった色素たんぱく質を含む．あまのり（干しのり）は，160℃で加熱するとフィコエリスリンが脱水され退色することによって明るい緑色を呈し色が安定する．この性質を利用し，干しのりを使用する前に軽くあぶる程度に焼く操作を行い，変色を防止する．これを"火取"りという．

味　　藻類には昆布やあまのりのように，うま味の強いものがある．昆布のうま味の主成分はグルタミン酸であるが，アスパラギン酸やアラニン，プロリンなどの甘味アミノ酸も相当量含まれている．そのため，昆布は，通常の食材として用いられるほかに，だし用としても古くから用いられている．

　あまのりは，昆布と同様にグルタミン酸含量が高いが，グルタミン酸との間にうま味の相乗効果が認められているイノシン酸やグアニル酸を微量ながら含んでいる．また，あまのりの干しのりは細胞間を埋める食物繊維組成の違いから，口に入れてからうま味が溶出されるまでの時間が異なる．すぐ細かくかみくだけるタイプののりは，うま味の溶出が速い．

香り　　藻類は特有の香りをもち，調理においても香味付けに広く用いられ

表 3-23 海藻のビタミンと

	ビタミン				
	レチノール当量 (μg)	ビタミンB_1 (mg)	ビタミンB_2 (mg)	ナイアシン (mg)	ビタミンC (mg)
あおのり	1,400	0.89	1.61	6.1	40
まこんぶ	95	0.48	0.37	1.4	25
あらめ	220	0.10	0.26	2.3	0
ひじき	270	0.36	1.10	2.9	0
わかめ	650	0.39	0.83	10.5	27
あまのり	3,600	1.21	2.68	11.8	160

る．香気成分には，硫化水素をはじめとする含硫化合物，ギ酸，酢酸などの酸や，アルデヒド，アルコール，テルペン類があり，これらが組み合わされて特有の香りを形成する．あおのりの香気は主にジメチルスルフィドに起因し，あまのりの香りは含硫化合物，トリメチルアミン，アルデヒド類，アルコール類などの複合した香りである．干しのりをあぶると生じる香りは，これらの香気にアミノ-カルボニル反応によって生じる香りが加わっている．

テクスチャー　藻類には独特のねばりと触感がある．わかめの嗜好的価値には歯ごたえの寄与が大きい．"生わかめ"として市販されている湯通し塩蔵わかめは，細胞組織が脱水された状態にあるが，水に浸漬することによって急速に吸水し復元する．しかし，浸漬しすぎると逆に歯ごたえを失うので，浸漬時間に注意する必要がある（図 3-32）．

また，あまのりの干しのりは，すぐ細かくだけるタイプと噛み切りにくいタイプがある．これは，細胞間を埋める2種類の食物繊維，水溶性のガラクタンと難溶性のアンヒドロガラクトースの比率による．前者はガラクタンが多く，後者はアンヒドロガラクトースが多い．この違いは，生育条件によって異なると考えられている（図 3-33）．

また，藻類のもつ特有のねばりには，表面のぬるぬるした感触のものと，煮たときに生じるねばりとがある．これらの主成分は，粘質多糖類アルギン酸やフコイダンである．

2) 藻類の調理性

藻類は，葉，茎，根の分化が鮮明でないため，藻体全体を調理する．生食するほか，汁物，酢の物，和え物，煮物，揚げ物など広く利用される．

(1) 緑藻類

あおのり　鮮やかな緑とジメチルスルフィドを主成分とした特有の強い香気を利用して，料理の香り付け，色付けに用いる．あぶって粉にしてふりかけたり薬味として広く利用される．

ひとえぐさ　あまのりとともに煮込んで佃煮にする．

ミネラル（乾燥物100g中）

	ミネラル						
	K (mg)	Ca (mg)	Na (mg)	Mg (mg)	Fe (mg)	Zn (mg)	I* (mg)
あおのり	770	720	3,400	1,300	74.8	2.6	—
まこんぶ	6,100	710	2,800	510	3.9	0.8	—
あらめ	3,200	790	2,300	530	3.5	1.1	98〜564
ひじき	4,400	1,400	1,400	620	55.0	1.8	193〜471
わかめ	5,200	780	6,600	1,100	2.6	0.9	18〜35
あまのり	3,100	140	610	340	10.4	3.7	6.1

日本食品標準成分表2010より
*大房剛，山本海苔研究所（1982）

(2) 褐藻類

昆布 利用される料理の種類がもっとも多い藻類である．だし用には利尻昆布，真昆布など，煮物用には三石昆布，長昆布，加工用には厚みのある昆布が適している．だしをとる場合，洗わずに表面の汚れやほこりをふきんで取り去り，甘味を有するマンニトールが析出してできた表面の白い粉をふき取らないようにする．

わかめ 歯ごたえや緑色を料理にいかして，酢の物，サラダ，煮物，汁物などに利用される．素干し，灰干し，塩蔵品などに加工され，保存性もよい．湯通ししたものを陰干して乾燥させたあと細かく切断した"カットわかめ"は，水戻しするだけで食べられ，保存性もよく衛生的であるため，家庭やインスタント食品製造によく利用されている．

ひじき カルシウム，鉄，ヨウ素などの無機質を多く含む藻類である．油によく合い，大豆や油揚げとの炒め煮や白和えなどに用いられる．通常，乾燥品を水に戻して利用するが，生をサラダに用いることもある．

もずく 塩漬け，酢漬けにされたり，塩水中に保蔵されたりしている．塩抜きをして，二杯酢，酢みそ和えなどに用いられる．

(3) 紅藻類

あまのり 新鮮なあまのりのもつ甘い芳香と甘味がこの名の由来とされる．光沢のある漆黒色と香りが特徴である．干しのりとして利用され，その代表的な製品が浅草のりである．巻きずしやふりかけなどに利用される．

おごのり 灰汁や重曹を加えてゆでて鮮緑色にしたものを塩漬けにして市販されている．塩抜き後，水洗いして，酢の物，サラダや刺身のつまとして用いられる．

てんぐさ類 ところてんや寒天の材料として用いられる．てんぐさ，おにぐさなどの煮出し汁を冷却固化させたものがところてん，さらにところてんを繰り返し凍結融解し乾燥させたものが寒天である（ゼリー形成素材の項参照）．ところてんは酢じょうゆや黒蜜などをかけて食べる．寒天は，ゼリー，水ようかん，寒天寄せなどに利用される．

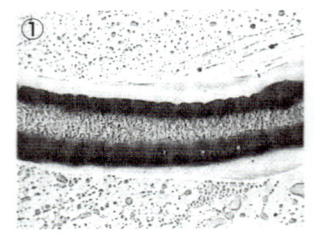

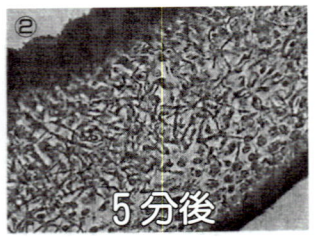

①たっぷりの水につけてすぐ．縮んでいた細胞が広がる．
②5分後．もとの大きさの9割までふくらむ．
③20分後．細胞がふくらんでしまい水ぶくれ状態．
＊乾燥カットわかめを水で戻す場合も5分間が限度だが，水の量は湯通し塩蔵わかめのほうが多めに必要．

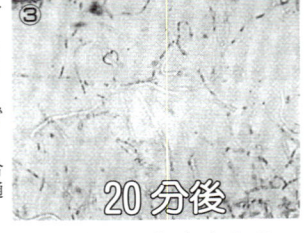

図3-32　湯通し塩蔵ワカメを水で戻したときの細胞の変化
NHK科学・環境番組組部：食材読本．日本放送出版協会，2002．

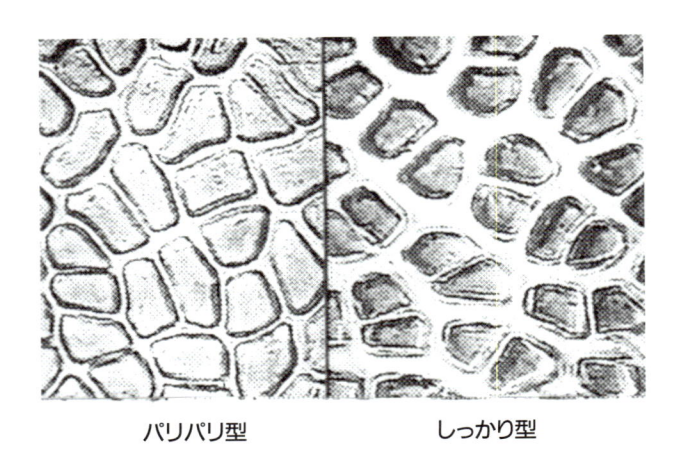

パリパリ型　　　　　しっかり型

図3-33　のりの構造
NHK科学・環境番組組部：食材読本．日本放送出版協会，2002．

きりんさい，すぎのり，つのまた　この細胞壁成分のカラギーナンは，増粘剤やゲル化剤として市販されている．寒天よりも透明度が高く，ゲルの融解温度も低いことから，食品の加工調理に広く用いられている（ゼリー形成素材の項参照）．

Chapter 2 動物性食品の調理特性と調理

1. 食肉類

　食肉類として，牛，豚，羊，鶏が一般に利用されるが，馬，猪，鴨，七面鳥なども食用にされる．食用とされる部位は主として筋肉であるが，このほかに舌（タン），尾（テール），肝臓（レバー），心臓（ハツ），その他の内臓，器官も利用される．食肉の種類および部位により調理特性が異なるので，これらの特徴をいかした調理法を用いる．

1）食肉の構造と特徴

(1) 食肉の構造

　食用にされる肉の大部分は骨格筋とよばれる（図3-34）．この筋は筋繊維の集合体で，筋繊維が50～150本ずつ薄い膜（筋鞘）で覆われて筋束（第一次筋束）を形成し，この筋束がさらに数十個ずつ比較的厚い内筋周膜で包まれ（第二次筋束），さらにこれが多数集まって強靱に外筋周膜で包まれた，いわゆる筋となる．筋の両端は腱となり，骨膜に密着している．筋繊維は1個の細胞に相当し，内部には縦軸に平行して筋原繊維が走っている．筋原繊維は直径1～2μの細い繊維で，内部は太いミオシンフィラメントと細いアクチンフィ

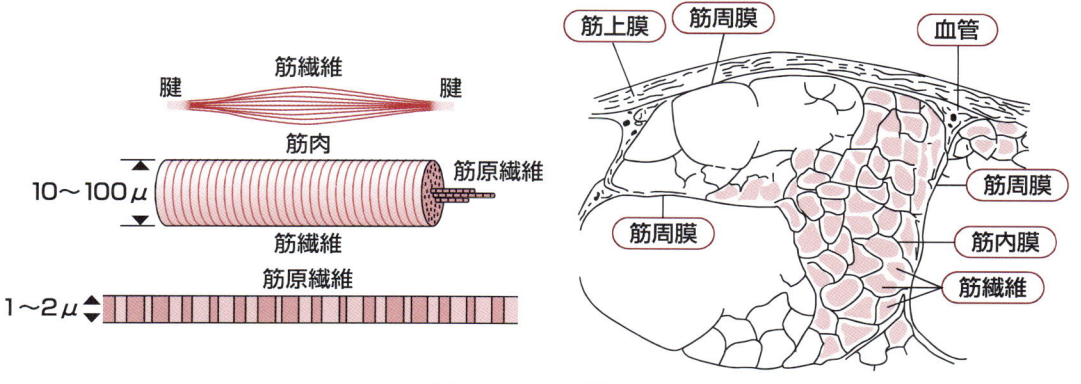

図3-34　骨格筋の構造と組織
藤沢和恵・南　廣子（編著）：現代調理学．医歯薬出版，2001，p.89．

ラメントが組み合わさっている．筋原繊維の空隙を筋形質が満たし，ここには多量のミオゲン類たんぱく質のほか，グリコーゲン，各種低分子物質，脂質などが含まれている．筋繊維の大きさは動物の種類によって相異し，魚肉に比べかなり長く数センチ〜十数センチである．

(2) 食肉の成分

食肉を構成している主な成分は，たんぱく質が約15〜20％，脂質が5〜20％，水分が60〜75％であり，そのほか微量の無機成分を含んでいる．これら成分の含有量は，獣鳥の種類，年齢，性別，部位や育てられた環境によって異なっている．一般に，雄の肉は雌の肉に比べ脂肪が少なく，結合組織が発達しているため硬い．年齢が増すに従って水分やたんぱく質が減少傾向で，脂質が増加傾向にある．

たんぱく質　筋肉組織に含まれるたんぱく質のうち，約60％を筋原繊維たんぱく質が，約30％を筋形質たんぱく質が，約10％を肉基質たんぱく質が占めている（表3-24）．これらの含有量の違いが食肉の硬さや色などに影響を及ぼしている．筋原繊維たんぱく質の大部分は，アクチンやミオシンなどである．筋形質たんぱく質は，筋原繊維の間を満たしている筋形質（筋漿）に含まれ，多種類の解糖系酵素や肉の色に関与するヘムたんぱく質などである．肉基質たんぱく質は結合組織の膜や腱を構成し，肉の硬さに影響を及ぼすコラーゲン，エラスチンなどである．

脂質　食肉の種類や食用にする部位によって，脂質を構成する脂肪酸の種類とその量が異なるため，脂質の性質にも違いがある．主な食肉について，

表3-24　食肉たんぱく質の種類および性質

組織	種類（全たんぱく質中％）	たんぱく質の種類	名称	特徴
筋原繊維	筋原繊維たんぱく質（60％）	グロブリン	ミオシン アクチン トロポミオシン	繊維状（アクチンは球状） 水に難溶，食塩水に可溶 45〜52℃で凝固 アクトミオシンを形成 筋肉の収縮と弛緩に関与
筋漿	筋形質たんぱく質（30％）	アルブミン	ミオゲン グロブリン アルブミン ヘモグロビン	球状 水，食塩水に可溶 56〜62℃で凝固 肉の死後変化，肉色に関係 種の解糖系酵素を含む
結合繊維	肉基質たんぱく質（10％）	硬たんぱく質	コラーゲン	規則性三重らせん構造 水に難溶，60℃以上で凝固 加熱により収縮，長時間の水中加熱でゼラチン化 肉の硬さに影響
			エラスチン	網目構造のゴム状 加熱しても不溶

藤沢和恵・南　廣子（編著）：現代調理学．医歯薬出版，2001，p.90 より作成

表 3-25 食肉の脂肪酸組成と脂肪の融点

脂肪酸組成（％）		牛肉 脂身ばら	羊肉 脂身	豚肉 脂身もも	鶏肉 若鶏もも 皮付き
ラウリン酸	C 12：0	0.1	0.1	0.1	―
ミリスチン酸	C 14：0	3.6	3.2	1.5	0.9
パルミチン酸	C 16：0	26.7	22.6	24.9	23.5
ステアリン酸	C 18：0	10.4	25.2	13.3	6.4
オレイン酸	C 18：1	44.6	35.0	42.6	43.2
リノール酸	C 18：2 (n-6)	2.1	2.8	11.3	15.2
リノレン酸	C 18：3 (n-3)	0.15	1.3	0.7	0.8
アラキドン酸	C 20：4 (n-6)	―	―	0.3	0.6
脂肪の融点（℃）		40〜50	44〜55	30〜32	30〜32

香川芳子（監修）：五訂日本食品標準成分表（科学技術庁資源調査会編），女子栄養大学出版部，2001，pp. 308〜341 より作成

脂肪酸組成と脂肪の融点を示した（表3-25）．食肉の脂肪酸はオレイン酸がもっとも多く，そのほかパルミチン酸，ステアリン酸，リノール酸などがある．パルミチン酸やステアリン酸などの飽和脂肪酸を比較的多く含む牛脂や羊脂は融点が高く，不飽和脂肪酸であるオレイン酸やリノール酸などを多く含む豚脂，鶏脂などは融点が比較的低い．したがって，脂肪が冷めると凝固しやすい牛肉，羊肉料理はできるだけ熱いうちに食べるのがよく，豚肉，鶏肉料理は融点の低い脂肪酸を多く含むので，冷めても味を損なうことが少ない．

微量成分　肉および内臓には，ビタミン B_1，マグネシウム，亜鉛などが含まれており，これらの給源として重要である．

(3) 食肉の熟成

動物の筋肉は屠殺後数時間のうちに死後硬直を起こし，筋肉が収縮した状態を数時間維持する．また，pH の低下により肉の保水性も悪くなる．このときに加熱すると肉は硬くなり，肉汁が分離しやすくなる．肉エキス成分はまだ形成されていないので，うま味にも欠け食用には不適当である．その後，一定期間低温貯蔵すると，Ca イオン濃度の増加に伴って筋原繊維の構造の崩壊や小片化が起こり溶解しやすくなる．この期間に，肉自身の酵素による分解（自己消化）も進み，また，pH の上昇に伴い保水性も増して肉は軟らかくなる．

筋原繊維たんぱく質は，ペプチドやアミノ酸（グルタミン酸など）に分解され，核酸成分の ATP（アデノシン-3-リン酸）は，いくつかの酵素により ADP（アデノシン-2-リン酸），AMP（アデノシン-1-リン酸）を経て，IMP（イノシン-1-リン酸）へと分解され，肉に特有のうま味をもたらす．この過程を肉の熟成とよんでいる．市販されている食肉は低温熟成されたもので，食べごろは低温貯蔵の場合，牛肉は 10〜13 日，豚肉は 3〜5 日，鶏肉は 1〜2 日とされている．

2）食肉の調理性

　食肉の生食は少なく，通常は加熱調理をして食べる．加熱により肉色をはじめ肉のテクスチャーが変化し，香りと風味が加わりおいしくなる．

(1) 食肉の加熱調理による変化

色の変化　食肉は主として筋肉色素ミオグロビンと血色素ヘモグロビンによってピンクまたは赤色を呈している．両者は鉄イオンを含んだヘム色素がたんぱく質グロビン1個と結合（ミオグロビン）または4個と結合（ヘモグロビン）したものである．ミオグロビンの多い馬肉や牛肉は赤色が濃く，ミオグロビンの少ない豚肉や鶏肉では赤色が淡い．新鮮な生肉のミオグロビンは，還元型の二価鉄（Fe^{2+}）を含み暗い赤色をしている．肉の表面が空気中の酸素に触れると，ミオグロビンに酸素が供給され，鮮赤色のオキシミオグロビンに変化する．さらに，長時間酸素に触れ続けると，ヘム色素は酸化して酸化型の三価鉄（Fe^{3+}）を含むヘミン色素（メトミオグロビン）になり，肉の色は褐色になる．加熱すると肉は赤色から灰褐色に変化する．これは，たんぱく質グロビンが熱変性して灰褐色のメトミオクロモーゲンに変化したためで，この反応は不可逆的な変化である．ハムやソーセージなどは加熱によりたんぱく質グロビンが変性しても変色しない．これは，加工過程で添加された亜硝酸塩からニトロソ基（NO基）が生じ，これがヘム鉄に結合して熱や塩に安定で酸化されにくいニトロソミオグロビンを生成したためである．亜硝酸塩は第2級アミン類と反応して，発がん性前駆物質であるニトロソアミン類を生成することが知られているので，摂取量を減ずる工夫が必要である．

肉の収縮　肉は加熱により筋原繊維たんぱく質と肉基質たんぱく質が収縮し硬くなる．結合組織の多い肉はとくに硬くなる．筋形質たんぱく質は豆腐状に熱凝固し，筋原繊維たんぱく質の間隙を埋めている．肉基質たんぱく質のコラーゲンは収縮しやすく，変性すると正常の長さの1/3ぐらいになる．このような加熱変性によって保水性が低下するほか，肉汁も溶出するので，肉重量は20〜30％減少する．

香りと風味　"焼く"，"煮る"などの加熱調理では，生肉にはみられなかった肉独特の風味を醸し出す香気成分を生成する．香気成分には，脂肪酸の分解や，アミノ酸やペプチドと糖によるアミノ－カルボニル反応で生成した揮発性物質に焦げの香ばしさも加わり，アルデヒド類，硫黄化合物，アルコール，アミン，ラクトン，有機酸などが主要な成分として含まれている．

(2) 食肉の軟化法

　硬い肉を軟化させるためには，次のような方法がある．

機械的な切断　繊維の方向に直角に薄切りする．ひき肉のように機械的に切断する．肉叩きで叩いて筋細胞をほぐす．

長時間加熱　結合組織の多い肉は水とともに80℃以上で長時間煮込み，コラーゲンをゼラチン化する．

プロテアーゼの利用　たんぱく質分解酵素（プロテアーゼ）を含むパインアップル，パパイア，キウイフルーツ，いちじく，しょうがなどの汁を肉の表面にかけたり，接触させたりすると肉が軟らかくなる．大量に加工するときは酵素剤（ミートテンダライザー）が市販されている．

酸性調味料の利用　肉の保水性はたんぱく質の等電点付近のpHでもっとも低い．食肉の等電点は通常pH 5.4～6.2である．これを避けて酸性側にすると保水性が向上し，肉は軟らかくなる．結合組織の多い肉は，加熱前にマリネにするほか，ワインに漬けると結合組織のコラーゲンが膨潤するため軟らかくなる．みそ，しょうゆ，清酒などは，pH 4.2～5.0であり，これらを加えることにより肉のpHが低下するので肉の軟化に役立っている．

3）食肉の調理

(1) 部位による調理法

肉の種類や部位によって結合組織や脂肪など構成成分の比率が異なり，それに伴って硬さや風味が異なるので，部位によってその特徴をいかした調理法を選ぶ必要がある（図3-35）．

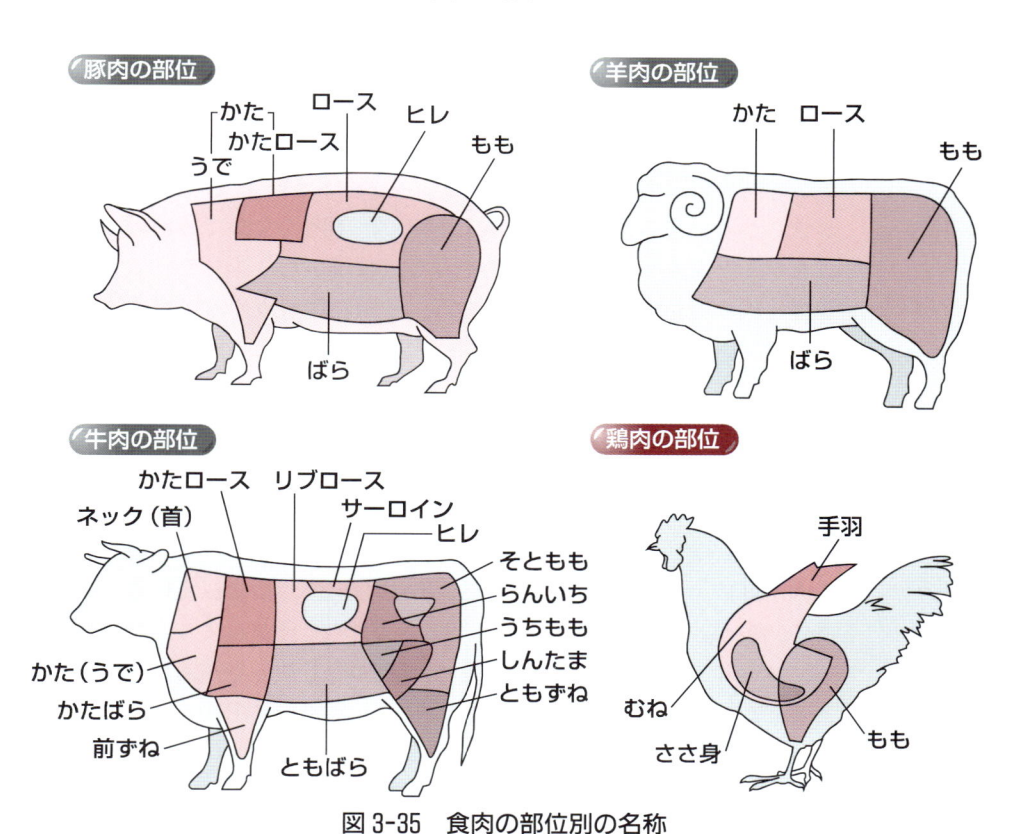

図3-35　食肉の部位別の名称

荒川信彦・唯是康彦（監修）：オールフォト食材図鑑（社団法人全国調理師養成施設協会編）．調理栄養教育公社，1996，pp. 309～332．

牛肉 ヒレはサーロインの内側に位置し，直径 12〜15 cm で，脂肪が少なく，ほかの部位より軟らかな肉質で最上級に評される肉である．サーロインは牛の胸椎後方部の肉である．リブロースは，牛の胸椎外側左右の肩から背中中央に位置し，サーロインとともに軟らかい肉である．かたロースは背中に近い肩の肉で，霜降りがもっとも多いが，あまり多いと風味が損なわれる．らんいちは，サーロインに続く腰からももにかけての軟らかい部位である．これらは，グリル，炒め焼き，ステーキ，ローストなどの調理に向いている．短時間加熱により肉そのものの味を賞味する．煮込みには不向きである．すね，ネックなどは硬い部位である．うま味が強いので，ポトフ，煮込み，ブイヨン，シチューなどの調理に向いており，煮込めば煮込むほど軟らかくなる．かた，かたばら，ともばら，うちもも，そともも，しんたまなどは中間の硬さの部位である．これらは，煮たりするときには薄切り肉とする．

豚肉 部位は牛肉のように細分化されてはいない．ロースは，かたとももの間にある背側の肉で，表面は脂肪層で覆われている．ヒレはロースの内側に位置し，直径約 4 cm，長さ約 30 cm ほどの肉塊が左右 1 本ずつある．脂質は少なく，ほかのどの部位よりも軟らかい肉質である．脂身のないものは，焼きすぎ，煮すぎに注意し，脂身の多いものは，"ゆでる"，"揚げる"，"蒸す"の調理法を組み合わせることにより脱脂できる．かたロース，うで，ばら，ももなどは中間の硬さの部位である．硬くて脂身のないものは，煮込んだり，蒸したりする調理や，煮汁と一緒に食べる料理に向いている．

羊肉 一般にマトンとよばれている．部位による肉質の違いはなく，全体を 1 つにまとめて薄切りにされることが多い．筋肉繊維が細かく，筋間脂肪が多く特有のにおいがある．生後 1 年未満（9〜17 kg 程度）の子羊肉は肉質が軟らかく，臭みがなく風味がよいので，羊肉のなかで最高級とされる．これをラムとよんでいる．ロースやもも肉は焼いたり蒸したりするが，かた肉やばら肉は煮込み料理に適している．中国料理のカオヤンロウ，中近東のシシカバブ，ジンギスカン鍋などが代表的な料理である．

鶏肉 白色コーニッシュの雄と白色プリマスロックの雌との一代雑種であるブロイラと称する食肉用若鶏が，わが国ではもっとも多く利用されている．これに対し，日本在来の品種を利用してつくられた鶏を地鶏（銘柄鶏）として区別している．3 か月齢未満を若鶏，3〜5 か月齢未満を肥育鶏，5 か月齢以上を親鶏という．ささ身は，両手羽に 1 つずつ含まれる深胸筋のことで，牛肉や豚肉のヒレに相当している．かたちが笹の葉に似ているのでこの名がある．色が淡く，脂肪が少ない．長時間加熱で身がしまり，硬くなる．ソテー，フライ，椀種などにする．もも肉は胸肉より赤身があり，脂肪が適度にある．ロースト，ソテー，フライ，煮込み料理など用途が広い．胸肉は，白っぽく脂肪が少なく，味は淡白である．もも肉と同様に調理される．羽毛，頭，内臓などを取り除いただけの状態を丸鶏といい，ローストチキンなどにする．

表 3-26 ステーキの焼き時間と焼き加減

		レア（Rare）生焼き	ミディアム(Medium)中位の焼き加減	ウエルダン(Well-done)よく焼いたもの
焼き加減				
内部温度		60℃前後	65〜70℃	70〜80℃
焼き時間	100 g（厚さ1 cm）	片面で強火30秒，弱火30秒	片面で強火30秒，弱火60秒	片面で強火30秒，弱火1.5分
	150 g（厚さ2 cm）	片面で強火30秒，弱火1分	片面で強火30秒，弱火2分	片面で強火30秒，弱火2.5分
切り口		鮮赤色で多肉汁，外側はやや収縮，中は変化なし	赤味少なく灰褐色，肉汁やや減少	淡桃色が少し残る，重量と厚み減少，切り分けやすい

社団法人日本食肉協議会編：新編食肉の知識．三恭社，1998，pp. 8，69〜90 より作成

(2) 食肉の加熱調理

焼く 肉そのものの味を賞味するのに焼く調理が適している．ビーフステーキの場合，肉汁を流出させないように，最初に表面のたんぱく質を強火で熱変性させるが，中心部は生のレア，中心部のたんぱく質が一部未変性のミディアム，中心部たんぱく質を加熱変性させたウエルダンなど，焼き加減を調節する（表 3-26）．加熱により，筋原繊維たんぱく質は 40〜55℃くらい，筋形質たんぱく質は 55〜70℃くらいで変性するので，ミディアムの微妙な焼き加減を調節することができる．また，肉基質たんぱく質は 70℃以上で変性するので，ウエルダンの温度管理が悪いと肉が収縮しすぎて硬くなる．豚肉には旋毛虫やトキソプラズマなどが寄生している可能性があるので，加熱時には必ず中心温度が 75℃以上で 1 分以上加熱する．

煮る 結合組織の多いすね肉やばら肉は，長時間加熱中にコラーゲンがゼラチン化し，肉が軟らかくなるので，煮込み料理やブイヨンをとるのに適している．たとえば，ビーフシチューやポトフに適している．

2．魚介類

魚介類は良質たんぱく質の供給源であるとともに，高度不飽和脂肪酸の供給源として，日本人の食生活を支えてきた食品である．魚類のほかに，いか，たこなどの軟体類，えび，かになどの甲殻類，貝類など多岐にわたる種類がある．

1）魚介類の構造と特徴

(1) 魚介類の構造

魚の筋肉は，長さ数ミリないし十数ミリ，直径 50〜100 μ の筋繊維の集まりである．この筋肉は，筋節の構造をもち（図 3-36），背側と腹側でそれぞれ筋

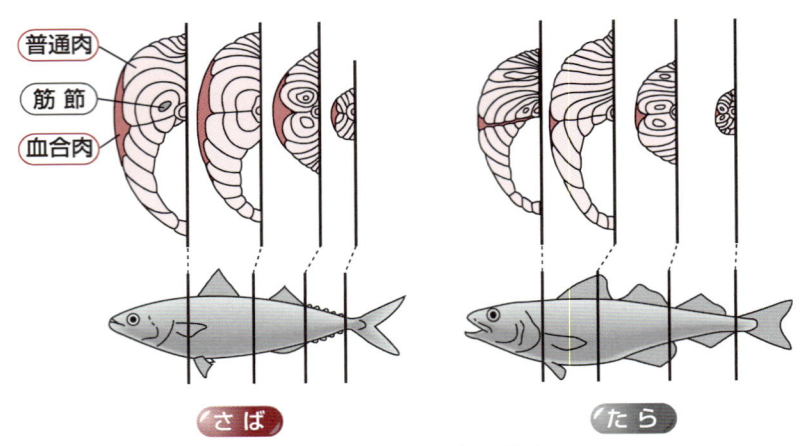

図 3-36 魚の筋肉の構造
光永俊郎：食物・栄養科学シリーズ 8．補訂版，培風館，1995，pp.82～98.

節が同心円状に配列し，背肉と腹肉を構成している．筋節と筋節はごく薄い筋隔膜によって接合され，筋節には体軸とほぼ平行に筋繊維が走っている．筋節と筋隔膜とはたんぱく質の性状が異なり，加熱により筋隔膜はゼラチン化するため，筋節がはがれやすくなる．背肉部，腹肉部など普通肉の境界に暗褐色の血合肉とよばれる筋肉（血合筋）をもっているのが食肉と大きく異なる点である．かつお，まぐろ，ぶりなどの回遊魚は血合肉が多く，普通の肉部分もミオグロビン含量が高い赤色筋で，赤身の魚とよばれている．かれい，ひらめ，すずき，たいなどの非回遊魚は血合肉が少なく，普通肉部分のミオグロビン含量も低い白色筋で，白身の魚とよばれている．一般に，前者の味は濃厚であるが，後者は淡白である．

いかの主要な可食部である胴は，外套膜とよばれる筋肉からできている．外套膜は体軸と直角方向に組織が層をなし，体表面には4層の，体内面には2層の結合組織の膜が存在している（図 3-37）．えびには，伊勢えび，大正えび，車えび，芝えびなどの種類がある．貝類には，はまぐり，あさり，ほたてがいのような二枚貝と，さざえ，ばいがいのような巻き貝がある．

(2) 魚介類の成分

魚類はきわめて種類が多く，筋肉中の一般成分の量もかなり相異があるが，水分約 70～80％，たんぱく質約 15～26％，脂質約 1～10％，糖質 1％弱，灰分 1.0～1.5％である．えびには甘味があり，魚臭がないので広く食用に利用されている．その甘味は主にグリシンによる．貝類にはうま味があり，なかでもほたてがいの貝柱は濃厚な味をもち，生食のほか缶詰や干物に加工されている．そのうま味成分は，グリシン，グルタミン酸，アラニンなどのアミノ酸である．

たんぱく質　獣鳥肉と同様に必須アミノ酸を含む良質のたんぱく質である．食肉に比べ魚肉のたんぱく質は，肉基質たんぱく質が少なく筋原繊維たんぱく質の量が多いので，肉質が軟らかい（表 3-27）．

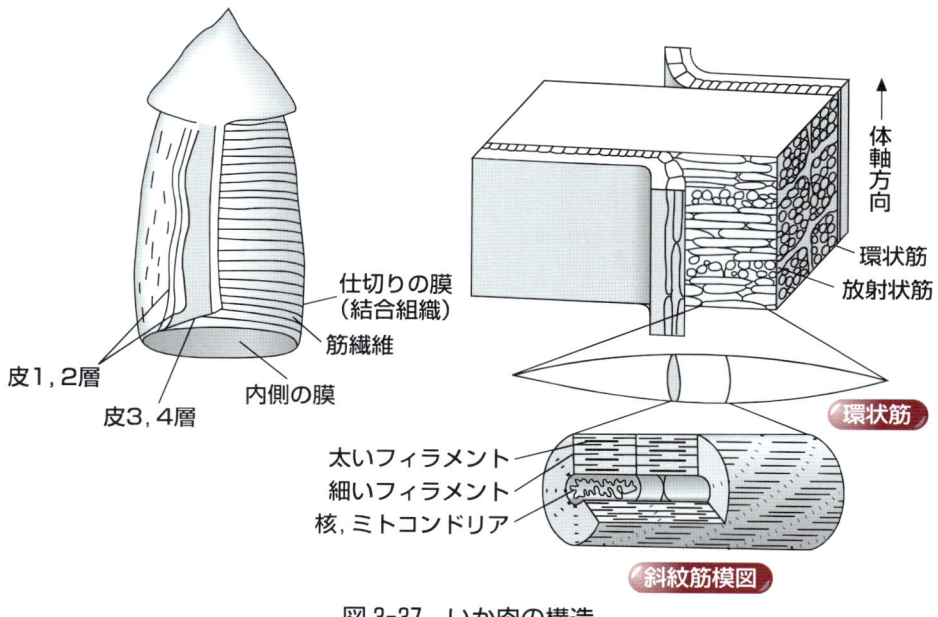

図 3-37　いか肉の構造

土屋隆英：無脊椎動物の筋肉構造と構成タンパク質―イカ・タコを中心として．調理科学，21(3)：19～26，1988．

表 3-27　魚肉のたんぱく質組成（％）

	筋形質 たんぱく質	筋原繊維 たんぱく質	肉基質 たんぱく質
ちだい	31	66	2
くろだい	30	62	4
かます	31	65	3
とびうお	29	68	2
ぶり	32	60	3
さば	30	67	2
肉　類	16～24	48～51	25～36

鈴木　健：水産食品の事典（竹内昌昭・藤井建夫・山澤正勝・編），朝倉書店，2000，pp. 37～44 より作成

脂質　脂質含量は魚種，年齢，部位，季節などさまざまな要因による変動の幅が大きい．とくに産卵の前後で著しい差がみられ，にしんでは 2～23％，いわしでは 2～25％，さけでは 0.4～14％ という広い範囲の増減があるといわれている．産卵前の脂がのった出盛りの時期の魚を「旬」の魚とよび，一番おいしく食べられる時期である（図 3-38）．赤身の魚は白身の魚に比べ脂質含量が高く，ややグリコーゲンが多い傾向にある．血合肉は普通肉に比べ水分やエキス成分が少なく，脂質，結合組織に富んでいる．

　食肉と異なり魚肉の脂質は高度不飽和脂肪酸含量が多く，とくにイコサペンタエン酸（IPA）はコレステロール値の低下や血栓抑制効果が知られており，ドコサヘキサエン酸（DHA）は脳の機能向上の効果が知られている．それらの供給源として魚肉の生理機能が注目されている．しかし，魚の油は酸

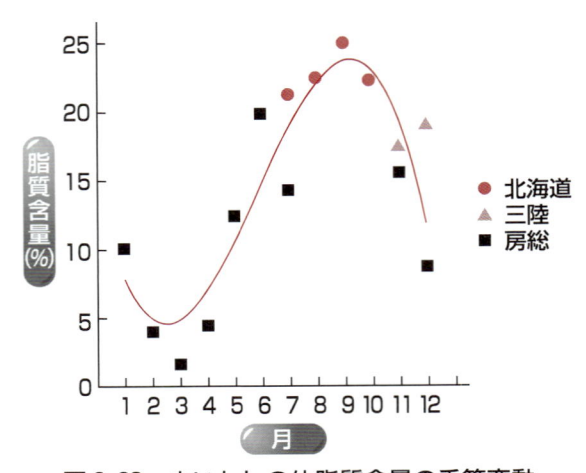

図 3-38 まいわしの体脂質含量の季節変動
竹内昌昭・山口敏康：水産食品の事典（竹内昌昭・藤井建夫・山澤正勝・編）．朝倉書店，2000，pp.20〜32．

化されやすく，加熱調理後の管理が重要である．

(3) 魚介類の鮮度

感覚的判定　魚肉の組織は比較的柔軟で，死後硬直期においても獣鳥肉類ほど硬くならない．しかし，まぐろ，かじきなどの大型魚では，漁獲直後のものより自己消化がやや進んだもののほうがおいしいといわれている．かつお，さばなど赤身の魚は，ひらめ，こいなど白身の魚よりも自己消化の進行速度が速い．死後の筋肉の軟化が顕著なまいわしのような魚では，結合組織の崩壊が軟化と密接に関連していることが明らかにされている（図 3-39）．さばも組織が軟化しやすく，「さばの生き腐れ」といわれる．

　魚肉の場合，肉質の軟化は食味が落ち，魚臭を発生するので，鮮度が重要視される．① 魚全体が弾力性に富み，② 眼が澄んでいるものが新鮮である．また，③ えらが鮮紅色で，④ 内臓がしっかりしていて腹切れのないものが鮮度の目安となる．⑤ 魚臭が強いものは古い．このような外観や感覚的な判定目安は簡単に早く判断できるが，判断の基準が曖昧になりがちである．

化学的判定　死後早期の魚肉では，ヌクレオチド量の変動が激しく，ATP（アデノシン-3-リン酸）は ADP（アデノシン-2-リン酸），AMP（アデノシン-1-リン酸）を経て IMP（イノシン-1-リン酸）となる．IMP は，魚肉のもっとも代表的なうま味成分で，5′-イノシン酸とよばれている．IMP までの分解は速やかであるが，その後徐々に，イノシン（HxR），ヒポキサンチン（Hx）を蓄積し，うま味は消失してしまう．貝類や軟体動物では，IMP を経ないで，アデノシンを経るものもある．魚肉の生鮮度（生きのよさ）を判定する K 値（鮮度判定恒数）は，変化する ATP 関連物質（核酸系物質）中のイノシンとヒポキサンチンの割合を示したものであり，うま味の観点から鮮度変化をと

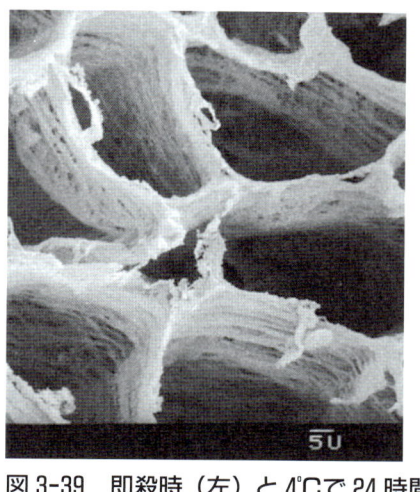

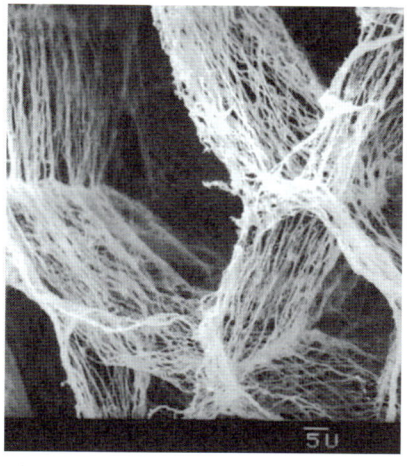

図3-39 即殺時（左）と4℃で24時間冷蔵後のまいわし結合組織の形態的変化
アルカリ処理により筋原繊維たんぱく質を溶出し，残った結合組織を走査型電子顕微鏡で観察．24時間後にはコラーゲン繊維のネットワーク構造が疎になっている．

豊原治彦：魚の科学（鴻巣章二監修，阿部広喜・福家眞也編）．朝倉書店，1994，pp.79〜86．

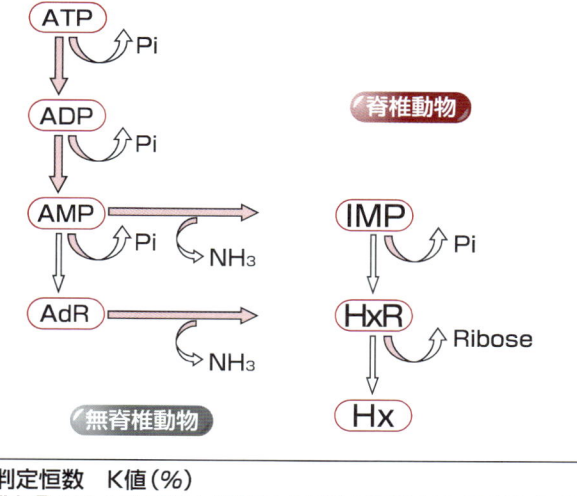

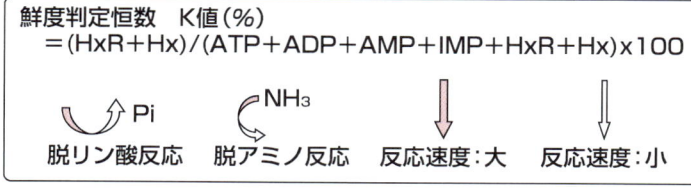

鮮度判定恒数　K値(%)
= (HxR+Hx)/(ATP+ADP+AMP+IMP+HxR+Hx)×100

脱リン酸反応　脱アミノ反応　反応速度：大　反応速度：小

図3-40 魚肉ATP関連物質の分解経路
内山　均：調理科学．18(3)，147〜154，1985．より作成

らえたものといえる（図3-40）．K値の上昇は，魚の貯蔵条件や致死条件により異なるが，魚種による差がきわめて大きく，一般に，たら類，赤身魚では速く，たい，ひらめなど白身魚では遅い．生鮮魚のK値は，活魚が5％，すし種や刺身は20％以下，市販生鮮魚は40〜60％であるといわれている．

魚肉にはトリメチルアミンオキシド（TMAO）が多く含まれており，鮮度

低下に伴い多量のアンモニアおよびトリメチルアミンを生成し，緩衝能の低下とpHの上昇により，特有のアンモニア様の臭気を揮散するようになる．このように，鮮度の低下とともに，非たんぱく態窒素量，アミン類，アンモニア，有機酸などの含量が増加するため，これらの含有量は鮮度低下の判定に関する指針となる．

2）魚介類の調理性

(1) 魚介類の生食調理

魚肉は獣鳥肉類に比べ肉基質たんぱく質が少なく，肉質が軟らかいのでそのまま生食されることが多い．また，表面だけ加熱変性させたり，急冷させて魚肉筋肉を収縮させたり，塩や酢でしめたりする方法がとられる．

なお，さば，さけなどでは筋肉中にアニサキス（寄生虫）がいることがあるので注意する．アニサキスは，加熱処理（60℃で1分以上の加熱）や凍結（−20℃で1日以上）で死滅する．

表面だけ加熱変性　熱湯の中にくぐらせる"湯引きづくり"や，表面を軽く焼く"焼き霜"などは，表面のたんぱく質だけを加熱変性させる調理法である．"霜降りづくり"ともいう．"たたき"というのは，かつおのように身の軟らかな魚の刺身にみられる調理法である．

急冷させて魚肉筋肉を収縮　ごく鮮度の高い魚や，生きている魚が死後硬直を起こす前に，魚肉をそぎ切りにして氷水中で筋肉を急速に収縮させる調理法を"あらい"という．たい，こい，すずきなどがこの調理に適する．

塩や酢でしめる　塩でしめるには，ふり塩法(直接塩をふる)，立て塩法(食塩水に漬ける)，紙塩法(ぬらした和紙を魚肉の上に置いて塩をする)などがある．塩を添加すると，筋原繊維たんぱく質のアクチンとミオシンの複合体を生成する．このとき，魚肉に粘弾性が生じ，魚の表面が脱水凝固してしまって硬くなり，歯切れがよくなる．同時に，魚臭成分のトリメチルアミンを溶出させる効果がある．塩でしめたあと食用にされるほか，さらに酢でしめる場合も多い．酢に浸漬するとさらに硬くしまり，白色になってくる．魚肉たんぱく質でもっとも多いミオシンは，塩が存在しない場合，等電点付近では不溶であるが，それ以外のpHでは溶解するため，魚肉は軟化してしまう．しかし，塩でしめた場合は，等電点以下の酸性側で不溶となり，たんぱく質は凝集し魚肉は硬くなる．"しめさば"や"マリネ"は，このように塩の有無でpHに対応する挙動が変化する現象を利用した調理法といえる（図3-41）．

いか肉の刺身　いか肉は，体表面の外側2層には色素が含まれているので取り除いて食用に供することが多い．残る2層は体軸の方向に走る結合組織からできているので，刺身にするときは体軸に直角に切断する．

(2) 魚介類の加熱調理による変化

魚肉たんぱく質の加熱変性　食肉と異なり，魚肉は加熱すると筋隔膜が熱によって軟らかくなり，筋節ではがれやすくなる．筋原繊維たんぱく質が凝

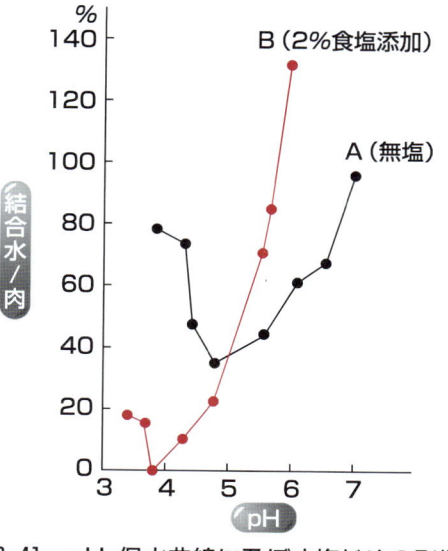

図 3-41 pH-保水曲線に及ぼす塩じめの影響
志水 寛：新版・魚肉ねり製品（岡田 稔・衣巻豊輔・横関源延編），恒星社厚生閣，1987, pp. 37〜42.

固するとともに，その間隙を埋めていた筋形質たんぱく質も凝固して全体を接着する効果がみられる．したがって，かつおのような筋形質たんぱく質の含量が多い魚肉では，加熱後の形状が安定し硬くなるので角煮の調理に適している．他方，筋形質たんぱく質の含量が少ないたら，たいのような魚肉では，加熱後ほぐしやすく，でんぶ，そぼろなどの調理に適している．魚肉のなかでも，かれい，ひらめ類は肉基質たんぱく質が多く，水を加えて加熱するとコラーゲンが変性し，ゼラチンになって溶出してくる．したがって，この煮汁を放置すると，ゼラチンがゲル化して煮こごりができる．

脱水と収縮　高温で加熱すると，魚は脱水・収縮し，その際にたんぱく質，エキス成分，皮下脂肪などの溶出が起こる．とくに多脂肪性の魚では脂肪の溶出が著しい．

焦げ臭と焼け臭　焼き魚の焦げ臭は，魚の臭みを消す働きがある．照り焼きや漬け焼きでは，しょうゆの香気とともに，使用した調味料中の糖とアミノ酸とのアミノ-カルボニル反応によって香ばしい焼け臭を生じ，脂質やたんぱく質その他の分解による焼け臭も加わり，魚の臭みを消すことができる．

いか肉の変形　いか肉は，そのまま加熱すると，体表面外側に4層，内側に2層の外皮があるため，コラーゲンが収縮し，外側を内にして体軸方向に丸まってくる．外側の外皮をむいて除去すると，内側に丸まってくる．

3）魚介類の調理

煮物　魚を煮る場合は，煮汁を沸騰させた中に魚を入れ，表面のたんぱく質を急激に加熱変性させ，たんぱく質やうま味成分の流出を防ぐようにする．とくに，白身魚は魚の味を引き立てるように薄味に調味し，煮る時間を短く

する．赤身魚は煮汁の味を濃くし，酒，みりん，砂糖，しょうゆ，みそ，しょうが，梅干しなどを加え，加熱時間をやや長めにして魚臭を抑制する．落としぶたをして煮くずれしないようにする．

焼き物　焼き魚には，塩焼き，照り焼き，漬け焼きなどの直火焼きのほか，包み焼き，天火焼きなどの間接焼きの方法がある．

揚げ物　魚を高温の油中で短時間加熱する揚げ物では，脱水と吸油が同時に起こり，香ばしく，魚の臭みも少ない．そのまま賞味するほか，調味液に漬け込むマリネや南蛮漬けにすることも多い．

いか肉の調理　加熱による変形を避けるため，体表面の結合組織に切り込みを入れる．いかの繊維の特徴を利用して，松かさいか，かのこいか，唐草いかなどの飾り切りができる．飾り切りは，かたちを整えるだけでなく，調味料の浸透をよくする効果がある．沸騰水中で加熱した場合，中心部温度が80℃以上になると生肉より硬くなる．80℃になるまでの短時間加熱にとどめるよう留意する．

3．卵

卵類として五訂日本食品標準成分表に収載されているのは，烏骨鶏卵（うこっけい），うずら卵，鶏卵の3種類である．このうち，もっとも大量に，かつ日常的に広く利用されているのは鶏卵であるが，その主な理由としては，① 供給が安定しており，季節や地域を問わず容易に入手でき，ほかの動物性食品に比べて安価である，② 良質の動物性たんぱく質給源食品である，③ 調理性がきわめて豊かである，④ 一般に好まれる風味，色沢を有する，⑤ 冷蔵による保存性が高い，などがあげられる．

1）鶏卵の構造

図3-42に示すように，鶏卵は卵殻部，卵白部，卵黄部に大別され，全卵に

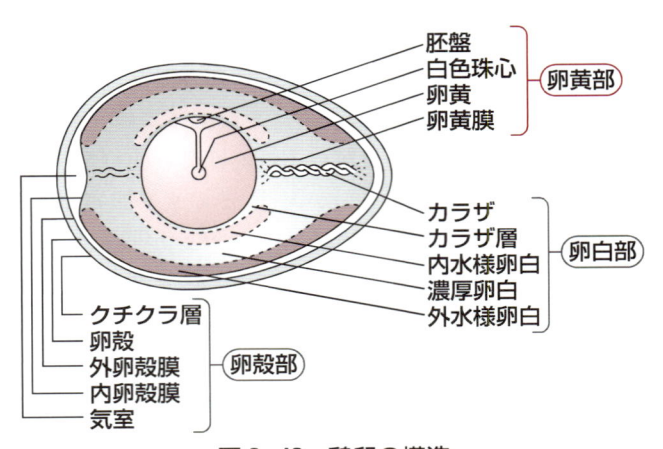

図3-42　鶏卵の構造
佐藤　泰（編著）：食卵の科学と利用．地球社，1980，p.11を一部改変

対する重量比はそれぞれ 10〜12 %，55〜63 %，26〜33 %となっている．

卵殻部　クチクラ層，卵殻，卵殻膜，気室によって構成されている．卵殻表面のクチクラ層はたんぱく質を主成分とし，外部からの水の侵入や細菌汚染阻止に役立っている．卵殻の主成分は炭酸カルシウム（$CaCO_3$）で，表面には多数の気孔が分布している．卵殻膜は外卵殻膜と内卵殻膜から形成され，特有の網目構造により外部からの微生物侵入を阻止し，内容物を保護している．気室は気孔からの水分蒸発に伴って空気が侵入し，内外の卵殻膜が分かれて形成される．この気室は卵の鮮度低下とともに大きくなる．

卵白部　卵白，カラザ層，カラザによって構成される．卵白は濃厚卵白，内水様卵白，外水様卵白からなり，時間的経過とともに濃厚卵白は水様化する．すなわち，新鮮卵ほど濃厚卵白の比率が高く，鮮度の低下につれて水様卵白の比率が増す．カラザ層は溶菌作用をもつリゾチームを多く含み，卵黄膜を覆って卵黄や胚盤を保護している．また濃厚卵白中にある白いねじれたひも状のカラザは，卵黄膜の両端に付着して卵黄を卵の中心部に固定する役目を果たしている．

卵黄部　卵黄膜，胚盤，卵黄から構成される．卵黄膜には卵黄と卵白を分離して混在させないようにする役目がある．卵黄表面の中心部には白色円盤状の胚盤が存在する．卵黄は卵白のように抗菌性のたんぱく質を含まないため細菌による腐敗が進みやすい．

2）鶏卵の成分組成

鶏卵の成分組成は卵白と卵黄で非常に異なっている（表 3-28）．卵白の約 88 %は水分で固形分は約 12 %と少ない．固形分の主体はたんぱく質で脂質はほとんど含まれていない．

これに対して卵黄では固形分が約 52 %と多く，その主体は脂質とたんぱく質である．炭水化物は卵白，卵黄ともに少ない．灰分は卵白よりも卵黄に多く，カルシウム，リン，鉄，亜鉛などの無機質の含有量が高い．また卵黄中には脂溶性ビタミンのレチノール，カロテン，E，K が多く含まれ，B_1，B_{12}，葉酸，パントテン酸などの水溶性ビタミンも多い．これに対して卵白中には脂溶性ビタミンはほとんど含まれず，水溶性の B_2，パントテン酸が少量含まれる程度である．ビタミン C は卵白，卵黄ともに含まれていない．

卵白中のたんぱく質，および卵黄中の脂質は，鶏卵の栄養成分として重要

表 3-28　鶏卵の成分組成（g/100 g）

成分	全卵	卵白	卵黄
固形分	23.9	11.6	51.8
水分	76.1	88.4	48.2
たんぱく質	12.3	10.5	16.5
脂質	10.3	Tr	33.5
炭水化物	0.3	0.4	0.1
灰分	1.0	0.7	1.7

日本食品標準成分表 2010 より

であるだけでなく，卵白や卵黄が示すそれぞれに特有な調理性と深い関連性を有している．

たんぱく質　卵白の主要たんぱく質であるオボアルブミンをはじめオボトランスフェリン（コンアルブミン），オボグロブリンなどは，調理上重要な卵の熱凝固性に関与する．またオボムチンやオボグロブリンなどは卵白の起泡性や泡の安定性に関与する．また，卵白には卵黄を保護する機能が備わっているが，その主体をなしているのはオボトランスフェリン（細菌成長阻止作用），オボムコイド（微生物の分泌するプロテアーゼ阻害作用），オボムチン（ウイルスによる赤血球凝集阻止作用），リゾチーム（細菌細胞壁の溶菌作用）などである．このうちオボムチンは濃厚卵白の組織構造の維持にも重要な働きをしている．

一方，卵黄中には5種類ほどのたんぱく質の存在が認められており，その大部分は脂質がリンたんぱく質と結合したリポたんぱく質として存在している．このうち卵黄たんぱく質の約65％を占める低密度リポたんぱく質（LDL）は卵黄の示す乳化性の主体となるものである．

鶏卵のたんぱく質の栄養価はきわめて高く，全卵，卵白，卵黄のいずれもが理想的な必須アミノ酸組成を有しており，アミノ酸スコアはともに100となっている．

脂質　鶏卵の脂質の大部分は卵黄に含まれる．卵黄の脂質の特徴は，リン脂質を多く含み（約30％），コレステロール含量が高いことである（100gあたり1,400mg，卵白の約3.5倍）．リン脂質の主体をなすのはレシチン（ホスファチジルコリン）とケファリン（ホスファチジルエタノールアミン）で，ともにたんぱく質と複合体（リポたんぱく質）を形成し，複合体としてより強力な乳化作用をもつ．

卵黄のリン脂質はオレイン酸，リノール酸などの不飽和脂肪酸を多く含み，必須脂肪酸の供給源としても重要である．しかし，高脂血症全般の食事療法の指標となるP/S比が0.5と，望ましいとされる1〜1.5に比べて小さいことや，心疾患の予防面から4程度が望ましいとされているn-6/n-3比が7.0と大きいことなどから，生活習慣病の予防上過剰摂取にならないように留意する必要がある．

3）鶏卵の調理性

鶏卵は栄養価の高い食品であるとともにきわめて調理性に富む食品である．その性質を利用した数々の卵調理には，われわれの食卓に豊かな彩りを添え，日常の食生活に欠かせない存在となっているものが多い．

以下に全卵，卵白，卵黄の有する調理性について述べるが，表3-29にそれぞれの調理性を利用した主な調理例をまとめて示した．

(1) 流動性，稀釈性，粘着性，吸着性

流動性　生の卵液は粘稠なゾル状で流動性がある．そのため，ほかの食材

表 3-29 鶏卵の調理性と主な調理例

主な調理例	調理		調理性						
	部分	状態	流動性	稀釈性	粘着性	吸着性	熱凝固性	起泡性	乳化性
完熟卵, 半熟卵, 温泉卵	全卵	殻付き状態で調理					○		
目玉焼き, ポーチドエッグ, フライドエッグ, ココット入り卵	全卵	割卵後原形をくずさずに調理					○		
厚焼き卵, 薄焼き卵, 炒り卵, かき卵汁, 芙蓉蟹, 卵とじ	全卵	割卵後, 全卵, あるいは分離した卵白, または卵黄をときほぐした状態で調理	○				○		
オムレツ, だし巻卵, 卵豆腐, 茶碗蒸し, カスタードプディング, 小田巻蒸し	全卵		○	○			○		
コンソメスープのアク引き	卵白		○			○	○		
ハンバーグステーキ, 肉だんご, フライ, コロッケ, ピカタ	全卵		○		○		○		
カスタードクリーム	卵黄		○	○	○		○		
とろろ汁, 山かけ, 卵ごはん, めん類のつけ汁用卵, 納豆用卵, すき焼き用卵, ミルクセーキ	全卵 卵黄		○						
メレンゲ, 泡雪羹	卵白							○	
エンゼルケーキ, フリッター, マシュマロ	卵白						○	○	
スポンジケーキ, カステラ	全卵						○	○	
マヨネーズソース	卵黄 全卵								○
シューペーストリー	全卵						○		○

や調味料などと混和して用いることができる.

稀釈性 生の卵液の流動性を利用して水, だし, 牛乳などの液体を用いて必要とする濃度に稀釈することができる. この稀釈は加熱前に行うが, 稀釈用の液体は鶏卵の凝固温度以下であることが望まれる. また, 均一な卵液を得るためには卵液と液体を混合したあと一度布濾しするとよい.

粘着性 生の卵液には強い粘着性がある. そのため, ほかの材料と卵液をからませたあとに加熱すると, 複数の材料を相互に接着させるというつなぎの効果を発揮することができる.

吸着性 すね肉や豚骨, 魚などの動物性食品を用いてスープをとる際に卵白を加えると, 卵白は浸出するアクや微細な浮遊物を吸着して熱凝固する. 清澄なスープ (コンソメスープ) は, このアクなどを吸着した卵白の熱凝固物を除去することによって得られる.

(2) 熱凝固性

卵を加熱すると卵白, 卵黄はともに流動性を失って凝固 (ゲル化) する.

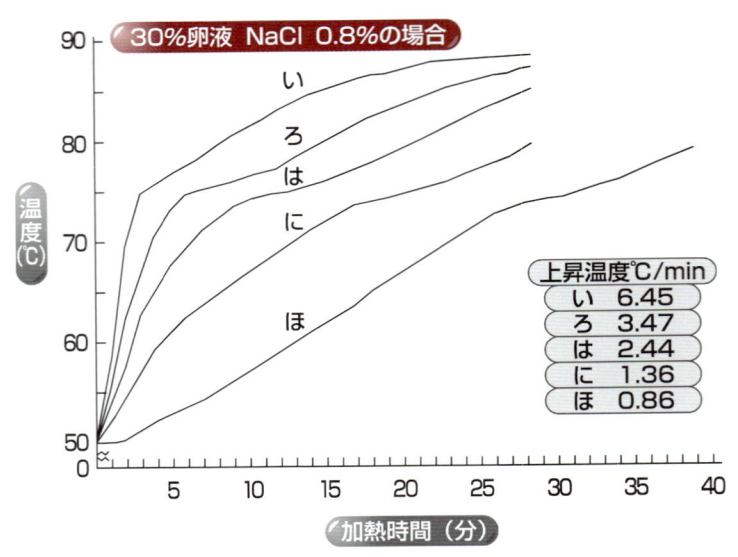

図3-43 加熱速度の相違とゲル化進行状態
村田安代・斉田由美子・松元文子：卵液の熱凝固について（第2報）添加物の凝固温度に及ぼす卵液予備加熱，牛乳濃度の相違が物理的性状等に及ぼす影響について．家政学雑誌，27(6)：17，1976．

これは卵が熱凝固性のたんぱく質を含んでいることによる．卵白の熱凝固に関与するたんぱく質の凝固温度はオボトランスフェリン58℃，オボアルブミン60〜65℃，オボグロブリン65℃とその種類によって異なるため，卵白の凝固温度を限定することはむずかしい．一般的には卵白の凝固開始温度は約60℃，62〜65℃でゲル化開始，70℃でほぼ凝固，完全凝固温度は80℃以上である．一方，卵黄の熱凝固性に関与するたんぱく質はα，β，γリベチン，リポビテリンなどで，凝固開始温度は約65℃と卵白より高いが，ゲル化速度が速く完全凝固温度は70〜75℃と卵白より低い．

凝固温度に影響する要因　卵の凝固温度は卵液の加熱速度，卵液濃度，食塩濃度，砂糖濃度，pHなどにより影響される．加熱速度による影響では，加熱速度が速いほど凝固温度は高くなる（図3-43）．その結果，ゲルのスポンジ構造の隙間を満たしていた水分や空気が急激に気化してゲル内にすだちが起こりやすい．これに対して加熱速度が遅い場合には，凝固温度が低くなるためにすだちを生じることなくなめらかで軟らかいゲルが形成される．このことより，すだち形成を望まない茶碗蒸しやカスタードプディングなどでは，蒸し器の内部温度を85〜90℃に保持したり，オーブンの天板に湯を入れたり，陶磁器やガラス製の容器を使用するなど，加熱速度を緩慢にするような工夫をしたほうがよいことがわかる．卵液濃度による影響では，濃厚卵液ほど凝固温度は低く，稀釈卵液ほどたんぱく質含量が低下するので凝固温度は高くなる．また，食塩や砂糖を添加した場合には，ともに濃度の増加につれて凝固温度は上昇する．pHによる影響では，卵白の場合pH 5.5で凝固温度はもっとも低く，pH 9以上で高くなる[25]．

加熱ゲルの物性に影響する要因　加熱速度，卵液濃度，食塩濃度，砂糖濃

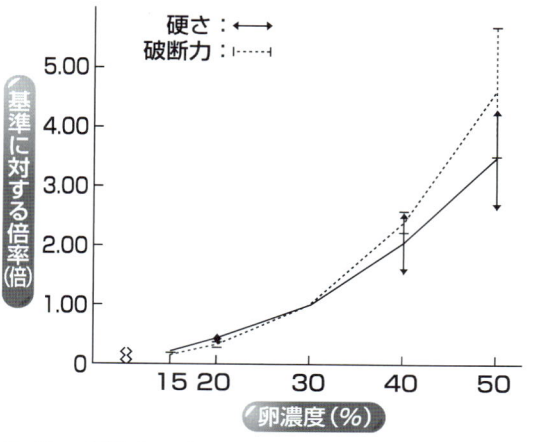

図3-44 卵濃度によるゲルの硬さと破断力の変化
（食塩一定0.5％，卵濃度30％を1.0とした）

斉田由美子・村田安代・松元文子：卵液の熱凝固について（第1報），添加物の影響について．家政学会誌，27(6)：13，1976.

度，pHなどは加熱ゲルの物性にも顕著に影響する．加熱速度が速いと短時間でゲル化し，凝固温度も高くなるために硬いゲルが形成される．卵液濃度による影響では，濃度が高いほど硬いゲルが形成される（図3-44）．食塩濃度による影響では，卵白と卵黄では異なる曲線を示すが，いずれの場合も食用に適する1％程度までは熱凝固性を促進してゲルを硬くする（図3-45a）．稀釈された茶碗蒸しや卵豆腐が凝固するのは共存するNa^+の効果によるものである．また，カスタードプディングが固まるのは牛乳のCa^{++}による効果である．このような塩類による凝固促進効果は，塩類の存在がたんぱく質の極性基の解離をおさえて分子間の反発力を抑制し，疎水基間の疎水結合による分子間の会合を促進するためと考えられている[26]．これに対して砂糖は，濃度の増加とともにゲルを軟らかくする（図3-45b）．これは砂糖の添加によって疎水基の親水性が高められ，塩類の場合とは逆にたんぱく質分子間の会合が抑制されるためと考えられる[26]．pHによる影響では，等電点（pH4.6～4.8）において硬いゲルが形成される．たんぱく質は両性電解質であるが，等電点では正負の荷電量が等しくなり，たんぱく質分子は電気的に中性になってゲル化が促進されるためである．

ゆで卵の卵黄表面の暗緑色化　　加熱しすぎたゆで卵の卵黄表面が暗緑色化していることがある．これは卵白中にはシスチンやメチオニンなどの含硫アミノ酸が含まれているため，加熱によって硫化水素（H_2S）が発生し，これが内部に向かって揮散して卵黄表面に達し，卵黄中に多く含まれる鉄と結合して硫化第一鉄（FeS）を生成するためである．こうした変色は古い卵においてより顕著に発現する．古い卵ではpHが高くなっているために硫化水素がより発生しやいためである．ゆで加熱の後，卵を直ちに急冷すると硫化水素は内部の卵黄に向かわず温度の低い外側に向かって揮散するため卵黄表面の変

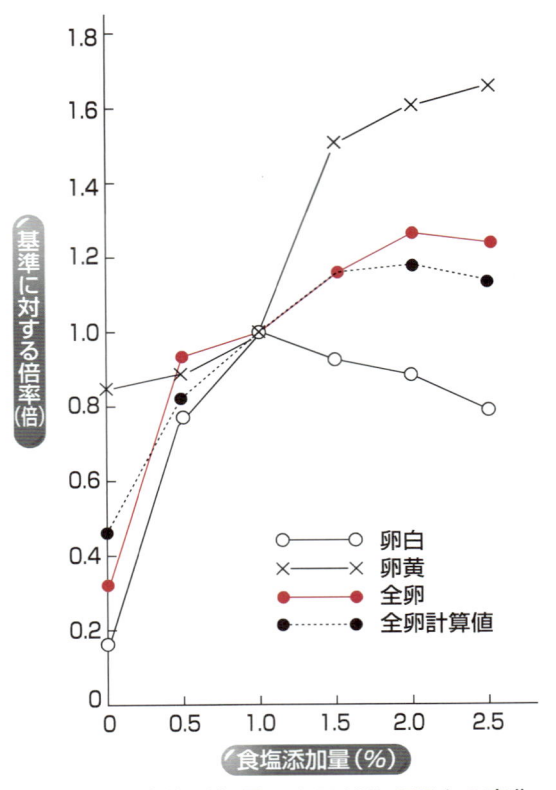

図3-45 a 食塩添加量によるゲルの硬さの変化
（食塩添加1.0％を基準1.0とした）

粟津原宏子：卵白および卵黄の熱凝固について―食塩，砂糖の添加による影響―．調理科学，15(2)：56，1982．

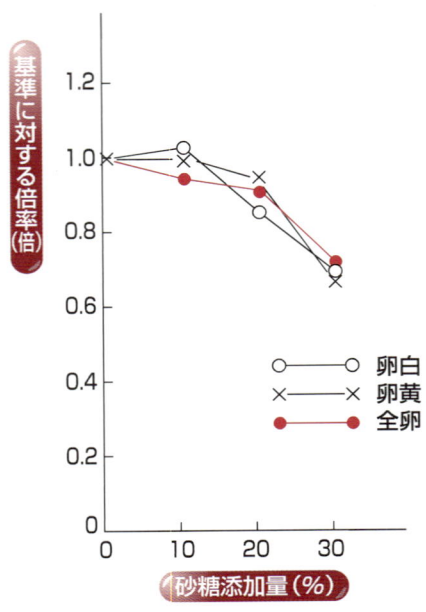

図3-45 b 砂糖添加量によるゲルの硬さの変化（砂糖添加1.0％を基準1.0とした）

粟津原宏子：卵白および卵黄の熱凝固について―食塩，砂糖の添加による影響―．調理科学，15(2)：56，1982．

色は抑制される．

ゆで卵の卵殻の剝離性　産卵直後の鮮度の高い卵をゆで卵にした場合，その卵殻がむきにくいことを経験することがある．これは新鮮卵の内卵殻膜には多量の卵白が付着していて，そのままの状態で加熱凝固してしまうためと考えられている[27]．ゆで卵の卵殻の剝離性は，卵の貯蔵温度や貯蔵期間とともに変化する卵白のpHに影響され，pH 9.1以上で剝離性がよくなるといわれる[28]．これは貯蔵とともに気孔からCO_2が放散して卵白のpHが上昇するため，卵殻膜への卵白の付着が減少することによるものと考えられる．

(3) 起泡性

たんぱく質を強く撹拌すると，たんぱく質分子は表面張力の作用を受けて変性し，薄い皮膜をつくって空気を包み込み泡を形成する．卵白，卵黄はともにこのような起泡性を有しているが，とくにたんぱく質を多く含む卵白には高い起泡性が認められる．

また卵白では変性したたんぱく質分子が，気界表面において固体膜の中に

気泡を包み込むため泡の安定性も高い.

① 卵白の起泡性と安定性

卵白の起泡性を利用する調理では,起泡性(泡立ちやすさ)と安定性(形成された泡が安定していること)の2つの条件が揃っていることが要求される.起泡性については,①溶液の表面張力が小さく,②泡を包み込む膜が安定しており,③溶液の粘度が小さいことが必要であり,安定性については①と②は起泡性と同じであるが,③については逆に溶液の粘度が大きいことが必要となる.卵白の起泡性や安定性に影響する調理上の要因としては,卵白の種類,鮮度,温度,pHなどがあげられる.

卵白の種類による影響　　水様卵白は粘度が低いために泡立ちやすいが,泡の安定性は劣る.一方,濃厚卵白はオボムチンが単独,またはリゾチームと複合体を形成して粘度を高めているために泡立ちにくいが,泡の安定性は高い.

鮮度による影響　　鮮度が低い卵は水様卵白が多くなるため泡立ちやすいが安定性は劣る.一方,新鮮卵では粘度の高い濃厚卵白が多いため泡立ちにくいが泡の安定性は高い.

温度による影響　　攪拌時の卵白の温度が高温(30〜40℃)であるほうが起泡性が大きい.温度が高いと卵白の表面張力が低下し,粘度が小さくなるためである.しかし,高温で形成された泡はもろくて安定性に欠ける.一方,低温(10〜15℃)では粘度が増すために泡立ちにくいが,容易に消失しない安定した泡が得られる.粘度が大きいために泡相互間の合併が阻害されることや,液体が泡の表面から蒸発しにくいためと考えられる.

pHによる影響　　卵白を構成するたんぱく質のうちオボトランスフェリンやオボグロブリンがpHに関係なく大きな起泡力を有しているのに対して,オボアルブミンでは等電点付近の4.7と,それより酸性側の4.0で大きな起泡性を示すが,この範囲を外れると起泡性は極端に低下する.またオボムコイドの起泡性は総じて小さいが,pH 4.0ではきわめて大きな起泡力を示す[29].これらのことより卵白の起泡性が最大となるpHは4.0〜4.7付近と考えられる.実際の調理では,pHを等電点付近に近づける目的のためにレモン汁や酒石酸,ヨーグルトなどが用いられる.

砂糖による影響　　砂糖を加えると起泡性は低下するが,泡の安定性は高まる.砂糖の添加は溶液の粘度を増加させ,たんぱく質の変性を抑制するためである.そのため,砂糖を最初から加えると泡が立ちにくいので,ある程度起泡させたあとに砂糖を加え,さらに適度な泡立てを行うのがよい.砂糖を加えた場合でも泡立てが過剰になると,泡を包み込んでいた固体膜が破壊されて泡が凝集し,液の分離が起こるので注意する.

油脂による影響　　卵白に少量の油脂が混入すると起泡性が阻害され,安定性も低下する.これは不溶性の油脂が卵液表面に広がって消泡剤として作用するためである.また卵白に卵黄が0.4%程度でも混入すると起泡性や安定性が低下するが[20],これも卵黄中の脂肪の影響である.したがって,泡立てに

際しては，用具に油脂が付着していないことをよく確認し，割卵時に卵黄が混入しないように注意を払う必要がある．

② 卵黄の起泡性と安定性

卵黄の起泡性に関与する主なたんぱく質は低密度リポたんぱく質とされ，優れた起泡性を有している．しかし，そのままでは泡立ちにくいので，卵黄の 1.7 倍程度の湯を用いて泡立てるとよい[30]．また，卵白中に油脂や少量の卵黄が共存すると起泡性が著しく阻害されることは前述のとおりであるが，卵黄中では植物油が 10 % 存在しても起泡性は阻害されにくい．これは，卵白に混入した油脂や少量の卵黄は消泡剤として作用するが，卵黄単独の場合はたんぱく質が脂質を結合した状態で表面変性し，膜中に気泡を包み込むためと考えられている[27]．卵黄の泡の安定性はきわめて低いが，卵白と同様に砂糖の添加によって安定性が増す．

(4) 乳化性

油脂は親水基を有していないため水とは混じり合わない．しかしこれに，分子中に疎水基と親水基の両方を有する第三の物質を加えると水と油がよく混じり合う．このような本来混じり合うはずのない水と油を混じり合うようにする性質のことを乳化性といい，乳化性をもった物質のことを乳化剤という．

卵黄には多量の脂質が含まれているが，その約 30 % はリン脂質である．リン脂質の主体をなすレシチンは分子中に親水基と疎水基を有するため乳化性を有する．卵黄中ではこのレシチンがたんぱく質と結合したレシトプロテインとなってより強力な乳化性を示し，安定な水中油滴型のエマルションを形成している．

マヨネーズソースは卵黄の乳化性を利用した代表的な調理例である．多量の油脂を含んでいるにもかかわらず，卵黄の乳化性のために分離しにくく，油脂が多い割には油っぽさを感じにくいのが特徴である．

4）卵の鮮度判別方法と鮮度保持の方法

鶏卵は卵白に含まれるたんぱく質の強力な抗微生物作用により生鮮動物性食品のなかでは群を抜いて保存性の高い食品である．しかし，保存日数の経過とともに微生物によらない内容物の成分変化が起こり，鮮度は徐々に低下する．食品衛生面からみても，また嗜好面からみても調理にはできる限り新鮮卵を選ぶことが大切である．

鶏卵の鮮度判定方法　　鶏卵の鮮度判定に用いられる主な検査方法は表 3-30 に示したとおりである．

卵の鮮度保持の方法　　① 卵殻表面をこすったり，洗ったりするとクチクラ層が簡単に剝離して水分が気孔から侵入しやすくなる．このとき，卵殻表面を汚染している細菌も水分とともに内部に侵入する．したがって，産卵直後の卵で卵殻の汚れがひどく洗卵の必要がある場合には，表面水分をよく拭き

表 3-30 鶏卵の鮮度判定方法

	検査方法	鮮度判定の方法
殻付卵の検査	外観検査法	新鮮卵は卵殻表面を覆うクチクラ層のためにザラザラしている．クチクラ層は摩擦や洗卵により簡単に剥離するので，この方法では正確な鮮度判定はむずかしい．
	透光検査法	卵の鈍端部に光を当て，透過光により卵の内部状態を調べる．新鮮卵では光を透過し，卵黄はほぼ中央部に位置し，気室は小さく一定している．鮮度低下につれて卵黄は中心部を外れ，気室は大きくなり移動する．腐敗卵では卵黄部分が暗くなり光を透過しない．この方法は腐敗卵，血玉卵，異物混入卵などの判定には有効であるが，厳密な鮮度判定向きとはいえない．
	比重法	新鮮卵の比重は 1.08～1.09 であるが，鮮度低下とともに水分が蒸発して軽くなる．そこで種々の濃度の食塩水に鶏卵を入れ，その浮沈状態により卵の比重を知り鮮度を判定する．簡単には 10％濃度の食塩水（比重 1.073）に入れ，下に沈んだら新鮮卵と判定する．ただし卵の比重は卵殻の厚さにも影響されるので正確な判定はむずかしい．
割卵検査	ハウ・ユニット（HU）	もっともよく用いられる方法で，卵の重量と濃厚卵白の高さを求め，次式により算出する． $HU = 100 \cdot \log(H - 1.7 W^{0.37} + 7.6)$　ただし H：卵白の高さ（mm）　W：卵の重量（g）　新鮮卵では 80～90 であるが，鮮度低下とともに値は小さくなる．
	卵黄係数	卵黄の直径で卵黄の高さを割った値である．新鮮卵では 0.44～0.36 であるが，鮮度低下とともに値は小さくなり，0.25 以下では形状保持が困難になる．
	卵白係数	濃厚卵白の高さを濃厚卵白の広がりの最長径と最短径の平均値で割った値である．新鮮卵では 0.14～0.17 であるが，鮮度低下とともに濃厚卵白が水様化するため値は小さくなる．
	濃厚卵白率	卵白全量に占める濃厚卵白の比率（％）である．新鮮卵では約 60％であるが，鮮度低下とともに水様卵白の比率が増すため値は小さくなる．
	卵白のpH	新鮮卵白の pH は 7.5～7.6 であるが，鮮度低下とともに気孔から CO_2 が逸散して pH が上昇する．卵黄の pH は 6.0～6.5 と変化の幅が小さいため，鮮度判定の目安にはなりにくい．

取ったあとに保存する．② 購入後は，パックのまま直ちに 10℃以下で冷蔵保存する．冷蔵後卵を取り出して室温に放置しておくと卵殻表面に水滴が付着する．これを水滴のついたままの状態で再度冷蔵保存したりすると細菌の内部侵入が促進されることになるので，一度取り出した卵の再保存には注意しなければならない．なお，氷点以下になると破卵，内容物の凍結変性を生じるので注意する．

5）鶏卵の調理とサルモネラ食中毒

わが国では 1989 年以降，従来の ST（*Salmonella* Typhimurium）に代わって SE（*Salmonella* Enteritidis）を原因とするサルモネラ食中毒が増え，今日に至っている．

SE 食中毒の原因の多くが，ババロア，プリン，カスタードクリーム，アイスクリーム，ティラミスなどの洋生菓子類，卵入り丼，手づくりマヨネーズ使用のサラダやサンドイッチ，生卵入り納豆やとろろ汁など鶏卵を使用した調理品であることから，卵の調理に際しては，サルモネラ食中毒防止のための衛生的な取り扱いが望まれる．

表 3-31 鶏卵の調理・加工に関連ある SE の性質

◎耐熱性：全卵，卵黄中 60℃3.5 分で死ぬ．卵白中 55℃3.5 分で死ぬ．砂糖や食塩が入ると耐熱性は増加．食品中で 68℃3.5 分で死ぬ
○増殖温度域：10℃で遅れる．5℃以下では増殖せず．46℃で遅れる．50℃以上で増殖せず
△増殖 pH 域：pH 10 以上または 4.75 以下では増殖せず
△増殖 Aw 域：Aw 0.95 以下で増殖せず
○消毒剤耐性：通常の食品関係消毒剤に概して弱い
凍　結：食品とともに凍結しても死なない．ただし増殖はしない
乾　燥：食品とともに乾燥しても死なない．ただし増殖はしない．乾くまでに増殖する場合がある
水で薄められた食品中：非常に薄い希釈液中でも増殖する

◎もっとも有効な制御法，○：有効な制御法，△：一部の食品に応用可
今井忠平：卵とサルモネラ食中毒．栄養と健康のライフサイエンス，3(4)：34，1998．

　サルモネラ菌は鶏，豚，牛など家畜の腸管内に生息しているが，鶏卵が汚染される経路には，すでに産卵時に卵内に移行している場合（in egg 汚染）と，卵殻に付着した菌が卵殻を通じて卵内に侵入する場合（on egg 汚染）とがある．on egg 汚染卵では卵殻表面が直接調理用具や調理人の手指を汚染したり，表面に付着した水分とともに菌が内部に侵入することがあるので，鶏卵を扱うときにはこれらの点に留意する．

　鶏卵の調理・加工に関連ある SE の性質は表 3-31 に示したとおりであるが，一般調理においては次のような点に留意する．

　① 生食する場合は賞味期限内に使用する．期限経過後の卵，およびひび割れ卵はなるべく早期に十分に加熱調理する．

　② SE の耐熱性は比較的低いことから，加熱を十分に行うことが食中毒防止にもっとも有効な手段といえる．卵の加熱調理の場合，中心部温度 70℃，1 分間の加熱を心がける[31]．

　③ 半熟卵，温泉卵，目玉焼き，ポーチドエッグ，オムレツのような通常半熟に仕上げる調理品や，生卵を加える納豆，とろろ汁やめん類，卵を加えて後加熱過程がない洋生菓子類や手づくりマヨネーズなどでは鮮度の高い生食用の鶏卵を調理直前に使用し，調理後 2 時間以内に食用に供する．ただし高齢者，乳幼児，妊婦，病人などの場合は，できるだけ生食は避け，十分に加熱した調理品を摂取するようにする．

　④ 卵の調理に使用した調理用具は，二次感染を避けるために十分に洗浄し，熱湯消毒をしておくことが望まれる．

4．牛乳・乳製品

　哺乳動物の乳はそれだけで新生児を成長させることができ，非常に栄養素に富んだものである．乳のなかで食品としてもっとも利用されているのは牛

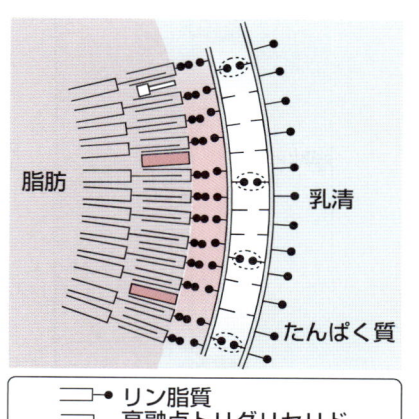

図 3-46　牛乳の脂肪球皮膜の構造
Davis, H., Roahen, D.C. : *Food Eng.*, 28 : 50, 1956.

表 3-32　牛乳脂肪の脂肪酸組成

酪酸	(4:0)	3.7 %
ヘキサン酸	(6:0)	2.4
オクタン酸	(8:0)	1.4
デカン酸	(10:0)	3.0
ラウリン酸	(12:0)	3.3
ミリスチン酸	(14:0)	10.9
パルミチン酸	(16:0)	30.0
パルミトレイン酸	(16:1)	1.5
ステアリン酸	(18:0)	12.0
オレイン酸	(18:1)	23.0
リノール酸	(18:2)	2.7

日本食品標準成分表 2015 年版(七訂)―脂肪酸成分表編より

乳であり，その歴史は古い．利用形態は，そのまま飲料として用いられるのみならず，古来より，そのたんぱく質や脂質の特性を利用して貯蔵性を高めたさまざまな乳製品に加工されることも多い．

1）牛乳の成分

牛乳の主要な成分はたんぱく質約 3％，脂質 3％以上，糖質約 5％である．水分が多いので含量は少ないが，消化吸収率は非常によい．

牛乳は乳に特有のリンたんぱく質であるカゼイン（約 80％）と，アルブミンやグロブリンなどの乳清たんぱく質（約 20％）を含む．カゼインはカルシウムやリン酸複合体を形成し，牛乳中にコロイド状に分散している．

生乳中の脂質は直径 0.1～10 μm の脂肪球（図 3-46）として乳汁中に存在しており，そのまま静置しておくと表面に脂肪層が形成される．これを防ぐために，牛乳の製造工程で脂肪球は 1～2 μm に細分され，均質化されている

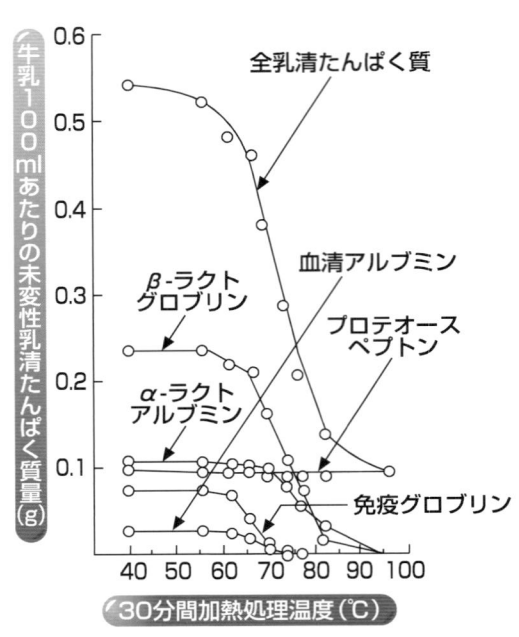

図3-47 乳清たんぱく質各成分の加熱による変化
並木満夫・他(編):現代の食品化学. 三共出版,1985.

(ホモゲナイズ).牛乳中の脂質の脂肪酸組成は,炭素鎖数14以下の短鎖・中鎖の飽和脂肪酸,とくに酪酸を多く含むことが特徴である(表3-32).これらの脂肪酸が乳脂肪に特有の芳香に寄与している.

牛乳中の糖質はほとんどが乳糖である.乳糖の相対甘味度は砂糖の1/6以下なので,牛乳には乳糖による甘みはほとんど感じない.

2) 牛乳の調理性

(1) 熱凝固性(図3-47)

牛乳は60〜65℃以上で長く加熱すると,脂肪球がたんぱく質を吸着して浮き上がり,皮膜を生じる.これは40℃以上の加熱により脂肪球が上昇して互いに凝集しながら液表面を覆い,そこにさらに,60〜65℃以上で加熱変性して凝集したアルブミンやグロブリンが表面の脂肪層を取り込んだものである.牛乳の主要たんぱく質であるカゼインは加熱凝固しない.皮膜には牛乳中のカルシウムの約1/6が取り込まれる.牛乳の加熱調理において皮膜の形成を避けるには,加熱温度を65℃以下とするか,また加熱調理時に軽く撹拌を行う.

(2) 酸凝固

牛乳中の主要たんぱく質であるカゼインは等電点がpH 4.6なので,調理時に遊離酸を含む果実類や野菜,貝類などの食品と牛乳を混合すると乳中のカゼイン粒子が凝固して大きな粒状となり,ざらつく感じを与える.この現象を積極的に利用した食品にはヨーグルトやチーズがあげられる.

図3-48 主要な乳製品

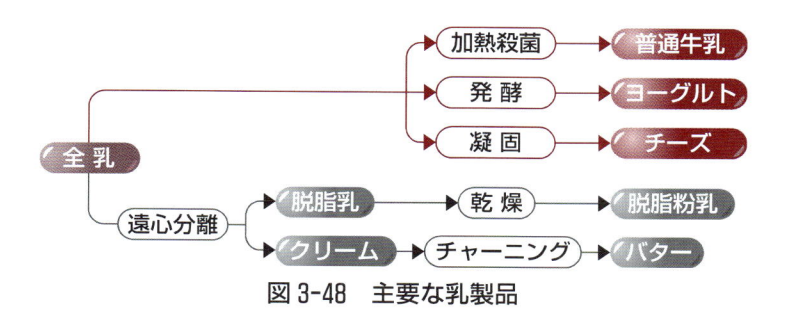

表3-33 牛乳および乳製品の主要成分（食品100g中）

乳製品	水分 (g)	たんぱく質 (g)	脂質 (g)	炭水化物 (g)	カルシウム (mg)	鉄 (mg)
普通牛乳	87.4	3.3	3.8	4.8	110	0.02
脱脂乳	91.1	3.4	0.1	4.7	100	0.1
クリーム 乳脂肪	49.5	2.0	45.0	3.1	60	0.1
コーヒーホワイトナー 液状，乳脂肪	70.3	5.2	18.3	5.5	30	0.1
バター	16.2	0.6	81.0	0.2	15	0.1
ヨーグルト	87.7	3.6	3.0	4.9	120	Tr
プロセスチーズ	45.0	22.7	26.0	1.3	630	0.3

日本食品標準成分表2015年版(七訂)より

(3) その他

牛乳を調理に用いた場合，料理になめらかな物性を与え，こくのある風味を加え，また，料理の色を白く仕上げることができる(例：ホワイトソース，牛乳羹，ブラマンジェなど)．

また牛乳中のカルシウムイオンには卵たんぱく質の凝固を促進し，そのゲル強度を増す働きがある(カスタードプディング)．また，ペクチンのゼリー化を促進する作用もある．

牛乳を長く加熱すると，牛乳中に含まれる乳糖とたんぱく質がアミノーカルボニル反応を起こし，褐変物質ができる．生地に牛乳を加えたクッキーなどに焦げ目がつきやすくなる．

直接料理の副素材として用いるのではないが，食材の下処理として加熱する前に牛乳に浸漬することがある．これは牛乳中のたんぱくコロイドが臭気を吸収するので魚やレバーなどの生臭みを防ぐ効果があるためである．

3) 乳製品の調理

牛乳の加工食品は種類が多い．乳製品の主なものを図3-48に，また，それらの主要成分を表3-33に示す．

(1) 生クリーム

生クリームは牛乳を遠心分離することにより得られた乳脂肪分を濃縮したものである．乳脂肪含量によりコーヒー用（乳脂肪分20～30％）とホイップ

表 3-34　生クリームの泡立て温度と起泡性

泡立て温度(℃)	泡立て時間(分, 秒)	オーバーラン	粘稠度 (dyn·sec/cm²)	乳清分離量(%)
5	8, 10	114	8.16×10^4	1.8
10	6, 50	102	7.62×10^4	3.1
15	4, 30	75	5.44×10^4	4.3

平野雅子・他：家政誌，22：24，1971.

表 3-35　生クリームの起泡性への砂糖添加量の影響

砂糖量(%)	泡立て時間(分, 秒)	オーバーラン	粘稠度 (dyn·sec/cm²)
0	8, 40	119	8.18×10^4
10	10, 10	102	6.80×10^4
20	10, 15	99	6.25×10^4
30	10, 15	91	5.17×10^4

注：室温 19.5℃　　　平野雅子・他：家政誌，22：24，1971.

クリーム用（乳脂肪分 40～50％）に分けられる．どちらも牛乳と同じ水中油滴型（O/W 型）エマルションを形成している．

　脂肪分 30％以上の生クリームを撹拌すると，気泡がクリーム中に抱き込まれる．抱き込まれている空気の割合，つまり一定量の液体から増加した泡の体積の割合をオーバーランといい，起泡性の指標として用いられる．オーバーラン（％）は次式により求められる．

$$\text{オーバーラン}(\%) = \frac{(\text{一定容積の生クリームの重量}) - (\text{同容積の起泡クリームの重量})}{\text{同容積の起泡クリームの重量}} \times 100$$

　生クリームの起泡性は泡立て時の温度により影響を受ける（表 3-34）．泡立ての温度が低いほうが，泡立て時間は長くなるが，オーバーランも大きく，乳清の分離も少ない．オーバーランが最高になってからさらに撹拌を続けると水溶性成分と脂溶性成分が分離する．

　砂糖の添加量に比例して生クリームのオーバーラン，粘調度とも低下して起泡性は低下する（表 3-35）．

(2) バター

　クリームを強く撹拌すると，脂肪粒子が集合し，バター粒と水成分（バターミルク）とに分離する．この操作をチャーニングといい，この過程で水中油滴型（O/W 型）エマルションのクリームが油中水滴型（W/O 型）エマルションのバターに相転換する．普通のバターには油脂の風味を緩和し，味をよくするために，製造過程で約 2％の食塩を添加する（加塩バター）．製菓用には食塩添加のない無塩バターを利用することが多い．

　バターを静かに加熱すると脂肪分と水溶液に分かれる．上澄みの油脂部分を澄ましバターといい，たんぱく質や糖質などの成分がほとんど除かれるので，加熱による焼き色がつかない．

表 3-36　ナチュラルチーズの分類

ボディーの硬軟	熟成に関与する微生物		チーズ名（生産国）
特別硬質 水分 30〜35％	細　　　菌		グラーナ，パルメザン（イタリア） ロマーノ，サパサーゴ（イタリア）
硬質 水分 30〜40％	細菌	大きなガス孔（眼）	エメンタール（スイス），グリュイエール（フランス）
		小さなガス孔	ゴーダ（オランダ），エダム（オランダ） サムソー（デンマーク），フインボ（デンマーク） プロバローン（イタリア）
		ガス孔なし	チェダー（英，米），チェシャー（英），コルビィ（米）
半硬質 水分 38〜45％	細　　　菌		フリック（米），マンステル（ドイツ） ティルシット（ドイツ），ハバルティ（デンマーク） リンブルガー（ベルギー），ポート・ド・サルー（フランス）
	か　　　び		ロックフォール（フランス），ゴルゴンゾラ（イタリア） スティルトン（英），ブルー（フランス，米，デンマーク）
軟質 水分 40〜60％	か　　　び		カマンベール（フランス），ブリー（フランス） ベル・ピー（イタリア）
	熟成させないもの		カッテージ（米），ヌフシャトー（フランス） クリーム（米）

日本乳業技術協会（編）：乳業事典．朝倉書店，1971．

バターは 13〜18℃の比較的狭い温度範囲で可塑性を示し，パイ生地やクッキー生地などに利用される．また，小麦粉生地の焼き上がりに，もろく，さくさくした性状のショートニング性を与える．

さらに，バターを攪拌すると，泡を抱き込み，なめらかなクリーム状になる．これをクリーミング性といい，バタークリームやバターケーキに利用される．

(3) チーズ

チーズはナチュラルチーズとプロセスチーズに大別される．ナチュラルチーズは牛乳を乳酸発酵させるか，または酵素を加えてできた凝乳（カード）から乳漿を除去したのち熟成させたもので，種類は非常に多い（表 3-36）．わが国で製造される主たるチーズはプロセスチーズで，これはナチュラルチーズの 1 種または 2 種以上を加熱溶解してつくられる．

チーズの成分組成は表 3-33 のとおりで，たんぱく質と乳脂肪が主体である．

チーズはサンドイッチやオードブルなど，そのまま食されることが多いが，すりおろすなどして料理に加えると風味が増す．

チーズの多くは，加熱するととろける加熱溶融性を有する．さらに加熱後，引っ張って伸ばすことのできるものがある．モツァレラチーズはこの糸引き性がよく，ピッツァに使われる．

chapter 3 成分抽出素材の調理特性と調理

1. でんぷん

　でんぷんは，穀類やいも類，豆類などの主成分で，エネルギー源として毎日の食生活に欠かせないものである．見た目には白い粉であるため，起源が違っても同じように見えるが，実際には種特有の性質をもっている．そのため，調理に用いる場合も，でんぷんの種類によって違いが生じる．また，天然でんぷんに物理的・化学的処理を施して物性を変化させた各種の加工でんぷんが冷凍食品などに利用されている．

1) でんぷんの種類と形状

　でんぷんには，じゃがいも，さつまいも，やまのいも，くずなど植物の地下茎や根に貯蔵される地下でんぷん，米，小麦，とうもろこし，豆類などの種子にでんぷんを蓄積する地上でんぷん，また，サゴやし，そてつなど樹幹に多量のでんぷんを蓄積するものがある．

　でんぷんは粒のかたちで植物体内に存在し，種類や起源により特有の大きさや形状をしている．各種でんぷん粒の走査電子顕微鏡写真を図3-49に，平均粒径を表3-37に示した．ビデオミクロメーターで測定したでんぷん粒の大きさを地上でんぷんと地下でんぷんに分けて分類したものを図3-50に示した．そのほか，こんにゃくやさといものでんぷん粒のように，平均粒径が1〜2μの小さいでんぷん粒もある（表3-37）．

2) でんぷんの構造と特徴

　でんぷん粒はアミロースとアミロペクチンの2種の多糖類の混合物である．図3-51に示すように，アミロースはブドウ糖がα-1,4結合で直鎖状に繋がった分子であると定義されている．しかし，アミロースは高度に精製したβ-アミラーゼでは完全に100％分解されないが，β-アミラーゼとプルラナーゼを同時に作用させると100％分解されるため，α-1,4結合のみからなる直鎖分子だけでなく，α-1,6結合をもった分岐分子を含んでいる．ヨウ素反応は深青色である．アミロペクチンは高度に分岐した巨大分子で，ヨウ素と

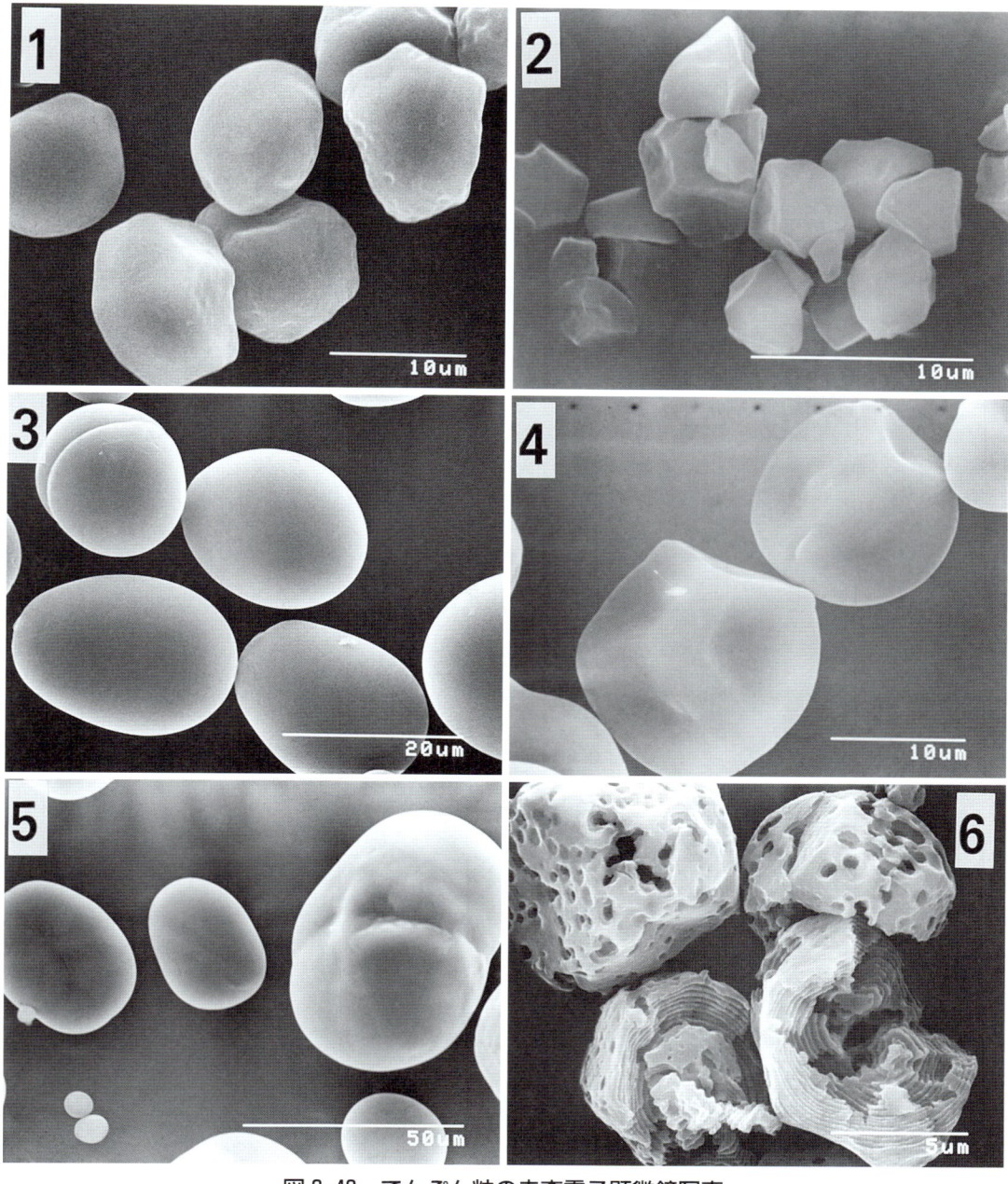

図3-49 でんぷん粒の走査電子顕微鏡写真
1. とうもろこし　2. 米　3. じゃがいも　4. さつまいも　5. あずき　6. α-アミラーゼで部分分解したあわ

反応して紫色を呈する．枝と枝との間にある部分はアミロースと同じくブドウ糖が α-1,4結合で重合し，枝分かれにあたるところは α-1,6結合した成分である．図3-52にアミロペクチンの分子モデルの例を，また，表3-38にアミロースとアミロペクチンの性質を示す．

でんぷんのアミロースとアミロペクチンの比率は植物や品種などによって

表 3-37 各種でんぷん粒の性状

でんぷんの種類	平均粒径*1 μm	糊化開始温度 フォト*2	DSC*3	アミロース含量*4 Fr. I (%)
こんにゃく	1.2〜1.3	62〜64	62.7〜67.7	18.5〜19.4
さといも	1.4	62	65	13.5
たけのこいも	2	73	76	10.8
たけのこ	3.7	56.7	56	23
サフラン	7.7	59.5	65	29.2
くず	10.6	58	60.3	21.3
ぎんなん	12.4	67.5	69.6	25.6
しょうが	13.1	67		24.2
そてつ（幹）	13.2	58.5	63.1	23.2
わさび	13.4	56	55.2	22.1
とうもろこし	13.6	58	64	23
さつまいも	14.2	60	66.3	21.9
くわい	14.5	61	67.4	29.4
伊勢いも	16.8	63	65	24.2
ながいも	18.8	65	66	26.1
かたくり	19.9	44	46.8	22.6
はす	32.7	53.5	58.6	21.3
じゃがいも	35.9	62	65	24.6

*1 粒度分布の結果より重量％で 50％通過時の大きさで表した．
*2 フォトペーストグラフィーより求めた糊化開始温度
*3 示差走査熱量計より求めた糊化開始温度
*4 ゲルろ過分析より求めたアミロース含量

異なる．もち米やもちとうもろこしのでんぷんにはアミロペクチンがほぼ 100％含まれている．これまで，もち種がないといわれていた小麦にも，最近アミロペクチンがほぼ 100％に近いもち種がみつかっている．また，高アミロースとうもろこしやシワえんどうのでんぷんはアミロース含量が 50〜70％と高いが，一般的なでんぷんはアミロース含量が 15〜30％程度である．さらに，でんぷんは微量成分として，約 0.5％程度の脂質やリンなどの無機物を含んでおり，微量であってもこれらが調理時の物性に影響することがある．

3）でんぷんの糊化と老化

でんぷん粒の水懸濁液を加熱すると，水分子が粒内部に入り込んである温度以上で粒は不可逆的に大きく膨潤し，糊化する．このとき，ミセルがバラバラにほぐれて粒のかたちがなくなり，ミセルの配列がくずれた結果，結晶性や複屈折性を消失する．この温度を糊化温度という．糊化温度は 50〜70℃のものが多い（表 3-37）．糊化温度は植物の種類によって異なるとともに，その栽培条件，とりわけ温度の影響を受ける．さらに糊化温度には幅があるうえ，測定方法によっても若干の違いがある．

糊化したでんぷんを置いておくと再び鎖が寄り集まり，もとのでんぷん粒とは異なったミセルをつくる．このように一度こわれたミセルが部分的に再構成され，部分的に生でんぷんに類似した構造を回復するような状態を老化という．図 3-53 にでんぷんの糊化と老化の模型を示す．でんぷんは糊化する

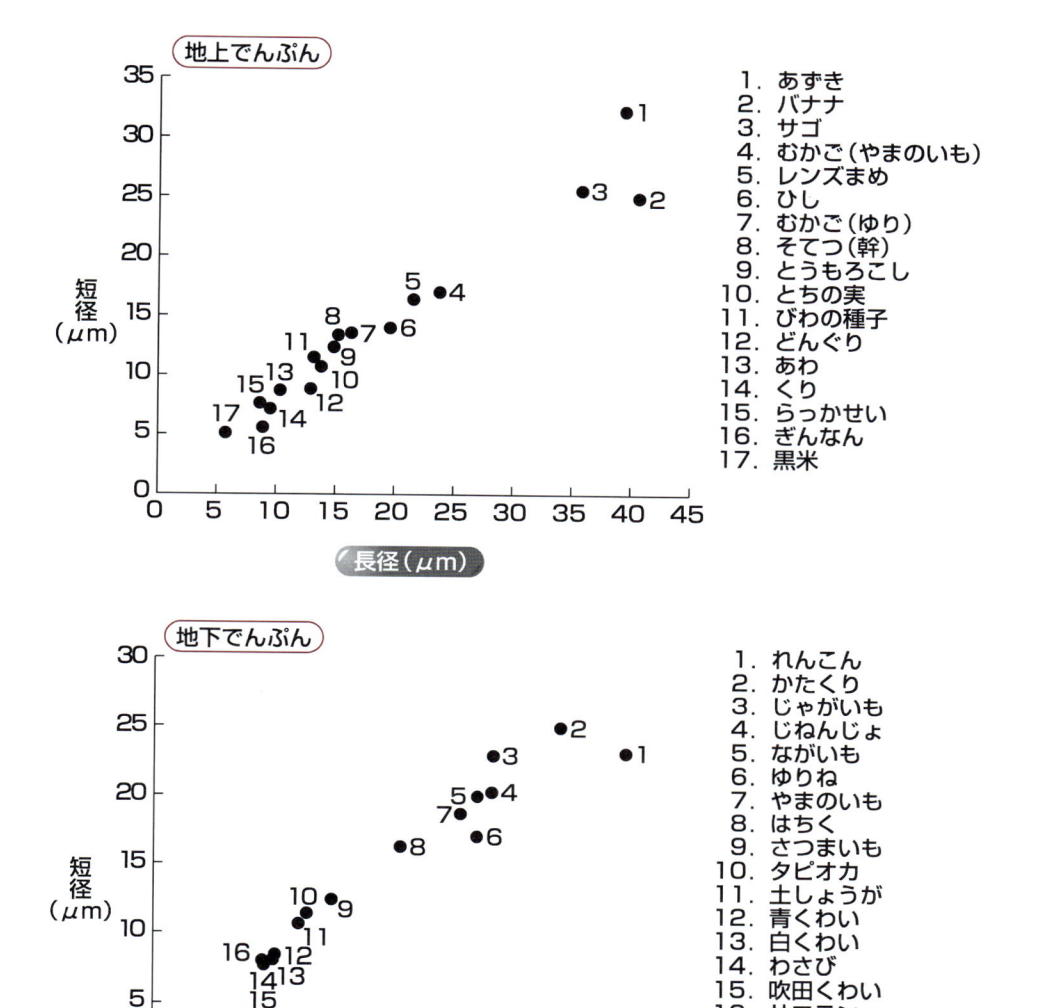

図3-50 でんぷん粒の大きさ

と軟らかく，独特のねばりをもった状態になるが，老化が始まると食感や味が変わり，品質が低下する．

老化が促進されやすい条件は次のとおりである．

水分　30〜60％程度では水分子が会合する機会が増えるため，もっとも老化を起こしやすい．米飯やパンがこの水分帯である．水分10〜15％以下の乾燥状態では分子が固定された状態にあるので老化は起こりにくい．この原理を応用してアルファ化米や米菓などは糊化とともに瞬間乾燥して製造されている．

温度　60℃以上ではほとんど起こらない．60℃以下凍結点までは温度の低下とともに老化が進みやすくなり，凍結前の2〜4℃がもっとも老化しやす

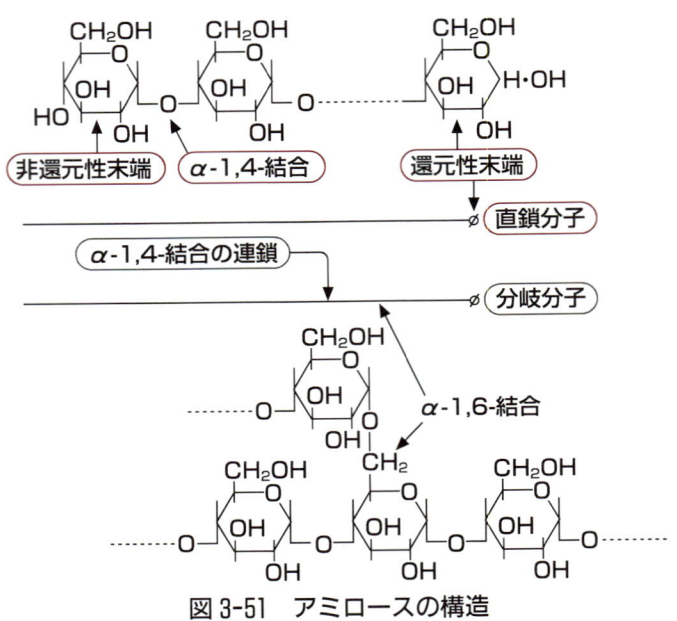

図 3-51 アミロースの構造
加藤博通・檜作 進・他：新農産物利用学，朝倉書店，1987，p.5．

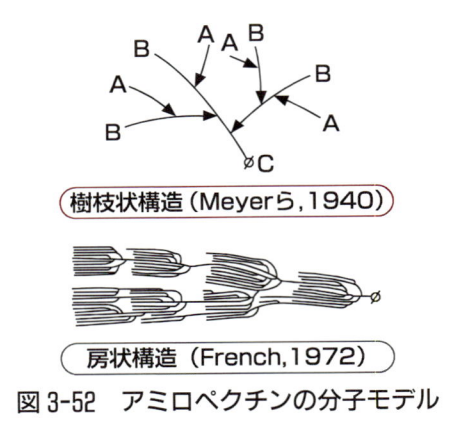

図 3-52 アミロペクチンの分子モデル

い．

でんぷんの構成成分　アミロースは老化しやすい．アミロペクチンは複雑な分岐構造をもっているので糊化後は結晶しにくく，老化速度が遅い．したがって，アミロースを含まないもち種のでんぷんは老化が進みにくい．

糊化の度合い　糊化が不十分な糊は老化しやすい．高温で攪拌しながら十分糊化させるとでんぷん分子の分散がよく行われ，再配列するのに時間がかかるため，老化しにくい．

その他　砂糖の添加は老化を抑制する．

4）でんぷんの調理性

でんぷんを調理に利用する場合，調理の目的によって粉末のまま使用する場合と，糊化して使用する場合があり，用いられるでんぷんも調理の目的

表 3-38 アミロースとアミロペクチンの特徴(性質)

性　質	アミロース	アミロペクチン
分子の形状	直鎖状 (わずかに分岐を含む)	多岐に分岐
重合度	$10^2 \sim 2 \cdot 10^4$	3×10^{6} [注1]
ヨウ素呈色	深青色	紫色
(最大吸収波長, nm)	約 660	約 550
ヨウ素結合量 (g/100 g)	約 20	1 以下[注2]
β-アミラーゼ分解限度 (％)	70〜100[注3]	54〜59

注 1) 重量平均
　 2) 例外として, 2.5 くらいのものもある
　 3) 通常 70〜90 である

加藤博通・檜作　進・他：新農産物利用学. 朝倉書店, 1987, p. 4.

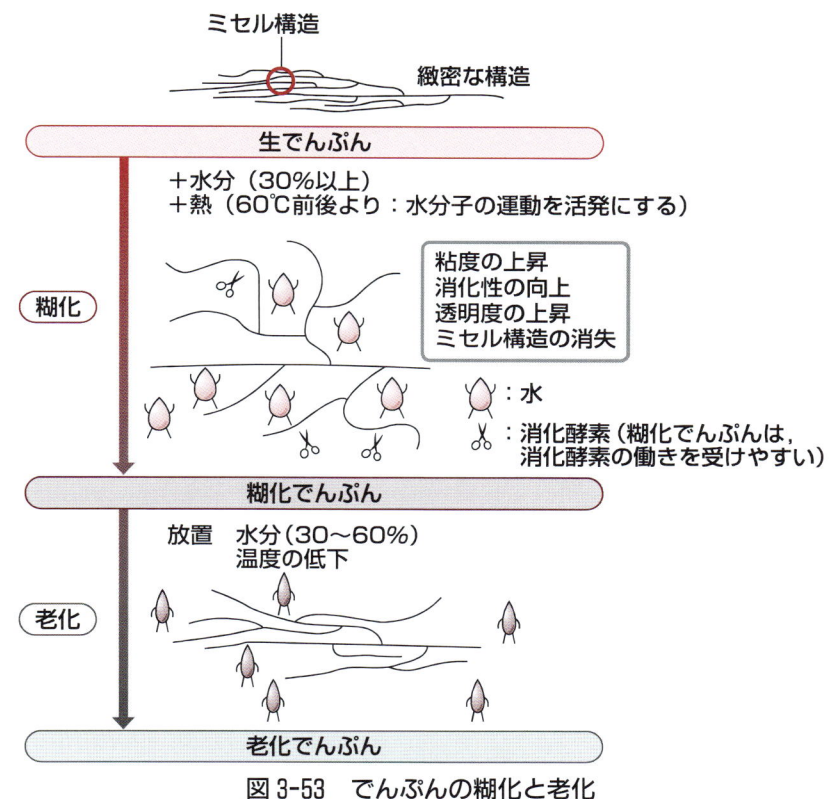

図 3-53 でんぷんの糊化と老化

南出隆久・大谷貴美子 (編), 松井元子：栄養科学シリーズ NEXT 調理学.
講談社サイエンティフィク, 2000, p. 76.

によって異なる (表 3-39).

　粉末のままでから揚げや肉だんごなどに利用され, 水分を吸収したり, 材料のつなぎとして役立っている. 薄い濃度で汁にとろみをつけることによって, 温度降下を防ぎ, 口当たりをよくし, 粘性を与えるので調味料の分散がよくなり, 味が付着しやすく濃厚な感じになる. さらに, かき玉汁の場合では, 具が均一に分散して沈みにくい. くず湯や"あん"は透明度の高いでんぷんを用いたほうが好まれるため, じゃがいもでんぷんやくずでんぷんが適

表 3-39 でんぷんの調理性

調理性	目的	調理例	濃度(%)	用いられる澱粉
吸湿性	水分の吸収 つなぎ，歯ごたえ 粘りつき防止 食品に皮膜	から揚げ，竜田揚げ 肉団子，かまぼこ，はんぺん 打ち粉 くずたたき		じゃがいも（片栗粉） とうもろこし（コーンスターチ） じゃがいも くず，じゃがいも
粘性	口当たり，保温，具の分散 材料に調味液をからめる 口当たり 口当たり	薄くず汁，かき玉汁 あんかけ・溜菜 くず湯 カスタードソース	1〜1.5 3〜6 5〜8 7〜9	じゃがいも じゃがいも，くず くず，じゃがいも とうもろこし
ゲル化性 伸展性	歯切れ 口当たり，歯ごたえ 舌ざわり，歯ごたえ 口当たり，のどごし 口当たり，歯ごたえ	ブラマンジェ くず桜の皮 ごま豆腐 くずきり わらびもち	8〜12 15〜20 15〜20 20	とうもろこし くず，じゃがいも，とうもろこし くず くず，じゃがいも さつまいも
その他	歯ごたえ，調味液の浸透 口当たり	はるさめ料理 タピオカ（またはサゴ）パール		さつまいも，緑豆，じゃがいも キャッサバ，サゴ

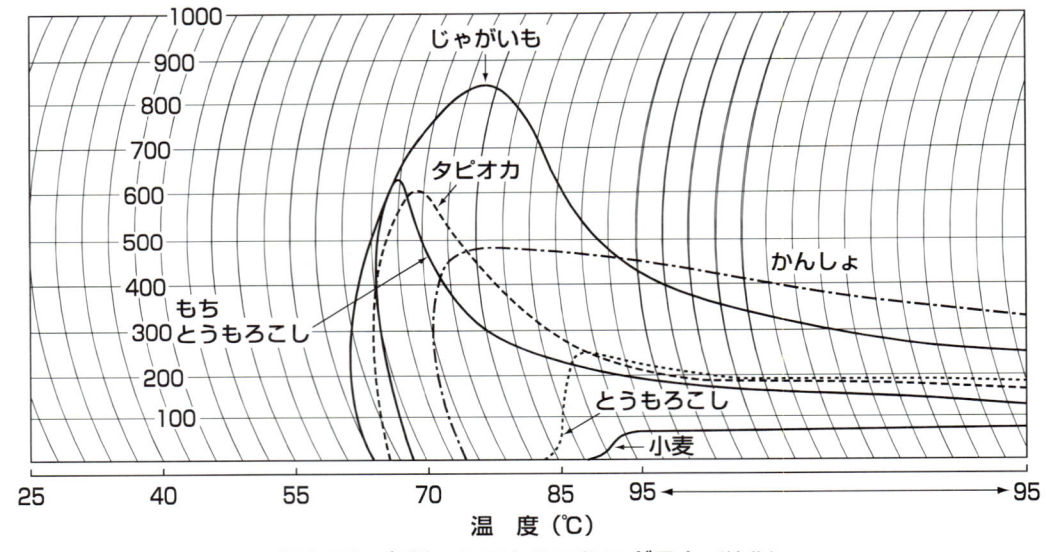

図 3-54 各種でんぷんのアミログラム（檜作）
じゃがいもでんぷんは4％，ほかは6％
加藤博通・檜作 進・他：新農産物利用学．朝倉書店，1987，p. 16.

する．濃い濃度のでんぷん液は冷却するとゲルを形成するゲル化性がある．この性質を利用してブラマンジェやくず桜，ごま豆腐などがつくられる．ブラマンジェには，透明度は低いがゲル形成能のよいとうもろこしでんぷん（コーンスターチ）が適する．くず桜の皮は，透明度がよく，弾力があり，歯ごたえのあるものが好ましいため，くずでんぷんが最適である．しかし，くずでんぷんは高価なため，くず：じゃがいもを3：1で混合すると，じゃがいもでんぷんは付着性が低いため作業がしやすく，外見上は透明度の高いくず桜ができる．

　糊液にしたときの性質はでんぷんの種類によって異なっている．じゃがい

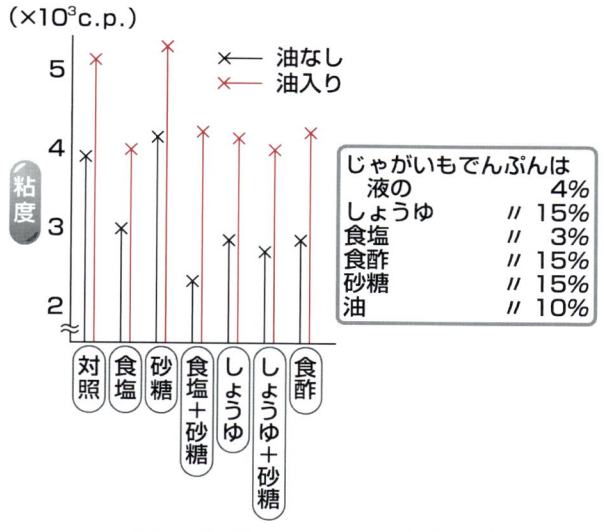

図 3-55　調味料によるでんぷん糊の粘度
寺元芳子：家政誌．25：188，1974．

もやくずでんぷんは透明度が高く，コーンスターチや小麦でんぷんは低い．じゃがいもでんぷん糊はほかのでんぷんに比べて最高粘度が非常に高いが，加熱を続けると下がる（図 3-54）．

　でんぷんを糊化させて用いるときの透明度や粘度は，調味料など共存する物質の影響を受けるが，それらの影響をまとめると次のようになる．

食塩　でんぷんの糊化に対する食塩の影響はでんぷんの種類によって異なっている．じゃがいもでんぷんは食塩の添加によって粘度が低下するが，とうもろこしやタピオカなどのでんぷんではその影響は少ない．

酸　食酢は粘度を下げる．酸とともに加熱すると加水分解が起こり，粘度が低下する．とくに pH 3.5 以下で著しいので注意する．

砂糖　でんぷんゲルに砂糖を加えると透明度が増し，保存による透明度の低下をおさえ，ゲル強度を高める．また，砂糖は老化防止にも役立つ．

牛乳　とうもろこしでんぷんやじゃがいもでんぷんに牛乳を加えると，軟らかいゲルになる．牛乳がじゃがいもでんぷんのアミログラムに及ぼす影響は，糊化開始温度の上昇と最高粘度の著しい低下で，その結果，じゃがいもでんぷん特有の粘度曲線が得られない．

油脂　じゃがいもでんぷん糊液では粘度が高くなる（図 3-55）．食塩やしょうゆ，食酢などの調味料はじゃがいもでんぷん糊液の粘度を低下させるが，このとき油が共存すると粘度低下が抑制される．

乳化剤　ショ糖脂肪酸エステルなどの乳化剤は，でんぷんの糊化温度の上昇や膨潤抑制作用を有し，パンやケーキの老化を遅らせる．

加熱方法　ブラマンジェでは，加熱温度や加熱時間の違いが物性や保形成に影響し，食味を左右する．ブラマンジェの加熱方法としては，強火または中火にかけ，表面に泡が出始めてから（80℃）4～5 分間加熱を継続すると，

でんぷん糊液は最高温度（96℃）に達し，さらに2〜3分間加熱を続けることによりでんぷんは糊化されて粘弾性の高い歯切れのよいものになる．

5）加工でんぷん

でんぷんを加熱糊化して食品に利用する場合，① でんぷんは冷水・温水に不溶のため，加水だけでは増粘効果が期待できない，② 加熱糊化が進むにつれて粘度が上昇するため，一定の粘度が保持できない，③ 撹拌や加圧により糊化が進むと粘度低下が激しいので，レトルト食品には不適である，④ 長期にわたる保存により老化が進み，低温や冷凍耐性が小さい，などの特徴がある．近年，食生活の変化に伴って冷凍加工食品やレトルト食品などが急激に増加してきているが，これらの加工食品の物性が，開封しても製造直後のものとあまり変わらないのは，でんぷんではなく加工でんぷんが使われているからである．言い換えれば，加工でんぷんがなければ，冷凍加工食品やレトルト食品の急激な伸びはなかったかもしれない．

加工でんぷんとは，天然でんぷんに化学的・物理的・酵素的な各種加工を施して本来の構造や物性の一部を改質・改善したでんぷんである．

(1) でんぷん分解物（デキストリン）

乾式分解物　デキストリンは，化工でんぷん工業の原点であり，調理ではルウとして利用されている．デキストリンは，でんぷんに水を加えないで粉体のままで110〜220℃に加熱し，分子を切断してできる．加熱して得られるので焙焼デキストリンともいう．

湿式分解物　食品の低エネルギー化をはかるために，油脂（9 kcal/g）より低いエネルギーを有する食品として酵素や酸により低分子化されたデキストリンがある．このようなものは，従来から粉末油脂の基材やエマルションの安定剤としてソースやドレッシングに使用されており，なめらかな油脂様食感をもっているため，でんぷん系油脂代替素材の大半を占めている．

(2) 湿熱処理でんぷん

でんぷん粒を100℃前後の飽和水蒸気の存在下で加熱処理することによって得られる．X線回折像が乱れ，粒内の結晶構造に変化が生じる．ハイアミロースコーンスターチ（HACS）は通常，普通のでんぷんよりも糊化膨潤しにくいが，湿熱処理をして得たHACSは，さらにアミロースの結晶構造が強固になり，100℃以下の温度ではほとんど糊化膨潤しないため，物性変化が起こらない．ベーカリー食品，めん類，フライ食品，菓子類，シリアル食品，ダイエット食品などに利用できる．

(3) 糊化済み（α-）でんぷん

でんぷんを糊化し，老化を避けるために直ちに脱水，乾燥後，水分10〜15％以下の粉末状にしたもので，冷水で糊化状態が再現できるので，糊化済み

(α-)でんぷんとよばれる．工業的には，ドラムドライヤーやエクストルーダーを用いて連続的に生産される．冷水により糊液となって高分子特性が得られるため，粘性，保水性，粘着性や保型性などの物性を加熱処理なしで必要とする用途に使われる．最近では嚥下障害をもつ人の誤嚥防止のための増粘剤としても使われている．

2. 砂糖類

1）砂糖の種類と特性

調理で使用される砂糖のうち，わが国でもっとも普通に使われているのは上白糖である．上白糖は結晶が細かく，しっとりとした風味の砂糖で，少量の転化糖と水分を含んでいる．グラニュー糖は上白糖よりも結晶が大きく，サラサラとしたくせのない淡白な甘さをもつ．白双糖は，結晶がグラニュー糖よりも大きく，無色透明で，一般的には家庭で使われることは少なく，高級な菓子や飲料に使われている．さらに粒度が大きくなったのが氷砂糖で，とけるのに時間がかかるため，果実酒をつくるのに適している．シュークリームやケーキなどにふりかける粉糖（パウダーシュガー）は，グラニュー糖をすりつぶしたもので，顆粒状態のものもある．

表3-40に各種砂糖の特性とその主な用途を示す．

2）砂糖の調理性

(1) 甘味度

ショ糖の甘味は糖のなかでは果糖についで強い（表3-41）．図3-56に示すように，果糖の甘味は温度によって変わるが，ショ糖の甘味は常に一定で，高温では果糖よりも強い．また，ショ糖の甘味は質がよいため，万人に好まれ，すべての甘味度の基準物質として使用されている．

(2) 砂糖の使用濃度

調理における砂糖の使用濃度は，隠し味などに使われる1％内外から，煮豆の60〜100％と広範囲である（表3-42）．高濃度になると甘味以外の調理性の役割が大きい．

(3) 溶解性

溶解度　ショ糖は表3-43に示すように，溶液100g中に0℃で64.4g，20℃で66.6g，100℃で83gと非常に水によくとける．温度が高いほうが溶解度は大きいが，低温でもよくとけるので，冷水でも用いられる．

溶解速度　粒度が小さいほうが速くとける．粉砂糖が一番速くとけ，続いて上白糖，グラニュー糖，白双糖，氷砂糖の順である．粒度の大きさにより，それぞれの調理に適した砂糖を選ぶ．

表 3-40 各種砂糖の特性と主な用途

種類	用途	特性
グラニュー糖	一般家庭用（コーヒー，紅茶，菓子，料理等），清涼飲料，果汁飲料，乳飲料，果実缶詰，リキュール，菓子類，チョコレート，キャンディー	平均粒径 0.2～0.7 mm のさらさらした光沢のある白砂糖．純度が高く，甘味は淡泊．紅茶，コーヒー等そのものの本来の風味を生かすのに適する．ハンドリングが容易なので工業的規模での利用も多い．
白双糖	高級菓子，クッキー，ゼリー，リキュール	平均粒径 1.0～3.0 mm の大粒で無色透明な光沢のある白砂糖．ほとんど純粋なショ糖である．とけにくい．
中双糖	煮物，漬物	平均粒径 2.0～3.0 mm の黄褐色の砂糖．表面にカラメル色素をかけて着色しているが，純度は高い．
上白糖	一般家庭用（菓子，料理等），パン，カステラ，菓子類，ジャム	粒径 0.1～0.2 mm の細かい砂糖結晶に分密時ビスコ（転化糖液）をふりかけてまぶしたしっとりした白砂糖．転化糖分が熱によって褐変するので，パン，菓子等ではこんがりした焼き上がりになる．わが国独特の糖種．
中白糖 三温糖	煮物，佃煮	上白糖に似たしっとりした感じの褐色砂糖．転化糖が上白糖より多いほか，不純物も多いので，味は濃厚で，独特の風味がある．
角砂糖	紅茶，コーヒー	グラニュー糖を水または糖液で練って形成乾燥したもの．ブロックになっていて扱いやすい．
氷砂糖 コーヒーシュガー	直接食用，果実酒の仕込み	精製糖溶液から時間をかけて再結晶させるが，純度はほとんどグラニュー糖並み．とけるのに時間がかかるので，梅酒等の仕込みに適する．
顆粒糖	チューインガム，チョコレート，アイスクリーム，ヨーグルト，インスタント飲料	微粉糖がくっつき合って多孔質の顆粒状になった砂糖．かさが大きく，固結しにくい．流動性がよい．水に分散してとけやすい．練り込みに使うと泡立ち性がよい．
粉糖	果物へのふりかけ，洋菓子，ケーキ，クッキーのアイシング，糖衣錠	グラニュー糖を粉砕したもの．固結しやすいのででんぷんを加えることが多い．水に分散しにくい．
含密糖（黒糖，赤糖，再生糖）	直接食用，駄菓子，ソース，佃煮	甘蔗中の不純物がそのままかなり含まれているため純度が低く，独特の風味がある．30 kg のブロック，土産用小ブロックで取り引きされる．
液糖	（上物液糖）各種飲料（裾物液糖）ソース，焼肉のたれ	ハンドリングが容易で，溶解の手間が省け，貯蔵場所も小さくできる．微生物汚染を受けやすいこと，輸送賃が高くつくことが欠点である．上物ショ糖型，上物転化型，裾物ショ糖型，裾物転化型がある．そのほかに異性化糖とブレンドした各種液糖もある．

鈴木綾子・新家 龍・他（編）：食品成分シリーズ 糖質の科学．朝倉書店，1996，p. 122．

（4）防腐作用

50％以上の砂糖溶液には防腐作用がある．食品に砂糖を加えると浸透圧が上がり，水分活性が低下する（表 3-44）ので，微生物による変敗，変質が防がれ，保存性が増す．微生物の発育には水分が必要であり，一般細菌，酵母，

表 3-41 代表的糖類の甘味度

糖　類	甘味度
ショ糖	1.00
果糖（混合）	1.15～1.73
α型	0.6
β型	1.8
ブドウ糖（混合）	0.64～0.74
α型	0.74
β型	0.84

鈴木綾子・新家　龍・他（編）：食品成分シリーズ　糖質の科学．朝倉書店，1996，p.127．

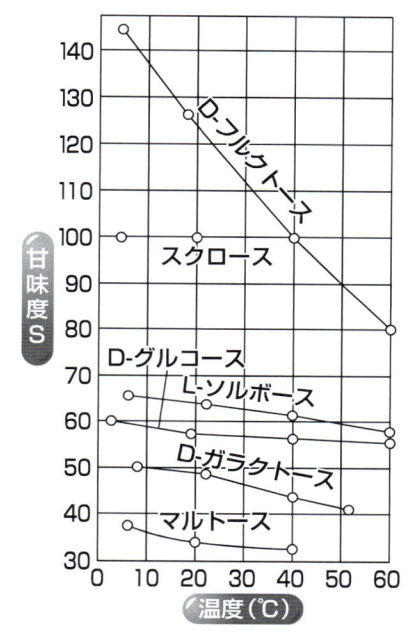

図 3-56　糖類の温度による甘味度の変化
都築洋次郎：糖類．岩波全書，1964，p.191．

表 3-42　調理の砂糖基準濃度

調　理	濃度(%)	調　理	濃度(%)
隠し味	1内外	クリーム泡立て	6～10
和え物	2～8	飲み物	8～10
酢の物	3～5	プディング，ゼリー	10～12
煮物｛薄味	3～5	しるこ	20～50
含め煮	7～10	煮豆	60～100
乾物	8～10	ジャム	60～70
佃煮	15	防腐効果	50以上

小川安子（監修）・加田静子・高木節子：調理学―理論と実際―．朝倉書店，1982．

表 3-43 ショ糖の水に対する溶解度

温度 (℃)	溶液100g中のショ糖 (%)	水100gに対するショ糖量 (g)
0	64.41	181.0
10	65.33	188.4
20	66.61	199.5
30	68.19	214.4
40	70.02	233.6
50	72.05	257.7
60	74.21	287.8
70	76.46	324.9
80	78.75	370.5
90	81.01	426.5
100	82.97	487.2

表 3-44 各種糖質の水分活性 (70 %, 20℃)

糖質	水分活性
グルコース	0.77*
ショ糖	0.81
ソルビット	0.75
粉あめ	0.88〜0.95
水あめ	0.85〜0.92
還元麦芽糖水あめ	0.80
分岐オリゴ糖	0.75*

*75 %濃度

北畑寿美雄・新家 龍・他 (編):食品成分シリーズ 糖質の科学. 朝倉書店, 1996, p. 86.

表 3-45 微生物が生育するのに必要な水分活性値

微生物	水分活性値
普通細菌	0.90
普通酵母	0.88
普通カビ	0.80
好塩細菌	0.75
耐乾性カビ	0.65
耐浸透圧性酵母	0.61

カビの水分活性値 (Aw 値) はそれぞれ 0.90, 0.88, 0.80 以上でなければ繁殖できないとされている (表 3-45).

(5) 脱水作用, ゼリー化, でんぷんの老化防止

メレンゲをつくるとき砂糖を加えると, たんぱくでできた泡の水分を砂糖が取り, 泡を固定する. いちごやみかんなどの果実中にはペクチンや酸が含まれているため, 砂糖を加えてジャムやママレードをつくるとゼリー状になる. これは果実中のペクチンが分子周囲の水分子と結合し, ペクチン分子が相互に網目構造をつくることを砂糖が助けるからである. カステラやようかんに加えられる砂糖は甘味料としての役割だけでなく, でんぷんの老化を防ぐ働きをしている. 砂糖が水をかかえ込むので, でんぷんの分子が水をはさんで密集し, でんぷん分子の結合が妨げられるからである.

(6) たんぱく質凝固抑制作用

卵焼きに砂糖を少量加えると, 軟らかくでき上がるが, これは砂糖によって卵のたんぱく質の凝固温度が上がるためである. また, カスタードプディングをつくるとき, 砂糖を加えると, 希釈卵液の凝固温度が上がり, すだち

表 3-46　砂糖溶液の加熱による状態変化

温度(℃)	加熱中	水中 (15℃)	調理
103〜105	細かい泡 消えやすい大きな泡	散る	シロップ，ホットケーキ，みつ豆，寄せ物のかけ汁，飲料の甘味
106〜115	一面に泡 やや消えにくい泡	ゆるやかに散る 軟らかい球	フォンダン，106℃で流動状，115℃で固形状（衣掛け）ジャム，バタークリーム用，製菓デコレーション，ボンボン
115〜120	粘りのある泡 消えにくい泡	やや硬いが押すとつぶれる球（軟→硬）	砂糖衣，キャラメル，イタリアンメレンゲ，かりんとう，攪拌すると粗い結晶析出
140〜165	消えにくい大きな泡 淡黄色に色付く	（糸を引く） 硬いが落とすと割れやすい球	抜糸，140℃銀糸，160℃金糸，タフィー，キャンディー，あめ細工，黄金糖，かるめ焼き
170〜180	黄褐色 褐色 カラメル臭	円板状に固まる	カラメル，コンソメやソースの着色風味付け

橋本慶子・他：調理科学講座6―食成分素材・調味料．朝倉書店，1993．

にくくなる．

(7) 発酵性

パンがふくらむのは，パン酵母の発酵によって発生する炭酸ガスのためで，この酵母を発酵させるときに栄養源として必要とされるのが砂糖である．

(8) 屈折率

砂糖を水にとかすと屈折率が高くなる．

(9) 加熱温度による変化

砂糖の濃厚溶液は加熱温度によって物性が異なる．煮詰め温度によって砂糖溶液の冷却後の状態が変化することを利用し，表 3-46 のように各温度帯によって調理に利用されている．

シロップ　砂糖液を 103〜105℃に加熱してつくる．

フォンダン　105〜107℃に加熱した後，40℃くらいまで急激に冷却し，過飽和溶液をよく攪拌して刺激を与え，再結晶させたものである．微小な砂糖の結晶が糖液にくるまれてクリーム状になり，砂糖溶液を煮詰めて結晶をつくる代表的なものである．

砂糖衣　濃厚砂糖溶液を 115〜120℃に加熱し，90℃までにからめる材料を入れて手早く攪拌し，結晶させ付着させる．結晶はフォンダンより粗い．煎り豆やかりんとう，ひなあられなどに用いられる．

抜糸　砂糖溶液を 140〜165℃に加熱してあめ状にし，あらかじめ調理した食品に糸を引くようにからめる．140〜150℃程度では着色しないので銀糸（イ

ヌスー），160℃くらいになると淡黄色に色がついてくるので金糸（キンスー）とよばれる．

カラメル　165℃以上に加熱し続けると，よい香りとともに，淡黄色から黄褐色のカラメルができる．カスタードプディングなどの製菓用あるいは食品加工の色素・風味付けとして使われる．

(10) アミノ-カルボニル反応

パンやクッキーなどの焼き菓子にこんがりとした焼き色をつける．これは，ショ糖が転化して生じるグルコースおよびフラクトースなどの還元糖と，牛乳，卵などに含まれるアミノ酸とが反応してできる物質のため，この反応をアミノ-カルボニル反応（メイラード反応）という．

3. 油脂・油脂製品

1) 油脂の種類と特性

油脂は，魚肉類や種実類などのような食品に含まれた状態で食される場合と，食品から分離された状態で加工・調理に使用される場合がある．ここでは後者の油脂について取り上げる．

(1) 油脂の種類

食用油脂には植物から分離されるものと動物から分離されるものがある．主要な食用油脂の種類とそれらの脂肪酸組成を**表 3-47** に示した．この表にみられるように，それぞれの油脂を構成する脂肪酸の種類と割合は異なっており，この脂肪酸組成が後述する油脂の物理的性質と大きく関連する．

表 3-47　食用油脂の主な構成脂肪酸（g/総脂肪酸 100 g）

食用油脂	飽和脂肪酸						一価不飽和脂肪酸		多価不飽和脂肪酸	
	オクタン酸 (8:0)*	デカン酸 (10:0)	ラウリン酸 (12:0)	ミリスチン酸 (14:0)	パルミチン酸 (16:0)	ステアリン酸 (18:0)	パルミトレイン酸 (16:1)	オレイン酸 (18:1)	リノール酸 (18:2)	リノレン酸 (18:3)
動物性油脂										
ラード	-	-	-	1.7	25.1	14.4	2.5	43.2	9.6	0.5
バター（有塩）	1.4	3.0	3.6	11.7	31.8	10.8	1.6	22.2	2.4	0.4
植物性油脂										
とうもろこし油	-	0	0	0	11.3	2.0	0.1	29.8	54.9	0.8
なたね油	-	0	0.1	0.1	4.3	2.0	0.2	62.7	19.9	8.1
綿実油	-	0	0	0.6	19.2	2.4	0.5	18.2	57.9	0.4
大豆油	-	0	0	0	10.6	4.3	0.1	23.5	53.5	6.6
サフラワー油	-	0	0	0.1	6.8	2.4	0.1	13.5	75.7	0.2
オリーブ油	-	0	0	0	10.4	3.1	0.7	77.3	7.0	0.6
ヤシ油	8.3	6.1	46.8	17.3	9.3	2.9	-	7.1	1.7	0

*（炭素鎖長：不飽和結合数）　　　　　　　　　　　　　五訂増補日本食品標準成分表―脂肪酸成分表編，2005．

表 3-48　食用油脂の融点・凝固点（℃）

動物性油脂	融点・凝固点
ラード	28〜48
バター	28〜38

植物性油脂	融点・凝固点
とうもろこし油	−15〜−10
なたね油	−12〜0
綿実油	−6〜4
大豆油	−8〜−7
サフラワー油	−5
オリーブ油	0〜6
やし油	20〜28

日本油化学協会（編）：油脂化学便覧．改訂2版，丸善，1971，pp. 2〜7．

表 3-49　油脂を構成する脂肪酸の融点

飽和脂肪酸	融点（℃）	不飽和脂肪酸	融点（℃）
カプロン酸（6:0）	−3.4	パルミトレイン酸（16:1）	45〜49
カプリル酸（8:0）	16.7	オレイン酸（18:1）	1.5〜16.3
カプリン酸（10:0）	31.6	リノール酸（18:2）	−5.2〜−5.0
ラウリン酸（12:0）	44.2	リノレン酸（18:3）	−11.3〜−10.0
ミリスチン酸（14:0）	54.2	アラキドン酸（20:4）	−49.5
パルミチン酸（16:0）	62.9		
ステアリン酸（18:0）	69.6		
アラキン酸（20:0）	76.1		
ベヘン酸（22:0）	80.5		

日本油化学協会（編）：油脂化学便覧．改訂2版，丸善，1971，pp. 79〜87．

　動物性油脂のラードやバターは，そのままで食されたり料理に使用されたりする．多くの植物性油脂は，そのまま単独でも料理に使用されるが，数種類を混合したサラダ油やてんぷら油のかたちで使用されることも多い．

(2) 油脂の物理的性質と調理性

融点　油脂には，大豆油やなたね油などのように常温（25℃）で液体の油（oil）と，バターやラードのように常温で固体の脂（fat）がある．このような油脂の状態の違いには，その融点が関係している．主要な油脂の融点・凝固点を表 3-48 に示した．動物性油脂は融点が高く，植物性油脂は融点が低い．植物性油脂の間でも融点に違いがあり，とくに，やし油は他の植物油に比べて著しく高く，また，オリーブ油はそのほかの植物油と比べてやや高い．

　油脂の融点は構成する脂肪酸の影響を受け，炭素鎖が長い脂肪酸ほど融点が高く，同じ炭素鎖数の脂肪酸では不飽和度が高いほど融点が低い（表 3-49）．すなわち，炭素鎖長の長い飽和脂肪酸であるパルミチン酸やステアリン酸が多く，不飽和度の高いリノール酸が比較的少ないラードやバターは，融点が高いことになる．

また，油脂の融点は，脂肪酸組成が類似していても，グリセリドに結合する脂肪酸の位置の違いを示すグリセリド組成によっても異なる．さらに，天然の油脂には種々の結晶型があり，この結晶型の違いによっても融点が異なることが知られている[34]．

　油脂の融点は，後述する製菓用油脂であるチョコレートの口融けのよさに関連している．融点の幅が狭い油脂は広い油脂に比べて口融けがよい油脂で，口融けのよいチョコレートの製造のために，その工程において温度管理（テンパリング；Tempering，温度調整）が工夫されている．

発煙点・引火点・燃焼点　　発煙点は，油脂そのものや，そのなかに含まれる夾雑物が，熱により分解して揮発してくるのが肉眼で認められる最低の温度のことである．発煙点を超えてさらに加熱されると，油脂表面での温度が引火しうる温度になる．しかし，まだ継続的に燃焼し得ない程度の温度域があるが，この温度のことを引火点という．油脂の熱分解がさらに活発になると，継続して燃焼が起こり始めるが，この温度を燃焼点という．多くの油脂の引火点は200～250℃付近にあり，燃焼点はそれより高温である[35]．

　これらの温度は主として油脂の精製程度を反映し，油脂の加熱安定性の指標となる．とくに，高温度でフライをつくる場合などに，これら温度の特性は作業性や歩留りに関係して重視される．

粘性　　油脂は長鎖の構造をもつ化合物であるために特有の粘性を示し，その粘性は構成する脂肪酸の種類により若干の差がある．一般的に，脂肪酸の粘度は，炭素鎖が短いよりも長いほうが高く，また不飽和度が高いよりも低いほうが高い．図3-57に市販のコーン油とオリーブ油の粘度の測定結果を示した．この図にみるように，オレイン酸の割合が多い油脂であるオリーブ油は，リノール酸が多い油脂であるコーン油に比べてやや粘度が高い．また，この図からコーン油とオリーブ油の粘度に対する温度の影響もみることができる．油脂の粘性は温度の影響を大きく受けて，温度の上昇に伴い粘度は著しく低下することを示している．

乳化性　　フレンチドレッシングをつくるには食酢とサラダ油を混合するが，油脂を水と混和させただけではすぐに2層に分離する．そこで食前に再度よくふってから使用することになる．

　このように，混合させても互いにとけ合わない2つの液体を，時間が経っても分離しないようにするには，界面活性物質によって一方の液体を微細な粒子とし，他方の液体に分散させる必要がある．このような操作を乳化といい，使用した界面活性物質を乳化剤という．食酢とサラダ油を混和させるときに，卵黄を乳化剤として用いることにより，食酢とサラダ油は時間が経っても分離しなくなる．このようにして，安定な乳化物質（エマルション）であるマヨネーズがつくられる．

　エマルションには，水相中に油の小滴が分散する状態の水中油滴型エマルション（O/W型エマルション）と，油相中に水の小滴が分散する状態の油中水滴型エマルション（W/O型エマルション）がある（図3-58）．マヨネーズ

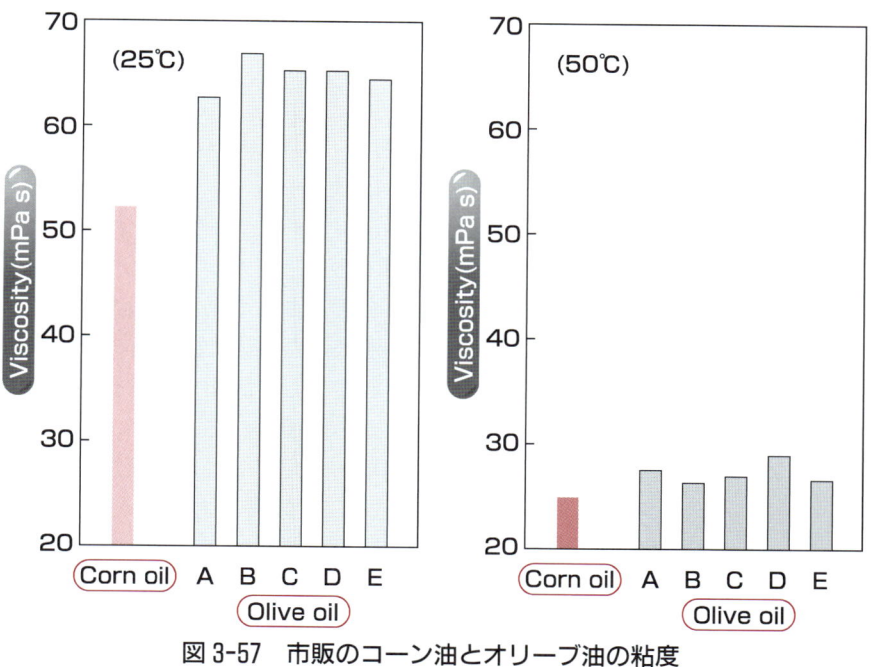

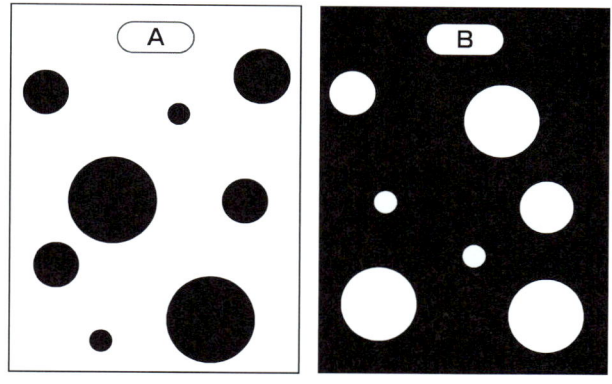

図 3-57　市販のコーン油とオリーブ油の粘度
ずり速度（50 s⁻¹）における粘度．A, B, C, D, E はメーカーの異なるオリーブ油
山本由喜子・音田佳子，未発表．

図 3-58　エマルションの型　Aは水中油滴型（O/W型），Bは油中水滴型（W/O型）
白い部分は水相や水滴，黒い部分は油相や油滴を示す

は水中油滴型エマルションの例である．後述のようにバターやマーガリンは油脂とわずかな水を含んでおり，油中水滴型エマルションの例である．

可塑性　固体状の油脂は，外部から加えられた力によりかたちを自由に変えることのできる性質を示し，このような性質を可塑性という．油脂の可塑性は菓子の生地づくりに際して重要な性質で，可塑性を示す温度範囲が広いと力を加えてかたちを自由に変えることが容易である．バターは可塑性を示す温度範囲が狭いために，とくに夏場には扱いにくい．

　油脂の可塑性に関連する特性として固体脂指数がある．固体脂指数（SFI）は固体脂と液体油の比率［(固体脂量/総油脂量)×100］で表され，この値が

15〜25％において固体脂は可塑性示す．

2）油脂製品

(1) 製菓・製パン用油脂

　製菓・製パン用油脂にはバター，マーガリン，ショートニング，ラードなどがある．これらのうち，バター，ラードはそれぞれ牛乳，豚脂からつくられ，どちらも天然の油脂である．一方，マーガリン，ショートニングはともに植物油などを原料として製造される人工の油脂である．

　バターは牛乳中の脂肪を集めたもので，特有の風味があるために，古くから好んで製菓用に使用されてきた．豚脂であるラードもまた菓子づくりの練り込み用油脂として古くから使用されてきたが，豚の飼料組成などにより品質が一定しない点が問題であった．これらの天然の油脂に比べて，マーガリンやショートニングは安定した品質のものを人工的に製造することが可能で，それぞれバターやラードに代わる製菓用油脂として開発された．

　これらの油脂の組成を表3-50に示したが，バターとマーガリンは脂質のほかに水分を含み，一方，ラードとショートニングは脂質だけを含んでいる．このように水分を含む脂質であるバターやマーガリンは前述の図3-58の(B)のような油中水滴型エマルションを形成している．

　製菓・製パン用油脂の機能性には次のものがある．

ショートニング性　　ショートニング性とは菓子などにもろさ，砕けやすさを与える性質のことをいう．クッキーやパイなどにもろくてサクサクした口当たりを付与するには，可塑性の油脂を小麦粉生地の中に層状に広げて小麦粉グルテンの網目構造の形成を妨げることが行われる．

クリーミング性　　油脂は撹拌することにより細かい泡を取り込むことができる．このような空気を取り込む性質をクリーミング性という．バターのクリーミング性はバタークリームをつくるのに利用され，マーガリン，ショートニングのクリーミング性はバターケーキの製造に重要である．

酸化安定性　　クラッカーやクッキーは製造後長時間の品質安定性が求められ，脂質酸化を抑制することが望まれる．酸化安定性を高めるには，比較的不飽和度の低い油脂を使用することや，抗酸化性物質を添加するなどの工夫をする．

表3-50　油脂の組成（g/可食部100 g）

	脂質	水分	たんぱく質	炭水化物	灰分
バター（有塩）	81.0	16.2	0.6	0.2	2.0
マーガリン（ソフトタイプ）	83.1	14.7	0.4	0.4	1.3
ラード	100.0	0.0	0.0	0.0	0.0
ショートニング	99.9	0.1	0.0	0.0	0.0

日本食品標準成分表2015年版(七訂)より

(2) チョコレート用油脂

チョコレート用油脂はカカオ脂である．カカオ脂の脂肪酸組成はパルミチン酸，ステアリン酸，オレイン酸の3種類で約95％を占めている[46]．このように脂肪酸組成が単純であることは，カカオ脂の固体から液体への変化がわずかな温度範囲で完了し，チョコレートの口融けがよい理由となる．さらに，チョコレートの製造にはテンパリング（温度調整）という重要な工程があり，この工程によりカカオ脂の結晶形を一定にして，さらに口融けのよい状態にしている．

チョコレートの保存時における温度管理が悪い場合には，カカオ脂の溶解や凝固が起きて結晶形が不安定になり，カカオ脂が表面ににじみ出たり，口融けの悪いチョコレートになる．このような状態はチョコレートのブルーム現象とよばれる．

4. ゼリー形成素材

コロイド溶液（ゾル）中の分散質が凝集して網目構造を形成し，その網目の中および周囲に分散媒（水分など）を保持したまま流動性を失ったものをゼリーないしゲルという．ゲル化特性を有する物質として動物性たんぱく質のゼラチン，植物や海藻に含まれる複合多糖類であるペクチン，寒天，カラギーナンなどがある．これらの物性はさまざまで凝固条件もそれぞれ異なっている．ゼリーはゲル化剤の特性を利用してつくった粘弾性のある菓子の総称である．

1）ゼラチン

ゼラチンは，動物の結合組織を構成する主要たんぱく質のコラーゲンが加熱により分解され，水溶性となって溶出したもので，加熱後冷却することでゲル化する．ゼラチン自体は無味・無臭である．市販品には板状のものと粉末状のものとがある．

ゼラチンは大部分（約90％）がたんぱく質であり，構成アミノ酸にグリシン，プロリン，ヒドロキシプロリンを多く含んでいる．必須アミノ酸の1つであるトリプトファンを含まないのでたんぱく質としての栄養価は低いが，消化吸収はよい．ゼラチンは，たんぱく分子構造中の3本のポリペプチド鎖からなる3重らせん構造が架橋領域を形成することによりゾル-ゲル転移が起こる．ゲル形成のために使用される濃度は約3〜4％である．水で十分膨潤させたあと，約40〜60℃の加熱（湯煎）で溶解し，10℃以下に冷却するとゲル化する．ゼラチン濃度が低いほどゲル化に要する時間は長くなる．また，冷却時間が長く，冷却温度が低いほどゼリー強度は増大する（表3-51，52）．

また，熱可塑性であるゼラチンゼリーの融解温度はゼリー形成素材のなかでとくに低く（25℃前後），体温程度でとけるので，口当たりが非常によい．ただし，夏期など，気温や室温が高い場合には容易にゾル化して液体化する

表 3-51 ゼラチンの冷却温度・時間とゼリー強度　（ゼラチン濃度5％）

冷却時間＼冷却温度	0〜1（℃）	10（℃）
1（時間）	108（g/cm²）	69（g/cm²）
3	120	80
5	135	98
20	150	—

竹林やゑ子・他：家政誌, 12：107, 1961.

表 3-52 ゼラチンの濃度と凝固・融解温度　（粒状ゼラチン）

ゼラチン濃度（％）	凝固温度（℃）	融解温度（℃）
2	3.2	20.0
3	8.0	23.5
4	10.5	25.0
5	13.5	26.5
6	14.5	27.0
10	18.5	28.5

竹林やゑ子・他：家政誌, 12：107, 1961.

ので注意が必要である．一度ゾル化したゼラチンゼリーは冷却すれば再凝固する．

　ゼラチンゼリーは寒天ゼリーに比べて粘弾性が高く，付着力が強いので，2色ゼリーをつくるのに適している．また，たんぱく質を主成分とするゼラチン溶液は起泡性をもつことからマシュマロづくりにも利用される．ゼラチンゼリーはそのままでは無味なので，さまざまな材料と混合して利用されるが，添加物のなかにはゼリー強度や凝固力に影響を与えるものがある．

砂糖の影響　砂糖濃度（0〜50％）が高くなるに従い，硬度・弾力ともに増加し，ゼリー強度は大きくなる．

酸の影響　ゼラチンの等電点（pH 4.7）付近ではゼラチン分子間の凝集力が大きくなり，凝固力は強くなるが，さらに酸を加えて pH を低下させると，かえって凝固力は弱くなる．

たんぱく質分解酵素の影響　ゼラチンはたんぱく質を主成分とするので，たんぱく質分解酵素を含む食品を生のまま加えると，加水分解によりゼラチン分子が低分子化して，凝固力が弱くなる．

過加熱　ゼラチン溶解時に沸騰するほどの加熱を行うと凝固力が弱くなる．

2）寒天

　原料は紅藻類のてんぐさ，おごのりなどである．原料海藻に含まれる細胞間粘質物質である酸性多糖を熱水抽出したのち冷却するとヒドロゲルのところてん（心太）ができる．そのところてんを凍結乾燥して寒天を調製する．製品には，その形状により角寒天，細寒天，粉寒天などがある．

　寒天はその大部分がガラクトースを主成分とする酸性多糖類で，ゲル化力と保水力の大きいアガロース（70％，図3-59）と，ゲル化力の弱いアガロペクチン（30％）からなる．アルカリ性には比較的強いが，酸に対する抵抗性は弱い．普通の糖質分解酵素の作用は受けないので，ヒトの消化管でも消化されず，食物繊維に分類される．低エネルギー食品の素材として利用されることが多い．

　寒天は冷水にはとけないが，大量の水を加えると膨潤し，かつ熱水にはゆっくり溶解する．このとき，寒天濃度は低いほどとけやすい．寒天は3％が溶

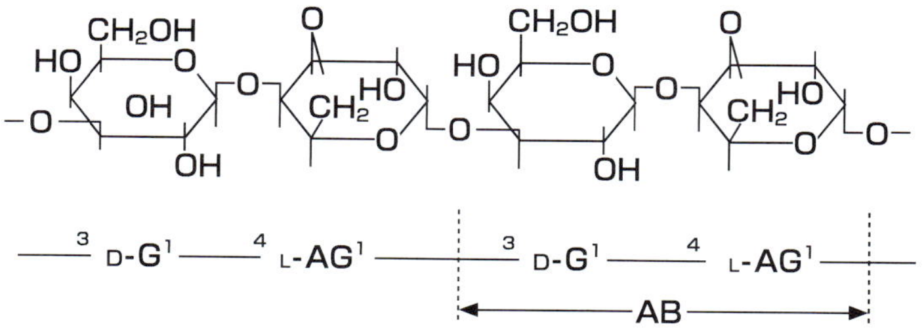

- D-G = β-D-ガラクトピラノース
- L-AG = 3,6-アンヒドロ-α-L-ガラクトピラノース
- AB = アガロビオース

図3-59　アガロースの基本構造

表3-53　寒天濃度と凝固・融解温度・ゼリー強度

寒天濃度 (g/100cc)	凝固開始温度 (℃)	凝固温度 (℃)	融解温度 (℃)	ゼリー強度 (dyn/cm^2)
0.5	35〜31	28	68	1.8×10^5
1.0	40〜37	33	80	2.2×10^5
1.5	42〜39	34	82	4.4×10^5
2.0	43〜40	35	84	6.7×10^5

中浜信子：家政誌，17：197, 203, 1996.

解限界なので，高濃度の溶液を調製するには低濃度溶液を煮詰める必要がある．通常，1〜2％に煮とかした寒天溶液を32〜39℃に冷却すると凝固するが，凝固力は強く，ゼラチンの7〜8倍である．再度80〜90℃に加熱すると可逆的に溶解するが，長時間加熱すると粘性を失う．室温で凝固し，30℃でもとけないのでつくりやすいが，口融けはよくない（表3-53）．

寒天ゼリーは調製後，時間が経つとゲルを形成している多糖の網目構造が密になり，保持されなくなった水分が内部から押し出されて表面に浮いてくる．この現象を離漿といい，押し出された水を離漿水という．

寒天ゼリーもゼラチンゼリー同様，添加物の影響を受けてその強度などが変化する．砂糖の添加量を増やすと，ゲル強度は高くなり，砂糖濃度60％で強度が最大となる．また，砂糖は寒天ゲルの透明度を高め，離漿も少なくなる．酸，脂肪，たんぱく質，乳糖，牛乳，でんぷんなどを混ぜる場合はゼリー強度が低下する．添加量が多い場合には，寒天溶液を煮詰めて濃度を高くする必要がある．寒天溶液よりも比重が軽い泡立て卵白を加える淡雪かんや，逆に比重の重いあんを混ぜる水ようかんをつくる場合には，寒天溶液が凝固する直前の粘性が高くなる時点（45℃くらい）で混ぜて型に流し込むと，分離を防ぐことができる．

3）カラギーナン（カラゲナン）

ガラクトースを主成分とする多糖類であるガラクタンの一種で，ツノマタ，キリンサイ，スギノリなどの紅藻類を原料とする．カラギーナンはいろ

いろな成分の複合体で，その硫酸基の位置とアンヒドロ糖の位置で3種（κ-，ι-，λ）に区別される．ゲル化するカラギーナンはκ-，ι-成分で，構造の似た寒天よりゲル化能は弱い．ゲルは熱可逆性である．

カラギーナンは硫酸基を多く含むため負の電荷を有する．したがって，両性電解質であるたんぱく質が等電点以下の環境（つまりたんぱく質が正の電荷を有する）にある場合にはカラギーナンと反応して沈殿する．

カラギーナンゲルは寒天に比べて透明性が高く，離漿が少ないなどの利点がある．また，カラギーナンはゲル形成能以外に粘性，保水性，乳化などの機能をもつので，デザートゼリーの用途以外にも乳製品やたんぱく質の安定剤として利用されている．

4）ペクチン

広義のペクチンはD-ガラクツロン酸を主体とする多糖類の混合物である．ほとんどすべての陸上植物，とくに野菜や果物に多く含まれていて，その含量は生育度や熟度により異なる．果実が成熟するに従い，水不溶のプロトペクチンは酵素の作用で加水分解されてペクチニン酸となる．ペクチニン酸は狭義のいわゆるペクチンで，メトキシル含量，すなわちメチル化の程度によって高メトキシルペクチン（HMP）と低メトキシルペクチン（LMP）に分類される（図3-60）．両者の性質は非常に異なっている．

HMPを用いたゼリーを一般にペクチンゼリーという．糖と酸の存在下で水素結合型のゲルを形成する．糖の存在はゲル形成に必須で，糖の添加量は65％前後が最適とされる．pHは3.5以下とする．ジャムやゼリーに利用される．LMPは多価金属イオン（Ca^{2+}，Mg^{2+}など）の存在下でイオン結合型のゲルを形成する．NaやKイオンはゲル化を妨害する．また，ゲル化に糖を必要としないので，低エネルギーのゼリー調製に利用される．

果実より調製されたペクチンのゼリー化には，おおよそペクチン0.5～0.8％，pH3.2～3.5，糖濃度55％以上が必要とされる．

5）コンニャクマンナン

サトイモ科コンニャクの塊茎に約10％含まれる貯蔵性多糖類で，グルコマンナンの一種である．いもから調製したコンニャク粉を水に膨潤させ，粘性の高いコロイド状態になったものをアルカリでゲル化し，加熱処理したものがこんにゃくである．精製して得られるグルコマンナンは水に容易に膨潤して非常に高い粘性を示し，食塩，pH，加熱に安定である．また，カラギーナンなど，ほかのゲル化剤と混合することでゲル強度を高める作用がある．

5．分離たんぱく

植物性たんぱく質は通常，採油用の種実または小麦などの穀類から抽出・分離されたたんぱく質のことをさす．食品として工業的に製造・利用されて

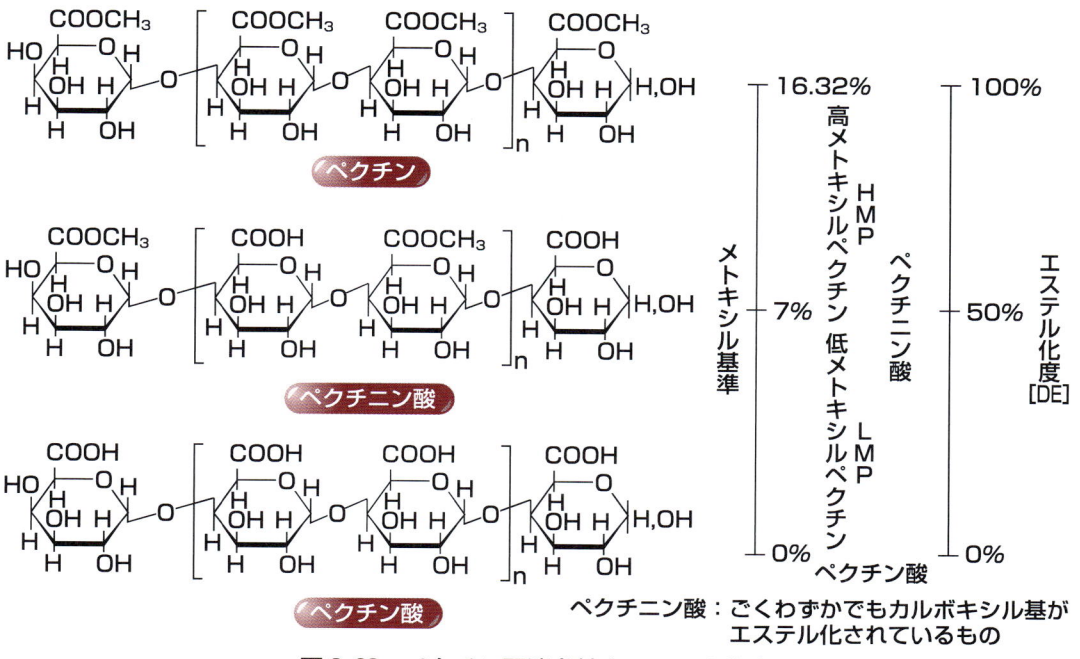

図3-60 ペクチン関連多糖とエステル化度

ペクチニン酸：ごくわずかでもカルボキシル基がエステル化されているもの

いるのは大豆たんぱくと小麦たんぱくである．平成10年の生産総量は6万トンを超え，うち大豆系がその2/3を占めている．両者とも家庭での直接の消費はほとんどなく，大部分が加工用として畜肉加工品，水産練り製品，製パン，冷凍食品，調理済食品および医療食などの材料として幅広く使用されている．

1）大豆たんぱく

大豆たんぱく食品は，植物性たんぱく食品の過半を占めている．大豆たんぱくは大豆種実の35％を占める貯蔵たんぱく質で，溶解性，乳化性，起泡性，凝固性，ゲル形成性，組織化性，結着性など数多くの機能性を有している．大豆は20％の脂肪を含むことから，採油用として世界的に重要な作物である．食品加工技術の発展に伴い，大豆油の大量製造が可能となり，副産物である脱脂大豆も大量に得られるようになった．脱脂大豆はたんぱく質を豊富に含みながら飼料としての利用がもっぱらであったが，それをより濃縮した形でたんぱく質を分離し，商品としての付加価値を高めたものが大豆たんぱくである．現在では単に肉の代用，増量の目的だけでなく，大豆たんぱくの機能特性も幅広く利用される理由となっている．

一般に好まれない大豆臭は，大豆中のリポキシナーゼが不飽和脂肪酸を酸化反応へと導くことで生成するアルデヒド類が原因となって生じる．この酵素を加熱失活させることが大豆たんぱくの調製の重要な処理のひとつとなっている．

大豆たんぱく食品の分類は大豆たんぱくの濃度により，大豆粉，グリック（含量50％以上），濃縮大豆たんぱく（70％以上），分離大豆たんぱく（90％

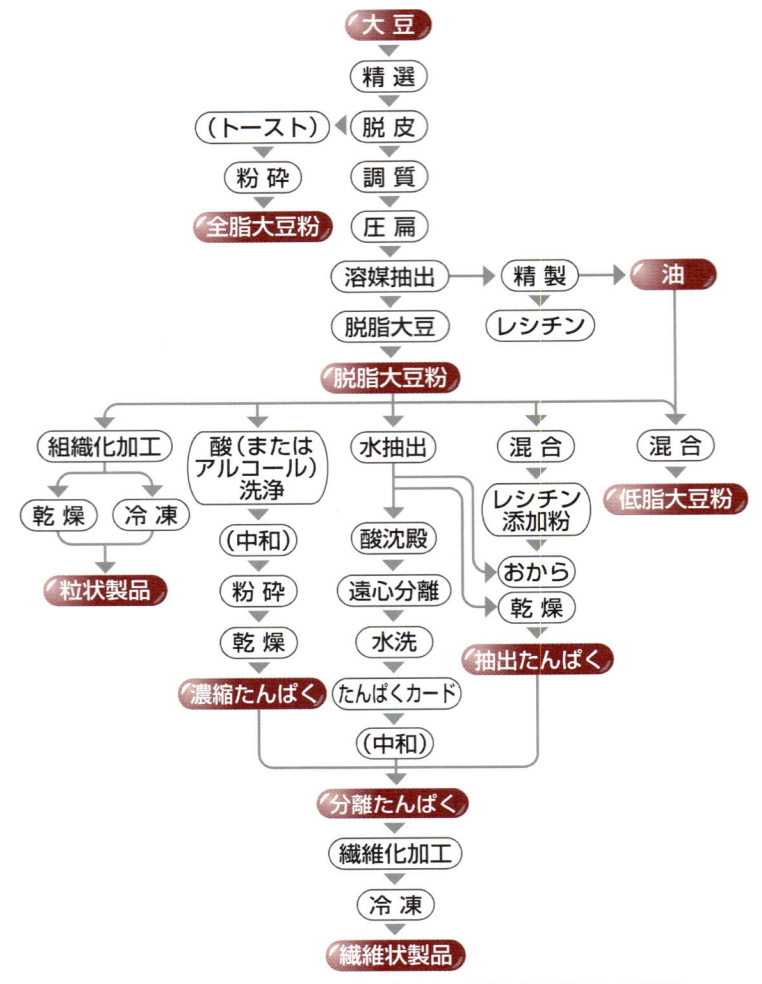

図 3-61　市販大豆たんぱく製品の種類と製造法の概略

程度），また形状から粉状，ペースト状，粒状（組織状），繊維状などに分けられる．おのおのの製造過程の概略を図 3-61 に示す．粉末状製品はハムやソーセージなどの畜肉製品に添加され，肉汁や油の分離防止に役立ち，水産練り製品にはテクスチャー改善に使用されている．粒状，繊維状製品はひき肉の代用品として焼き縮みや肉汁流出の防止に利用されている．

2）小麦たんぱく

　小麦でんぷん製造の副産物として得られる小麦たんぱくの主成分はグルテンである．分離された小麦たんぱくは従来の用途である生麩や焼き麩，およびグルタミン酸ナトリウムの原料としてだけでなく，現在は生グルテンとして冷凍で流通し，水産練り製品，加水分解した調味用たんぱく質，また大豆たんぱく同様，繊維状の新たんぱく食品として食品加工用に利用されている．

chapter 4 その他の食品の調理特性と調理

1. 加工食品

　食生活の成立は，食べ物の獲得法（栽培，漁獲，狩猟）と，その大部分を占める動・植物の保存法の確立によってなされたと考えることができる．食べ物は時間の経過とともに変化し劣化し，腐敗する（有効なかたちで変化したものに発酵食品があげられる）．したがって，食物の保存加工法の獲得は人類の発展のための原動力であったといえる．生活を営む場である自然環境にあって乾燥，塩蔵，燻製をはじめとして糖蔵，酢蔵，発酵といった普遍的な保存加工法が発展した．また，19世紀の科学技術の発展によって，農産物加工業が誕生し，瓶詰食品の画期的な発明がみられた．わが国では1955年以降の経済の高度成長に伴って，各種の加工食品が普及し始めた．

　加工食品とは，基本的には食品の品質保存，有効利用，安定供給を目的としていろいろな手段，方法を用いて原材料を加工，処理したものである．

1）加工食品の種類

　加工食品は，原料由来のもの，成分由来のものによる分類，食品の流通面による分類，包装法による分類，健康食品などの栄養・品質面による分類など，さまざまな分け方ができる．

　加工食品を大別すると一次加工食品，二次加工食品，三次加工食品に分けられる．一次加工食品は農・畜産物を直接原料にして，その食品的性質を著しく変更することなく物理的，微生物的な処理・加工を行ったもので，精米，精麦，製粉，原糖，缶・びん詰，果汁，酒類，みそ，しょうゆ，植物油，漬物などをさす．二次加工食品とは一次加工による製品を1種あるいは2種以上用いて変化に富む食品に加工したもので，製パン，製糖，製めん，マーガリン，マヨネーズ，ショートニング，ソースなどをさす．さらに一次あるいは二次加工品を2種以上組み合わせて，さらに異なるかたちに加工したものを三次加工食品として分類している．この代表的なものは冷凍食品，調理済み食品，半調理済み食品，包装食品，レトルト食品，コピー食品があげられ，これらを数次加工として区別して取り扱う分類もみられる．また，三次加工

食品には製菓や嗜好飲料も含まれる．

　現代では，とくに三次加工食品で，持ち帰り（テイクアウト）の弁当類や調理済み食品が，その簡便さをはじめとして種類の多彩さ，食材や調理・保存・流通の段階での衛生管理，安全性を配慮した製造者の取り組みから，その利用が増大している．しかしながら，今日，表示と内容が異なるなど消費者の信頼を失わせる事例が相次いで発覚し，消費者の表示や安全性に対する関心は高まると同時に，何よりも自己防衛の必要性を強めた．

　加工度の高い食品を利用する頻度が多くなるほど，栄養摂取のバランス，食材や加工法などに対するチェックや安全性に関する基礎的な知識を正しく理解しておく必要がある．また，これらの食品の簡便さや種々の長所をいかして賢く活用し，短所を補うために調理の工夫をすることが必要である．

　ここでは，とくに，三次加工，数次加工にあたる今日的な加工食品を取り上げる．

2）冷凍食品・冷凍調理食品

　日本標準商品分類では，"冷凍食品とは前処理をほどこし，急速冷凍（－40℃～－196℃）を行い包装された規格品で，簡単な調理で食膳に供されるもので，消費者に渡る直前までストッカーで－15℃以下（冷凍食品業界の自主的取扱基準によれば，－18℃以下）に保蔵されたものをいう"と定義している．現在，生産・販売されているものは水産物，農産物，畜産物の冷凍食品および調理食品，菓子類の冷凍食品である．前三者は原材料形態で，一般に目にふれることは少ない．数量的には，目にふれる製品形態の冷凍食品が，年間150万トンに対して原料形態が700万トンで，なかでも冷凍水産物は全冷凍品量の約6割を占める．魚介類は比較的冷凍に向いており，品質を低下させず冷凍耐性が高く，活用される割合が大きい．

　冷凍調理食品は魚肉・畜肉・貝類フライ類，スティック類，コロッケ，ハンバーグ，魚類・貝類・野菜てんぷら，しゅうまい，ぎょうざ，うなぎの蒲焼き，焼き魚，茶碗蒸し，めん類など種類も多い．その他の冷凍食品ではパン類，果汁類などがあげられる．これらは低温流通機構の完備とその簡便性と嗜好性から急速に伸びており，また大量調理への進出はめざましい．購入に際しては，温度管理が十分なされているかを見極め，購入時の運搬と家庭用冷凍庫内での管理にも留意する．冷凍―再凍結は品質低下を招くので避けるべきである．利用に際しては，加熱調理と同時に解凍を行うものが多いが，食品の種類によって熱湯中で加熱するもの，電子レンジや蒸し器によるもの，油で揚げるものがある．近年，多種多様な商品が出回るようになったが，原材料の表示や栄養内容にも留意が必要である．

　今日，食品の保存手段で冷凍がもっとも優れているとされる．生鮮状態で長期間，必要ならば何か年にもわたりほとんど変化させず保存ができる．しかし，利用の多くなった調理冷凍食品では，微生物汚染による感染を防ぐことからも食品の内部まで十分加熱することが重要である．

3）レトルトパウチ食品

　高圧釜（レトルト）を使って袋（パウチ）に詰め，殺菌するということからできた言葉である．一般にレトルト食品という言い方が通用している．レトルト食品とは，レトルトにより100℃以上の湿熱加熱を受けて，商業的に無菌性を付与された容器食品のうちで，プラスチックフィルムおよびアルミ箔を積層したフィルムを，熱シールによって密封した容器を用いて製造したものとされ（日本農林規格），レトルトパウチ食品と名付けている（食品衛生法）．しかし，最近，多くの食品が，気密性容器に詰められ，120℃，4分以上高温・高圧下で殺菌され，常温で長期間保存でき，これらの食品のなかには日本農林規格で定義されているものからはずれたものもある．レトルト食品には，カレー類などの調理済み食品をはじめ，ハンバーグなどの食肉加工品，えびクリーム煮などの水産加工品，赤飯などの米飯でんぷん食品，デザート食品などのほか，製品の種類や生産も多い．長期間の保存性に加えて，電子レンジなどによって温めやすい利点がある．

4）クックチル食品

クックチルシステム　　加熱調理した食品を急速冷却して細菌が繁殖しにくいチルド状態（0℃付近）で保存した食品をクックチル食品といい，このような方式で保存した食品を必要に応じて提供するトータルシステムをクックチルシステムという．あらゆる業態のなかで，調理業務に携わる人間の作業改善，省力化，作業環境向上のニーズは非常に高い．とくに，調理作業に基づく繁閑差の解消が大きなポイントとなっている．このシステムの特徴は専用の急速冷却機を使って料理の中心温度（芯温）を細菌の繁殖しにくい温度まで短時間で下げるため，衛生上安全な状態で長時間保存ができることである．また，急速冷却方式を採用するため食品の劣化を最低限におさえることができ，再加熱したあとの味についても信頼性が高いとされる．

急速冷却の方式　　冷風により冷却する方式（ブラストチラー方式）と冷水を満たしたドラムの中で冷却する方式（タンブルチラー方式）がある．ブラストチラー方式は食材の厚さ，容器の厚さに制約があり（おおむね5cm以下），短期クックチルともいわれ，冷蔵により5日間くらいの安全性が確保される．タンブルチラー方式は調理品を高温のままパックに詰め，冷水のドラム（タンブルチラー）に入れ回転させながら急速冷却する方法で，調理品の長期保存が45日くらいまで可能ともいわれているが，設備費のコストは冷風による冷却より割高となる．いずれの方式であっても，冷却温度・時間の管理，配送時の温度管理，食材のサイズ，重量など厳密な制御が必要である．

チルド食品　　食品の流通販売状態による高温・常温販売食品，冷凍食品と並んで分類されるもののひとつである，一般に－5℃～10℃で流通販売する食品のことをいうが，さらに，これらは①5～10℃で流通販売するクール食品，②－5℃～5℃のチルド食品（チルドビーフなどの長期保存が可能な食

品），③ 製造，流通，輸送は冷凍で，販売はチルドに戻す食品（刺身用まぐろ切り身など）の3種類に分けられている．

　チルド食品の包装材料の条件は，低温下で水蒸気などの透過が少なく，食品を変質させる酸素の透過が少ないこと，低温での強度が強いことがあげられる．チルドビーフは包装システムの多様化や包装方法が確立され，世界各国では，牛肉を真空包装してチルドの状態で輸送・販売するのが常識になっており，このような食品が，近年確実に伸びている．

　このような生鮮あるいは加工調理された食品を食事献立に利用することによって，食卓が多彩になり，嗜好や栄養の充足を付加できる．さらに，それに食材を加えたり，調味することで，手づくりに近い独自の一皿を食卓にのせることもできる．加えて，調理操作にかける時間を短縮，合理化することで生活時間の有効利用にも役立つ．

5）調理済み・半調理済み食品

　近年，急速に持ち帰り（テイクアウト）食品の種類や売り場面積の拡大がみられる．女性の社会進出，単身者の増大，家族の食事スタイルや生活の多様化などによって，その簡便さや高級志向のニーズにも対応したものが多く，利用が増大している．狭義の調理済み食品は，店頭で求めて持ち帰りができる弁当，デリカテッセン，ファストフード，総菜などで，購入後すぐあるいは簡単な再加熱処理で食卓に出せるものをいい，売り場の衛生状態，持ち帰り中の細菌の増殖などに気をつけることが肝要である．広義では，レトルト食品，調理缶・びん詰，インスタント食品，調理冷凍食品なども含まれる．

　半調理済み食品は，調理の最終段階の加熱操作をしていないもので，一般に保存可能な冷凍食品や缶詰になっているものが多い．素材缶詰や冷凍ピザ生地，冷凍パイ生地などを利用して手づくりものとして仕上げることができる利点がある．

　また，手づくり感を残しつつ簡単に調製できる菓子類も多い．しかし，通常のつくり方において使用しないような食品素材を配合して製品性を高めたものもみられる（たとえば，寒天を素材のひとつとしたプディングパウダーなど）．一方で，つくり方がわからない場合でも失敗しない，という長所があるが，食物の本来の素材を見失うことにならないよう，消費者の一層の知識と選択能力が問われる．

6）乳児・高齢者用食品，保健機能食品

乳児用食品　　乳児用食品としては，職場に復帰したあとも母乳を与えることが可能な，母乳を冷凍して利用するかたち（母乳パックとして殺菌した冷凍保存用の容器が市販されている）や，母乳代替の市販の育児用ミルクがあげられる．これらの調製粉乳には，タウリン，オリゴ糖，ラクトフェリン，β-カロテン，α-リノレン酸，DAH，シアル酸，ヌクレオチド，亜鉛の微量成分が添加され，アレルギーなどの疾患がない限り母乳の代わりに安心して飲

ませられるものとなっている．そのほか，牛乳アレルギー予防用ミルク，牛乳アレルギー用大豆粉乳，牛乳・大豆アレルギー用粉乳，アミノ酸調製粉末などが市販されている．さらに，乳児が乳汁栄養から食事形態に移行する際の半固形物食である離乳食がある．乳汁を吸うことから，食物を嚙みつぶして飲み込む（嚥下）ことへと摂食機能が発達していく過程での食べ物である．この時期は，できるだけ多くの種類の食品，調理の形態などを経験させることが，栄養源を充足させることと合わせて大切である．これらの補助的な食品として，フォローアップミルクや種々のベビーフードがある．フォローアップミルクは9か月以降の乳児の鉄欠乏を予防することを目的としてつくられたミルクである．またベビーフードの市販品は種類も多く，月齢ごとに発達段階に応じた調理形態の製品があり，取り扱いの手軽さと安全性で利用が高まっている．ドライタイプやウエットタイプがあり，手づくりのものとともに効果的に利用することができる．

高齢者用食品　　高齢者は，加齢に伴う老化現象により各組織や器官の機能が低下し，身体面や嗜好などに変化がみられる．とくに歯が悪くなり嚙む力が弱くなり，喉の渇きが鈍くなり，味覚の低下や消化液の分泌の低下などが生じる．それに伴って硬いものが食べにくくなり，食物が飲み込みにくく喉につまらせたりし，濃い味を好むようになり，消化不良や下痢を起こしやすくなる．これらを考慮して調理の工夫をするとともに，嚥下しやすいように"とろみ"をつけたりするために，市販の嚥下補助食品（原料は加工でんぷん，デキストリン，増粘多糖類．温度に関係なく料理に混ぜるだけで粘度をつけることができる食品）を種々の料理に利用するとよい．

　また，高齢者用食品（咀嚼困難者用食品，咀嚼・嚥下困難者用食品）は，病者用食品，妊産婦・授乳婦用食品，乳児用調製粉乳，特定保健食用食品とともに，特別用途食品として定められている．許可証票（マーク）のほか，成分などが表示され，普通に商品として店頭で販売されている．

特定保健食用食品　　かつて機能性食品とよばれたもので，オリゴ糖，食物繊維，カルシウム化合物，糖アルコールなどを含む食品があげられる．摂取によって保健の目的が期待できる旨の標示が認可された食品である．代表的な分類，成分例などを表3-54に示した．

2. 調味料・香辛料

1）調味料

　調味料には甘味，塩味，酸味，うま味の基本味のうちいずれか1つを賦与する基本調味料と，2つ以上の基本味や辛味などを複合した調味料がある．以下に各種調味料の調理特性について述べる．

表3-54 代表的な特定保健用食品の分類・成分例・表示・商品形態(2003年1月現在)

成分別分類	関与する成分例	許可を受けた表示	商品形態	備考
オリゴ糖	大豆オリゴ糖, キシロオリゴ糖, フラクトオリゴ糖, 乳果オリゴ糖, イソマルトオリゴ糖, ガラクトオリゴ糖, ラクチュロース	おなかの調子を整えたい方に適する食品	炭酸飲料, 乳酸菌飲料, あめ, 錠菓, クッキー, テーブルシュガーなど	一部のオリゴ糖について
		(カルシウム不足の方に適する食品)	錠菓	
食物繊維	難消化性デキストリン, サイリウム種皮, グアーガム分解物, ポリデキストリン, 小麦ふすま	おなかの調子を整えたい方に適する食品	炭酸飲料, 清涼飲料, 即席めん類, シリアル, ナタデココ, ソーセージ類, ビスケット類など	
	難消化性デキストリン	血糖値が気になる方に適する食品	清涼飲料など	
乳酸菌	各種乳酸菌	おなかの調子を整えたい方に適する食品	乳酸菌飲料, 発酵乳, 錠菓, ヨーグルト	
	各種乳酸菌	血圧が高めの方に適する食品	乳酸菌飲料	
ペプチド・たんぱく質	リン脂質結合大豆ペプチド, 大豆たんぱく質, グロビンたんぱく質分解物	コレステロールが気になる方に適する食品	清涼飲料, ミートボール, ハンバーグ, ソーセージ類など	血清中性脂肪抑制効果によるものもある
	小麦アルブミン	血糖値が気になる方に適する食品	粉末スープ	
	カゼイン由来ドデカペプチド, かつお節由来オリゴペプチド, ラクトトリペプチド, サーデンペプチド	血圧が高めの方に適する食品	清涼飲料, 乳酸菌飲料, 粉末スープ, 粉末味噌汁など	
	カゼインホスペプチド(CPP)	カルシウム不足の方に適する食品	清涼飲料, ガム, 豆腐	
多糖類・糖アルコール類	アルギン酸ナトリウム, キトサン	コレステロールが気になる方に適する食品	清涼飲料, 粉末スープ, ビスケット, 即席めんなど	
	アルギン酸ナトリウム	おなかの調子を整えたい方に適する食品	清涼飲料, 粉末スープ	
	マルチトール, エリトリトールなど	虫歯が気になる方に適する食品	あめ, ガムなど	
脂質・ステロール	ジアシルグリセロール, 植物ステロール	コレステロールが気になる方に適する食品	食用調理油	血清中性脂肪抑制効果によるものもある
ポリフェノール類	茶ポリフェノール	虫歯が気になる方に適する食品	チョコレート, あめ	
	杜仲茶配糖体	血圧が高めの方に適する食品	清涼飲料	
	グァバ茶ポリフェノール	血糖値が気になる方に適する食品	清涼飲料	
	大豆イソフラボン	カルシウム不足の方に適する食品	清涼飲料	
無機・金属類	ヘム鉄	貧血が気になる方に適する食品	清涼飲料, ゼリー	
	クエン酸リンゴ酸カルシウム(CCM)	カルシウム不足の方に適する食品	清涼飲料	

(久保田紀久枝, 森光次郎編:食品学―食品成分と機能性. 東京化学同人, 2003)

表 3-55 主な新甘味料の特性と機能性

甘味料		甘味度(ショ糖1)	甘味特性	特性	機能性
糖アルコール	エリスリトール	0.75	清涼感があり，後味の切れのよい甘味	耐熱性，耐酸性，耐アルカリ性である．アミノ-カルボニル反応を起こしにくく，非着色性である．発酵性がないか，あるいは低い．キャンディー，チョコレート，ゼリーなどの菓子類，冷菓，ダイエット飲料類，佃煮，卓上用などに利用されている	低う蝕性 低エネルギー 血糖上昇抑制作用（インスリン非依存性） 緩下作用（一度に多量の摂取は一過性の下痢を誘発する）
	キシリトール	1	清涼感があり，後味の切れのよい甘味		
	マルチトール	0.8	砂糖に類似したさわやかな甘味		
	パラチニット	0.45	砂糖に類似したさわやかな甘味		
オリゴ糖	フルクトオリゴ糖	0.3～0.6	砂糖に類似した淡い甘味	熱や酸に対する安定性は砂糖とほとんど同じである．飲料，菓子類，煮豆，佃煮，たれ，ドレッシング類などに利用されている．	低う蝕性 低エネルギー 整腸作用 血糖上昇抑制作用 ミネラル吸収促進作用
	乳果オリゴ糖（ラクトスクロース）	0.2～0.25	砂糖に類似した淡白で上品な甘味		
高甘味度甘味料	アスパルテーム	100～200	砂糖に類似した甘味	常温では安定．150℃での残存率は10時間で約20％まで下がる．pH 3～5の酸性側で安定である．糖アルコールとの併用で甘味の質が向上する．菓子類，飲料，冷菓，卓上用などに利用されている．	低う蝕性 低エネルギー 血糖上昇抑制作用
	ステビオサイド類	75～350	高レバウディオサイドのステビア製品は良好な甘味．砂糖に比べやや後味を引く．塩の共存で甘味が増強する	耐熱性であるが，pH 3以下の酸性下での長時間加熱では安定性が低下する．常温では耐酸性である．浸透圧が低い．糖アルコールとの併用で甘味の質が向上する．飲料，菓子類，冷菓，漬物，佃煮，みそ，しょうゆなどに利用されている	低う蝕性 低エネルギー

(1) 甘味料

　甘味を賦与する代表的な調味料は砂糖であるが，砂糖の調理特性については別項に詳説されているので，ここでは砂糖以外の新甘味料の種類と特性を表 3-55 にまとめた．また，主な新甘味料の構造を図 3-62 に示した．

(2) 塩味料

　塩味を代表する物質は塩化ナトリウムである．一般に，アルカリ金属とハロゲンとの塩や，リンゴ酸ナトリウムなどの有機酸塩には塩味を呈するもの

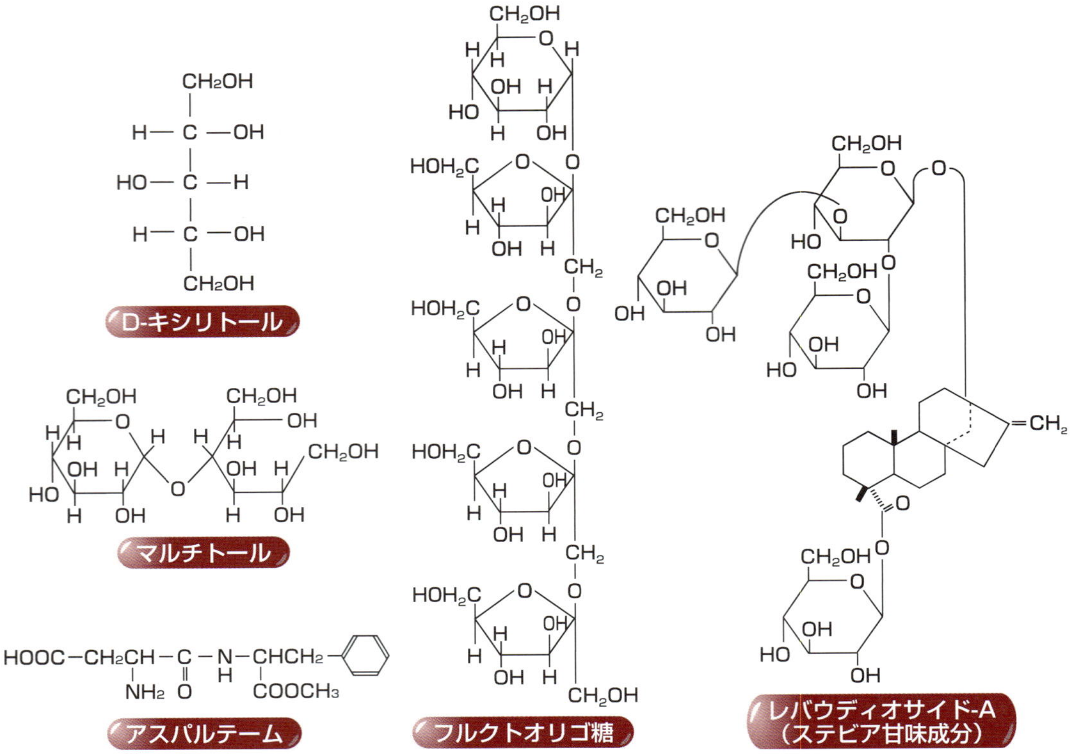

図 3-62　主な新甘味料の構造

表 3-56　食塩の調理特性

	調理特性	使用例
味	塩味の賦与（おいしく感じる食塩濃度は 0.8～1％程度） 少量の使用により甘味，うま味を増強 酸味の抑制	調理一般 ぜんざい，だし汁 すし酢
脱水作用	浸透圧を利用して食材の水分を引き出し，テクスチャーを変える 魚の臭みを抜く	野菜類のふり塩，塩もみ，漬物類 魚の塩干物 魚のふり塩
防腐作用	水分活性を下げ，微生物の繁殖を抑制する	塩蔵加工品
たんぱく質に対する作用	熱凝固を促進する 小麦グルテンの形成を促進し，粘弾性を高める 1～3％の添加でアクトミオシンの形成を促進し肉の弾力性を増す	ゆで卵，茶碗蒸し めん，パン，ぎょうざの皮 すり身，かまぼこ
酵素作用の抑制	ポリフェノールオキシダーゼの作用を阻害し，褐変を防ぐ	りんごを塩水につける
その他の作用	クロロフィルの色の保持 魚の背びれや尾びれにつけて焦げるのを防ぐ（化粧塩） ぬめりを除く 包み焼きの機材（塩と卵白を混ぜたもので表面を焼いた魚や肉を包み蒸し焼きにする）	緑色野菜の塩ゆで 焼き魚 さといも 塩釜焼き

表 3-57 食酢の調理特性

	調理特性	使用例
味	酸味の賦与 塩味の抑制	酢の物 梅干し，漬物
殺菌作用	微生物に対して殺菌効果がある	酢漬け，ピクルス
たんぱく質に対する作用	熱凝固を促進する たんぱく質を酸変性により凝固させる	ポーチドエッグ 魚の酢締め，ヨーグルト
酵素に対する作用	ポリフェノールオキシダーゼの作用を阻害し，褐変を防ぐ．酸性プロテアーゼを活性化し，硬い肉を軟らかくする	れんこん，ごぼうなどを酢水につける 肉のマリネ
変色	アントシアニンの発色（赤色化安定化） クロロフィルの変色（フェオフィチン生成による黄褐色化）	しょうがの甘酢漬け，梅干し

があるが，苦味などを伴う場合があり，味のうえで塩化ナトリウムに勝るものはない．食塩は塩化ナトリウムを 99 ％以上含み，料理の味付けや下ごしらえ，漬物などに利用される．そのほか，家庭用として吸湿性の少ない精製塩や卓上で使用する食卓塩などがある．

食塩は塩味の賦与のほか，調理上重要な種々の機能をもつ．表 3-56 に食塩の調理特性をまとめた．食塩は人の生命維持に不可欠の成分であるが，高血圧の原因となるため，過剰摂取には注意を要する．

(3) 酸味料

調理に使用される酸味料（食酢）には米酢，穀物酢，果実酢などの醸造酢がある．酸味の主体は 3〜8 ％含まれる酢酸であり，そのほか，乳酸，コハク酸，リンゴ酸などの有機酸を含む．微量に含有されるアミノ酸，糖類，エステル類は独特の芳香や風味を与えている．食酢の調理特性を表 3-57 にまとめた．食酢に各種調味料や香辛料を加えた加工酢として，すし酢，ぽん酢，ドレッシング類などがある．

(4) うま味料

うま味，コクを与えるうま味調味料には，アミノ酸系調味料（昆布のうま味成分として知られる L-グルタミン酸のナトリウム塩），核酸系調味料（イノシン酸ナトリウム［かつお節のうま味成分］，グアニル酸ナトリウム［しいたけのうま味成分］），および両者のうま味の相乗作用を利用したアミノ酸系，核酸系の複合うま味調味料がある．食塩の 10〜20 ％の使用量で塩味を和らげ，まろやかさを与える働きがある．食塩に対するうま味調味料の使用量を増すと逆に塩味を強める．

だしの素などの風味調味料は，うま味原料としてかつお節，昆布，しいたけ，貝柱などの粉末やエキス，食塩，糖類，アミノ酸などが配合された粉末，顆粒あるいは液状の調味料である．うま味，塩味，コク，香りのあるだしが手軽に得られる．

(5) 大豆加工品

大豆加工により得られる調味料にしょうゆとみそがある．

しょうゆ　大豆（または脱脂加工大豆），小麦，種こうじからしょうゆこうじをつくり，食塩水を加えて発酵・熟成させた液状の調味料である．しょうゆ独特の色は最終過程の火入れ（殺菌）の際に起こるアミノ-カルボニル反応の生成物，メラノイジンに由来している．香りは加工中に生じた糖やアミノ酸の分解物，アミノ-カルボニル反応によって生じた香気成分による．しょうゆの調理上の働きとして，塩味とともにしょうゆ特有の色と香りの賦与，魚や肉などの生臭さのマスキング，含有されるアミノ酸類による核酸系成分との相乗効果，塩分濃度が18％と高く乳酸やアルコール分も含有するため保存性に優れていることなどがあげられる．また，浸透圧が高いため，しょうゆを一度に加えて調理すると食材から水分が出すぎて硬くなるので，煮物などをする場合は，① みりん，砂糖，塩などを加えただし汁の中で煮てから，しょうゆを加える，② しょうゆの香りをいかす場合は，加える量の一部を残して仕上げの段階で加える，③ 食材の色をいかす場合は，薄口しょうゆを使用する，などの工夫が必要である．

　最近は，塩分の過剰摂取を防ぐため，普通しょうゆの半分程度の塩分濃度である減塩しょうゆが普及している．

みそ　大豆を主原料に，米または麦を合わせてこうじをつくり，食塩を加えて発酵・熟成させた半固体状の調味料である．米みそ，麦みそで約10％，豆みそで約17％のたんぱく質を含む．塩分濃度は甘みそで約6％，辛みそでおよそ12％程度である．塩味とともにみそ特有の色と風味の賦与，魚や肉などの矯臭，保存性を高めるなどの働きがある．また，みそはコロイド粒子を形成し，口当たりが向上する．みその特性を利用した調理法としてみそ汁，みそ煮，みそ漬け，みそ炒めなどがある．風味，香りをいかすため，みそ汁に使用する場合は調理の最後に加え，煮立つ寸前に火を止めるとよい．また，酢みそ，ごまみそ，ゆずみそなどとして和え物に使用する．

(6) 本みりん・みりん風調味料

　本みりんはもち米，米こうじ，焼酎などの醸造アルコールを数十日間熟成後，ろ過してつくられる醸造調味料で，アルコール分を13.5〜14.4％含むため酒類に属する．約40％の糖分，アミノ酸や有機酸を含み，上品な甘味，まろやかさ，照り・つやを与え，魚臭などのマスキングや煮くずれを防ぐなどの作用がある．みりん風調味料は，本みりんと類似した調理効果をもつ糖類，アミノ酸，有機酸などを混合してつくられたアルコール分1％以下の甘味調味料である．本みりんと異なり，調理時にアルコール分を飛散させるために煮きる必要はない．

(7) トマト加工品

　トマトを原料とした調味料にトマトピューレー，トマトペースト，トマト

ケチャップがある．トマトピューレーは完熟トマトを裏ごしし濃縮したもの（無塩固形分25％以下）で，トマトペーストはトマトピューレーを無塩固形分25％以上にまで濃縮したものである．ともにトマトのみからつくられた加工品であり，トマト特有の赤色と甘味，酸味を生かした調味をすることができ，煮込み料理やソースなどに利用される．トマトケチャップはトマトピューレーに砂糖，食塩，食酢，たまねぎ，香辛料類を加えた加工品である．

(8) ウスターソース類

野菜，果実の搾汁やピューレーを濃縮したものに，糖類，酢，塩，香辛料，カラメル色素，アミノ酸などを加えた茶黒色のソースをウスターソースという．増粘剤を添加した中濃ソース，濃厚ソースもある．

(9) その他の調味料

食生活の多様化に伴い，日本でも世界各地の調味料を利用する機会が増えた．

チリソース　　トマトジュースをベースに赤とうがらし，たまねぎ，ピーマン，セロリー，塩，酢，にんにく，オレガノなどの香辛料を加えたソースである．

タバスコソース　　とうがらしの一品種である強い辛味をもつタバスコに酢を加えた調味料である．

豆板醤(トウバンジャン)　　そらまめを原料としたみそにとうがらしを加えた中国の調味料で，四川料理に欠かせない．

甜麵醬(テンメンジャン)　　小麦粉に特殊なこうじを加えて醸造した黒色の甘い中国特有の調味料である．

かき油(オイスターソース)　　かきを塩漬けにして発酵させた広東料理には欠かせない中国の調味料である．かきの煮汁を濃縮し，カラメル色素，酸味料などを加えたものもある．

魚醬　　魚介類を多量の食塩とともに長期間漬け込んだ発酵調味料で，日本のしょっつる，中国のユイルー，タイのナンプラー，ベトナムのニョクマムなどが知られている．魚介類の自己消化により生成したアラニン，グルタミン酸などの遊離アミノ酸やペプチドなどのうま味成分を含んでおり，独特のにおいを有する．

2）香辛料

香辛料の種類は350種を超え，国や地域，民族，宗教に固有のものを含めるとその数倍にのぼるといわれている．日本ではわさび，しょうが，しそ，ごまなどの香辛料が古来使用されてきたが，食生活の多様化に伴って現在では約100種類の香辛料が流通している．表3-58～60に代表的な香辛料の調理特性と使用例をまとめた．

香辛料は色，味，香りを賦与し，食嗜好性を高めるという食品の二次機能

表 3-58 賦香，矯臭作用をもつ主香辛料の調理特性

香辛料（和名）【植物分類・使用部位】	主な香気成分（香りの特徴）	賦香作用	矯臭作用	適合調理法[a]	適合食素材[a]	使用例[b]
バジル（メボウキ）【シソ科・葉】	メチルシャビコール；リナロール（高貴でさわやかな甘い香り）	◎		◎：なまもの，漬物，煮物 ○：その他の加熱調理，非加熱調理	◎：乳類 ○：その他の動物性素材，植物性素材全般	トマト料理，トマトソース，パスタソース，チーズ料理，ドレッシング ×：日本，中国料理
ベイリーブス（月桂樹の葉）【クスノキ科・葉】	1,8-シネオール；サビネン；ピネン（樟脳様の清涼感ある香り，持続性あり）	○	◎	◎：煮物，焼き物，炒め物 ○：その他の加熱調理，和え物，漬物	◎：動物性，植物性素材全般	シチュー，スープ，マリネ，ピクルス，ブーケガルニ ×：日本料理
シナモン（ケイヒ）【クスノキ科・樹皮】	シンナムアルデヒド（甘さを伴った刺激性のある香り）	◎	○	◎：蒸し物，漬物 ○：その他の加熱調理，非加熱調理	◎：乳，豆・種実，果実類 ○：その他の動物性，植物性素材	クリーム，ケーキ，果物のシロップ煮，ピクルス，シナモンティー，五香粉 ×：日本，イタリア料理
クローブ（丁子）【フトモモ科・花蕾】	オイゲノール；カリオフィレン（甘いバニラ様の清々しい香り）	◎	○	◎：炒め物 ○：その他の加熱調理，和え物，漬物	◎：果実類 ○：動物性素材全般，その他の植物性素材	肉料理，焼き菓子，ピクルス ×：日本料理
クミン【セリ科・種子】	クミンアルデヒド（カレー粉の特徴的な香り）	◎	○	◎：揚げ物，炒め物 ○：その他の加熱調理，非加熱調理全般	◎：豆，種実，果実類 ○：肉，乳類，その他の植物性素材	カレー粉，チリパウダー，チャツネ，ピクルス ◎：インド，東南アジア料理 ×：日本，中国，フランス，イタリア料理
ガーリック（ニンニク）【ユリ科・鱗茎】	ジアリルジスルフィド（辛味を伴う独特の強い香り）	○	◎	◎：炒め物，焼き物 ○：その他の加熱調理，非加熱調理全般	◎：肉，魚介類 ○：その他の動物性素材，植物性素材全般	肉，魚料理，チーズフォンデュ，ガーリックブレッド，ソース
ナツメグ（ニクズク）【ニクズク科・種子】	ピネン，サフロール（甘さを伴った芳香性のある香り）	◎	◎	◎：加熱調理全般，漬物 ○：その他の非加熱調理	◎：動物性，植物性素材全般	ひき肉料理，ケーキ，フルーツパイ ◎：ドイツ，イギリス，インド料理　×：日本料理
パセリ（オランダセリ）【セリ科・葉，茎】	アピオール，ミリスチシン（さわやかな青葉様香り）	◎	○	◎：なまもの，和え物 ○：揚げ物，焼き物，煮物，漬物	◎：動物性，植物性素材全般	マリネ，ソース，ブーケガルニ ◎：アメリカ，イタリア，イギリス料理 ×：日本，インド料理
ローズマリー（マンネンロウ）[c]【シソ科・葉】	1,8-シネオール（樟脳様のピリッとした香り）	◎	◎	◎：加熱調理全般 ×：非加熱調理全般	◎：肉，魚介類 ○：その他の動物性素材，植物性素材全般	肉，魚料理，ソース，ハーブビネガー ◎：イタリア，イギリス料理 ×：東洋料理全般
セージ[c]【シソ科・葉】	ツヨン：カンファー（ヨモギ様の強い香り，さわやかなほろ苦さ）	◎	◎	◎：揚げ物，焼き物，蒸し物 ○：煮物，炒め物 ×：非加熱調理全般	◎：卵類 ○：その他の動物性素材，植物性素材全般	肉料理（とくに豚肉料理），ソーセージ，シチュー，マリネ ◎：イギリス料理 ×：東洋料理全般
スターアニス（ハッカク）【セリ科・果実】	アネトール（甘い香り）	◎		◎：煮物，なまもの，漬物 ○：その他の加熱，非加熱調理	◎：動物性，植物性素材全般	豚肉，鴨料理，中華ちまき，五香粉 ◎：中国，東南アジア料理 ×：インド，西洋料理全般
バニラ【マメ科・さや】	バニリン（甘い香り）	◎	○	◎：焼き物，蒸し物，なまもの ○：揚げ物，煮物，その他の非加熱調理	◎：乳，卵類，穀類，果実類	クリーム，焼き菓子，チョコレート，バニラエッセンス ◎：イタリア料理 ×：東洋料理全般

a) ◎：適合性が高い，○：適合性を示す，×：適合性が低い
b) ◎：とくに適合性が高い料理，×：適合性が低い料理
c) ローズマリー，セージに含まれる非揮発性のフェノール性ジテルペン類は消臭活性を有する

表 3-59 辛味を特徴とする香辛料の調理特性

香辛料（和名）【植物分類・使用部位】	主な辛味成分	辛味感覚	辛味持続性（耐加熱性）[a]	適合調理法[b]	適合食素材[b]	使用例[c]	その他の調理特性
レッドペッパー（トウガラシ）【ナス科・果実】	カプサイシン：ジヒドロカプサイシン	ホット	◎	◎：和え物，漬物 ○：加熱調理全般，なまもの	○：動物性，植物性素材全般	麻婆豆腐，キムチ，トム・ヤム・クン，カレー料理，シシカバブ，タコス ◎：東南アジア料理	着色作用
ペパー（コショウ）【コショウ科・果実】	ピペリン	ホット	○	◎：揚げ物，焼き物 ○：その他の加熱調理，非加熱調理全般	◎：乳類 ○：動物性，植物性素材全般	肉，魚料理，スープ，シチュー，ピクルス ◎：アメリカ料理	賦香作用 矯臭作用
ジンジャー（ショウガ）【ショウガ科・根茎】	ジンゲロール：ショウガオール	ホット	○	◎：炒め物，蒸し物 ○：その他の加熱調理，非加熱調理全般	◎：豆，種実類 ○：動物性，植物性素材全般	刺身，青魚の煮物，冷奴の薬味，中華スープ，カレー料理，ビスケット，しょうが糖 ◎：日本，中国料理	賦香作用 矯臭作用
サンショウ【ミカン科・果実】	サンショオール	ホット	△	◎：非加熱調理全般 ○：加熱調理全般	◎：肉，魚介類 ×：乳類，果実類 ○：その他の動物性，植物性素材	うなぎ料理，田楽，佃煮，吸い物，木の芽和え（若葉を使用） ◎：日本料理 ×：西洋，東南アジア料理	賦香作用 矯臭作用
マスタード（カラシ）【アブラナ科・種子】	アリルイソチオシアネート[d]	シャープ	×	◎：非加熱調理全般 ×：加熱調理全般	◎：肉類 ○：その他の動物性素材，植物性素材全般	各種肉料理，ソーセージ料理，サラダ，ピクルス	賦香作用 矯臭作用 着色作用
ホースラディッシュ（西洋ワサビ）【アブラナ科・根茎】	アリルイソチオシアネート[d]	シャープ	×	◎：非加熱調理全般 ×：加熱調理全般	◎：魚介類，乳類 ○：その他の動物性素材，植物性素材全般	刺身，ざるそばの薬味，漬物，ローストビーフの薬味，カクテルソース ◎：日本，イギリス料理 ×：中国，東南アジア料理	賦香作用 矯臭作用

a）辛味持続性：◎＞○
b）◎：適合性が高い，○：適合性を示す，×：適合性が低い
c）◎：とくに適合性が高い料理，×：適合性が低い料理
d）揮発性成分，その他の成分は非揮発性

のほかに，種々の三次機能を有する．香辛料はもともと冷蔵技術のない時代に肉類の風味の低下や腐敗の防止に利用されてきた歴史がある．これは香辛料に優れた抗酸化性や抗菌性があるからである．また，多くの香辛料が漢方薬をはじめ民間薬の素材として消化器系，循環系，代謝系など種々の体調不良の改善を目的に使用されてきた．最近これらの史実から香辛料成分の生理機能解明研究が盛んに行われており，今後，香辛料が風味付けの目的だけでなく，科学的根拠に基づき，健康維持を意識して調理に利用される可能性も出てくるであろう．

表 3-60　着色作用を有する香辛料の調理特性

香辛料（和名）【植物分類・使用部位】	主な着色成分	色調溶解性	耐加熱性	適合調理法[a]	適合食素材[a]	使用例[b]	その他の調理特性
サフラン（番紅花）【アヤメ科・めしべ】	クロシン[c]	黄色水溶性	○	◎：煮物 ○：その他の加熱調理，和え物，漬物	◎：魚介類 ○：その他の動物性素材，植物性素材全般	パエリヤ，ブイヤーベース，サフランライス ◎：インド，イタリア料理，スペイン料理 ×：日本料理；中国料理：東南アジア料理	賦香作用 矯臭作用
ターメリック（ウコン）【ショウガ科・根茎】	クルクミン	黄色脂溶性	○	◎：蒸し物，炒め物，和え物 ○：その他の加熱調理，漬物	◎：豆，種実類 ○：動物性素材全般，その他の植物性素材	カレー料理，ピクルス，酒類，カラシ，たくあんの着色 ◎：インド料理 ×：日本料理；中国料理	
パプリカ（アマトウガラシ）【ナス科・果実】	カプサンチン[c]	赤橙色脂溶性	○	◎：加熱調理全般 ○：非加熱調理全般	◎：動物性，植物性素材全般	ハンガリアングーラッシュ，ローゼン・パプリカ，ドレッシング ◎：アメリカ，ドイツ料理 ×：日本料理；中国料理：インド料理	

a) ◎：適合性が高い，○：適合性を示す，×：適合性が低い
b) ◎：とくに適合性が高い料理，×：適合性が低い料理
c) クロシン，カプサンチンともにカロテノイド系色素であるが，クロシンはゲンチオビオースが2分子エステル結合しているため水溶性を示す

3. 嗜好性食品（飲料）

　嗜好性の飲料としては，茶，コーヒー，ココアなどの非アルコール飲料と，清酒，ビール，ワインなどのアルコール飲料に分けられる．

1）茶

　茶はツバキ科の常緑樹で，生の茶葉には強力な酸化酵素があり，製茶の工程での酵素作用の働きにより，図3-63のような種類に分けられる．茶にはタンニン類（渋味），カフェイン（苦味，刺激作用），テアニン（うま味）が含まれている．タンニン類のカテキンは抗ウイルス・抗菌作用，カフェインは脳神経を興奮させる覚醒作用とともに利尿作用などの機能性が示されている．茶葉と浸出液中のカフェインとタンニン量を表3-61に示す．

緑茶　不発酵茶である．新芽を蒸気または焙焼の加熱処理により酵素の活性を最初に止めてつくるため，茶葉の本来の成分や色が保たれている．葉緑素，カロテン，キサントフィル，フラボン類，アントシアンなどの色素が含まれている．ビタミンCは玉露で110 mg％，煎茶で260 mg％が含まれている．緑茶のタンニン類のなかではカテキンが75％以上を占めている．香りはアルコール類，アルデヒドおよびケトン類，テルペン系化合物である．茶の種類によって入れ方が香りや味に影響する．

　玉露や上煎茶は湯温を50～60℃の低温にし，タンニンの浸出を少なくし，

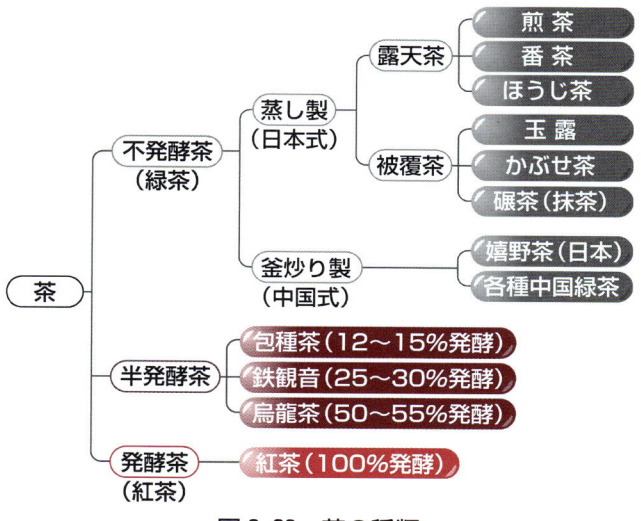

```
                                         ┌ 煎 茶
                              ┌ 露天茶 ─┼ 番 茶
                              │         └ ほうじ茶
                   ┌ 蒸し製 ──┤
                   │ (日本式)  │         ┌ 玉 露
        ┌ 不発酵茶 ┤           └ 被覆茶 ─┼ かぶせ茶
        │ (緑茶)   │                     └ 碾茶(抹茶)
        │          │
        │          └ 釜炒り製 ──┬ 嬉野茶(日本)
茶 ─────┤            (中国式)   └ 各種中国緑茶
        │
        │          ┌ 包種茶(12～15%発酵)
        ├ 半発酵茶 ┼ 鉄観音(25～30%発酵)
        │          └ 烏龍茶(50～55%発酵)
        │
        └ 発酵茶 ── 紅茶(100%発酵)
          (紅茶)
```

図3-63　茶の種類

調理科学．光生館，1984．

表3-61　非アルコール飲料に含まれるカフェインとタンニン

	カフェイン (g)	タンニン (g)
玉　　露　　茶 (100 g)	3.5	10.0
浸出液 (浸出法：茶葉10 g,60℃, 60 ml,2.5分)	0.16	0.23
煎　　茶　　茶 (100 g)	2.3	13.0
浸出液 (浸出法：茶葉10 g,90℃, 430 ml,1分)	0.02	0.07
番　　茶　　浸出液 (浸出法：茶葉15 g,90℃, 650 ml,0.5分)	0.01	0.03
抹　　茶 (100 g)	3.2	10.0
ウーロン茶　　浸出液 (浸出法：茶葉15 g,90℃, 650 ml,0.5分)	0.02	0.03
紅　　茶　　茶葉 (100 g)	2.9	11.0
浸出液 (浸出法：茶葉5 g,熱湯,360 ml,1.5～4分)	0.03	0.10
コーヒー　　浸出液 (浸出法：コーヒー粉末10 g,熱湯,150 ml)	0.06	0.25
インスタント (100 g)	4.0	12.0

日本食品標準成分表2010より

テアニン，グルタミン酸などのうま味成分を浸出させる．番茶はテアニンが少ないので，100℃でタンニンの渋味を浸出させて賞味する．抹茶は玉露を粉末にしており，茶の成分をすべて飲むことができる．水質もまた大きな影響を与え，軟水がよく，水道水は沸騰させて用いるとよい．

ウーロン茶　半発酵茶である．茶葉を萎凋して，50～55％発酵させており，中国茶の主流である．沸騰した湯を用い，2～3分おくとよい．高温でも苦渋

味が出にくい．半発酵茶のなかでもウーロン茶よりも発酵度合いの少ない包種茶ではやや緑色を残している．

紅茶　発酵茶で，発酵過程中に，茶に含まれている酸化酵素の活性が進み成分が酸化されている．発酵過程でビタミンCは失われる．浸出液の色はテアフラビン（赤色系），テアルビジン（橙褐色系，酸性が強くなると退色する）である．

　1人分紅茶約2g，湯150 mlで沸騰湯を用い，香りをいかす．良質の紅茶を用いると温度低下によりカフェインとタンニンの化合物が析出して混濁し，"クリームダウン"することがある．急冷すると防げるため，アイスティーはコップに氷を入れてから濃いめの紅茶を注ぐとよい．紅茶にレモンを入れると酸性になり，テアルビジンが退色して色が薄くなる．

2）コーヒー

　世界のコーヒー生産額の約7割がアラビカ種であり，赤道をはさんで南北緯25度がコーヒー栽培地で，コーヒーベルトとよばれる．原産地によりコーヒー豆の香味に差異があり，ブルーマウンテン，ブラジル，コロンビア，モカなど産地名がつけられている．生豆はほとんど香りがないが，乾燥した豆を200〜250°Cで15〜20分焙煎することにより香ばしい香りが生じ，焙煎条件により色・味が異なる．コーヒーの香気成分はカフェオールで，苦味成分はカフェイン，タンニンの一種であるクロロゲン酸である．コーヒー浸出液を乾燥して粉末化したものがインスタントコーヒーである．

　コーヒーの入れ方には，ドリップ式，サイフォン式，パーコレーター式などがあり，それぞれの抽出方法に見合ったコーヒー豆の挽き方は，ドリップ式では細挽き，サイフォン式は中挽き，パーコレーター式は粗挽きにする．好ましい抽出条件は，85〜95°Cで2〜5分，1人分約10〜12g，熱湯150 mlである．

3）ココア

　カカオ豆を焙焼して微粉に砕き，カカオバターを20〜25%に調整したものである．刺激成分としてはテオブロミン，カフェインを含む．糖質（42%），脂肪（22%），たんぱく質（19%）のほか，ビタミンB群，鉄分も含まれ，栄養価の高い飲料である．

　1人分ココア小さじ2杯，砂糖大さじ1杯を熱湯で少しずつ練ってから温めた牛乳を加えて飲用とする．

4）その他の飲料

果汁飲料　果汁100%のものを"天然果汁"，濃縮したものを"濃縮果汁"，果汁含有量50%以上のものを"果汁飲料"，10〜15%を"果汁入り清涼飲料"とよぶ．また，果実の砂じょう，細切りした果実を5〜30%加えたものは"果粒入り果実飲料"とする．

スポーツドリンク　最近注目されているスポーツドリンクは，各種ビタミン類，有機酸，糖類，無機質（Na・K・Ca・Mgなど）が含まれており，体液に近い組成で，運動時の水分，塩分の補給に適している．

炭酸飲料　炭酸ガスを含む発泡性飲料で，果汁，糖分，有機酸などが加えられ多種類がつくられている．無糖のソーダ水もある．

5）アルコール飲料

製造方法によって，醸造酒，蒸留酒，混成酒の3種に大別される．アルコール飲料は，食欲を促進したり，料理の味を引き立たせるために食事の際に供される．

醸造酒　原料を糖化させたものを発酵させてつくった酒で，そのままか，ろ過して飲む．アルコール度数は清酒約15％，ビール2〜5％，ワイン10〜12％である．清酒は50〜60℃で"かん"をし，味・香りをいかして飲む．ビールは10〜13℃の低温が泡の出方，香りがよく，飲むための適温である．ワインは赤ワインが約15℃，ロゼ・白ワインは約10℃が飲むための適温である．

蒸留酒　でんぷん質原料または糖を糖化・発酵・蒸留してつくる．アルコール度数はウイスキー約40％，ブランデー約40％，ウオッカ約40％，焼酎25〜35％などである．ブランデーは香りが高く，紅茶などに入れることもある．

混成酒　蒸留酒に香料，着色料，調味料などを加えて浸出させたもの．みりん，リキュール，薬酒類などがある．

また，古くから調理に用いられており，アルコール飲料の調理性としては，① 香味成分が食品の風味を増す，② 肉は軟らかくなり，テクスチャーが向上する，③ 生臭みを消す（マスキング効果），④ つや・照りが出る，⑤ 煮くずれを防ぐ，⑥ 細菌やかびの増殖を抑え，保存性を向上させる，などである．

REFERENCES section 3

1) 松本　博：製パンの科学―パンはどうしてふくれるか―．日本パン技術研究所，1980．
2) 田中康夫・松本　博(編)：製パンの科学 I　製パンプロセスの科学．光琳，1991，1995．
3) 田中康夫・松本　博(編)：製パンの科学 II　製パン材料の科学．光琳，1992．
4) 金谷昭子(編)：フローチャートによる調理科学実験・実習．医歯薬出版，1999．
5) 川端晶子・畑　明美：新栄養士課程講座　調理学．建帛社，1999．
6) 日本調理科学会：総合調理科学事典．光生館，2001．
7) 遠藤仁子(編)：調理学．中央法規，1997．
8) 川端晶子・畑　明美：Nブックス調理学．建帛社，2002．
9) 池田ひろ・木戸詔子(編)：調理学．化学同人，2000．
10) 南出隆久・大谷貴美子(編)：調理学．講談社，2000．
11) 山崎清子・島田キミエ・渋川祥子・下村道子(編)：調理と理論．同文書院，2003．
12) 品川弘子・他：調理とサイエンス．第2版，学文社，2001．
13) 長尾精一：小麦粉からみた世界の食の変化（その1）．日本調理科学会誌，35(3)：

95, 2002.
14) 長尾精一：小麦粉の知識(1)．調理科学，22(2)：44, 1989．
15) 長尾精一(編)：小麦の科学．朝倉書店，1995．
16) 科学技術庁資源調査会(編)：五訂日本食品標準成分表．大蔵省印刷局，2000．
17) 竹林やゑ子：洋菓子材料の調理科学．柴田書店，1980．
18) 菓子総合技術センター(編)：洋菓子製造の基礎と実際．光琳，1991．
19) 下田吉人・松元文子・元山　正・福場博保(編)：肉・卵の調理．朝倉書店，1978．
20) 下村道子，和田淑子(編)：調理学．光生館，2002，pp. 96〜147．
21) 大久保増太郎：日本の野菜．第5版，中央公論社，1997，p. 78, 79, 93．
22) 日本いも類研究会(編)：じゃがいも Mini 白書．(財)いも類振興会，2001，pp. 7〜12．
23) 日本いも類研究会(編)：さつまいも Mini 白書．(財)いも類振興会，2000，pp. 10〜12．
24) 大谷貴美子・三崎　旭：いも類のデンプンの消化性に及ぼすその細胞壁の影響．日本栄養食糧学会誌，38：363〜370，1985．
25) Sato, Y., Nakamura, R.：Functional Properties of Acetylated and Succinylated Egg White. *Agr. Biol. Chem.,* 41：2163, 1977.
26) 浅野悠輔，石原良三(編著)：卵—その化学と加工技術—．3版，光琳，1999，pp. 111〜158．
27) 中村　良(編)：卵の科学．朝倉書店，1999，pp. 1〜112．
28) 渋川祥子・杉田浩一・他：新エスカ21調理学．同文書院，1988，p. 162．
29) 中村　良・佐藤　泰：鶏卵卵白の泡立ちに関する研究（第3報）卵白構成蛋白質の起泡力．日本農芸化学会誌，35：38, 1961．
30) 福場博保・下村道子・他：調理学．朝倉書店，1980，pp. 129〜139．
31) 厚生省生活衛生局：卵によるサルモネラ食中毒の発生防止に関する部会報告．1998，p. 24．
32) 石松成子・鎹　吉・外西壽鶴子：NEW 基礎調理学．医歯薬出版，2000．
33) 今井忠平：卵とサルモネラ食中毒，栄養と健康のライフサイエンス，3(4)：32〜37, 1998．
34) 並木満夫・中村　良・川岸舜朗，渡邊幹二(編)：現代の食品化学．三共出版，1985．
35) 日本油化学協会(編)：改訂二版油脂化学便覧．丸善，1971．
36) 小原哲二郎(編)：最新食品加工講座　食用油脂とその加工．建帛社，1981．
37) 杉田浩一・他(編)：新編日本食品事典，医歯薬出版，1989．
38) 細谷憲政(編著)：加工食品と栄養．第一出版，1983．
39) 田中武夫：食の科学—特集食品保存の知恵と科学．286 (12)：24〜31, 2001．
40) 矢野俊正・他(編著)：調理工学．建帛社，1996．
41) 河野友美・他(編)：調理科学事典，医歯薬出版，1978．
42) 森田潤司・他：食品学総論，化学同人，1999．
43) 現代食生活研究会(編)：現代食生活のためのクッキング，化学同人，2002．
44) 江崎節子・他：新小児栄養実習書，医歯薬出版，2001．
45) 橋本慶子・島田淳子(編)：調理化学講座6　食成分素材・調味料．朝倉書店，1993．
46) 武政三男：スパイスのサイエンス PART 2. 文園社，2002．
47) 武政三男・園田ヒロ子：スパイス調味事典．幸書房，1997．
48) 久保田紀久枝・森光次郎(編)：食品学—食品成分と機能性．東京化学同人，2003．

section 4

調理と嗜好性・おいしさ

- *chapter* 1　調理と味
- *chapter* 2　調理と香り
- *chapter* 3　調理と色
- *chapter* 4　調理とテクスチャー・レオロジー
- *chapter* 5　食味の評価と官能検査
- *chapter* 6　食のデザイン・コーディネート
　　　　　　（食事計画・供食）

人間の食べ物にとって，"おいしさ"は実質上もっとも重視されるものであり，おいしさとは食物の嗜好性のことである．おいしさの構成にはさまざまな視点があり，それぞれに詳細に論議されている．一般的に，おいしさを構成するものの中心に化学的な味覚，いわゆる"味"を据えている．その周辺に，化学的要因，物理的要因，生理的要因，心理的要因，環境的要因などがあり，これらが関連しあって，おいしさ・嗜好性の形成にかかわっていると考えると理解しやすい．また，調理はこれらの要因を踏まえたおいしさの表現でありたい．

化学的要因　　狭い意味での味，化学的な味覚に相応するのが，5味—甘味・酸味・塩味・苦味・うま味の5つの呈味成分である．色，香りに相当する色素，香気成分もこれに含まれる．つまり色，味，香りの原因物質である．

物理的要因　　簡単にいえば食物のテクスチャーあるいは物性ということになるが，食物の外観，色，品温，テクスチャー，弾性・粘性・粘弾性などの力学的性質，咀嚼するときの音などである．

　以上の2要因は食物の色，味，香り，テクスチャーなど食物自体の属性の問題である．これらは「chapter 1 調理と味」，「chapter 4 調理とテクスチャー・レオロジー」で述べられることになる．

　次に，その食物を食べる人間の側の感覚器官と感覚に影響するものとして，生理的および心理的要因がある．

生理的要因　　人間の味覚受容機構とその変化，感覚器官に影響を及ぼすいろいろな生理的条件で，健康状態，加齢などであり，味覚の相互作用などもある．

心理的要因　　感覚器官そのものではないが，心理状態が関係する．感情・嗜好・食習慣など，摂食に影響するさまざまな心理的な条件である．

　生理的・心理的な面は「chapter 5 食味の評価と官能検査」で触れることになる．

　またさらに，食べ物と人の周りのものとして環境的な要因がある．

環境的要因　　気候風土，食事環境，食習慣，食情報など，人と食べ物には，これを取り巻く多くの環境要因がある．これらは社会的・文化的でもあり，いわゆる嗜好の形成にかかわるものである．本書では，この環境的要因を主としてsection 6において述べるが，このsectionにおいても若干触れる．

　また，おいしさは食品の二次機能とされ，色，味，香り，テクスチャーで構成されるものとして扱われることが多く，以下，順次それに従って述べる．

chapter 1 調理と味

　味覚は，人間が心理的かつ身体的に食べ物を受け入れるかどうかを判断する重要な感覚である．味覚は，味物質が口腔内の味細胞に接触して受容されることにより生じた信号が，大脳の味覚野で知覚されることによって成立する．

　味細胞は，味蕾とよばれる組織中に存在し，味蕾の大部分は，舌に小さく突き出した乳頭に収まっている．味物質は，味蕾上部の味孔から侵入して味細胞を刺激する．味蕾のある舌のすべての領域ですべての味質を感じることができる[1]が，舌上の各味質に対する味覚感受性は均一ではなく，部位によって異なる[2]．しかし，長年定説とされてきた味覚地図（甘味は舌先端，酸味は側面，苦味は奥，塩味は舌縁に沿って感じる）のような明確な区分はない[3]．

1. 主な味

　1916年，ヘニング（Henning, H.）[4]が甘味，鹹（塩）味，酸味，苦味の4つの味を基本味（原味）とする味の四面体説（図4-1）を唱えて以来，この4基本味の考え方は国際的に受け入れられてきた．しかしその後，グルタミン酸ナトリウムの呈する味，すなわち"うま味"もほかの基本味とは独立した基本味であることが，官能評価と神経生理学的手法によって証明され，現在，

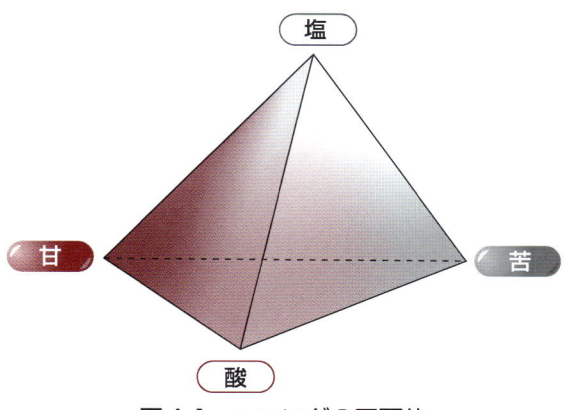

図4-1　ヘニングの四面体
Henning, H. : *Z. Psychol*., 74：203，1916.

表 4-1　5 基本味の閾値

味の種類	呈味成分	濃度（％）
甘　味	ショ糖 ブドウ糖	0.1〜0.4 0.8
酸　味	酢　酸 クエン酸	0.0012 0.0019
塩　味	塩化ナトリウム（食塩） 塩化カリウム	0.25 0.03
苦　味	カフェイン 硫酸キニーネ	0.03 0.00005〜0.0003
うま味	L-グルタミン酸ナトリウム 5′-イノシン酸ナトリウム	0.03 0.025

小俣　靖："美味しさ"と味覚の科学．日本工業新聞社，1986，p.124.

味は5つの基本味に分類されている．

　5つの基本味についての閾値（感知できる最低濃度）は，呈味物質によって異なるが，一般に，甘味，鹹（塩）味，うま味物質の閾値は高く，酸味，苦味物質の閾値は低い（表4-1）．

甘味　単糖類や二糖類は一般的に甘味を呈し，代表的な甘味物質はショ糖である．糖類の甘味強度は，その構造によって異なり，ブドウ糖はα型がβ型の1.5倍甘く，果糖はβ型がα型の3倍甘い．果糖の甘さが低温で強くなるのは，低温ではβ型の比率が高くなるためである．ショ糖は，構造上α型とβ型の相互変化がないため，安定した甘味を呈する．ただし，140℃以上で加熱すると加水分解を起こし，転化糖（ブドウ糖と果糖の混合物）となり，甘味が1.2〜1.3倍強くなる．このほか糖の誘導体，アミノ酸，アミド類など甘味を有する物質がある．代表的な甘味物質の種類と特徴を**表4-2**に示す．

鹹（塩）味　鹹（塩）味の主体は塩化ナトリウム（食塩）であり，鹹（塩）味の発現には，ナトリウムイオンと塩素イオンの双方を必要とする．現在のところ，純粋な鹹（塩）味を呈するのは塩化ナトリウムだけで，ほかの塩類は雑味・苦味を呈する．食塩摂取制限のため，塩化カリウムを食塩の代用にすることがあるが，比率が高くなると食品の好ましさを損なう．しかし，高度に精製された塩化ナトリウムの味がもっとも好ましいわけではなく，ごく微量の不純物を含んだ塩のほうが，味に深みがあるとされる．一般的に好まれる食塩の標準濃度は，生理食塩水と同じ0.8〜0.9％であり，普通の塩味の1/2以下に下げると食べにくい．また，同一濃度であっても低温になるほど鹹（塩）味を強く感じる傾向がある．

酸味　溶液中に解離している水素イオンによって酸味を生じる．しかし，酸味の強さは，必ずしも水素イオン濃度と比例しない．食品中の酸味は，酢酸（食酢），クエン酸（梅・柑橘類），乳酸（乳酸菌飲料・漬物），酒石酸（ぶどう）などの有機酸による．酸味は，食物にさわやかさを加味し，食欲を増進させる．また，肉体疲労時は，酸味に対する嗜好が上昇する[5]．

苦味　苦味は一般に好まれず，調理において苦味を呈する不味成分は，"ア

表 4-2 甘味物質の種類と特徴

分類	甘味物質	甘味度*	甘味の特徴
糖類	ショ糖	1.0	優れた甘味
	異性化糖	0.7～0.9	さわやかであっさりした甘味
	ブドウ糖	0.6～0.8	さわやかな清涼感のある甘味
	果糖	1.2～1.3	温度が低いほど甘味は強くなる
	麦芽糖	0.3	コクのある甘味
	D-キシロース	0.6～0.8	さわやかで後味がよい
ショ糖誘導体	パラチノース	0.4～0.5	ショ糖に近い甘味
	フラクトオリゴ糖	0.3	ショ糖にきわめて近い甘味
糖アルコール	マルチトール	0.8	まろやかな甘味
	ソルビトール	0.5～0.8	さわやかな甘味
配糖体	ステビオサイド	300	特有の後味や苦味が残る
	グリチルリチン	170～250	特有の後味が残る
アミノ酸系	アスパルテーム	180～200	ショ糖によく似た自然な甘さで，あっさりした後味
化学合成物	サッカリン	200～500	苦味がある

* ショ糖の甘味を 1.0 とする． 畑 明美・川端晶子：調理学．建帛社，1990，p.26．

ク抜き"して除去する．しかし，カフェイン（茶，コーヒー），カテキン（茶），テオブロミン（チョコレート，ココア）などの苦味物質は，わずかに含まれることによって嗜好性を高める．

うま味　うま味とは，一般に用いられる"おいしいと感じる味"の意味ではなく，"グルタミン酸ナトリウムの呈する味"を意味する．このように味質の名前が，従来から食の嗜好性にかかわる言葉として用いられていた"うま味"と命名されたのは，うま味物質が，それ単独では決しておいしい味ではないにもかかわらず，種々の味の混合効果を好ましい方向に誘導し，総合的に嗜好性を高めるという特性を有するからである．グルタミン酸ナトリウムは，昆布だしのうま味成分として知られているが，このほかに代表的なうま味物質として，5′-イノシン酸ナトリウム（かつお節）と5′-グアニル酸ナトリウム（干ししいたけ）などがある．これらのうま味物質は，だしやスープに豊富に含まれているだけでなく，広く動植物由来の食材に含まれている．

その他の味　5 基本味のほかに日常的に使う味の表現に，渋味，辛味，えぐ味，金属味などがあり，それぞれの味を生じる原因物質が同定されている（表4-3）．これらはいずれも，基本味とは知覚様式が異なり，味覚とほかの感覚との複合感覚（渋味：味覚＋粘膜収斂感，辛味：味覚＋痛覚・温覚）と考えられる．また"コク味"はおいしさを示す言葉のひとつとしてよく用いられるが，味（もしくは風味）の持続性，濃厚感，広がりがあることを意味する．メイラードペプチドなどにその作用が見出されている．

2. 味の相互作用

食品素材中には種々の呈味物質が存在しているが，さらに調理操作を加え

表 4-3 基本味以外の味の原因物質

味	食物または刺激物	物 質 名
渋味	渋柿・茶	タンニン類
辛味	とうがらし	カプサイシン
	しょうが	ジンゲロン，ショウガオール
	こしょう	シャビシン
	さんしょう	サンショオール
	からし	アリルイソチアネート
えぐ味	たけのこ・さといも	ホモゲンチジン酸
金属味	重金属	重金属イオン

表 4-4 味の相互作用

分類	混合した味刺激 （多）＋（少）	呈味の変動	例
対比効果	甘味 ＋ 塩味 酸味 ＋ 苦味 うま味 ＋ 塩味	甘味を強める 酸味を強める うま味を強める	しるこ，すいかと食塩 レモネード 澄まし汁
抑制効果	苦味 ＋ 甘味 塩味 ＋ 酸味 酸味 ＋（塩味/甘味） 塩味 ＋ うま味	苦味を弱める 塩味を弱める 酸味を弱める 塩味を弱める	コーヒー，チョコレート 漬け物 すし酢 しょうゆ，塩辛
相乗効果	うま味 （MSG＋IMP）* うま味 （ショ糖＋サッカリン）	うま味が強くなる 甘味が強くなる	こんぶととかつおぶしの だし汁 粉末ジュース
変調効果	先に味わった呈味物質の影響で，あとに味わう 食べ物の味が異なって感じられる現象		濃厚な食塩水を味わった 直後の水は甘く感じる
順応効果	ある強さの呈味物質を長時間味わっている と，閾値が上昇する現象		甘いケーキを続けて食べ ると，甘味の感度が鈍る

＊ MSG：L-グルタミン酸ナトリウム，IMP：5′-イノシン酸ナトリウム

畑 明美・川端晶子：調理学．建帛社，1990，p.33．

ると，呈味物質の増減や新たな呈味物質の生成が起こり，また，調味料によって新たな味も付与される．そのため，供卓された料理の味は，単一の味ではなく，それぞれの味が複合されて形成されている．このとき，各呈味物質によって生じる味が単純に足されるのではなく，味質間で相互作用が起こり，呈味力に変化が生じる場合がある（表 4-4）．そのため，各呈味物質の定量値と感覚値は必ずしも一致しない．

対比効果　2つの刺激を同時にもしくは継続的に与えたときに，一方の刺激が他方刺激の強さを変える現象である．2つの刺激を同時に与えた場合を同時対比，継続して与えた場合を継時対比とよぶ．

抑制効果（相殺効果）　2種類の味を混ぜたときに，一方もしくは両方の味が抑制される現象である．

相乗効果　2種類以上の呈味物質を同時に与えたとき，その呈味強度が，両者の和以上に掛け算的に増強される現象．グルタミン酸ナトリウムとイノシン酸ナトリウムには，顕著なうま味の相乗効果が認められる（図 4-2）．こ

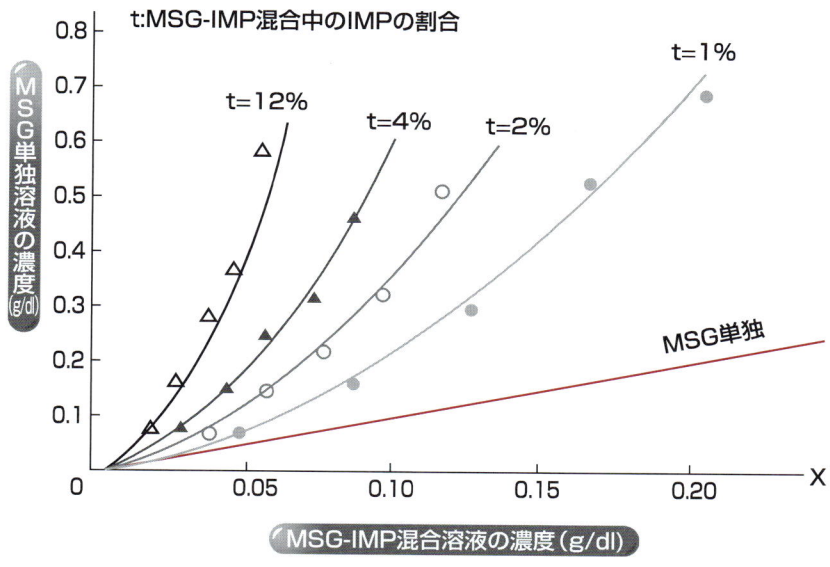

図 4-2　MSG と IMP の配合割合とうま味の強さ

古川秀子：おいしさを測る．幸書房，1994, p.87.

の相乗効果によって生じたうま味強度は，以下の式を用いて，グルタミン酸ナトリウム単独濃度で示すことができる．

$$y = 1200\,uv + u \quad (u：MSG\,\%,\ v：IMP\,\%)^{6)}$$

変調効果　先に味わった味の影響で，あとに味わう味の味質が著しく異なって感じられる現象である．するめいかを食べたあとのみかんが苦く感じられるのはこの現象である．

また，味受容体の機能そのものを変化させ，変調現象を引き起こす味覚変革物質が見いだされている．ミラクルフルーツを食べたあと，酸味のある食品を食べると非常に甘く感じる．これは，ミラクルフルーツに含まれるたんぱく質ミラクリンが甘味受容体の近くに接着したあと，酸によって味細胞膜の構造が変化し，ミラクリンが甘味受容体に結合するためであると考えられている．さらに，ギムネマ酸には甘味抑制効果が，フォスファチジン酸には苦味抑制効果があることが知られている．

順応反応　同じ刺激に長くさらされることによって，その刺激が感じられなくなる（その物質に対する閾値が上昇する）現象をさす．

chapter 2 　調 理 と 香 り

1．食品材料の香り

　食品材料のもつ天然の芳香は料理には欠かせないものである．それらを料理に使うことによって味や香りに特徴が出て，食欲がそそられる料理となる．そのような料理は季節感を醸し出し，また地域性を出すものでもあり，食べる人の心の癒しともなるものである．

　近年，ハーブがアロマセラピーにも使われ，話題となってきている．香りは気化して初めて人の鼻でにおいとして感じられるものであるが，気化は食材をたたく，する，切る，温めるなどの調理操作でさらに強められる．人の鼻の感度は非常に鋭く香りをかぎ分けることができるが，それぞれの食品がもつ香りの成分については主にガスクロマトグラフ/質量分析装置（GC/MS）で分析される．

1）香りの分析法

　GC/MSによる分析方法の一例をあげる．
　【魚の揮発性成分の場合】
成分の抽出　　試料を細切し，30℃の湯浴上で揮発性成分を発生させ，それを吸着剤を充填したカラムに導入して吸着させる．カラムから成分をエーテル抽出し，低温で一定容に濃縮する．また，減圧水蒸気蒸留法で抽出してもよい．
成分の分析
　①GCによる分析：検出器には水素炎イオン化検出器（FID）を用いる．カラムは揮発性成分をよく分離するキャピラリーカラムを用い，フィルムはDB-WAXとする．カラム温度は50℃〜230℃に設定し，3℃/分で昇温させる．キャリアガスはヘリウムとし，30 ml/分の流速とする．試料をマイクロシリンジでカラムに注入し，分離された成分のマススペクトルをGC/MSで分析する．
　②GC/MSによる分析：イオン源温度は230℃とし，イオン化電圧は70エレクトロンボルトに設定し分析する．

表 4-5　食品材料のもつ特徴的な香りの成分

主な料理	食品材料名	特徴的な香りの主成分
和風料理	さんしょう	α-ピネン，ゲラニオール，シトロネラール
	しょうが	フェランドレン，ジンゲロール，ジンジベレン
	しそ	ペリラアルデヒド，リモネン，リナロール
	よもぎ	1,8-シネオール，α,β-ツヨン
	ふき	1-ノネン，フキノン
	しゅんぎく	α,β-ピネン，カンフェン，ミルセン
	みつば	ミルセン，α,β-ピネン，リモネン
	ゆず	β-エレメン，ネロリドール
	緑茶	シス-3-ヘキセノール，シス-3-ヘキサン酸ヘキセニル
	まつたけ	1-オクテン-3-オール，桂皮酸メチル
	桜の葉（塩漬け）	β-フェニルエチルアルコール，アニス酸メチル
洋風料理	たまねぎ	ジプロピルジスルフィド，ジプロピルトリスルフィド
	セロリ	β-セリネン，リモネン，3-ブチルフタライド
	パセリ	ミリスチシン，アピオール
	月桂樹	1,8-シネオール，α,β-ピネン，リナロール
	こしょう	α,β-ピネン，フェランドレン，リモネン
	オレガノ	チモール，カルバクロール
	ナツメグ	α-ピネン，オイゲノール，ミリスチシン
	レモン	β-ピネン，シトラール，リモネン
	シナモン	シナミックアルデヒド，リナロール
	バニラ	バニリン，バニリルエチルエーテル
	コーヒー	2-フルフリルチオール，2-エチル-3,5-ジメチルピラジン
中国風料理	ねぎ	ジプロピルジスルフィド，ジプロピルトリスルフィド
	にんにく	ジアリルジスルフィド，ジアリルトリスルフィド
	八角	アネトール，メチルチャビコール，リモネン
	ういきょう	アネトール，フェンコン，リモネン
	ジャスミン	酢酸ベンジル，ジャスモン，ジャスミンラクトン
	ごま油	硫化水素，メタンチオール

亀岡　弘・古川　靖：香りと暮らし．裳華房，1994, pp.6〜124.

成分の同定　試料のマススペクトルと標準物質のマススペクトルの一致したものをその成分として同定する．しかし，機器分析では検出できない微量成分がその食品のキー成分となっていることがあるので，近年，機器分析とフレーバーリストによる官能評価を連動させたオルファクトメトリー法（GC/O）が用いられてきている．

2）香りの種類

　香りの主成分は，大別するとアルコール類，アルデヒド類，酸類，エステル類，含窒素化合物，含イオウ化合物などに分かれる．食品のもつ芳香は１種類ではなく，これらを組み合わせたものであるが，そのなかには特徴的な成分をもつものもある．
　和風料理，洋風料理，中国風料理において使われる芳香をもつ食品材料の特徴的な成分を表 4-5 に示した．

2. 調理によって生ずる香り

する，たたきつぶす，切る，加熱するなどの調理操作によって，元の素材のもつ香りがより強くなる．また，調理する過程でいくつかの食材の成分同士や菌類，酵母などが反応して生じる香りもある．それらにはたとえば，焼き菓子類の焼き臭，カラメルの香り，魚の蒲焼き臭，焼き肉臭，バター臭など加熱によって生じる香りや，漬物やなれずし，みそ，しょうゆ，納豆，チーズなど発酵によって生じる発酵臭，肉類や魚介類の鮮度低下臭などがある．

1）香りを強める調理操作（する・おろす・たたく・切る・加熱するなど）

食品をすったり，たたいたり，切ったりすることにより，食品の組織がつぶれ，表面積が大きくなるために揮発性成分がより出やすくなる．

煎りごまや乾燥させたさんしょう，こしょうなどは，することによって香りが強くなり，ゆず皮やレモンの皮はおろすことにより香りが強くなる．生のさんしょうの葉は両手ではさんでたたくことにより，かたちを維持したまま香りの成分を強くすることができる．また，ゆでたよもぎは刻みにくいので，すり鉢ですったり，包丁でたたいたりすると香りが強くなる．たまねぎやにんにくのみじん切り，ねぎの小口切りなども表面積を大きくして香りの揮散を促すものである．同じような理由で，洋風料理に使われるハーブ類の乾燥葉は，みじん切りにしてある場合が多い．

さらに，加熱により揮発性成分はより出やすくなる．すったり，切ったりしたものを加熱するとさらに効果的であるが，最終的に食べずに取り出す場合は，スープストックに入れるローリエ，中国風の煮込み料理に使われる八角や実ざんしょうなどのように，取り出しやすいかたちで使用する．

2）焼き臭

焼き臭には芳香のするものが多いが，それらには食品の成分に由来する焼き臭，メイラード反応による香り，たれの焦げ臭，エッセンスによる香りなどがある．

魚や肉の焼き臭は，魚や肉が加熱されることにより，主として含まれている脂肪が融けたり，焦げたりして焼き臭が発生する場合が多い．脂質含量の多い旬のさんまやいわし，牛の霜降り肉，鶏の骨付きもも肉などは，焼くことにより油のうま味と焼き臭が出て食欲がそそられる．素焼きではなくたれをつけて焼く照り焼きや蒲焼き，マリネ液に漬け込んでおいて焼くバーベキューなどは，たれやマリネ液の焦げ臭がプラスされる．うなぎ蒲焼きの香気成分は調味液に由来したフルフラール類やフェニルアセトアルデヒド，エチルアルコールなどである[7]．また，ムニエルなどではバターの焦げ臭がプラスされる．カスタードプディングのカラメルソースに使われるカラメルは砂糖

表 4-6 主なマスキング材料の使用法

マスキング材料	使われる料理	使用方法
バニラ	洋菓子類	卵の臭みを消すために生地に混ぜて焼いたり，ゾルに混ぜて冷やしゲルにする．
オレガノ	イタリア料理	肉や魚の臭みを消すためにトマトとともに入れて煮込む．
ローリエ	洋風煮込み料理	肉や魚の臭みを消すために煮込みのときに入れる．スープストックをとる際にも使用．
さんしょう（実，葉）	和風・中国風煮魚	魚や卵の臭みを消すために途中で入れる．
土しょうが	和風，中国風の肉・魚料理	肉や魚の臭みを消すために煮魚の途中で入れたり，肉や魚の揚げ物の下処理時に入れる．
ナツメグ	洋風挽肉料理	肉の臭みを消すために材料に混ぜ込む．
にんにく	肉・内臓料理	肉や内臓の生臭みを消すためにみじん切りやすりおろしにして加える．
ホースラディッシュ	ローストビーフ	肉の生臭みを消すためにおろして添える．
からし	ソース，酢みそ	肉や魚の生臭みを消すために．洋風料理ではソースに使われたり，和風料理では刺身につける酢みそなどに入れる．
わさび	刺身	魚の生臭みを消すためにおろして刺身につける．

の焦げ臭で，フルフラールが主となっている．ケーキ類の焼き臭は，使われているバターやエッセンスなどの揮発性成分と，メイラード反応により発生する成分が主なものである．

3）発酵臭

漬物や納豆，みそ，しょうゆ，チーズなど，日常日本の食卓に上る料理や調味料には発酵食品が数多くみられる．これらのほかに，地域性があるが，なれずしや塩辛，くさや，しょっつるなども優れた調理加工法をもった発酵食品である（図4-4）．日本では温暖で湿潤な気候を利用して，古くからいろいろな発酵食品がつくられ利用されてきた．貯蔵性を増すための塩蔵などが行われるとやがて発酵も起こり，ますます貯蔵性が大きくなる一方で，独特の香りが醸し出される．

野菜のぬか漬けの香りはアルコール発酵，乳酸発酵およびそれらの生成物のエステルによるものであるが，塩分が多すぎたり気温が低かったりして乳酸発酵が進まないと，酪酸発酵が起こりやすく臭みの強い漬物になる．なれずしのなかでも，ふなずしはふなの漬物であり，塩蔵後，飯で漬けて乳酸発酵をさせたものである．ふなずしの主な揮発性成分はカプロン酸（ヘキサン酸），酪酸（ブタン酸），酢酸などの酸類と，ブタノール，ヘキサノール，エタノールなどのアルコール類およびエステルのヘキサン酸エチルである．納豆の強いにおいの主成分はピラジン化合物やジアセチルなどであるが，過発酵するとアンモニア臭などの不快臭が増す．みその香気はイソアミルアルコールなどのアルコール類やマルトール，カラメル様香気をもつフラノン類が主なもので，加熱により揮散するため，みそ汁はみそを入れてから煮込まないことが大切である．しょうゆの香気はみそと同じようなエチルアルコールやフラノン化合物のほか，4-エチルグアヤコールなどによるものである．チ

図 4-4　ふなずし

ーズの主なにおい成分はメタンチオール，酪酸，カプロン酸などである．

4）鮮度低下臭

　食品は一般に鮮度低下に伴って揮発性成分が増加する．魚介類や鳥獣肉類は死後，筋肉の自己消化に続いて細菌による腐敗が起こる．自己消化の段階まで揮発性成分の発生は比較的少ないが，その後鮮度低下に伴い，いわゆる生臭いにおいが生成される．

　海産魚の主な鮮度低下臭はトリメチルアミンやジメチルアミン，アセトアルデヒドなどで，これらが混ざり合って生臭いにおいが生成される．淡水魚にはトリメチルアミンの前駆物質がきわめて少なく，淡水魚の生臭いにおいは，従来ピペリジンやピラジン類であるとされていた．しかし，揮発性成分の分析技術が進歩し，いまではエチルフォメートやエチルアセテート，ブタノール，1-オクテン-3-オールなどの増加が確認されている．

5）においのマスキング

　調理の際，魚介類や肉類の生臭いにおいなどいやなにおいを消したり，わからなくしたりすることをマスキングという．マスキングには香りの強い香味野菜類やそれらのエッセンスを用いることが多い．表4-6にその一例を示した．

chapter 3 調 理 と 色

　料理の彩りは視覚を通して食嗜好性を高める効果がある．したがって，食品素材本来の色をいかに保持し，あるいは調理過程で生成する好ましい色をいかに利用し，好ましくない変色をいかに抑制するかは，嗜好性を高めるうえで重要な要素である．そのためには，食品素材のもつ色素成分の化学構造と性質を把握することが肝要である．

1. 食品材料の色

　食品の色は素材中に含有される色素成分に起因しており，化学構造から分類するとポルフィリン系色素であるクロロフィルとヘム色素，カロテノイド系色素，フラボノイド系色素などがある．色素成分は分子内に共役二重結合を有し，その共役系の長さや酸素，窒素など孤立電子対をもつ原子を含む官能基（OR，NR_2，C＝O など）が発色に関与している（図4-5）．各色素は特有の吸収スペクトルを示すため，簡便には分光光度計による吸光度測定，より精密には紫外・可視分光計を装着した高速液体クロマトグラフィーを用いて色素を分離・定量できる．

1）ポルフィリン系色素

クロロフィル　クロロフィルは脂溶性の緑色色素で，ポルフィリン環の中心に Mg^{2+} が配位した分子内錯塩である．部分構造の異なる5種類のクロロフィルが食品から見いだされているが，緑黄色野菜や未成熟の果実，香草系香辛料，緑藻類にはクロロフィルa(青緑色)とb(黄緑色)がおよそ3：1〜2：1の割合で含まれている．

ヘム色素　ポルフィリン環の中心に Fe^{2+} が配位した分子内錯塩（ヘム）を含む有色化合物を総称してヘム色素という．食肉やまぐろ，かつおなどの赤身魚の肉の色は，1分子のポリペプチド鎖（グロビン）に1分子のヘムが結合した分子量約17,500のヘム色素たんぱく質であるミオグロビンが大きく関与している．

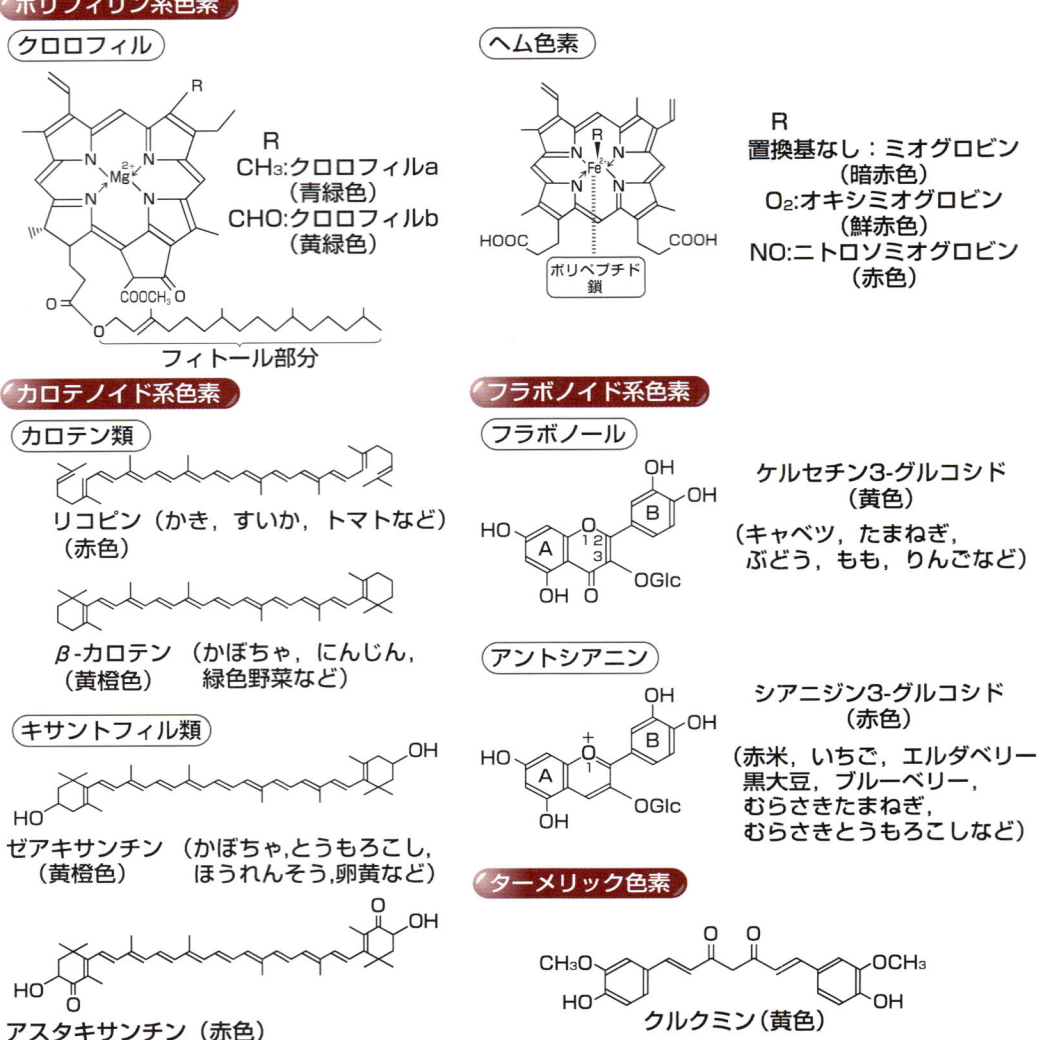

図4-5 食品に含まれる色素の構造例

ポリフィリン系色素

クロロフィル
R
CH$_3$：クロロフィルa（青緑色）
CHO：クロロフィルb（黄緑色）
フィトール部分

ヘム色素
R
置換基なし：ミオグロビン（暗赤色）
O$_2$：オキシミオグロビン（鮮赤色）
NO：ニトロソミオグロビン（赤色）
ポリペプチド鎖

カロテノイド系色素

カロテン類
リコピン（かき，すいか，トマトなど）（赤色）
β-カロテン（かぼちゃ，にんじん，緑色野菜など）（黄橙色）

キサントフィル類
ゼアキサンチン（かぼちゃ，とうもろこし，ほうれんそう，卵黄など）（黄橙色）
アスタキサンチン（赤色）（えび，かに，さけ，ますなど）

フラボノイド系色素

フラボノール
ケルセチン3-グルコシド（黄色）
（キャベツ，たまねぎ，ぶどう，もも，りんごなど）

アントシアニン
シアニジン3-グルコシド（赤色）
（赤米，いちご，エルダベリー黒大豆，ブルーベリー，むらさきたまねぎ，むらさきとうもろこしなど）

ターメリック色素
クルクミン（黄色）

2）カロテノイド系色素

　野菜や果物類，海藻類に広く含まれている黄，橙，赤色を呈する脂溶性色素であるカロテノイドは炭素数40個からなるテルペンで，分子中に多数の共役トランス二重結合を有する．炭化水素のみからなるカロテン類と水酸基やカルボニル基を有するキサントフィル類に大別できる．動物はカロテノイドを生合成することができないが，食餌由来のカロテノイドの蓄積や体内での変換により特有のカロテノイドを有する．卵黄の黄色はルテイン，ゼアキサンチンなどに，さけやますの筋肉の色はアスタキサンチンに由来する．

3）フラボノイド系色素

炭素数15個の C_6（A環）-C_3-C_6（B環）を基本骨格とする化合物群を総称してフラボノイドという．C_2，C_3位間が不飽和であるフラボン，フラボノールの大部分は340 nmより長波長に吸収極大があり，淡黄色〜黄色を呈する．野菜，果物，穀類などの植物性食品に広く分布しており，配糖体のかたちで存在していることが多い．

赤キャベツやむらさきたまねぎ，なすの皮，黒豆，ベリー類などの赤紫色は，にんじんやトマトとは異なり水溶性の配糖体のアントシアニンに由来する．1位の酸素がオキソニウムイオンのかたちでフラビリウム構造を有する．このため，pH 2〜3の強酸性領域で色素は安定であるが，pH 4から中性領域では水和により無色となる．また，塩基性では青紫色に変化し，やがて分解，退色するという性質がある．

4）その他の色素

カレー粉の黄色は，主要構成香辛料のターメリック（ショウガ科）の黄色色素であるクルクミンに由来する．また，赤ビートの赤色はベタニンというドーパから生合成される配糖体に起因する．

2．調理と色の変化

1）クロロフィル

クロロフィルを酸性液中に長くおくと，分子中の Mg^{2+} が2原子の水素に置換されてフェオフィチンとなり黄褐色に変化する．

生の緑色野菜中のクロロフィルはたんぱく質と結合しており，比較的安定であるが，加熱するとたんぱく質が変性し，クロロフィルを遊離する．ほうれんそうの加熱実験では，経時的にクロロフィルが減少し，フェオフィチンが生成した（図4-6）．クロロフィルの単位時間あたりの減少率とフェオフィチンの生成量は湿式加熱（ゆでる，蒸す）のほうが乾式加熱（焼く）や電子レンジ加熱に比べて大きい．これは，湿式加熱ではほうれんそう中に存在する有機酸の溶出が乾式加熱に比べて多く酸性度が増し，フェオフィチンに変化しやすくなるためである．蒸し加熱と電子レンジ加熱では，クロロフィルの一部がピロフェオフィチン（黄褐色）に変化する現象も知られている．焼き操作，ゆで操作の場合はピロフェオフィチンの生成が認められていない．

緑色野菜を調理する場合は，クロロフィルのこのような性質から加熱時間や酸性条件下におく時間をできるだけ少なくし，色よく仕上げる工夫が必要である．

緑色野菜や海藻類を調味酢で調味する場合は，変色を防ぐため供食の直前にかけるとよい．緑色野菜をゆでる場合に湯の量が少ないと，材料を入れた

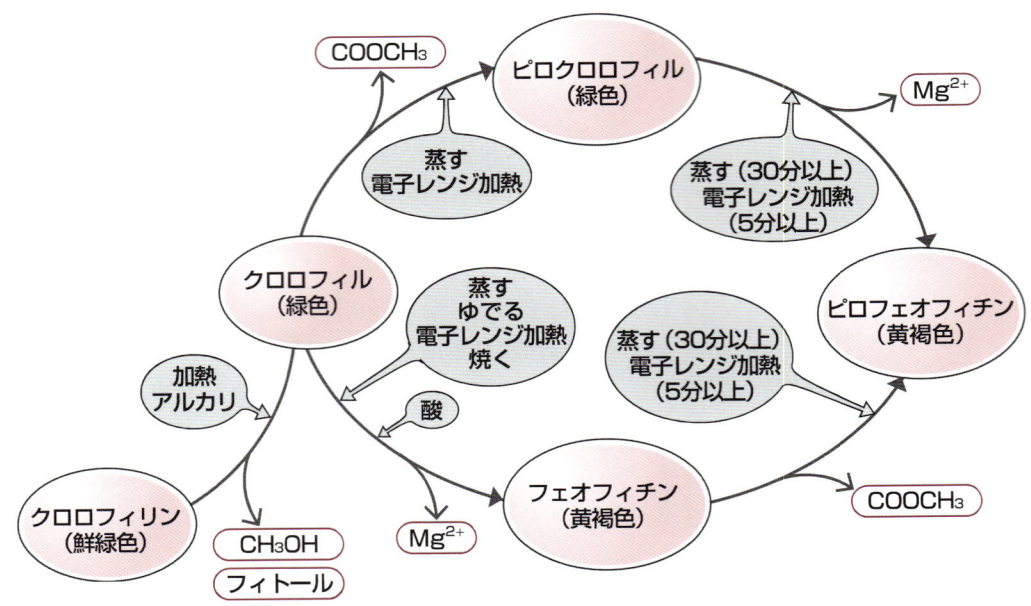

図 4-6　クロロフィルの調理操作による変化
Teng, S.S., Chen, B.H.：Formation of pyrochlorophylls and their derivatives in spinach leaves during heating. *Food Chemistry*, 65：367〜373, 1999.

ときに湯の温度が下がり，酸化酵素の作用を受けたり，酸性度が高くなるため変色しやすい．材料の5倍量くらいの沸騰水中でゆでるとよいといわれている．また，しょうゆやみそを加えただし汁は酸性を示すので，青物を用いたみそ汁などは供食間際につくり，加熱時間を短縮するほうがよい．青煮は炊き合わせに使う緑色野菜を色よく仕上げる調理法で，あらかじめ塩ゆでした野菜を煮汁につけて味を含ませる．このときの煮汁の温度が60℃以下であれば緑色が保たれるということが知られている．

　緑色を保つため，重曹などのアルカリを加えて加熱調理する場合がある．これはアルカリ条件下では脱フィトール，脱メタノール反応が起こり，濃い緑色を呈するクロロフィリンに変化するためである．しかし，アルカリにより野菜中の食物繊維（ペクチン）が溶出し軟化するため，食感が悪くなったり，ビタミン類の破壊も大きいという欠点がある．

2）ミオグロビン

　新鮮な生肉は暗赤色（ミオグロビンの色）をしているが，しばらく空気中に放置しておくと酸素が結合してオキシミオグロビンとなり，肉の表面が鮮赤色になる．放置時間が長くなるとやがて褐色に変化するが，これはFe^{2+}がFe^{3+}に酸化されて褐色のメトミオグロビンになるためである（メト化）．肉を加熱調理するとミオグロビンがメト化し，さらにたんぱく質が熱変性をするために灰褐色のメトミオクロモーゲンに変化する．ハムやソーセージなどの食肉加工品を加熱しても赤色が保たれるのは，加工品の肉の色が安定なニトロソミオグロビンとなっているためである．

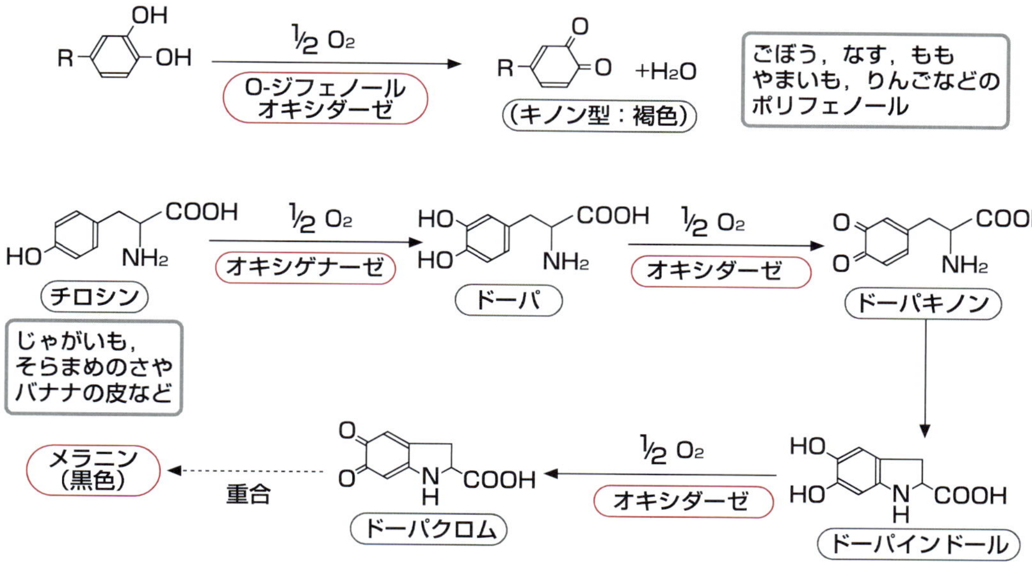

図4-7 ポリフェノールオキシダーゼによる褐変

3）カロテノイド

にんじん，かぼちゃ，トマトなどを加熱調理してもほとんど色の変化がみられないように，カロテノイドは熱や酸，アルカリに対して比較的安定である．さけやますの色もアスタキサンチン由来のため，まぐろやかつおなどの魚肉と異なり，加熱調理しても色の変化は起こらない．

かにやえびなどの甲殻類の殻にはアスタキサンチンがたんぱく質と結合して存在しており，暗緑色をしているが，加熱調理すると赤色に変色する．これは，たんぱく質の熱変性によって遊離したアスタキサンチンが酸化を受けてアスタシンという赤色の物質に変化するためである．

4）アントシアニン

アントシアニンが酸性で鮮やかな赤色を呈する性質を利用したものに梅干し，ジャムなどがある．梅干しが赤いのは，梅に含まれる有機酸で赤ジソアントシアニン（シソニン）が赤色を呈するためである．しょうがやみょうがにもアントシアニンが含まれており，酢漬けによって鮮やかな赤色となる．

アントシアニンのB環がオルトジフェノール構造を有すると，金属イオンとキレートして安定化するといわれている．なすの漬物や黒豆の煮物に鉄くぎや焼きみょうばんを加えるのはこの原理を利用したものである．

5）褐変

食品の褐変現象は食品の保存中にも生じるが，調理操作によって生じることも多い．褐変の原因には酵素的褐変と非酵素的褐変がある．

酵素的褐変　ごぼう，じゃがいも，なす，もも，やまのいも，りんごなど

を切って空気中に放置しておくと表面が褐色に変化する．これは，切る操作によって組織が傷つけられポリフェノールオキシダーゼが活性化し，食品に含まれるポリフェノールが酸化を受けてキノン型になるためである（図4-7）．酵素の基質としてカテキン類，クロロゲン酸類，没食子酸誘導体，チロシンなどがある．酵素的褐変を防止する手段として，切り口を水につけて空気を遮断する，酢やレモン汁を加えて酸性にし酵素作用をおさえるなどの方法がある．加熱すると酵素は失活するので，褐変を防ぐためのブランチングは加工上重要な工程となっている．

非酵素的褐変　カスタードプディングをはじめ製菓用に利用されるカラメルは，砂糖を170～190℃まで加熱し続けてつくる．加熱による糖の異性化，重合などにより茶褐色のカラメルが生成されるといわれている．

　食品にはアルデヒド基を有する還元糖やアミノ基を有するアミノ酸，ペプチド，たんぱく質が含まれているため，加熱調理によってアミノ-カルボニル反応（メイラード反応）が起こり，シッフ塩基を生じる．さらに，転位反応などによって種々の反応生成物を生じ，これらの重合反応により褐色の物質，メラノイジンが生成する．パンやケーキなどの焼き色，ポテトチップスの色がそれである．食品加工過程で生じるみそ，しょうゆの色もメラノイジン由来である．

chapter 4 調理とテクスチャー・レオロジー

1. 食品のテクスチャー

　食物のおいしさに関連する食感覚には化学的要因と物理的要因がある．食感覚の物理的要因とは，硬さ，歯ごたえ，口ざわりのような口の中での感触であり，これらを総称してテクスチャー（texture）とよぶ．食品のテクスチャーについての研究は，より嗜好に合う食品の開発のためばかりでなく，高齢者の介護食や病院食の開発のためにも，近年，ますますその重要性が増している．

1）テクスチャーの種類

　食品のテクスチャーは触覚などの人間の感覚によって知覚されるもので，いろいろな言葉で表現される．ツェズニャック（Szczesniak）は，この人間による食品に対する感覚を分析して，客観的に測定可能な特性に分類し，テクスチャープロファイルとして示した．このテクスチャープロファイルには，硬さ，凝集性，粘性，弾力性，付着性，もろさ，咀嚼性，ガム性などがあげられている[9]．

2）テクスチャーの測定

　テクスチャーの測定には，人間の感覚による主観的な測定方法と，機器を用いる客観的な測定方法がある．人間の感覚を用いる方法では，唇，舌，口腔粘膜，歯などが食品から受ける感覚を，官能検査により測定する．このような主観的測定は人間による食感覚を直接測定できる利点がある．しかし，測定結果の信頼性を高めるためには，官能検査の実施にあたって注意が必要である（chapter 5 参照）．

　機器によるテクスチャーの測定では，食品の特性について客観的な結果を得ることができる．この測定では，その結果ができるだけ人間の食感覚を表していることが重要であり，客観的な測定結果と主観的な測定結果との相関が高いことが求められる．テクスチュロメーターは，人間の口腔内における咀嚼をモデルとして開発された，食品のテクスチャーを測定する装置である

表 4-7 食品コロイドの種類

分散系の名称	分散媒（連続相）	分散相	食品などの例
エマルション	液体	液体	マヨネーズ，アイスクリーム，バター
泡	液体	気体	ビールの泡，ホイップクリーム
サスペンション	液体	固体	ジュース，スープ
ゾル	液体	固体	ソース，ポタージュ
ゲル	液体	固体	ゼリー，カスタードプディング
固体ゲルや固形分散	固体	液体	水で戻した乾燥寒天や凍り豆腐
固体泡	固体	気体	マシュマロ，スポンジケーキ，パン
エアロゾル	気体	液体	（スプレー）
粉末	気体	固体	ココア，インスタントコーヒー

が，この機器による測定値は官能検査による主観的測定値とよい相関をもつことが示されている[10]．

2. 食品のコロイド性

コロイドとは，連続した領域（分散媒）に粒子（分散相）が含まれたもので，コロイド中の粒子の大きさは，1 nm～0.1 μm くらいである．一般的に食品は複合物で，多くの成分から成り立っているコロイドである．食品コロイドは複雑な構造をしているために分類が困難な場合があるが，大きくみて表 4-7 のように分類できる．この表からもわかるように，身近な食品には液体，気体，あるいは固体状の粒子が液体状の分散媒に分散したコロイドが多くみられる．しかし，固体や気体を分散媒とする食品の例もまたみつけることができる．

1) コロイドの安定性

多くのコロイドは時間が経つと状態が変化する．食品の品質安定性の点で，安定な食品コロイドをつくることが問題である．

コロイド状態の変化には，凝集（aggregation），沈降，クリーミングなどがある．凝集は，コロイド粒子が互いに付着し合って固まりになることである．弱い凝集では粒子間の付着は可逆的であるが，強い凝集では不可逆的に付着しあって最終的には凝固物として析出する．

コロイドを静置しておくと，粒子（分散相）が下降，あるいは上昇してくることがある．分散相が下降することを沈降とよび，上昇することをクリーミングとよぶ．いずれもコロイドにおける分散媒と分散相の均一性が壊れた状態である．

2) ゾル

コロイドのうちで，液体の分散媒に固体の粒子が分散している流動性のある状態をゾルとよぶ．とくに分散媒が水の場合にはハイドロゾルという．

表 4-8　ゲル状食品

	成　分	食　品　例
多糖類	でんぷん ペクチン 寒天 コンニャクマンナン	くずもち，ブラマンジェ ジャム ところてん，水ようかん，牛乳かん こんにゃく
たんぱく質	卵のたんぱく質 ゼラチン 魚肉や獣肉のたんぱく質	カスタードプディング，茶碗蒸し ゼリー，ババロア かまぼこ，ソーセージ，ハム

3）ゲル

ゲルは，分散媒が液体でありながら，全体的には流動性を失って固体のような状態になったものである．主なゲル状食品の例とそのゲルの成分を表4-8に示した．この表からもわかるように，食品ゲルは多糖類やたんぱく質などの生物由来の高分子物質（生体高分子）を成分としている．

食品ゲルは，生体高分子の三次元的な網状構造でできているが，それは高分子溶液に，加熱，冷却，pHの変化，塩などほかの成分の添加などの操作を加えることによりつくられる．たとえば，卵液を加熱したり，ゼラチン液や寒天液を冷却したりすることによりゲル化が起きる．

3．食品のレオロジー

レオロジーとは，物質の流動と変形に関する科学である．食品のレオロジーでは，食品に力が加えられたときの構造の破壊や流動についての研究が行われる．また，レオロジーでは，応力（物質の表面と内部に作用する単位面積あたりの力）とひずみ（応力によって引き起された変形量）の関係を取り扱う．一般的に多くのレオロジー測定機器は，ひずみ（変形量）を変化させて，その結果生じる物質内の応力を測定している．

1）液状の食品

液状の食品のレオロジーでは粘性が重要で，大きくニュートン流体と非ニュートン流体に分けることができる．

液体のずり応力が，ずりひずみ速度に対して比例関係にあればニュートン流体とよばれる．たとえば，砂糖水の粘度の測定において，ずり速度を変えても粘度は一定である．砂糖水や清涼飲料水など，ほとんどの低分子の液体はニュートン流体である．ニュートン流体で非常に希薄な溶液の粘度は，オストワルド粘度計のような毛管粘度計で測定できる．

一方，ずり応力がずりひずみ速度に対して比例関係にない場合は非ニュートン流体とよばれる．たとえば，マヨネーズの粘度は，ずり速度が増加すると，みかけの粘度は減少する．多糖類やたんぱく質などの高分子物質の溶液

やエマルションなどは非ニュートン流体である．非ニュートン流体である食品の粘度は，コーン（円錐）とプレート（平板）を用いる粘度計や，同心円筒を組み合せた粘度計などの回転粘度計を用いて，ずり速度とずり応力の関係を連続的に変えて測定する．

食品の中にはトマトケチャップのように，振とうや攪拌によって流動性を増し，静置によって構造の回復が進んで流動しにくくなるものがある．このような現象はチキソトロピーといわれる．逆に，攪拌する力を増すとみかけの粘度が増加する現象はダイラタンシーといわれる．また，小さい応力では固体と同じように流動しないが，ずり応力が一定の値（降伏値）より大きくなると流動が始まることがあり，これを塑性流動という．マヨネーズ，クリーム，トマトケチャップなどがこの性質を示す．

2）ゲル状食品

表4-8にあげたように，多くの食品は多糖類やたんぱく質など高分子物質が水にコロイド分散したゲル状にある．このようなゲル状食品のレオロジーは機器により，静的粘弾性，動的粘弾性，破断特性などの方法で測定される．

静的粘弾性には，一定の応力により食品のひずみがどのように変化するのかを測定するクリープ測定や，一定のひずみを与えたときの応力の時間変化を測定する応力緩和測定などがある．

動的粘弾性では，ひずみや応力を一定にしないで，時間とともに変化させた場合に見られる粘弾性の挙動を測定する．多くの食品は，液体としての性質（粘性流動）と固体としての性質（弾性変形）の両方の性質をもつ粘弾性体であるので，このような液体としての特性（粘性的成分）と固体としての特性（弾性的成分）とが動的粘弾性で測定される．

破断特性では，食品に力を加えて変形させ続けたときに起こる破壊（破断）についてその特性を測定する．

chapter 5 食味の評価と官能検査

1. 食べ物の評価と官能検査

　食味は，食べ物の価値を左右する重要な要素である．食味の評価は，狭い意味で味覚と嗅覚によって行われるが，食べ物のもつ外観や触った感じも評価に大きな影響を与えている．つまり，私たちが行う食べ物の評価は人間の五感（視覚，聴覚，嗅覚，味覚，触覚）から得た情報の総合判断である．

　食べ物はほとんどの場合，複数の物質を含み，また複合的な状態にある．食味評価ではそれぞれの物質濃度を測定するだけでなく，複合状態における物質の味を人間がどのように感じとるか，を知る必要がある．そのために用いられる方法のひとつが官能検査である．

　官能検査の官能とは人間の五感のことであり，官能検査とはこの五感を一種の測定器として利用し，物を検査したり，品質を評価する手法である．人間の感覚を利用して食べ物を測定する場合，機器測定とは異なるいくつかの留意点がある．それは，① 個人差が大きい，② 同じ人間の判定にばらつきがある，③ 知覚の定量的表現に限界がある，④ 知覚に影響する要因（対象物の外観・背景，判定時の照明・雰囲気，判定者の心理状態・健康状態など）が多い，⑤ 対象物が変化しやすい，などであり，これらの条件を合理的に制御することが必要である．

　官能検査において，判定者の集団をパネル，個人をパネリストとよび，検査の目的に応じて選出される．好き嫌いを判定する嗜好テストでは主観的判断が行えるパネル，物の特性を定量的に判定するなどの分析テストでは客観的判断が行えるようなパネル，たとえば専門家パネルや訓練を受けたパネルとなる．

2. 官能検査の手法と留意点[14]

　検査の実施に先立ち，目的と検査対象によってどのような手法をとるかを選定する必要がある．次に述べるのは食物の官能検査に用いられる代表的な手法である．

2点比較法　多くの人にとって，2つの物を比較して判定することはやりやすく，ストレスも少ない．2点比較法はこのような手法であり，目的によって2点嗜好試験法と2点識別試験法に分けられる．

3点識別試験法　2種の試料を識別する場合に，一方の2個と他方の1個を1組として同時に提示し，このなかから異質の物を選ばせる方法である．パネルの識別能力判定などに利用されることが多い．

順位法　3種以上の試料のある特性（味の濃さ，硬さ，好ましさなど）に関して順位をつける方法である．一般的に，同順位をつけないよう要請して回答させる．試料の種類に原則として制約はないが，食べ物の場合，同時にテストするのは5～6種までとしたほうがパネルの負担が少ない．

評点法　パネルがもつ基準に照らして，ある試料の嗜好や特性を点数によって評価する方法である．

一対比較法　3種以上の試料の評価に際し，試料を2個ずつ組み合わせてすべての対をつくり，各対について比較判定する方法である．準備すべき試料数は増えるが，小さな差を検出しやすい，試料間の差を数値化できるなどの利点がある．

3. 官能検査の実際

1）2点嗜好試験法と2点識別試験法

(1) 事例1（酸味飲料の嗜好検査：2点嗜好試験法）
[テスト方法]　酸味の異なる飲料A，Bのどちらが好きかを回答させた．パネルは女子大学生36名で，A→Bの順に飲む人とB→Aの順に飲む人を半数ずつ割り当てた（順序効果への配慮）．Aを好む人は25名，Bを好む人は11名であった．
[解析法]　n回の繰り返し（またはn人のパネリスト）試験で，A（またはB）が選ばれる回数aは$P=1/2$の2項分布に従うので，これを利用して2者間の嗜好差を検定する（両側検定）．直接計算する方法もあるが，通常は**表4-11**の検定表により判定する．この事例では，表の$n=36$の行をみると25は有意水準5％である．したがって，AはBより5％水準で有意に好まれたと判定できる．

(2) 事例2（砂糖液の識別検査：2点識別試験法）
[テスト方法]　3％および2.5％濃度の砂糖液2種（A，B）をつくり，室温で飲ませたあと，より甘く感じる試料を30名に尋ねた．飲む順序を入れ替えて，パネリスト半数ずつを割り当てるのは嗜好検査と同様である．Bに比べAをより甘いと判定した人は18名，逆は12名であった．
[解析法]　嗜好検査の解析法と同様に行うが，検定には**表4-12**の片側検定表

表 4-11 2点嗜好試験法の検定表（両側検定表）

n	有意水準 5％	1％	0.1％	n	有意水準 5％	1％	0.1％
6	6	—	—	31	22	24	25
7	7	—	—	32	23	24	26
8	8	8	—	33	23	25	27
9	8	9	—	34	24	25	27
10	9	10	—	35	24	26	28
				36	25	27	29
11	10	11	11	37	25	27	29
12	10	11	12	38	26	28	30
13	11	12	13	39	27	28	31
14	12	13	14	40	27	29	31
15	12	13	14				
16	13	14	15	41	28	30	32
17	13	15	16	42	28	30	32
18	14	15	17	43	29	31	33
19	15	16	17	44	29	31	34
20	15	17	18	45	30	32	34
				46	31	33	35
21	16	17	19	47	31	33	36
22	17	18	19	48	32	34	36
23	17	19	20	49	32	34	37
24	18	19	21	50	33	35	37
25	18	20	21				
26	19	20	22	60	39	41	44
27	20	21	23	70	44	47	50
28	20	22	23	80	50	52	56
29	21	22	24	90	55	58	61
30	21	23	25	100	61	64	67

n＝パネリスト数（繰り返し数）
選ばれた度数の多いほうが表の値以上のとき，有意．

を使用する．表の $n=30$ の行より，18 は 20 より小さいので有意差はないと判断される．すなわち，この場合 A と B の間に甘さの差があるとはいえない．

2）順位法

[テスト方法] 市販のいちごジャム 4 種（A, B, C, D）を食べて，好ましい順に順位をつける．パネルは 30 代の女性 12 名で，結果は次のようになった．好ましさに違いがあるかを検定する．

いちごジャム判定結果順位一覧表

パネル(n) 試料(t)	①	②	③	④	⑤	⑥	⑦	⑧	⑨	⑩	⑪	⑫	計(T_i)
A	3	3	3	4	3	3	3	4	3	3	3	3	38
B	1	1	2	1	1	1	2	2	1	1	1	1	15
C	2	2	1	2	2	2	1	1	2	2	2	2	21
D	4	4	4	3	4	4	4	3	4	4	4	4	46

[検定方法] 3 種以上の試料について，パネリスト n 人の判定がどの程度一致しているかを検定するので，ケンドール（Kendall）の一致性の係数 W を

表 4-12　2 点識別試験法の検定表（片側検定表）

n	有意水準 5％	1％	0.1％	n	有意水準 5％	1％	0.1％
5	5	—	—	31	21	23	25
6	6	—	—	32	22	24	26
7	7	7	—	33	22	24	26
8	7	8	—	34	23	25	27
9	8	9	—	35	23	25	27
10	9	10	10	36	24	26	28
				37	24	27	29
11	9	10	11	38	25	27	29
12	10	11	12	39	26	28	30
13	10	12	13	40	26	28	31
14	11	12	13				
15	12	13	14	41	27	29	31
16	12	14	15	42	27	29	32
17	13	14	16	43	28	30	32
18	13	15	16	44	28	31	33
19	14	15	17	45	29	31	34
20	15	16	18	46	30	32	34
				47	30	32	35
21	15	17	18	48	31	33	36
22	16	17	19	49	31	34	36
23	16	18	20	50	32	34	37
24	17	19	20				
25	18	19	21	60	37	40	43
26	18	20	22	70	43	46	49
27	19	20	22	80	48	51	55
28	19	21	23	90	54	57	61
29	20	22	24	100	59	63	66
30	20	22	24				

n＝パネリスト数（繰り返し数）
正しく答えた数が表の値以上のとき，有意．

表 4-13　ケンドールの一致性の計数 W を検定するための表（S による検定）

n＼t	有意水準 5％					有意水準 1％				
	3	4	5	6	7	3	4	5	6	7
3	17.5	35.4	64.4	103.9	157.3	—	—	75.6	122.8	185.6
4	25.4	49.5	88.4	143.3	217.0	32	61.4	109.3	176.2	265.0
5	30.8	62.6	112.3	182.4	276.2	42	80.5	142.8	229.4	343.8
6	38.3	75.7	136.1	221.4	335.2	54	99.5	176.1	282.4	422.6
8	48.1	101.7	183.7	299.0	453.1	66.8	137.4	242.7	388.3	579.9
10	60.0	127.8	231.2	376.7	571.0	85.1	175.3	309.1	494.0	737.0
15	89.8	192.9	349.8	570.5	864.9	131.0	269.8	475.2	758.2	1129.5
20	119.7	258.0	468.5	764.4	1158.7	177.0	364.2	641.2	1022.2	1521.9

t＝試料数，n＝パネル数．
S が表の値以上のとき，有意．

使用する．

　試料 $i(i=1, 2, \cdots, t)$ につけられた順位の合計 Ti を計算し，続いて $(Ti-T)$ の平方和 S を算出する．

$$S = \sum_{i=1}^{t}(Ti-T)^2 = \Sigma Ti - n(t+1) \times 1/2^2$$

一致性の係数 W を計算する．

$$W = 12\,S \times 1/n^2(t^3-t) \qquad (0 \leqq W \leqq 1)$$

　W はパネル全員の判定が完全に一致したとき 1 となる．S の値が，表 4-13 と等しいかより大きいとき，パネルの判断が一致している，すなわち t 種の試料間の順位付けに，ある程度の妥当性があると判断する．表にない n や t に対しては F 分布を用いて検定する[15]（F 分布表は省略）．

chapter 6 食のデザイン・コーディネート（食事計画・供食）

1. 食事計画の意義

　人は生きるために食物を食べる．大人であれば朝，昼，夕の3度の食事で，小さい子どもではそこに間食が加わって，1日に必要な栄養量を確保することになる．しかし，食べたいものを食べたいだけ食べていたのでは，栄養量の確保が十分でなかったり，偏ったり，あるいは過剰にとりすぎて，肥満や糖尿病などの生活習慣病を招くことになりかねない．

　現在の日本人の栄養状態は，国民栄養調査の結果からみれば，カルシウムと鉄を除いてすべての栄養素が所要量を満たしていて，国民1人あたりの平均値としてみれば，良い状態にあるといえる．しかし，充足率からみれば，不足の人や，過剰の人もたくさんいるので，毎日の食事をおろそかにしないで，計画的に考え，実行することが，Quality of life（QOL：生活の質）の向上に繋がるものと考えられる．日本人の平均寿命が80歳を超え，人生80年といわれて久しいが，これからの高齢化社会を楽しく生き抜くためにも，毎日の食事を大事にしたいものである．

2. 献立作成

1) 食事摂取基準と食品群別食品構成

　食事対象者の構成によって必要な給与栄養目標量は異なるが，構成員1人1人の給与栄養量が満たされるよう，食事摂取基準の把握とともに構成員により，主食や主菜の量を変えるなどの配慮が必要である．給与栄養目標量に見合った献立を作成するために，栄養上，類似した食品をいくつかの食品群に分類し，必要な栄養素の目安を各食品群の摂取量で示す方式が数種類ある．それらのなかからいくつかを示す．

三色食品群　1952年ごろ，広島県庁岡田技師によって提案されたもので，三色運動として展開され，広く利用されている（表4-14）．

四つの食品群　香川式四群（表4-15）では，食品のエネルギー 80 kcal を1

表 4-14　三色食品群

群	働き	食品	栄養素
赤	血や肉になる	魚・肉類 卵 乳・乳製品 豆・豆製品	たんぱく質 脂質 ビタミンB群 カルシウム
黄	力や体温となる	穀類 いも類 油脂 砂糖	炭水化物 ビタミンA, D ビタミンB_1 脂質
緑	体の調子をととのえる	緑黄色野菜 その他の野菜 果物 きのこ 海藻	カロテン ビタミンC カルシウム ヨード

表 4-15　香川式四群点数表

群	食品	点数	目的	栄養素
1群	乳・乳製品 卵	2 1	栄養を完全にする	良質たんぱく質, 脂質 ビタミンB_2, カルシウム
2群	魚介・肉類 豆・豆製品	2 1	身体組織の構成成分	良質たんぱく質, 脂質 ビタミンA, B_1, B_2, カルシウム
3群	野菜(きのこ・海藻を含む) いも類 果物	1 1 1	体の働きを円滑にする	ビタミン類, ミネラル 食物繊維
4群	穀類(米・パン・めん) 砂糖 油脂 その他の嗜好品	9 0.5 1.5	エネルギー源	炭水化物, たんぱく質 脂質

注) 1点 80 kcal, 1日 20点目標

点とする単位で表し，1日に計20点（1,600 kcal）を基本にしている．

六つの基礎食品　戦後，厚生省（現厚生労働省）が国民の栄養指導のために作成したものである（**表4-16**）．

日本糖尿病学会食品交換表編集委員会案　糖尿病患者の食事指導用に考案された食品交換表の食品構成（**表4-17**）を，保健食の食品構成として活用するものである．80 kcalを1単位とし，1日20単位（1,600 kcal）を指示単位としたものが基本として示されている．1単位あたりの食品重量が4群6表に分類して示されており，同じ表のなかの食品であれば交換できる．保健食として献立を作成するときは，まず基本である1日20単位について，表別に使用食品の単位数を配分する．次に付加する食品を交換表の表1，表3，表5から選ぶが，とくに表3の食品の量や種類の範囲を広げるほうが望ましい．

2）献立作成の実際

(1) 献立作成の留意点

対象者の把握　誰のための献立なのか，年齢，性別，身体活動レベル，嗜

表 4-16　六つの基礎食品（厚生労働省）

	食品群	機能	栄養素	食品例	摂取目標量の目安*
1群	魚 肉・卵・大豆 大豆製品	骨や筋肉などをつくる エネルギー源となる	たんぱく質 脂質 ビタミン B_2	魚・貝・魚介加工品 獣鳥肉類・卵・大豆 豆腐・油揚げなど	魚・肉　　　　100 g 卵　　　　　　40 g みそ・大豆製品 　　　　　　70 g
2群	牛乳 乳製品 小魚類 海藻類	骨や歯をつくる 体の各機能を調節する	無機質 (Ca) たんぱく質 ヨウ素・ビタミン B_2	牛乳・スキムミルク ヨーグルト・チーズ 骨ごと食べる小魚 わかめ・ひじき・のりなど	牛乳　　　　200 g 乳製品 （牛乳に換算） 小魚　　　　　5 g
3群	緑黄色野菜	皮膚や粘膜を保護する 体の各機能を調節する	カロテン・無機質 ビタミン C	にんじん・青菜類 かぼちゃ・ピーマンなど	緑黄色野菜　120 g
4群	その他の野菜 果物	体の各機能を調節する	ビタミン C 無機質	だいこん・はくさい・きゅうり	その他の野菜 230 g 果物　　　　150 g
5群	穀類 いも類 砂糖	エネルギー源となる 体の各機能を調節する	炭水化物 ビタミン B_1	米・麦・パン類・めん類 じゃがいも・さつまいもなど	穀類（米・パン・めん） （米に換算）270 g いも　　　　100 g 砂糖　　　　　5 g 菓子　　　　20 g
6群	油脂類 多脂性食品	エネルギー源となる	脂質 ビタミン A・D	植物油・ラード・マーガリン マヨネーズ・ドレッシングなど	油脂　　　　20 g

＊ 日本人の食事摂取基準（2015年版）の18〜29歳女子の身体活動レベルⅡに基づいて作成

表 4-17　食品分類表（日本糖尿病学会）ならびに 1 日 20 単位 (1,600 kcal)/炭水化物 55 % の場合の食事指示票（例）

食品の分類		食品の種類	1単位 (80 kcal) あたりの栄養素の平均含有量			1日の指示単位	各食事へ配分された単位			
			炭水化物 (g) 1 g あたり 4 kcal	たんぱく質 (g) 1 g あたり 4 kcal	脂質 (g) 1 g あたり 9 kcal		朝食の単位	昼食の単位	夕食の単位	間食の単位
炭水化物を多く含む食品	表1	●穀類 ●いも ●炭水化物の多い野菜と種実 ●豆（大豆を除く）	18	2	0	9	3	3	3	
	表2	●くだもの	19	1	0	1				1
たんぱく質を多く含む食品	表3	●魚介 ●大豆とその製品 ●卵，チーズ ●肉	1	8	5	5	1	2	2	
	表4	●牛乳と乳製品（チーズを除く）	7	4	4	1.5	1.5			
脂質を多く含む食品	表5	●油脂 ●脂質の多い種実 ●多脂性食品	0	0	9	1.5	1.5			
ビタミン，ミネラルを多く含む食品	表6	●野菜（炭水化物の多い一部の野菜を除く）●海藻 ●きのこ ●こんにゃく	14	4	1	1.2	0.4	0.4	0.4	
	調味料	●みそ，みりん，砂糖など	12	3	2	0.8	0.8			

好などを知るとともに，個人か，家族か，あるいは集団なのかを把握する．

献立の目的　　日常食（年代別，身体活動レベル別，妊婦・授乳婦食），供応食，行事食，治療食（一般食，特別食など），施設給食か，などによって，献立の主要条件が異なる．

栄養のバランス　　日常食では各個人の 1 日の食事摂取基準（巻末付表を参照）より求めた各個人の 1 日の給与栄養量を参考にし，それからあまり逸脱しないようにする（日差が±10 % 以内になるように考える）．供応食や行事食などでは，栄養のバランスとともに嗜好面も大切である．朝食，昼食，夕食の摂取比率は 20〜25 %（2/8）：35〜40 %（3/8）：35〜40 %（3/8）の配分比

率を目安とする．給与栄養量に見合った食品構成を作成し，各食品群が充足されるとともに偏った食材ばかりでなく，できるだけ多くの食材を利用した献立を考える．

経済性　食品材料の購入は，よい品質のものを選ぶとともに，価格の考慮が必要である．食費にいくら使えるかによって献立の内容も違ってくるので，食材料の購入予定価格をあらかじめ調べ，食材料費の予算内でどのような食品を用いることができるかを検討する．

調理能力　調理に携わる人の能力とその人数，あるいは熱源や調理機器によって調理の所要時間が大幅に違ってくる．

その他　献立に旬の材料を取り入れるなどして季節感をもたせる．

(2) 献立作成の手順

① 対象者の把握，目的，給与栄養目標量，食品構成，朝・昼・夕食の摂取比率を決める．

② 主食（米飯・パン・めんなど）を決める．

③ 主菜を決める．主菜はたんぱく質源となる肉，魚，卵，豆製品から選び，朝食が卵であれば昼食は魚，夕食は肉となるように重複を避ける．

④ 野菜やいも類を用いて副菜を決める．調理法によっては，主菜の付け合わせとなる場合もあるし，季節感のある和え物やサラダ，食物繊維の多い根菜類などを副菜として別に添える．

⑤ 献立に変化をつけるとともに，主菜や副菜で不足している食品を考慮して汁物を考える．

⑥ エネルギーが不足している場合は，油を使った料理や甘いデザート，果物を加える．

⑦ 常備菜の佃煮，漬物を添えて，味の濃淡や食欲増進をはかる．

3. 供食

供食とは"食べ物を供する"，つまり食事をもてなすという意味である．現在の日本における供食形式は，日本料理，西洋料理，中国料理の三様式に大別できる．

1) 日本料理

日本料理は，素材を中心にした目で楽しむ料理で，1人前ずつ多種類の食品が食器と一体となるように盛り付けが工夫されている．本膳料理，懐石料理，会席料理などがある．

本膳料理　平安時代の宮中料理の形式を基とし，室町時代に儀式料理として始まり，江戸時代になって形が整った本膳の料理形式である．一汁三菜(飯，本汁，鱠，煮物，香の物)の本膳に，二の膳，三の膳が加わって二汁五菜，三汁七菜となり，さらに供応の格式に応じて四（与）の膳，五（呉）の膳と

膳の数が増す．日本料理の原点として，最近まで婚礼や仏事など行事のときに用いられてきたが，現在ではあまり用いられなくなっている．

懐石料理　安土桃山時代に茶の湯のときに出す料理として発達した．茶事の前に茶をおいしく飲むための軽い食事で，華美を避けた質素な点が特徴である．基本献立は一汁三菜（汁，向付，煮物，焼き物，飯）で，これに強肴，箸洗，八寸などが加わる．

会席料理　江戸時代，俳諧や連歌などの会合で出された料理を会席料理といったことから始まった．現在，日本で最も普及している客膳用の供応食である．本膳料理や懐石料理のような格式ばった形式をくずして両者のよいところをとり，実質を重んじている．基本的には，一汁三菜を基本とし，前菜→向付（刺身）→椀（吸い物）→焼き物→煮物→小鉢（酢の物）→飯・味噌汁・香の物→水菓子の順序で時系列に供されるが，献立内容に束縛がなく，ときに応じて自在に変り，日本料理の客膳料理に広く用いられている．

2）西洋料理

西洋料理とは，フランス・イタリア料理をはじめとするヨーロッパ，南北アメリカ，オーストラリア，ニュージーランド諸国の料理の総称である．各国の料理は，それぞれの民族・地域・気候・風土・宗教などの影響を受け，それぞれの特色を持つ．西洋料理はソース類を重視し，香りを楽しむ料理である．ソース類は食品の持ち味をいかすため，その食品から溶出した汁に，油脂類，乳製品，香辛料などを加えている．

正餐　正餐（Diner―仏，Dinner―英）は最も形式が整ったもので，昼は午餐，夜は晩餐である．料理は，前菜から始まり，デミタスコーヒーに終わる次の順序で出される．①前菜（あたたかい料理と冷たい料理がある），②スープ（コンソメなど清んだスープが正式であるが，濁ったスープでもよい），③魚料理，④肉料理，⑤ソルベ（口直しをするための酒類を凍らせたアイシングであるが，省かれることもある），⑥蒸し焼き料理（主に鳥料理で，肉料理との関係で省かれることもある），⑦野菜料理（魚・肉料理に温野菜や生野菜として添えられるもので，省かれることが多い），⑧甘味料理（温果，冷果，氷果など），⑨果物，⑩コーヒー（1/2量の濃いデミタスコーヒー）．①～⑦がメインコース，⑧～⑩がデザートコースである．食事を楽しい雰囲気にするため，シェリー酒，ワイン，シャンパンなどの洋酒類が供され，デザートコースではチーズとブランデー，リキュール類が供される場合もある．

その他　正餐のほかに，西洋料理のもてなしの形式としては，ビュッフェ・パーティ（立食パーティ），カクテルパーティ，バイキング料理，ティーパーティなどがある．

3）中国料理

中国料理は調味中心の味を楽しむ料理である．一般に調理法が簡単で，ほとんどの料理が中華鍋と蒸籠（せいろう）で作ることができる．その方法も

合理的で，鍋の中に溶出された食品材料の汁をでんぷんでまとめて栄養分やうま味のすべてをからめる調理が多い．食品材料も貯蔵品・干物品の種類が多く，獣鳥魚肉類の内臓まで利用するなど無駄なく用いられている．特別な材料として，燕窩（海つばめの巣—海藻），魚翅（ふかのひれ—さめのひれの乾物），海参（きんこ—干しなまこ）がある．京果として，すいかやかぼちゃの種，落花生，くるみなどがある．

　中国料理の正式な供応食の料理様式は宴席といわれ，前菜と料理で構成される．前菜には加熱後に冷ました冷葷（冷たい前菜）と熱葷（温かい前菜）がある．料理は大菜，湯菜，甜菜に分かれる．大菜は主材料として鶏・鴨子・魚・肉やフカヒレ・アワビなどの温かい料理を大皿または大碗盛りしたものである．その宴席の代表的な料理が頭菜として出され，頭菜も含めて料理の品数は偶数が好まれる．料理の順番は汁気の少ないもの，味の濃いものは先に出し，甘酸っぱいものは飽きる頃に出す．大菜が済むとご飯を食べるための汁として湯菜，最後に甘い甜菜や中国茶が出される．これらは，料理の油っこさを消す口直しの役目になる．

4）供食のこころ

　供食には，客を招くもてなしの食卓と家族で食べる普段の食卓がある．客をもてなす場合には，その目的や予算，招待客の人数や年齢構成によって和食か洋食か中華かあるいは折衷にするかなど献立計画を立て，料理法だけでなく，食器やカトラリーなどの調和にも配慮し（section 5, chapter 5を参照），また，調理時間や調理の手間を考え，ときには，半調理品や調理済み食品などをうまく組み合わせるのもひとつである．

　一般に，客を招いて食事を供する場合，普段よりもお金や手間をかけた豪華な食事を用意することが多いが，高価な素材を使い，どんなに手の込んだ料理をつくったとしても，もてなしの気持ちやマナーが伴わなければ，満足のいく食事にはならない．何よりも招く側の「ようこそいらっしゃいました」という歓迎の気持ちが大切であり，また，食事を楽しむための食卓の演出などが大切である．

　欧米では，古くから客を招いてのホームパーティーが日常的に行われている．しかし，日本では最近までそういう習慣がなく，客を招くということに慣れていないため，ホームパーティーをするとなると，あれもこれも精一杯のことをしなければという義務感が働いて力が入り，ホームパーティーをする前から疲れてしまう．欧米ではホームパーティーに手をかけず，料理もシンプルで，気軽な雰囲気のなかで会話を楽しんでいる．つまり供食を賞味会としてではなく，それを中心に広がる社交の輪ととらえている．日本でも最近，若い人たちの間でホームパーティーが増えてきたが，自分なりのライフスタイルを大事にし，人をもてなすときも変に肩肘を張らず，普段の生活のなかから独創的なホームパーティーの方法を打ち出している．

　人をもてなすときに大事なのは，豪華な食事ではなく，招く側のもてなし

の心であり，話題性のある会話やその場に合った雰囲気づくりをすることである．

REFERENCES section 4

1) 冨田　寛：味覚の常識の嘘．ミクロスコピア，14：99～103，1997．
2) 丸山郁子・山口静子：うま味の感受性部位と呈味特性．日本味と匂学会誌，1：320～323，1994．
3) Smith, D.V., Margolskee, R.F.：解き明かされる味覚の情報伝達．日経サイエンス，6月号：54～62，2001．
4) Henning, H.：Die Qualitatenreihe des Geschmacks., *Z. Psychol.,* 74：203～219, 1916.
5) Horio, T., Kawamura, Y.：Influence of physicle exercise on human preferences for various taste solutions. *Chem. Sences,* 23：417～421, 1998.
6) Yamaguchi, S.：the Synergistic taste effect of monosodium glutamate and disodium 5′-inosinate. *J. Food Sci.,* 32：473, 1967.
7) 笠原賀代子・西堀幸吉：魚肉かば焼き香気成分．日本水産学会誌，50：1241～1244，1984．
8) S. S. Teng, B. H. Chen：Formation of pyrochlorphylls and their derivatives in spinach leaves during heating. *Food Chemistry,* 65：367～373, 1999.
9) Szczesniak, A.S.：Classification of textural characteristics. *J. Food Sci.,* 28：385, 1963.
10) Szczesniak, A.S., Brandt, M.A., Freidman, H.：Development of standard rating scales for mechanical parameters of texture and correlation between the objective and sensory methods of texture evaluation. *J. Food Sci.,* 28：397, 1963.
11) Dickinson, E.：食品コロイド入門（西成勝好監訳，藤田　哲・山本由喜子訳）．幸書房，1998．
12) 川端晶子：食品物性学．建帛社，1989．
13) 日本咀嚼学会（監修），川端晶子・斉藤　滋（編集）：サイコレオロジーと咀嚼．建帛社，1995．
14) 古川秀子：おいしさを測る―食品官能検査の実際―．幸書房，1994，pp. 19～54．
15) 佐藤　信：統計的官能検査法．日科技連出版社，1985，pp. 153～156．

調理機器と調理

- *chapter* 1　エネルギー源
- *chapter* 2　加熱調理機器
- *chapter* 3　非加熱調理機器
- *chapter* 4　厨房設備
- *chapter* 5　食器・テーブルウエア

chapter 1 エネルギー源

　家庭における調理用のエネルギー源として古くから用いられていたのは固体燃料（薪，木炭，練炭など）である．しかし，これらは輸送や貯蔵が面倒であること，着火や消火に時間を要すること，火力調節がしにくいこと，煙や灰が出るなど利便性が低く，また燃焼時に一酸化炭素を発生するなど安全性にも問題があることなどから現在では生産量も減り，一般家庭ではほとんど用いられなくなっている．しかし，焼き魚やうなぎの蒲焼き，焼き鳥などに炭火や練炭を用いると，表面温度が300～600°Cにもなるために遠赤外線の割合が高く，その効果で焦げすぎることが少ない．しかも，ほかの熱源では得られないような香ばしくみずみずしいおいしさに仕上がることから，現在もなお，一部の料理店などでこれらの燃料を用いているところが見受けられる．

　液体燃料である灯油は，石油を精製して得られる沸点160～260°C程度のもので，固体燃料に比べて安全性が高く，安価で，発熱量が高く，着火や消火も容易で配線配管もいらないため，以前は調理用（石油コンロ用）エネルギー源として用いられていた．しかしその後，より利便性や安全性の高いガスや電気が調理用エネルギー源として用いられるようになるにつれて，灯油を調理用に用いることは少なくなり，現在では主に暖房用として利用されている状況となっている．

　このように，わが国の調理用エネルギー源は時代とともに推移してきたが，ここでは現在主流となっている気体燃料のガス（都市ガス，プロパンガス）と電気を取り上げ，その特徴と取り扱い上の留意点などについて述べることにする．

1．ガス

　現在家庭に供給されているガスの種類には都市ガスとLPG（Liquefield Petroleum Gas：液化石油ガス）とがある．

1）都市ガス

　都市ガスは石炭，石油精製によってできるナフサやLPGなどの石油系ガ

表 5-1　7種のガスグループ

ガスグループ	燃焼速度（MCP）		ウォッベ指数（WI）	
	最小値	最大値	最大値	最小値
13 A	35	47	52.7	57.8
12 A	34	47	49.2	53.8
6 A	34	45	24.5	28.2
5 C	42	68	21.4	24.7
L 1	42.5	78	23.7	28.9
L 2	29	54	19.0	22.6
L 3	35	64	16.2	18.6

（ガス用品の技術上の基準等に関する省令　最終改正：平成23年経済産業省令第63号）

ス，LNG（Liquefield Natural Gas：液化天然ガス）などから製造されており，各地のガス供給事業所から地中の埋設配管を通じて工場や各家庭に供給されている．都市ガスはウォッベ指数 WI（Hg/$\sqrt{s}$　Hg：ガスの総発熱量 MJ/m^3，s：ガスの空気に対する比重）と燃焼速度などの違いによって，表5-1に示すような7種類のガスグループに分類されている．表中のA，Cは燃焼速度を表し，A（遅い），C（速い）に分類される．またLはLowに由来し，発熱量が低い種類であることを示す．供給されるガス原料の割合は地域によっていくぶん異なるが，近年は高エネルギーで安全性の高い LNG を主体とした13 A が主流となっている．

都市ガスは，① 発熱量が高く，② 煤が出ず燃えがらも残らずクリーンであり，③ 地球温暖化の原因のひとつといわれている CO_2 や，大気汚染の原因となる硫黄酸化物などの排出が少なく，④ 点火，消火が簡単で，⑤ 火力の調節が自由自在にでき，⑥ 利用者側がガスの運搬や貯蔵をする必要がなく，⑦ エネルギー単価が比較的安価である，など調理用エネルギー源として優れた点が多い．しかも近年は，高効率タイプの新バーナー搭載によって従来約47%程度であった熱効率が約56%程度にまで向上し，さらに操作性，安全性，清掃性などの点でも優れた都市ガスコンロの開発が進んでいる．

都市ガスの性質上，取り扱いにあたっては次の点に留意する．

① 不完全燃焼を起こすと一酸化中毒の恐れがあるので，使用時には換気を十分にする．

② ガスの種類に合わない器具を使用すると不完全燃焼を起こしたり火災の危険があるので，供給されるガス種に適合したガス器具を用いるようにする．

③ ほとんどの都市ガスは比重が0.65〜0.67と空気より軽く，ガス漏れするとガスが上のほうに滞留するので，ガス漏れ警報器は天井に近い場所に取り付ける．

2）LPG（プロパンガス）

石油の精製過程で生成するプロパン，プロピレン，エタン，エチレン，ブタン，ブチレンなどの混合ガスである．このガスは強い圧力によって容易に

液化するので液化石油ガスともよばれる．家庭に供給される LPG は，7 気圧以上 10 気圧以下の強圧で液化された石油ガスをボンベに詰めたものであるが，その主成分がプロパンであるところから一般的にはプロパンガスとよばれている．

　LPG はクリーンで，点火，消火，火力調節が容易である，といった都市ガス同様の長所があるだけでなく，発熱量は都市ガスよりも大きく，都市ガス施設のない地域でもボンベに詰めて供給できるなど，LPG 特有の利点を有する．しかし反面，公共料金制の都市ガスに比べてエネルギー単価が変動しやすく，ボンベの設置場所が必要であり，ボンベ交換の手間がかかるなどの短所もある．

　取り扱いに際しては，次の点に留意する．

　① 完全燃焼に必要な空気量を都市ガスよりも多く必要とし，また爆発限界値が 2～9％と小さく（都市ガスでは 5～15％），爆発の危険性が大きいため，換気を十分にする．

　② ボンベに直射日光が当たるとガスが気化して爆発する危険性があるので，屋外の涼しい場所に火気から遠ざけて設置し，さらにボンベに衝撃を与えたり横倒しにしないように注意する．

　③ 比重は 1.5～1.8 と空気よりも重く，ガス漏れすると下のほうに滞留して爆発や窒息の危険性があるので，ガス漏れ警報器は床付近に設置する．

2．電気

　炎の出ない電気は，火災や爆発などの危険性が低く，燃焼による排ガスの心配もなく，安全でクリーンなエネルギー源であることから，現在，調理用のエネルギー源としても多く利用されるようになってきている．

　電気エネルギーを調理用の熱源として利用する場合，かつてわが国における家庭用の電圧は，単相交流の 100 V 電圧が主流であったため，都市ガスに比べて加熱速度が遅く，強火調理ができないなどの難点があった．しかし近年，単相 3 線式 100/200 V の配電方式が普及して（全国平均約 66％程度），屋内配線の変更で 200 V 電源が比較的容易に得られる環境が整ってきたことに伴い，発熱量の高い熱源を得ることを目的とした 200 V 電圧の電気調理器の開発が進められてきた．

　電気調理器には，発熱体の素材や形状，熱伝導の方式などにより電磁調理器（IH クッキングヒーター），ハロゲンヒーター，ラジエントヒーター，シーズヒーターなどがあるが（図 5-1），最近急速に普及してきているのが電磁調理器である．

　電磁調理器はそれ自体が炎も熱も発生しないため，きわめて安全性が高く，またトッププレートは凹凸のないフラットな硬質セラミック（結晶化ガラス）でできているため清掃性がよく，常に清潔で汚れのない外観を保つことができる．さらに，鍋底のサイズに応じて出力が自動的にコントロールされる仕

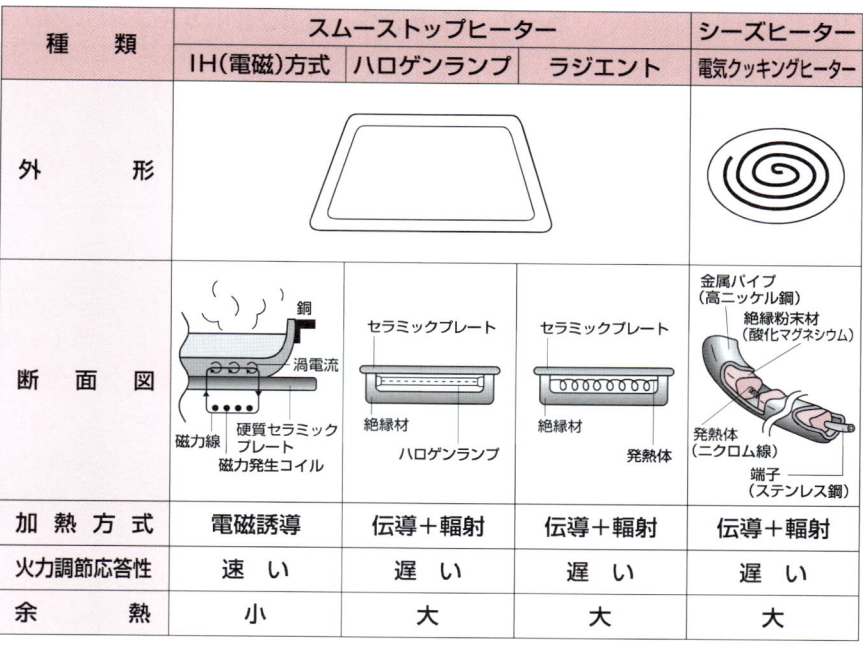

種類	スムーストップヒーター			シーズヒーター
	IH（電磁）方式	ハロゲンランプ	ラジエント	電気クッキングヒーター
外　形				
断面図				
加熱方式	電磁誘導	伝導＋輻射	伝導＋輻射	伝導＋輻射
火力調節応答性	速い	遅い	遅い	遅い
余　熱	小	大	大	大

図 5-1　電気調理器の種類と特徴

松下電器産業（株）クッキングシステム事業部，2002．

組みになっているため，熱効率が大きく，省エネルギーの面からも有効な機器といえる．

電磁調理器にはシステムキッチンに組み込まれるビルトインタイプ，流し台の上に置く据え置きタイプ，卓上での鍋物料理や焼肉を目的とした100 V電圧の卓上型などがあるが，これらのなか，とくに普及が進んでいるのがビルトインタイプで，トッププレート部にIH 2口，ラジエントヒーター 1口の計3口とロースターを備えているものが一般的である．

いずれの機器のIHも弱（100～120 W）から強（2 kW，または3 kW）まで何段階もの火力調節ができるようになっているため，火力コントロールが容易であり，細やかな温度管理が必要とされる煮物調理や揚げ物調理に適している．

また，電磁調理器は他の電気調理器に比べて熱効率が高く，有効熱量（出力〔kW〕×860〔kcal/kW〕×熱効率）で比較すると，3 kWの火力は都市ガスコンロの現状最大火力である3,610 kcalを上回る（表5-2）．さらに通常，標準火力として用いられる2 kWでも，3,610 kcalのガスコンロに比較的近い高熱量が得られるため，強火を必要とする炒め物などの調理においても遜色なく使用することが可能である．

一方，3口のビルトインタイプにセットされているラジエントヒーターは，トッププレートの下にニクロム線ヒーターを密着させたもので，直火で食品を加熱する必要のある，のりのあぶりや，もち焼きなどの際に使用できる．また，このヒーターはIHに使用できない金属製の鍋にも対応できるが，IH

表 5-2　電気調理器、および都市ガスコンロの有効熱量の比較

種　　類	電磁調理器	電磁調理器	ハロゲン ヒーター	ラジエント ヒーター	都市ガスコンロ
出　力	3 kW	2 kW	2 kW	2 kW	3,610 kcal/hr
熱効率（％）	約 90	約 90	約 70	約 70	約 56
有効熱量 (kcal)	2,322	1,548	1,204	1,204	2,022

に比べて火力は弱い．

　最近では，従来使用できなかった多層鍋，銅・アルミ鍋などにも対応できるオールメタル対応の電磁調理器が開発されたり，加熱コイルの多重化によりフライパンや鉄板で焼き物をするときの焼きむら防止機能が高められたり，鍋を置く位置の的確化や加熱中であることの明確化のために加熱部近傍を光らせる視認性機能が備えられるなど，さらなる性能アップがはかられている．

　今後，その性能はさらに向上し，IT 技術を応用したネットワーク家電の発達とともに，とくに高齢者世帯，単身者世帯，高層マンション居住者などを中心にますますその需要は増え，将来的に日本人の食生活スタイルや食文化にも影響を与えていくものと考えられる．

chapter 2 加熱調理機器

　熱源の変化は加熱調理機器や用具の変容をもたらし，その結果，調理方法にも影響が表われる．電気やガスの普及によって，炊飯用電気釜やガス釜のような単一調理用機器や，グリル，オーブン，ホットプレートのように限られた調理方法に対応する機器が発達した．また，電子レンジの出現は加熱用具の範囲を拡大し，さまざまな加熱方法を可能にした．一方で電気やガスエネルギーを熱に変える方式や，鍋などに接する部分の形状も，徐々に変化している．

　現代の調理においては，以上のような加熱機器と加熱用具との関係を把握することも，省エネルギーの実現に必要となる．

1. 鍋類

1）鍋類の形状

　加熱用具としての鍋や釜は熱源との相互関係により，その形状が選ばれてきた．一時代前の薪や炭を熱源としていたときは，「いろり」や「かまど」のような設備が用いられ，そこで使用する鍋は丸底で，吊るすことができるような形状であり，釜は羽釜であった．熱源がガスや電気に移行すると，丸底の鍋や釜は徐々に使われなくなり，底が平らで持ち手のついた片手鍋や両手鍋が主流になった．一方，中華鍋やてんぷら鍋は熱の伝わりやすさや操作のやりやすさなどから，丸底である場合が多い．

　鍋の形状は，直径，深さ，底のかたちによって分類でき，小鍋，中鍋，大鍋や，浅鍋，中深鍋，深鍋，さらには平底鍋，丸底鍋のようによんでいる．また，厚手鍋，薄手鍋のように材質の厚みを加えて表現することもある．一般に，"ゆでる"，"煮る"には薄手の浅鍋や中深鍋が便利であり，長時間の煮込みには厚手の深鍋が保温や余熱利用の観点から優れている．少量を加熱する場合は小鍋使用が合理的と考えられている．しかし，エネルギー利用という点からは，受熱面積の大きい鍋のほうが熱効率がよい．また，丸底よりも平底が電気ヒータや電磁調理器のような平面構成の加熱機器には有利である．

表 5-3　鍋の材質による特性と用途

特性と用途 鍋の材質		基本特性			付属特性				用途							備考
		軽く扱いやすい	熱伝導がよい	保温性がよい	割れにくい	さびにくい	傷つきにくい	焦げつきにくい	直火・強火で使用	高温調理に適する	長時間調理に適する	短時間調理に適する	オーブンで使用	電磁調理器で使用	電子レンジで使用	
金属	アルミニウム	◎	◎	◨	○	○	△	△	○	○	△	◎	△	◨	■	
	アルミ合金鋳物	○	○	○	○	○	△	△	○	◎	◎	○	○	◨	■	
	鉄	◨	△	△	◎	■	◎	◨	◎	◎	△	◎	◎	◎	■	
	鉄鋳物	■	△	◎	◎	■	◎	◨	◎	◎	◎	△	◎	◎	■	
	ステンレス	◨	■	◎	◎	◎	◎	◨	◎	◎	◎	◎	◎	◨	■	磁性なしは電磁調理器使用不可
	銅	◨	◎	◨	◎	◨	◨	◨	◎	◎	△	◎	◎	◨	■	高価である
	チタンと合金	○	◨	◨	◎	◎	◎	◨	◎	◎	△	◎	◎	◎	■	高価である
金属加工品	アルマイト	○	○	△	○	○	△	△	○	○	△	◎	△	◨	■	
	フッ素樹脂表面加工品	△	◨	△	○	◎	■	◎	◨	◨	△	◎	◨	◨	■	傷つけない注意が必要
	ホーロー	◨	◨	○	◨	◎	◨	◎	◎	◨	◎	◨	◎	◨	■	やや欠けやすい
	ステンレス合板	◨	◎	◎	◎	◎	◎	◨	◎	◎	◎	◎	◎	◨	■	
セラミック	超耐熱ガラス	■	■	◎	◨	◎	◨	◎	◨	◨	◎	◨	◎	■	◎	直火で割れることがある
	耐熱ガラス	■	■	◎	■	◎	◨	◎	■	■	◎	◨	◎	■	◎	
	耐熱陶磁器	■	■	◎	◨	◎	◨	◎	◨	◨	◎	◨	◎	■	◎	
	土鍋	■	■	◎	◨	◎	◨	◎	◨	◨	◎	◨	◎	■	◎	

(◎：最適　○：適　△：普通，基本的に可　◨：やや不適　■：不適)

平野美那世：鍋のいろいろと調理．日本調理科学会誌，31：66，1998 を一部改変

2) 鍋類の材質[4,5]

　鍋の加熱特性は，形状のほかに鍋の材質によって左右される．表5-3 は鍋の材質による特性と用途をまとめたものである．大別すると，金属類とその加工品，セラミック類となり，金属鍋のほうがセラミックよりも熱伝導率が高い．

　金属のなかで熱が速く伝わり温度分布が均一になりやすい順序は，銅＞アルミニウム＞鉄である．また，熱伝導率が高い材質で厚い鍋は温度分布が均一であり，煮物などの部分的焦げ付きが生じにくい．鉄の比熱は銅やアルミニウムの1/2程度であることから，熱しやすく冷めやすい特徴をもっており，高温が必要な焼き操作や炒め物などに適している．また，チタンやチタン合金は鉄と同程度の比熱をもつうえに，鉄に比べて軽量で扱いやすい．

　フッ素樹脂加工を表面にほどこしたアルミニウム製の鍋は，焦げ付きが少なく手入れが簡単であるが，表面を硬いへらなどで傷つけない注意が必要である．また，鉄に比べ温度上昇が遅いため，炒め物には向いていない．

　電磁調理器用の鍋として適した材質は，電気抵抗の高い鉄，鉄鋳物，ステンレスのほかに，チタンとその合金である．銅やアルミニウム，アルミニウム合金では発熱量が少なく効率はよくないが，このような材質に対応した電磁調理器も開発されている（p. 38，電磁誘導加熱の項参照）．

　ガラス，陶磁，土などの材質でつくられたさまざまな鍋が利用されている．

土や陶磁製の鍋は丈夫さの点で劣るが，粥用のゆきひら鍋や煮込み料理用などとして古くから使用され，保温性が高く，ゆっくりと加熱される点で，特徴ある加熱用具となっている．耐熱ガラス，超耐熱ガラスともに美しい外観をもち，電子レンジ加熱にも直火にも対応できるものが多い．ただし，耐熱ガラスのなかには直火が不可のものもあるので，注意が必要である．超耐熱ガラス製の鍋は，直火鍋としても冷凍容器としても利用できる．

2. 特殊な機能をもつ鍋[4]

圧力鍋は機密性を高くし，鍋の内部に蒸気を閉じ込めて，圧力が1気圧よりも高い状態で加熱を行う．1気圧（約 $1.0 \, kg/cm^3$）のもとで水は100℃で沸騰するが，圧力が $1.5 \, kg/cm^3$ になると水の沸騰点は120℃程度に上昇し，高温加熱が可能になる．調理時間はかなり短縮され，消費エネルギーの節約になる．また，調理によっては，でき上がり状態が通常加熱と異なり，煮豆がねっとりとした食感になり，炊飯ではねばりの強い飯となる．家庭用の圧力鍋は高圧に耐えられるように，厚手のアルミニウムでつくられている．保温力が高いので，加熱終了後の余熱をうまく利用するとよい．

保温鍋は食品を入れ加熱した内鍋を，熱伝達の遅い外鍋の中に鍋ごと移して保温し，余熱を有効利用する機構をもつ．この鍋を用いた煮物は，通常の加熱方法に比べ，食品の軟化に時間を要するが，穏やかな対流のため煮くずれを起こしにくく，調味料などの浸透がよいことが報告されている．

chapter 3　非加熱調理機器

　食べられない部分を除く，食べやすいかたちにする，加熱しやすいかたちにする，外観をよくする，などの目的で，食品の形状を整えるためにいろいろな用具が用いられる．調理用の成形器具類は調理操作に基づいて切断，磨砕，混合，ろ過，成形などに分類でき，これらの適切な利用は調理のでき上がりに影響を及ぼす．家庭では，切砕は包丁の処理能力で十分であるが，切砕，混合，攪拌用機器は1台で連続的に各操作を行うことができるものが多い．なかでもミキサーがもっとも早く発売され，ついでジューサーやフードプロセッサー，さらにパン生地捏ねや卵白の泡立てなどを兼ね備えたものがある．ここでは包丁など切砕用具および保存用具（冷蔵庫，温蔵庫，包装フィルムなど）について述べる．主な切砕用具は表5-4に示した．

1. 包丁・まな板・調理用はさみ

　小規模・大規模にかかわらず，切るという操作は料理の仕上げに影響を及ぼす場合が多い．切断の基本的な手段は包丁を用いる作業で代表される．食べられない部分の除去，適するかたちに整えるなどの目的で包丁とまな板が使われる．

包丁　　大別すると和包丁と洋包丁に分けられる．和包丁は地金を鋼に焼き上げたもので，切れ味はよいが，硬いため刃がこぼれやすく，洋包丁は全体が鋼でできており，軟らかくつくられているので，切れ味は多少落ちるが丈夫である．洋包丁にはステンレス製のものもあり，さびにくいが，切れ味は落ちる．包丁には，刃のつけ方により片刃と両刃がある．

　包丁の種類は図5-2に示した．菜切り包丁は刃幅が広い両刃で，野菜を刻むのに用いるが，両刃なので，ものを垂直に切るのに都合がよい．薄刃包丁は刃が薄い片刃で野菜用，皮をむく，そぎ切りにするのによい．峰の先が丸く刃先のとがったものは鎌型とよばれ，細かい作業をするのに便利である．出刃包丁は片刃で重みと厚みがあり，魚をおろしたり，硬い骨をたたき切りするのに用いる．刺身包丁は片刃で刃渡りが長く，柳刃とたこ引きの2種類がある．牛刀は両刃で肉，野菜，魚の多用途に使われる．三徳包丁は万能包丁として菜切り包丁と牛刀の長所を取り入れて，1丁で各種の用途に使えるよう

表 5-4 調理用器具一覧表

操作			調理用具
計量用			はかり，計量スプーン，カップ，温度計，タイマー
非加熱用	洗浄浸漬	洗う 浸す 戻す	洗いおけ，水切りかご，ザル類，たわし・スポンジ類，コップブラシ，ふきん，洗米機，食器洗浄機，ボウル類，バット類
	切る	切る 削る むく	各種包丁，まな板，卵切り，缶切り，スライサー，チーズ切り，パイカッター，料理はさみ かつお節けずり，氷かき（クラッシャー） 野菜皮むき
		すりつぶす おろす 砕く 割る	すり鉢・すりこぎ，マッシャー，ごますり器，コーヒーミル おろし金，チーズおろし ミキサー，肉挽器 くるみ割り
		かきまわす 混ぜる 泡立てる ふる	ミキサー アイスクリームフリーザー，へら類，しゃくし類 泡立て器，ハンドミキサー シェイカー（酒類用）
		こす ふるう 絞る	裏ごし器（金網・絹網・毛（馬）網），すいのう(毛・絹)，みそこし，茶こし，油こし，コーヒーこし，布ごし，スープこし（シノア） 粉ふるい レモン絞り，ジューサー
		押す・伸ばす たたく 抜く 巻く 丸める 成形	めん板・めん棒，押し枠 肉たたき ライス型，流し箱，菓子型，野菜抜き型，芯抜き 巻きすだれ バター丸め 絞り出し袋と口金，串類
加熱用	炊飯		炊飯用釜・鍋，自動炊飯器（電子ジャー炊飯器など）
	煮物		小鍋，中鍋，平鍋，深鍋（落としぶた），無水鍋，二重鍋，ゆきひら，圧力鍋
	炒め物		フライパン，中華鍋
	揚げ物		てんぷら鍋，フライヤー
	鍋物		すきやき鍋，湯豆腐鍋，火鍋子，フォンデュー鍋，耐熱ガラス鍋
	蒸し物		蒸し器，せいろ，蒸し籠
	焼き物		焼き網，串類，卵焼き器，ホットプレート，グリル，ジンギスカン鍋，トースター，オーブン
	その他		電子レンジ，コーヒーメーカー，食器乾燥機
保存用			ボウル，バット，刷毛，冷凍冷蔵庫，温蔵庫，ポット，包装用フィルム

金谷昭子（編）：調理学．医歯薬出版，2002．

につくられている．ペティナイフは牛刀の小型で，皮むきや小細工に用いられる．そのほかに中国料理用の包丁（刃）がある．

　とくに切り口にきれいな面を出すためには，刃の薄い包丁で，包丁を手前に滑らせるように引き切りにする．刺身包丁はそのために刃渡りが長い．特殊調理用として，すし切り，はもの骨切り，パン切り，サーモンスライサー，

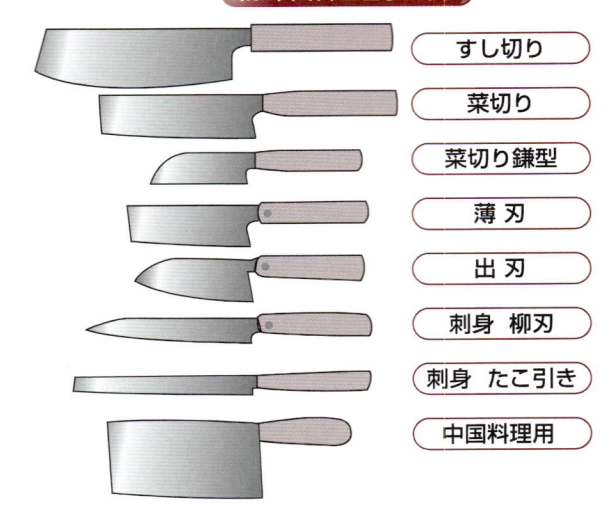

和・中国料理包丁の例
- すし切り
- 菜切り
- 菜切り鎌型
- 薄刃
- 出刃
- 刺身 柳刃
- 刺身 たこ引き
- 中国料理用

洋包丁の例
- サーモンスライサー
- ハムスライサー
- ケーキ用
- パン切り
- ペティナイフ
- 牛刀
- 三徳
- 出刃

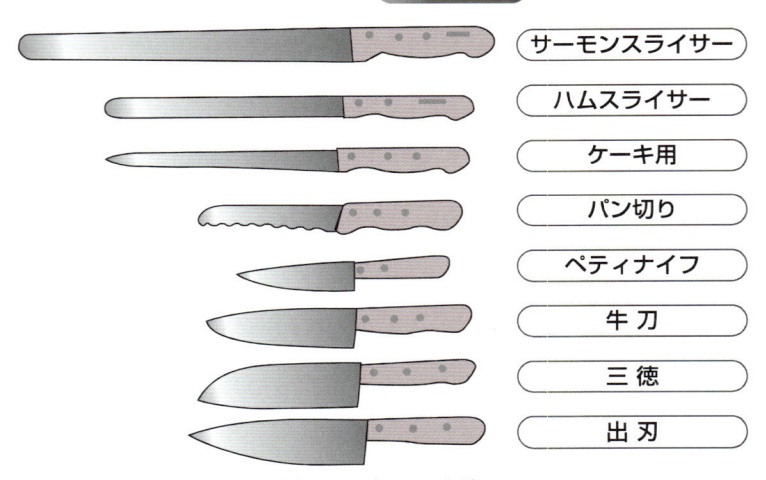

図 5-2　包丁の種類
島田淳子・他（編）：調理の基礎と科学．朝倉書店，1993，p. 172.

ハムスライサー，冷凍品用の鋸刃包丁などがある．たとえば，刃のかたちが真っ直ぐでなく波形で，刃渡りの長いものはハム，パンなどの薄切りに使われる．切った食品が包丁の刃にくっつかず，きれいに切れる．また刃渡りの短いのは，チーズのようなねばりのあるものを力をかけて切るときに使うと，型くずれが避けられる．一般に，ステンレスの包丁はさびなくて手入れも簡単であるが，切れ味は鋼のほうがよい．

　また，包丁の材質として，非金属材料のセラミックがあげられる．金属材料などと比較して，硬い，燃えない，錆びないという特徴があり，重要な材料として期待されている．さらに，ファインセラミック（第 3 世代セラミック）が，電磁気性，耐熱性，耐腐食性などに優れ，超硬度の性質を利用して

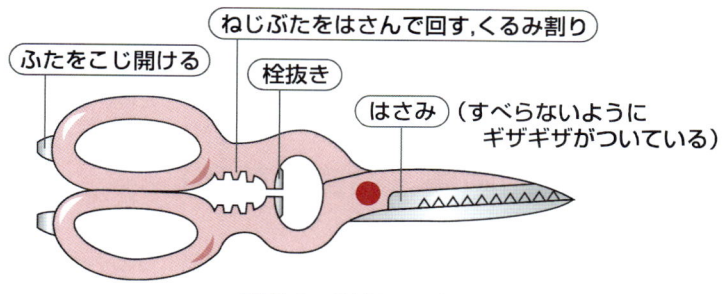

図 5-3　調理用はさみ
島田淳子・他（編）：調理の基礎と科学．朝倉書店，1993，p. 174．

包丁など切削工具に利用されている．

　包丁を研ぐのに砥石を用いる場合と，手軽な砥器を用いる場合とでは砥ぎ上げたときの刃のかたちに差が生じる．たとえば，鋭い刃と鈍い刃で切ったマグロの刺身の断面図を走査型電子顕微鏡でみると，切れ味の悪い包丁では切り口が乱れている．口当たりの悪い状態を電子顕微鏡写真で示した報告もみられる．

まな板　　木製のもの（ヒノキ，イチョウ，ホオノキ）と合成樹脂のものがある．木製は柾目が均一に長さ方向に通っているものが，硬さが平均していて使いやすい．木は吸水性が大きいため，使用後はよく乾燥させ，細菌による汚染に注意する．ポリエチレンや塩化ビニルなどの合成樹脂のものは，吸水性がなく，使用による中減りもなく，汚れ，着色は漂白したり，表面の層をはがして取り除くまな板もあり便利であるが，硬くて滑りやすい．日本では細長い長方形が主であるが，ほかに卓上用などがある．中国では輪切り材のかたちのものが使われている．

調理用はさみ　　切る，栓を抜く，ねじぶたを回し開けるなどの多目的に使われる．はさみの刃の部分にギザギザがついていて，硬い骨や殻を切るとき便利である．パックを切る，のりを細かく切るなど，包丁で切りにくい物を切ったり，ふた開けに使うことができる（図 5-3）．

2. ミキサー，ジューサー，フードプロセッサー

　通常家庭で用いるすり鉢やおろし金に代わって，切砕，混合，攪拌用機器は 1 台で連続的に各調理操作を行うことができる．モーターで磨砕するミキサーはステンレスの刃が容器内についていて，食品と水をいっしょに入れて粉砕，攪拌，混合する．刃の回転数は 9,000〜20,000 rpm（回転数/分）の高速回転である．遠心力で食品は飛び散るので，ミキサーにかけた食品は空気を抱き込む．

　ジューサーは，おろし金形の刃と遠心分離かごが容器内についていて，主に水分の多い果物類を水を加えずに高速回転する細かな刃ですりおろす．

　フードプロセッサーは破砕，攪拌の機能をもち，刃が高速回転して食品を

カットするとともに，捏ねるなどの操作を同時にする．たとえば，小麦粉とベーキングパウダーを均一に混ぜたり，また，短時間ずつ断続的に回転させることによりひき肉やたまねぎのみじん切りができる．

3．冷蔵庫（冷凍冷蔵庫）

冷蔵は食品から熱を奪って品温を下げる操作で，食品を10℃以下から0℃付近までの凍結しない温度で貯蔵することをいう．冷蔵庫は調理過程や調理後，料理を保存する場合に用いる．冷蔵庫中に貯蔵することによって酵素活性や微生物の生育は抑制され，化学的な変化や進行がおさえられ，品質の低下をある期間防ぐことができる．しかし，野菜や果物には低温障害を起こすものもあるので，適切な保存温度や保存期間に留意する必要がある．

また近年，冷蔵のなかでも2℃以下，凍結しない0℃付近の温度（チルド，氷温）に貯蔵できるように設定できるものが多くなった．さらに，氷点以下で食品の成分を氷結させた凍結状態では微生物の増殖ができず，食品の品質を変えずに保存期間を延長できるが，この冷凍庫の普及によって凍結食品が非常に増えた．また，パーシャルフリージングといわれる−1℃〜−5℃付近で食品の水分の一部を凍結させて保存する方法が設定可能な機能を有するものも開発されている．

冷蔵庫開発は，保存用機器として1870（明治3）年米国で誕生し，1930年に国産第1号が製造販売された．1950（昭和25）年に国内向け家庭用冷蔵庫の開発製造に着手した．その後，冷凍食品の保存にも使用できるフリーザーつきの冷凍冷蔵庫，庫内温度自動調整方式が採用され，マイコン制御による直冷式冷凍冷蔵庫，さらに省電力化，大型化，背面露出放熱部分を内蔵し省電力化，新温度帯室を独立させた4ドア方式，食品をすばやく凍結するインバーター冷凍冷蔵庫，新断熱材の採用による庫内容積の拡充，オゾンを発生させた脱臭機能，ニューロンとファジー制御により全室を常に自動制御する機能がつき，保存機能が格段に向上したものになっている．

一方，冷凍冷蔵庫の管理では食品の詰め込み，夏場のドアの開閉による温度調整に注意し，常に庫内を清潔にすることを忘れてはならない．

chapter 4 厨房設備

1. 厨房

1）厨房の役割

　厨房は食事をつくるところである．しかし，主婦の社会進出に伴って家庭観や家族の役割についての概念が変わり，厨房も単に料理をする場所ではなくなってきている．昔のように単に主婦1人が厨房を支配する時代ではなく，家族全員が参加できるような厨房が望まれる．

　厨房が果たす役割には，① 料理をつくる生産の場である，② 調理することによって出てくる廃棄物，不用品の処理の場である，③ 生産のための材料・道具のストックの場である，などがあげられる．食生活のよし悪しは，私たちの健康や命に影響を与えるので，生産の場である台所が家庭で果たす役割

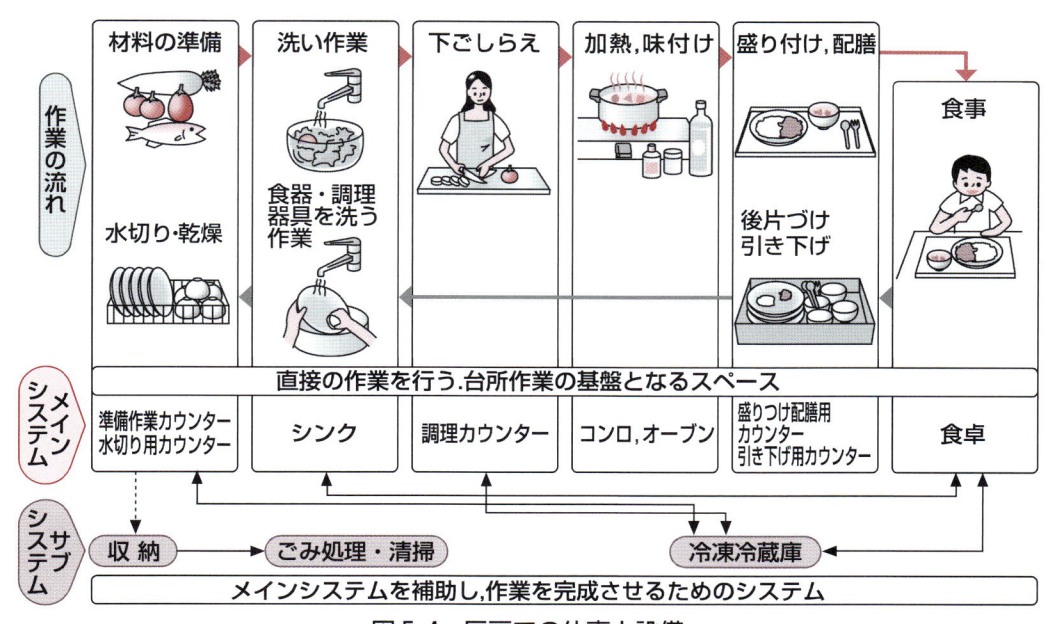

図5-4　厨房での仕事と設備

川崎衿子・大井絢子：LIFE STYLE で考える　食卓が楽しい住まい（川崎衿子編）．彰国社，1998，p. 8．

は大きい．厨房での仕事と設備についての概略を図5-4に示す．

2）厨房の機能

厨房は，調理作業が安全で，能率よく快適に行われ，かつ，食品材料や調理した食べ物が衛生上安全に保管できる場となることが必要である．そのためには，① 採光，通風，換気が良好であること，② 給・排水設備が整っていること，③ 食材料の搬入，検収，保管，移動や廃棄物の排出・処理が合理的，衛生的に行われるよう設計されていること，など環境整備が必要である．また，調理内容は一般に複雑であるため，動線が短く，面倒な配膳も簡単にできる配慮が望まれる．

3）厨房のレイアウト

厨房は毎日の生活のなかで何度も使われる場所である．したがって，調理カウンター，シンク，レンジ，冷蔵庫，収納などの配置が適切であれば，調理・食事・後片づけまでの一連の調理作業が無駄なく行えて能率的である．

基本となるレイアウトには，I列型，II列型，L型，U型，ペニンシュラ型（半島型），アイランド型（島型）がある．それらの配置図を図5-5に示す．I列型では，全体の長さが長くなると，1人で作業するときは使いにくい．II列型は振り返りながらの作業が多いので，カウンター間が離れすぎると使いにくく，危険でもある．L型はシンク部とレンジ部をL型にふり分けてレイアウトしたもので，コーナーに立って作業をすると動線が短く使いよい．U型はUの字の底辺と他のカウンター部に，シンクあるいはレンジをL型に置く

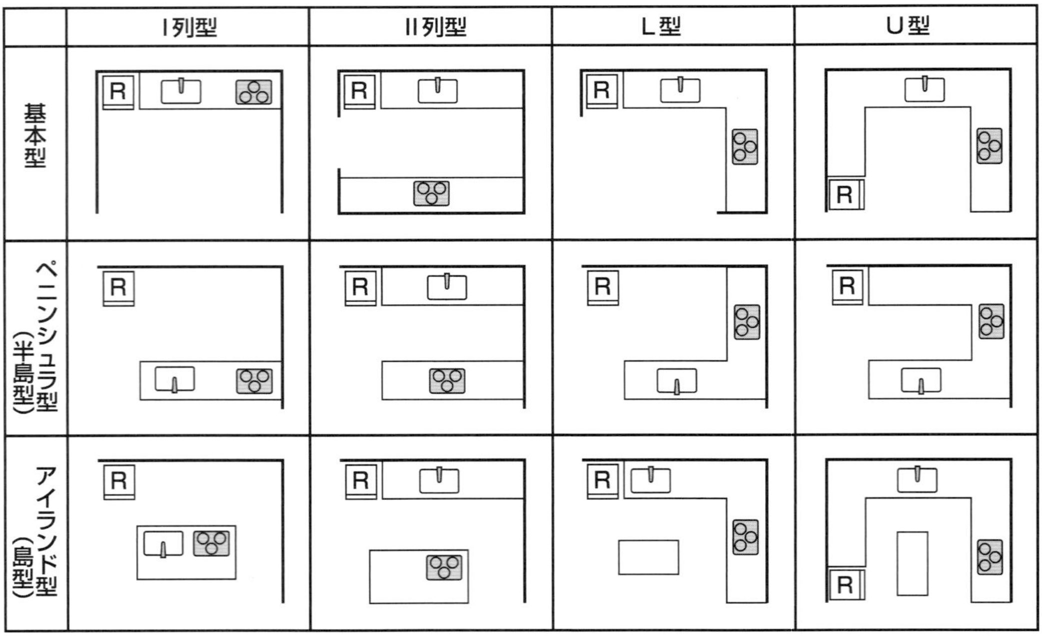

	I列型	II列型	L型	U型
基本型				
ペニンシュラ型（半島型）				
アイランド型（島型）				

図5-5　厨房のレイアウト図

川崎衿子・大井絢子：LIFE STYLEで考える 食卓が楽しい住まい（川崎衿子編）．彰国社，1998，p. 56．

と，調理作業中の移動も少なく能率的で，さらに調理カウンターも長くとれて収納量も多い．ペニンシュラ型は，ワークカウンターを壁から室内へ半島のように突き出した型で，オープン度は周囲の囲いのデザイン次第で調節できる．アイランド型はワークカウンターを室内に島状に配置した型で，周囲から囲んで家族全員で調理できるもっとも民主的で楽しいスタイルである．しかし，周囲にはある程度の広さが，上部には大きなレンジフードと強力な換気扇が必要である．

4）ライフステージと厨房

ライフステージ別のキッチンの例を図5-6に示す．新婚期の食事空間は，簡単なキッチンを含めたワンルームのほうが夫婦の対話がしやすく，コミュニケーションを深めやすい．幼児や小学生のいる育児期，教育前期では，母親は家事，育児で忙しく，なかなか子どもの相手ができないが，子どもは母親の姿が見える場所で遊び，過ごしたがるし，母親も子どもが何をしているかわかるほうが安全である．したがって，この時期は，子どもの相手をしながら料理のできる対面型キッチンが望まれる．成人家族期はモーニングヌックのあるキッチンに落ち着いた食事の場所を別に設けるなど，あたたかな雰囲気が望ましい．

老年期に入ると背が縮み，腕も高く上げられなくなるので，一般に，調理台の高さは若いときの80 cmでは高すぎ，70 cmくらいのほうが調理しやすい．また，食卓の椅子にすわって調理台で作業をするときにも70 cmくらいのほうが都合がよい．しかし，腰かけ作業をするためには，調理台の下はオープンにしておく必要があるが，そうすると調理台下の道具類の収納は別に

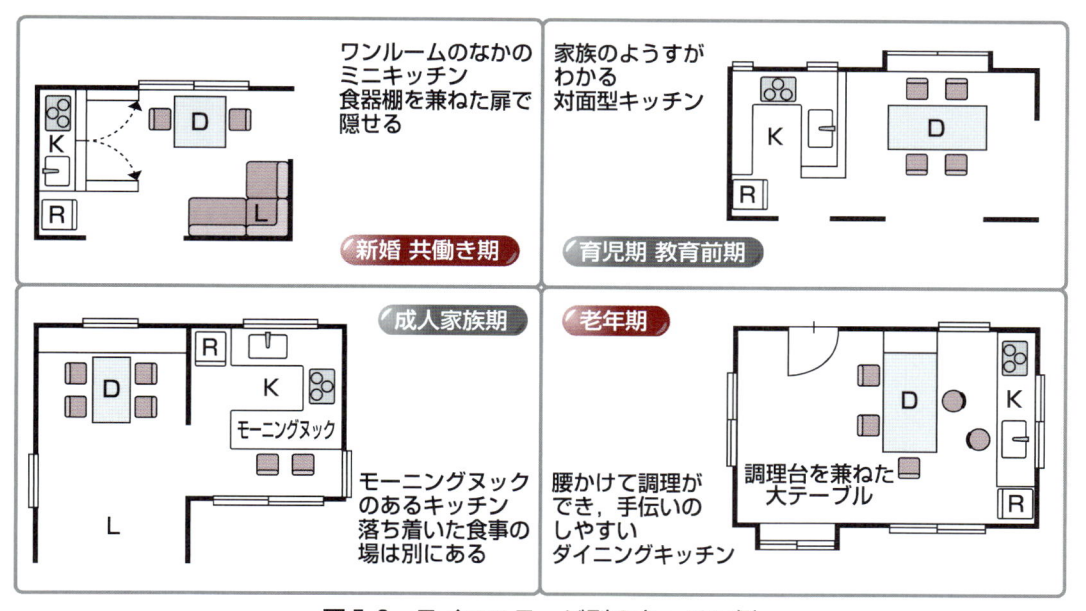

図5-6 ライフステージ別のキッチン例

川崎衿子・大井絢子：LIFE STYLEで考える 食卓が楽しい住まい（川崎衿子編）．彰国社，1998，p. 55.

確保しなくてはならなくなる．そのための収納として吊り棚が考えられるが，吊り棚は若い人にはたやすく使えても，老人には高すぎて非常に使いにくい．収納は調理作業台の上や下から切り離して，むしろ作業者の背面の壁一面を利用し，目も手も楽に届くところに日常よく使うものを配置するとよい．さらに足腰が弱まると，車椅子の使用も視野に入れなくてはいけない．車椅子が容易に動けるような厨房のスペースや，バリアフリーにして各室の連絡をよくするなどの配慮が必要である．レンジは安全性を考えると，ガスよりも電磁調理器のほうがよいと思われる．また，掃除のしやすさも考慮すべきである．汚れのつきにくい材質，形状に配慮し，なおかつ明るいものを選びたい．

2. 給水と電気

水は，人が生きていくうえでなくてはならないものである．飲み水としてだけでなく，調理をするときにも大事なもので，使う水の量は，調理の仕方や食事の内容によってずいぶん違う．パン，コーヒー，ジュース，チーズ，ハム，コーンフレーク，果物といった朝食であれば，食品を洗う場面はほとんどないが，ごはんとみそ汁と漬物といった日本の伝統的な朝食であれば，水は流して使うことが多い．1日に家庭で使う水の量の1/4は炊事に使われるという．出し放題，使い放題という資源エネルギーの無駄使いをやめて，台所での野菜洗いや食器洗いなども洗い桶に水を溜めて洗うことなどを心がけたいものである．

図5-7は，台所設備機器の所有率を示したものである．食器洗浄器の所有率は18％であるが，卓上型の食器洗い乾燥機などが出回っていることから，今後さらに伸びるものと思われる．食器や調理器具を洗う機械には，卓上型食器洗い乾燥機とビルトイン型食器洗い乾燥機のほかに，ジェット水流で汚れ

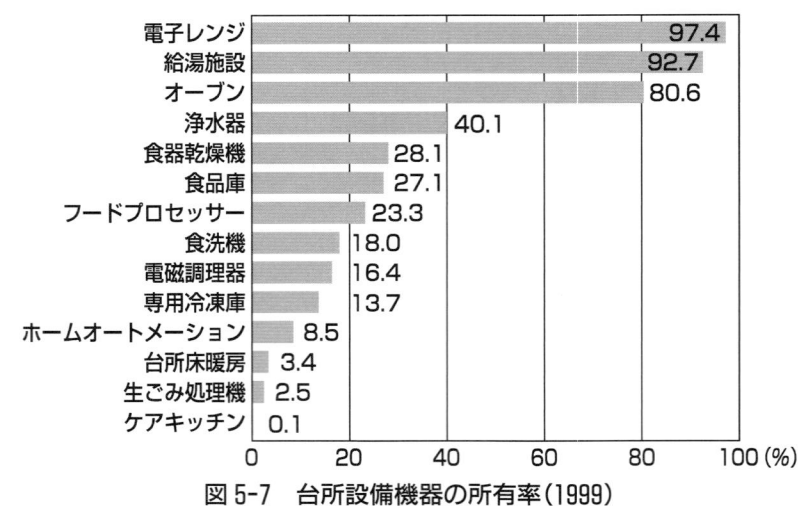

設備機器	所有率(%)
電子レンジ	97.4
給湯施設	92.7
オーブン	80.6
浄水器	40.1
食器乾燥機	28.1
食品庫	27.1
フードプロセッサー	23.3
食洗機	18.0
電磁調理器	16.4
専用冷凍庫	13.7
ホームオートメーション	8.5
台所床暖房	3.4
生ごみ処理機	2.5
ケアキッチン	0.1

図5-7　台所設備機器の所有率(1999)

北浦かほる・辻野増枝（編著）：台所空間学事典．彰国社，2002, p. 178.

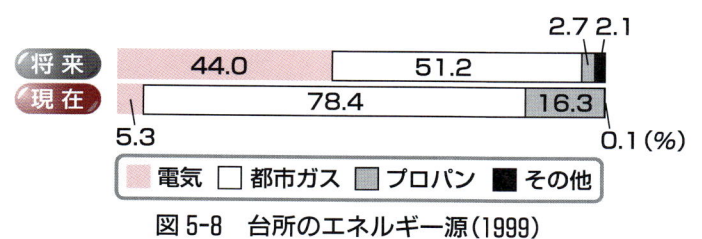

|将来| 44.0 | 51.2 | 2.7 | 2.1 |
|現在| 5.3 | 78.4 | 16.3 | 0.1 (%)|

■電気　□都市ガス　■プロパン　■その他

図5-8　台所のエネルギー源(1999)

北浦かほる・辻野増枝（編著）：台所空間学事典．彰国社，2002, p.177.

をはじきとばすクッキングウォッシャーもあり，これらの使用はともに手洗いよりも使用水量が少なくてすむ．

　図5-8は，現在（1999年）と将来像についてエネルギーの種別をみたものである．現状では，台所のコンロの熱源が都市ガスで8割を占めているが，将来像としては，電気が半数近くになることが考えられている．コンロの熱源を電気にするためには，家庭内配線にも200 V電源が必要である．

chapter 5 食器・テーブルウエア

調理の最終段階として，料理に適した食器の選択や盛り付け，テーブルセッティングは重要なことである．ここでは食器，食卓の小物など，テーブルセッティングについて述べ，食卓を演出するユニバーサルデザインを考える．

1. 食器の種類と用途

調理した料理に適した食器の選択は，盛り付けと合わせて調理の最終段階として重要なことのひとつである．

食器について考慮することは，調理様式（和・洋・中華），季節，手・指・唇に触れたときの感触にかかわる材質の厚さ，保温力，重さ，色・形などのデザイン，また，熱や酸・塩・油に影響されず安全であることなどである．

1）日本の食器

日本ほど多岐にわたる食器を使いこなす国民は少ないといわれてきた．わが国の伝統的な漆器，陶磁器，ガラス製品，竹細工，木工品に加えて，諸外国の器，植物の葉などを用いて季節感を取り入れた食卓づくりをする感性を発揮し，料理をよりおいしく味わう工夫がなされている．とくに現代は，個人の独自のセンスによって食卓を演出することが許容されているが，まずは，ものの基本を身につけて，一層の新たな感覚を発揮することが必要であろう．

(1) 焼き物

かたちは大きなものとして，別称"まないた皿"といわれる厚手長方形の土物，皿の直径を尺で計ることから尺皿とよばれる平らな大皿，大きく深さがあり，汁のあるものでもたっぷり盛れる大鉢などの器，小さくてかわいい珍味入れや小鉢などがある．さらに，魚のかたちや花や木の葉をかたどった器がある．かたち，手に持った重量感，唇をつける型としてふさわしいそりや厚みなどを考慮して温度を感じる程度を適切にした器など，さまざまなものがみられる．加えて，夏の涼しさや冬のぬくもりなど季節感を感じさせ，料理を盛りつけるのにふさわしい工夫を凝らしたものがみられる．

土器　粘土を使って焼いたもので，不純物を含んでいて密度は低く，もろ

い，吸水性大，不透明でうわぐすりはない．ほうろくなど．

粗陶器　素地は粗く，有色で弱い．土鍋など．

炻器　焼き締め陶器のこと．粘土を高温（1,100～1,300℃）でしっかり焼き締めたもので，うわぐすりをかけていないが吸水性がない．備前焼き，信楽焼き，常滑焼き，益子焼きなどがある．

陶器　粘土を原料にした焼き物で，それぞれの土地の土を使い，その土質や焼く温度（800～1,000℃），うわぐすりの有無や種類などで，その特徴ができてきた．産地別に多くの種類がみられ，一般に唐津焼き，萩焼き，備前焼き，信楽焼き，越前焼き，薩摩焼き，常滑焼きなどで知られる．

磁器　石の一種を原料にした，白く硬い焼き物である．純度の高い陶土を使用して，高温（1,000～13,000℃）で焼く．素地は緻密で，たたくと金属音がし，薄手であるが強度は大で，透光性があり，吸水性はない．白無地や絵付けしたものなど，食器としてごく普通に使われている．一般に有田焼き，九谷焼き，瀬戸焼き，京焼きなどで知られる．

焼き物の使用の基本は次のとおりである．

① 季節によって文様や質感の有無を選択する．慶事を表す模様などにも配慮する．

② 食事の流れと，用いる器全体のイメージとを配慮して，器の組み合わせを考える．

③ 盛りつける料理にふさわしい器を選び，ときには器に和紙や葉などをあしらって双方がいきるように工夫する．和食器は大皿・大鉢と小物などの並べ方や，それらの色や絵柄などの調和を考えて組み合わせる．

④ 陶器は水を含ませてから使用し，使用後は速やかに洗い，よく乾燥させるなど取り扱いに注意する．また，陶器は器の特徴である厚みを利用して保温・保冷が長く維持できることにも留意する．

⑤ 日本料理の場合では，器と皿を重ねて用いるのは茶碗蒸し，土瓶蒸しなどに限られていたが，洋風にアレンジして用いることも多くみられるようになった．器に傷がつかないよう，コトコト音がたたないことなど，重ね方に注意が必要である．

(2) 漆器

日本的な美を食事のなかにみるような漆器は，汁椀をはじめ多くのものにみられる．"ジャパン"と国名で表される工芸品が漆器であったのは，古くから，いかに塗り物が重要かつ便利なもので，あたたかい感触や軽やかさを有し，生活を彩る優雅なものであったかを表している．傷つけたりするとその部分から漆がはげやすいため，注意して洗う，よく乾燥させるなどの手入れに注意し，収納にも使い古した軟らかい木綿の布かガーゼで包むなどの取り扱いが肝要である．

漆器の種類としては，重箱，膳，折敷，盆，椀，盛り鉢，平皿，とりわけ皿，盃，箸，箸箱，小皿，珍味入れなどがみられる．漆器の産地による種類

には，津軽塗り，秀衡塗り，会津塗り，木曽塗り，輪島塗り，山中塗り，越前漆器，若狭塗り，紀州漆器，香川漆器，琉球漆器，久留米藍胎（久留米や別府で産する竹材を編んで漆をかけたもの），その他多くのものがある．

　漆器は漆の樹液を変化させ，素材と組み合わせてつくる．木材を加工した木地，麻布を貼り重ねた乾漆，金属や焼き物に漆をかける金胎または陶胎など数多くみられる．そのほか，新しい方法として，プラスチックや加工された木材でつくる実用的なものまで幅広い．

(3) 竹細工

　細く裂いた竹で編んだ竹篭などは，めん類，てんぷらを盛りつけたり，夏の弁当としてふた付きの篭に用いたりする．そのほか，箸やスプーン，しゃくし，箸置き，青竹の節を輪切りにした器，縦二つ割りにしたものをめん類の器として用いる．

(4) その他

　ガラス製品，金属製品(アルミニウム，アルマイト，ステンレス，銀)，プラスチック製品の食器があり，また紙製品，発泡スチロール，アルミ箔製品などのように使い捨てができ，簡便で衛生的なものまで数多くの器がある．

2) 外国の食器類

　陶器は中国でもっとも早く発達し，白磁と青磁があり，日本の陶磁器も中国の影響を受けた．ヨーロッパではローマ時代に発達したが，硬質磁器までには至らなかった．14，15世紀ごろイタリアとスペインが東洋陶器を模倣して，うわぐすりを施したマジョリカ焼きをつくり，ドイツのマイセンとフランスのセーブルが硬質陶磁器を製作した．その50年近く後，イギリスで「ボンチャイナ」という，陶土や陶石のなかに牛や羊の骨を焼いた灰を混ぜてつくった，強度の強い器が登場した．陶磁器の代表的なブランドとしては，マイセン，ドレスデン，フッチンロイター，ローゼンタール，セーブル，アビランド，ベルナルド，レイノー，ロイヤルクラウンダービー，ウエッジウッド，ロイヤルウースターなど，多くみられる．

　一方，洋風の食事に必要なものがカトラリー，つまりナイフ，フォーク，スプーンの類である．金製や銀製の美しいデザインのカトラリーもある．前菜，魚用，肉用，デザート用など，料理によってフォークとスプーンのかたちや大きさを使い分けてセットして用いる．

3) グラス類

　ガラス食器は透明で光輝く美しさがあり，使用範囲は広く，洋風料理のみならず日本料理にも多く用いられる．その涼感と清潔感は，食事によい雰囲気を与える．陶磁器と同様，取り扱いには細心の注意が必要である．

　ガラスの種類には，ソーダガラス（コップ，牛乳瓶，サイダー瓶など一般

図 5-9 グラス類の名称
金谷昭子（編）：調理学．医歯薬出版，2002, p. 217.

のガラス製品），クリスタルガラス（水晶のような透明度と輝きがあり適度に重い，チェコスロバキアのカットグラスは有名），セミクリスタルガラス（ソーダーガラスとクリスタルガラスの中間的なガラス），ホウケイ酸ガラス（耐熱度の高いガラス，魔法瓶，シチュー鍋など）がある．

　一方，グラスの種類は，タンブラー（水，ソフトドリンク，ビール），ワイングラス，ゴブレット（ビール，ソフトドリンク），ブランデーグラス，オールドファッショングラス（オンザロックなど），シャンパングラス（シャンパン，カクテル），カクテルグラス，その他（アイスクリーム用グラス，パンチグラス）などがあげられる（図5-9）．

2. 食卓の演出

食卓の小物　　センターピースやカトラリーに合わせてそろえるのが望ましい．センターピースとはテーブルの中央に置く装飾で，美しいガラスの置物，陶器の人形や動物などを用いる．果物や菓子類を置く場合もあるが，もっともポピュラーなものには，季節の花とキャンドルスタンドの組み合わせがある．

テーブルリネン　　テーブルクロスやマット，ナプキン，ランナー（テーブルのセンターに走らせる布をさす，長さも幅も自由であるが，テーブルクロスよりも垂れは長めのほうが美しくみえる），ドイリー（位置皿の上や重ねた陶器と漆器の間に敷く布）などを総称する．器と同様，テーブルリネンは料理，食卓を最高のものに仕上げる脇役を演ずるものである．

テーブルセッティング　　食の場を演出するためにセットすることである．食事をすることは栄養生理上どれほど大切かはいうまでもないが，加えて，食事を楽しく，快適で心地よいものにするために食卓を整えることは一層の効果をもたらす．基本的なルールを踏まえて，個人のセンスで積極的に取り

組む姿勢と，食事に対する心のもちよう，ゆとりが必要である．各料理様式におけるテーブルセッティングの基本や，それに伴うマナーについては専門書を参考にしていただきたい．

REFERENCES section 5

1) 島田淳子・中沢文子・畑江敬子：調理の基礎と科学．朝倉書店，1993．
2) 金谷昭子(編)：調理学．医歯薬出版，2002．
3) 設楽　実：新版生活科学．酒井書店，1999．
4) 渋川祥子(編)：食品加熱の科学．朝倉書店，1996．
5) 平野美那世：鍋のいろいろと調理．日本調理科学会誌，31：65〜68，1998．
6) 矢野俊正・他(編著)：調理工学．建帛社，1996．
7) 日本スペシャリスト協会(編)：フードコーディネート論．建帛社，2000．

section 6

環境と調理

chapter 1　食環境と調理

chapter 2　食品汚染と調理

chapter 3　調理による環境汚染

chapter 1 食環境と調理

1. 日本の食文化

　食事をすることは人間の生命を維持するうえでもっとも重要なことであり，その食糧確保のために人々は日々何らかの活動をしている．しかし，食事は空腹が満たされればそれでよいものではなく，また栄養が摂取できればそれでよいというものでもない．地域により自然環境や宗教などが異なるので，とれる食材や使う食材，調理法が異なり，それぞれの地域にはほかにみられない独特の料理がみられる．それらの料理をつくって食べるということは，生命を維持するだけでなく，それが人々の和を保ち，心の癒しともなっているのである．その活動は先人たちが築いてきた貴重な食文化活動である．飽食の時代といわれる今，私たちは食文化の大切さを知り，自らが食文化の伝承者となるべく，いろいろな場面で努力すべきであろう．

1）食材および調理法の歴史

(1) 食材の歴史

　古代の遺跡から発掘された食材は貝類や堅果類が主であるが，ほかに動物や魚の骨，穀類，雑穀類，豆類，海藻類などがある．これらは保存されやすかったため出土したが，他の食材については遺跡からはわからない．

　野菜類や果物類は出土した木簡に書かれていた内容から，奈良時代には食べられていたことがわかる．酒は自然にアルコール発酵させたものであろうが，神話や「魏志倭人伝」に出てくる．茶は最澄が唐から種を持ち帰り，近江の坂本に植えたのが始まりという説もある．今も坂本にある日吉園は日本最古の茶園と伝えられている．菓子はかつては果物のことであったが，大陸から唐菓子の技法が伝わり，その後米づくりとともに餅やだんご類もつくられるようになった．唐菓子づくりの技法は，今も各地の神社の神饌にみられる（図6-1）．調味料の塩と酢も神饌にみられる．

　しだいにいろいろな食材が栽培されたり，家畜として飼ったりすることにより増えてくるが，近年では輸入品の食材が大量に日本人の食卓に上るようになってきた．

図6-1 唐菓子づくりの手法に似た神饌

(2) 調理法の歴史

米は玄米を甑（こしき）で蒸す方法が多かったらしいが，それを飯（いい）とよんだ．現在の飯に相当するものは固粥（かたがゆ）とよばれ，現在のかゆは姫粥（ひめがゆ）とよばれていた．米粉の製造法は水に浸した米をついて細かくする方法であった．もち米を蒸す，だんご粉をこねて蒸す，豆や野菜などを煮る，ゆで大豆をつぶして和え衣にする，魚や野菜を塩で漬ける，塩をした魚や野菜に酢をかけるなどの調理法は，神饌でよくみられることから，古くからあった調理法と考えられる．食材の保存にはかつては塩漬け法や乾燥法がよく用いられていた．揚げ操作は唐菓子の流れをくむ神饌でみられ，油はエゴマ油が使われていたようである．

大陸の影響を受けた時代からしだいに西洋の調理法が伝わり，スープやルウを使った料理が日常的につくられるようになる．近年，外食が増えたこと，自家生産される食材が減少したこと，家庭で行事食をつくる機会が減ったことなどから，優れた調理法を個人が身につける機会が減少しつつある．

2）年中行事の食

おせち料理（正月料理）　本来，おせち（お節）料理とは節句に出される料理のことであったが，今では正月料理のことをさしていう．おせち料理は年中行事の中でももっともよく伝えられている料理である．おせち料理には，正月の祝いの食という意味のほかに，いつ客が来てもいいようにつくるもてなしの食や，また三が日の保存食という意味もある．

献立は全国ほぼ似たものであるが，それらには雑煮，おとそ（屠蘇），祝い肴（さかな），煮物，酢の物，口取りなどがある．雑煮には餅が入るのが普通であるが，餅なし雑煮を食べるところもある．餅のかたちも，丸餅のところと角の切り

図 6-2 頭いもの雑煮

餅のところがある．また，あん餅を入れるところもある．汁は関西や四国の一部ではみそ仕立てが多く，そのほかの地域では澄まし仕立てにするところが多い．椀種には餅のほか，さといもやだいこん，かぶ，しいたけ，かまぼこなどが多く用いられるが，京都近辺では頭いも（親いも）を入れ，みそ仕立てにする家が多い（図 6-2）．頭いもは頭になれるようにという意味で，かつては戸主や跡取りに大きい頭いもが準備された．

おとそは屠蘇酒のことで，本来は屠蘇散といわれるさんしょうや肉桂などを入れた薬酒であったが，最近では普通の日本酒で祝うところが多い．

祝い肴には田作りや数の子，黒豆など3種類の料理を取り合わせ，三種という酒の肴とする．田作りはごまめ（かたくちいわし）を炒って調味料をからませたもので，田の肥料として使ったことから豊作を祈願してつけられた名前である．数の子はにしんの卵巣を塩漬けしたものであるが，子孫繁栄の意味で用いられる．黒豆は黒々としてまめに働けるようにという意味で炊かれる．

ごぼうやにんじん，さといもなどを昆布だしで炊いた煮しめは，暮れから三が日分の保存食としてたっぷりと炊かれる．また，昆布は"喜ぶ"に通じるということで，昆布巻きなどにされる．正月には根菜類を食べると精がつくといわれ，ごぼうやにんじん，さといものほかに，くわいやこんにゃくなども用いられる．くわいは打ち出の小槌に似せてかたちづくる．

酢の物にはたたきごぼうや酢れんこん，柿なますなどがある．柿なますは干し柿の甘さを利用し，だいこんやにんじんなどを酢などで和えたものである．口取りにはきんとんや甘い卵焼きなどがつくられる．

七草がゆ　1月7日の七日正月の朝には七草がゆが炊かれる．七草とは，せり，なずな（ぺんぺん草），ごぎょう（母子草），はこべら（はこべ），ほとけのざ（たびらこ），すずな（かぶ），すずしろ（だいこん）の七種の葉である．これらを前日に準備しておき，かゆを炊き，あられに切った餅とゆでた七草

図 6-3　あずきがゆ

のみじん切り，塩少々を入れて仕上げる．あっさりとしたかゆで，正月料理に疲れた胃袋を快調にする．

あずきがゆ　1月15日の小正月の朝にはあずきがゆが炊かれる（図6-3）．あずきは前日に炊いておき，あずきの煮汁も使ってあずきがゆを炊き，あられに切った餅を入れて仕上げる．この日は，神社でその年の稲の作付けを占う「かゆ占いの神事」が行われるところがある．あずきがゆを炊く際に，釜に入れた竹筒の中にかゆがどれだけ入ったかによって早稲・中稲・晩稲のとれ高を占い，作付けのヒントにするものである．行事の後，かゆが氏子にふるまわれる．

節分　立春の前日を節分という．この日は病気や災難を鬼に見立てて鬼を追い払う行事の「豆まき」が行われる．ひいらぎの枝にいわしの頭を刺したものを戸口に立てて「鬼の目刺し」とし，大豆を炒って豆まきをし，鬼を追い払う．夕飯には炒り豆をいただいて厄除けをし，いわしで祝う．

桃の節句　3月3日はひな祭りで，女児の成長を祈願する祭りが行われる．内裏びなを飾り，菱餅，白酒，ひなあられなどをお供えし，桃の花を飾る．菱餅は緑（よもぎの色），白，赤（食紅の色）の三色に色付けし，菱形に切って三段重ねにする．この日の食事にははまぐりの潮汁，ちらしずしなどが出される．かつては旧暦で行われていた．

春分・秋分（彼岸の中日）　毎年3月と9月の下旬ころで，寺で行事が行われる．家ではぼた餅（おはぎ）をつくり，お墓や仏壇に供える．おはぎはもち米とうるち米を混ぜて炊飯し，塩少々入れて半分ほどつぶす（これを"半殺し"という）．これをちぎって丸め，あんでくるむ．

春祭り　4月から5月にかけては各地で春祭りが行われる．祭りには多くの来客があるので，いろいろなもてなし料理がつくられる．まず，すし類がその中心となる．それらは，ちらしずし，巻きずし，さばの棒ずし，箱ずしなどで，しいたけ，かんぴょうなどのほか，卵，にんじん，ゆば，塩さば，

図 6-4 藤ずし
塩ざけをくずの葉で包んで押したすし．くずをくるま藤とよぶ．
(滋賀県)

塩ぶり，塩さけなどが用いられるが，入れる材料は地域によって異なる（図6-4）．すしのほか，おこわや餅・だんご類がつくられる．餅やだんごでは時期的に草餅（よもぎだんご）が多くつくられる．そのほか，たけのこやふきの煮物，いんげん豆の甘煮などもつくられる．

端午（たんご）の節句　5月5日は男児の成長を祈願する祭りが行われる．武者人形やかぶとを飾り，かしわもちやちまき，赤飯などを供える．ちまきは熊笹やよし，まこもなどの葉で新粉だんごを包み，蒸したりゆでたりしたものである．その夜，風呂にはしょうぶの葉を入れてしょうぶ湯とする．

お盆　お盆には親族が集まり，先祖のお墓参りをする．宗派によって多少異なるが，お墓や仏壇には，はすやさといもの葉の上に，畑でとれた野菜や果物とともに，新粉だんごをつくって供える（図6-5）．新粉だんごは精霊が新粉馬に乗って帰るということからつくられるもので，新粉を蒸してこね，馬の背のかたちにしたりひねったりしてつくる．

　浄土宗や天台宗では精霊を迎え，朝飯，小昼，昼飯，小昼，夕飯，お夜食

図6-5 お盆のお供え

を精霊の数だけつくってもてなす．料理はすべて精進物で，なすのおひたし，かもうりの煮物，かんぴょうといんげんの炊き合わせ，かぼちゃの煮物など，家でとれた野菜を主にした料理が供えられる．煮出し汁には昆布だしを使う．小昼には新粉だんごのほか，ういろうやにっき餅などをつくって供える．

お月見　仲秋の名月の夜，関西ではすすきと萩(はぎ)を飾り，さといも料理やだんごを名月に供える．さといもは，いも炊きやいもごはんにする．だんごは名月にちなんで丸くかたちづくり，あんをむら雲状にかける．したがって，別名"いも名月"といわれるが，関東などではさといもではなく，枝豆が供えられ，"豆名月"ともいわれる．

冬至　1年中でもっとも昼の短い日で，この日にかぼちゃを食べると中風にならないといわれている．夏にとれたかぼちゃをこの日まで保存しておいて食べる．かぼちゃのことを南瓜（なんきん）ともいうが，この日に京都では"なんきん"のほか，運がつくという意味で，最後に"ん"のつく，にんじん，れんこん，ぎんなん，きんかん，うどん，かんてんの7種を食べるという風習もある．

大晦日（おおみそか）　この日は年越しを祝っていわしを食べ，正月用の煮しめも食べる．近年では年越しそばが食べられるようになってきた．

3）通過儀礼の食

人の一生の通過儀礼には，誕生から宮参り，食い初め式，初誕生，七五三，元服式，結婚式，還暦，葬式，法事などがあり，そのときどきにいろいろな食がつくられる．近年，これらの行事も家で行われることが少なくなってきた．

祝儀の膳　結婚や宮参りなどの祝の膳には本膳，二の膳，三の膳が組まれ，与の膳にはお頭付きの鯛，台引にはかつお節や和菓子の練りきり，ようかん，紅白のじょうよまんじゅうなどが用意された．そのほか，餅，赤飯，すし盛

り合わせ，八寸，果物なども個々に用意された．魚や野菜の煮物，和え物，だんご類，豆の甘煮や四季折々の漬物なども鉢に盛って出された．前日から親戚が手伝いに集まり，にぎやかに行われた．また，つくる量も招いた人の分だけをつくるのではなく，その人たちの家族の分までつくったので，相当量の料理となった．さらに，材料の準備だけでなく，調理用具や食器類の準備などがあり，大変な仕事量であった．

　食い初めの膳では，歯固めの意味で，河原から細長い石を拾ってきて膳につけ，しゃぶる真似をさせる．初誕生までに歩けたら一升餅といって，糯米一升をついて丸め，1歳の誕生日に子どもに背負わせて歩かせ，成長を祝う．七五三には子どもに千歳飴を食べさせて長寿を祈願し，還暦には餅まきなどをした．

不祝儀の膳　葬式や法事などは精進料理でもてなす．平，坪，猪口には油揚げやゆば，凍り豆腐などの豆製品や，だいこん，にんじん，さといも，こんにゃくなどの野菜類やいも類で煮物や和え物が用意され，ほかに，餅，白蒸し，漬物，豆の甘煮などが出される．葬式は突然に執り行わねばならないということもあって，大豆やあずき，いんげん豆などの豆類とその加工品，いも類，かんぴょう，塩切りなすなどの保存食材がよく利用された．

2．世界の食文化

　世界の食文化は，各地域の気候や地理的条件などの自然環境，民族独自の思想や宗教などの文化的価値観，生活様式，経済力などが相互に影響し合い形成されてきた．各食文化の特色は，その地域で入手することができる食材の種類や調理技術から育まれてきた料理や食事様式に反映されている．ここでは，主な世界の料理の特徴を食材と調理の面からまとめた．

1）中国料理

　広大な国土を有する中国では地域によって気候風土が大きく異なり，それぞれの地域に独特の料理が育まれてきた．料理の特色から東西南北の4地方に分類される．

北方料理　中国の北方は寒冷な乾燥地で，米作には不向きであるため小麦を主食とし，湿式加熱調理による麺や包子・饅頭などが発達している．北方の遊牧民族の文化の影響を受け，豚，羊，鳥類，卵類を使った料理が多い．味付けは概して"油重味濃"といわれ，にんにくやねぎを多用する．強火で炒める調理法を特徴とする．北京料理は北方料理を源流に，清時代に全国各地の産物と調理法を取り入れて宮廷料理として確立されたもので，味付けは比較的淡白である．有名料理に北京烤鴨（あひるの丸焼き）がある．

西方料理　揚子江上流の西方地域の料理は四川料理に代表される．内陸部に位置するため海産物には恵まれないが，米，とうもろこし，いも類，山菜や野菜類，獣肉類，川魚は豊富である．また岩塩を産出し，搾菜などの漬物

も発達している．花椒（麻，マー）と，とうがらし（辣，ラー）の辛味のきいた味付けが特徴で，調味料として豆板醤を多用する．代表的な料理に麻婆豆腐，酸辣湯などがある．

東方料理　揚子江下流の東方地域は温暖な気候のため米作が盛んで，米を主食とする．また河川，海に面しているために魚・甲殻類などにも恵まれている．東方料理の代表とされる上海料理は海鮮料理を特色とし，煮物，蒸し物が発達している．淡白な味付けの料理がある一方で酸・甘・塩味と香辛料を中心とした香味が特徴の濃厚な味付けの料理もある．有名料理に上海蟹の蒸し物や東坡肉（豚バラ肉の角煮）などがある．

南方料理　南方地域は亜熱帯気候で米を主食とし，農産物，果物，海産物にも恵まれている．代表的な広東料理は素材を生かした淡白な味付けが特徴で，調味料にかき油（オイスターソース）がよく使われる．飲茶発祥の地でもあり，点心の種類が豊富である．叉焼肉（焼き豚），古老肉（酢豚），芙蓉蟹はこの地方の料理である．

2）韓国料理

　古くから米，麦，豆類，山菜，野菜類を産出し，漁業も盛んで食材が豊かであり，さらに北方の遊牧民族との交流で肉食文化が根付いて今日の韓国料理が形成された．儒教の影響が強く，五味(塩，酸，苦，甘，辛味)，五色(赤，緑，黄，白，黒)という薬食同源の思想が料理に反映されている．米を主食とするが，あわ，きび，ひえ，麦，大豆などを混ぜ込んだ飯がよく食されている．獣鳥肉類，魚類，卵，豆類，野菜類，種実類，海藻類など多彩な食材を，和え物，蒸し物，煮物，炒め物，焼き物などに調理する．

　韓国料理の味の基本はしょうゆ，みそ，コチュジャン，ごま油，塩，酢，にんにく，ねぎ，しょうが，とうがらしなどの調味料や香辛料〔総称して薬念（ヤンニョム）という〕で，それらを何種類か合わせて調味する．とくに，とうがらしとにんにくは韓国で親しまれている香辛料で，これらを使った漬物のキムチはよく知られている．

3）東南アジア料理

　東南アジア諸国は米を主食とする．獣鳥肉類，魚介類，豆類，野菜類，熱帯性の果物類など食材も豊富である．主な香辛料の原産地が東南アジアであることから，辛味や香味のきいた香辛料多用の味つけが特徴である．また，うま味調味料として魚やえびを発酵させてつくった魚醤を使用し，酸味付けにはライムやタマリンド，風味付けにココナッツミルクを利用する．

　タイ料理は東南アジアでもっとも辛味のきいた料理であり，トムヤムクンは，辛味と同時にレモングラスやこぶみかんの葉，ナンキョウなどで香り付けしたさわやかな香り高いスープとして有名である．インドネシアやマレーシアなど東南アジア諸国の料理は，地理的にも歴史的にも中国，インド，アラブ料理の影響を大きく受けている．

4）インド料理

インド料理は多種類の香辛料を組み合わせた炒め煮料理（いわゆるカレー料理）が主流で，素材は豆類，野菜類，魚・甲殻類，肉類など多彩である．また，インドは乳類食文化圏の東端にあたり，ヨーグルトやバターなどの乳製品を利用する．北部の乾燥地帯では小麦からつくったチャパティー（薄焼きパン）やナンと炊き込み飯の両方を主食とし，羊や鶏などのロースト料理が発達している．南部の高温多湿地域では白飯が食される．また，特定の種類の肉を食べない，菜食を守るなど，宗教や慣習の違いによって食形態が異なる．

5）アラブ料理

西アジアから北アフリカにかけての国々では大部分がイスラム教徒で，豚肉は食さない．西アジア地域では米をピラフにして主食とし，北アフリカ地域では小麦，とうもろこしなどを主食とする．麦や雑穀を石臼で挽き，蒸して天日乾燥したクスクスはよく知られている．砂漠地帯の遊牧民にとっては，らくだの乳とそれからつくられる乳製品や，なつめやしとともに，一度糊化した穀類が貴重な食料となっている．地中海沿岸の地域は野菜，果物，香草類が豊富で，トマト，なす，オリーブ，豆類を多用する．肉類は羊肉が主に食され，羊肉を香辛料で風味付けしたつけ汁につけて串に刺して焼くシシカバブは有名である．

6）西洋料理

欧米諸国の料理全般を日本料理に対して西洋料理とよんでいる．民族，気候風土の違いによりそれぞれ独自の料理があるが，基本的には獣鳥肉類，卵類，乳製品，パンを食する．味付けは塩，こしょうを基本とし，香辛料，ワインなどで調味し，バターの香りをいかした調理が多い．

フランス料理はソースの種類が多いのが特徴である．地中海沿岸の地域では豊富な魚介類やトマトをはじめとする野菜類，オリーブ油，香草系香辛料をふんだんに用いた料理が発達している．また，イタリアのパスタ料理や，米を使用したスペインのパエリアもある．

7）メキシコ料理

中南米原産のトマトやとうがらしを多用した辛味のきいた料理が特色である．主食はとうもろこし粉を練って薄焼きしたトルティーヤで，肉，野菜，チーズをトルティーヤで包み，チリソースで味付けしたタコスはよく知られている．チリパウダーを用いてうずら豆，トマト，肉を煮込んだチリコンカーンも有名である．

交通手段や情報網の発達，流通技術の発展により他の食文化に触れる機会

が増した現在，世界の食文化は均一化されていく傾向にあろう．互いの食文化を理解し尊重しながら，自国の食文化との調和をはかっていくことが重要である．

3．日本の食環境と調理

わが国では，地域の気候風土に適した食べ物が生産され，それぞれの地域の文化に根ざした食べ方が培われ，嗜好性に特徴がつくられたことにより，固有の食文化が形成されてきた．また，地域住民の集団では産地や生産物をもとにした食習慣が育てられ，親から子へと伝承されてきた．従来，食は保守的であり大きな変化はないと考えられていたが，現代では，とくに若者の世代では，各地の食文化を残しつつも，社会の多様化や豊富な食情報により食生活・食習慣が多様化する傾向にある．

1）食生活の変化と調理

昭和という一つの時代における食生活の変化は，表6-1のようにまとめられ，家庭における調理の様態が大きく変化してきていることがわかる．近年では健康志向，本物志向，さらには食に関する安全性への関心が高まっていると同時に食の簡便化傾向も続いていることがうかがわれる．このように，食生活が変容してきた要因としては，食品工業の発展と流通拡大によりインスタント食品，冷凍食品，レトルト食品などが，小売店にかわって日本各地に進出した大型のスーパーマーケットで売られ始めたことがあげられる．さ

表6-1　昭和の食の特徴と志向

時代キーワード	特　徴	志　向
昭和1～12年 (1926～1937)	「モダン」と一汁一菜	文化住宅と台所の改善	美味志向のきざし
昭和13～19年 (1938～1944)	統制と代用食の時代	食糧の配給，統制の強化	ぜいたくは敵だ (戦時食，代用食)
昭和20～25年 (1945～1950)	飢餓の時代	量の確保 (闇市，買い出しの時代)	食べられればよい (竹の子生活) (4人に1人は栄養欠陥)
昭和26～35年 (1951～1960)	よみがえる経済と食生活	量から質へ 家庭電化，ダイニングキッチン登場	栄養性，安全性，嗜好性 (4人に1人は栄養欠陥)
昭和36～47年 (1961～1972)	高度成長と食品の多様化	調理ばなれ 加工食品ブーム ファミリーレストラン，ファストフード花盛り	食の多様化，簡便化志向
昭和48～58年 (1973～1983)	成熟経済と健康志向	コンビニエンスストア登場 外食産業，テイクアウト食品ブーム	健康志向，高級化志向 (食文化への関心が高まる)
昭和59～現在 (1984～1990)	国際化と食文化	一億総グルメ時代 (個食化傾向の進行)	美味志向，高級化志向，健康志向(自然・本物志向，安全性への関心)

川端晶子：1991年版食料・栄養・健康（食糧栄養調査会編集）．医歯薬出版，1991，p. 19．

表 6-2　内食，中食，外食産業の要素・機能と産業分担

食に関連した要素, 機能 \ 食の形態	内食			中食（境界領域）					外食（サービス）			
	普通内食	加工食品	コンビニエンス・フーズ	総菜	自動販売機	献立材料の宅配	テイクアウトの弁当（総菜）	メニューの宅配	ファストフーズサービス	ファミリーレストラン	スペシャリティ・レストラン	アトモスフィア・スペシャリティ・レストラン
原材料の調達・仕入れ	□	△	○	○	○	○	(○)	(○)	(○)	(○)	○	○
下ごしらえ	□	○	○	○	○	○	(○)	(○)	(○)	(○)	○	○
調理・加工・調味（組立）	□	△	△	○	○	□	(○)	(○)	(○)	(○)	○	○
運搬（配送）	□	□	□	□	□	○	△	○	○	○	×	×
家庭での貯蔵・保存	(□)	□	□	×	(×)	×	×	×	×	×	×	×
場所の提供	□	□	□	□	□	(□)	×	×	○	○	○	○
サービスの提供	□	□	□	□	□	×	×	×	△	△	○	○
盛りつけ	□	□	□	□	□	×	×	○	○	○	○	○
雰囲気づくり	□	□	□	□	□	×	(□)	(□)	△	△	△	○
産業分担	メーカー ⇩ 流通業 ⇩ 消費者	メーカー ⇩ 流通業 ⇩ 消費者	メーカー ⇩ 流通業 ⇩ 消費者	メーカー ⇩ 流通業 ⇩ 消費者	メーカー ⇩ ベンダー ⇩ 消費者	本部 ⇩ チェーン店流通業 ⇩ 消費者	本部（メーカー） ⇩ チェーン店 ⇩ 消費者	本部 ⇩ チェーン店 ⇩ 消費者	本部外食サービス企業 ⇩ チェーン店フランチャイズ直営 ⇩ 消費者	外食サービス企業個人飲食店 ⇩ 直営チェーン店 ⇩ 消費者	外食サービス企業 ⇩ 消費者	外食サービス企業 ⇩ 消費者

注1．山口貴久男作成
　2．○：企業が十分に分担，△：十分ではないが企業が分担，□：家庭が分担，×：どこも分担しない（できない）を表す．（　）は主たる分担関係を示す
　3．スペシャリティ・レストランは高級な料亭やレストランなど，アトモスフィア・スペシャリティ・レストランはそのなかでもとくに庭やショーなど雰囲気を重視したもの

らに，冷凍冷蔵庫の大型化，電子レンジなどの電気調理器具の普及が，これらの食品の利用をたやすくしている．また，家族の形態の変化もあげられ，家父長制から核家族化が進み，子どもを中心とした献立作成になり，肉類・乳製品を使った新しい献立が家庭に増えてきたのと同時に，新たな加工食品や調理済み食品が次々と利用されている．これらに拍車をかけているのが，24時間営業のコンビニエンスストアの普及を背景とした，経済的な余裕，単身世帯の増加，女性とりわけ主婦の社会進出であり，調理の簡便化という食の手軽さ傾向はとどまるところを知らない．

　食の簡便化は外食の増加だけでなく，家庭で行われる調理の時間を減らした持ち帰り食品・総菜の利用へとつながり，その食形態は内食と外食の中間的なものという意味で"中食（なかしょく）"という言葉で表されている．内食・中食・外食の機能分担関係を表6-2に示した．外食・中食にみられる調理の外部化は，家庭内の調理における献立，食材・調理技術・調理器具の多様化に影響を及ぼしている．食文化の伝承，栄養的な配慮，家族の絆を結びつける意味合いにおいても，家庭で調理し，家族が食卓をともに囲むことの意義の重要性を

考えるときにきている.

2）食情報

　情報社会において，多様な通信メディア（新聞・雑誌，テレビ・ラジオ，インターネットなど）による情報伝達が行われているなかで，食に関する情報（食の安全，栄養，調理など）は氾濫している．これらは食文化・食習慣にも大きく影響を及ぼし，多様化をうながしている．健全な食生活を営むためには，それらの情報を選択する知識と判断力が必要である．

食の栄養・安全情報　健康増進法に基づく栄養表示，JAS法（日本農林規格）に基づくマークや食品表示，食品衛生法による食品添加物，食品の保存期限についての表示などを正しく知ったうえで食品選択をする必要がある．

栄養情報　骨粗鬆症といえばカルシウムと結びつけ，カルシウムさえ摂取すればよいように理解されがちであるが，骨粗鬆症の予防にはカルシウムとともに良質なたんぱく質を摂取しなければならないなど，正しい情報を発信するとともに，受信する必要がある．

調理情報　レシピというかたちで調理法の伝達が行われ，これは客観的であり正確で，誰がつくってもほぼ同じものができるが，調理技術や食品の口ざわりなどが伝わりにくい側面もある．

4. ライフステージと調理

　食生活は，生理的な機能である栄養と健康の確保を基本として，感覚的・心理的な機能（嗜好の充足）および文化的機能（豊かさの充足）が重層的に働き合って成立している．人間は生命維持のために食物から栄養素を摂取し，体組織の形成やエネルギーの補給をはかっている．しかし今日，栄養不足から過剰への栄養摂取の推移に伴って，肥満や各種の生活習慣病が増加している．これに対する取り組みは，個人をはじめ，"健康日本21"のような国をあげての積極的な働きかけのかたちにみられる．また，食事の欧米化に伴って欧米のもののみならず，アジアや世界各地のすべてのものを受け入れてしまったため，私たちほど多様な食事をする民族はほかにないほどである．言い換えれば，各国の食事を日本人の好む料理にアレンジし，楽しむスタイルとしている．しかし，生涯の各時期にふさわしい食事のスタイルは，古くからの基本である"ごはんとおかず"の，いわゆる日本型食事様式であり，それは食事の質や量をうまくコントロールすることが可能であり，欧米人とは異なる食べ方が根底に存在していると考えられる．

　このように，それぞれのライフステージにおいて適切な量や質を調整し，組み合わせることにより，いかなるライフステージにおいても，いつもおいしく，安心して，心豊かに味わえるような食事づくりのできることが重要である．

　今日の食事スタイルが中食，外食へと移行しているなかにあって，基本は

栄養の充足であり，それに加えて，おいしく，安全でかつ簡単に整えられればなおよい．さらに，その食事が快いもの（味だけでなく食事環境も含めて）であることが一層求められるようになった．食事が外部へ向かうことは止めようがないが，大切なことは，自分の食するものを自らが手がけて，いかに栄養に優れ，おいしくて，安全であり，満足する独自の食事のスタイルをつくるかである．

したがって，どのライフステージにあっても適切な"食事づくり"の基本を知ることが重要であり，食事の計画から食材の選択，調理，供食に至る一連の流れのなかで，幼児期，学童期，成年期・青年期，壮年期，老年期の食事と調理，疾病時の食事と調理，また身体障害者の食事づくりに携わる際の調理について，① ライフステージの栄養摂取とその問題点と調理，② 食材の調達や各種食品の利用と調理，③ 調理設備など，の視点から考えることが大切である．

1）ライフステージの食事と調理

各ライフステージにおける栄養素の摂取は日本人の食事摂取基準（2005年度版）（巻末付表）に準処して献立をたてる．厚生労働省は5年ごとに，日本人がどのような栄養素をどれだけとることが必要かの指針を呈示しているが，今回は，従来と異なり"栄養所要量"という表現が用いられなくなり，食事摂取基準としてエネルギーについては1種類，栄養素については5種類（推定平均必要量，推奨量，目安量，目標量，上限量）の指標が設定されている．健康な個人または集団を対象として，国民の健康の維持増進，エネルギー・栄養素の欠乏や過剰摂取による健康障害の予防を目的として，生涯のライフステージの各段階で身体的・活動的な特徴に見合った対象特性に適した対応や食事を摂取するため個人間，個人内においての変動も加味する確率論的な考えを導入した"摂取量の範囲"が示されている．したがって，食事摂取基準に示された数値は，対象の状況によっても，必ず実現しなければならないものでないことにも，ある程度留意する必要がある．食事設計は年齢層別の食事摂取基準に対応する栄養素が含まれる食品をとること，それらを対象に適した料理に整え，おいしく供食することが何より大切である．実際の食事設計については献立の項を参照されたい．

幼児期・学童期　朝食の欠食があげられる．1回の欠食は，1日に必要とする栄養摂取の充足を困難とする．とくに発育成長の旺盛な時期において問題が大きく，家庭生活や個人の生活リズム，社会的要因なども影響する．また，アレルギー対応食，偏食やう歯の予防，間食習慣についても考慮する．

青少年期・壮年期　ダイエット，貧血の予防，メタボリックシンドロームや生活習慣病の予防や対応食が重要である．とくに男子の食生活管理が十分でなく，壮年期では肥満の問題があげられ，この時期の男性の欠食は女性以上に多くの割合を占め，さらに食事の外部化は栄養素のバランスを欠くことにつながる．男女を問わず，自らの健康をプロモートするためにも，自分の

食事は，まず調理して整えることから始まることを基本にし，たとえ食事が外部化の方向へ偏るライフスタイルになっても，それを適切に管理し，改善できる知恵をもつことが大切である．

老年期　老年期では歯の喪失，運動機能の低下や障害，味覚の鈍化，嗜好の変化，咀嚼や嚥下の障害による栄養素摂取の低下などへの対応食の配慮が必要となる．とくに，咀嚼や嚥下の機能低下の対応には，食物の形態を水分量，切り方，加熱などの調理の工夫でおいしく供すること，口から摂取できるよう配慮することが大切である．

高齢者のための食事を整える調理上のポイントとして次のことがあげられる．

① 体の調子に合わせて，調理形態を配慮する：ひと口で食べられる大きさに切る，隠し包丁を入れる，みじん切り，つぶす，裏ごしにする，でんぷん，ルウ，増粘剤などを利用してとろみをつける，寒天，ゼラチンを使って寄せ物にする，フードプロセッサーなどで流動状にする．

② 味付けは薄めにする：だしを濃い目にとる，香辛料や薬味を上手に用いる．

③ 汁物は実だくさんにして，少し煮くずれるくらいに煮る．

④ 煮物は汁とともに盛りつけ，とろみをつけてあんかけにする．

⑤ 焼き物，揚げ物は煮てから焼いたり揚げたりして煮込む，料理の上からあんかけなどにしてかけ，表面を軟らかくする．

⑥ 和え物は和え衣を多くする．

⑦ 酢の物はむせやすいので，だしを加えて薄めて用いる．

嚥下が困難な状態が生じる場合が多くなるので，市販の嚥下補助食品（たとえば，加工でんぷんやデキストリン，増粘多糖類によってつくられた，温度に関係なく，料理に混ぜるだけで粘度をつけることができるもの）を用いたりするとよい．

一方，身体的障害がある場合でも，食物の咀嚼や嚥下はリハビリテーション的な働きにもなり，食事面での訓練が重視されている．

2）ライフステージと調理設備

とくに高齢者については，身体的能力が衰えるため，安全でスムーズに調理作業が行える設計が必要となる．建築におけるバリアフリーの第一義的な意味は，行きたいときに行きたい場所に安全かつ容易に行けるようにするために，障壁を排除するということである．一方，ユニバーサルデザインとは，高齢者や障害者に限らず，すべての人にとって使いやすいという意味をもつ．したがって，移動，作業が安全かつ容易に行えることや，感覚機能低下に対応でき，非常時での対策もできていることが条件とされる．その対応として，出入り口に段差がない，滑りにくい，調理操作がしやすく安全な設備機器であり，食堂とのつながりに配慮することである．ガスを使う場合はガス漏れ報知器の設置が必要である．近年，電気調理機器などや安全に対するサービ

スも普及しており，このような設備改善などを，ライフステージのどの時期で行うかを計画的に考えることが重要である．また，新たに建築計画を立てる場合は，将来を見込んだ設計に積極的に取組むことも大切である．

5．食事室とアメニティ

　料理は，食する人が最高においしく味わうものである．それには多くの要因が相互にかかわりあっており，なかでも食する場における快適な環境は重要な役割を果たす．ここでは食事をする場（食事空間，食事室，食卓）と，そのアメニティ（快適性）について考える．

1）食事空間（食事室）の構成要素

　本来，食事空間は民族の生活様式を表現している．それぞれの国にはそれぞれの食事様式があり，食事室（食堂）は，それなりに民族意識が空間を支える源になっているといえる．

　従来より日本人の生活の快適性は欧米人とは異なり，自然との融合の中に存在しているとされ，欧米のような閉鎖的な空間は日本人に適さないとされていたが，今日では大きく変化している．洋室化された食事室は，住まいのなかでも最高か，その次くらいに快適な場所に設置されることが多くなった．戦後，種々のスタイルの変遷を経て，とりわけ昭和30年代に入ると，食事空間，いわゆる"茶の間"は食事室兼台所に取って代わり，ダイニングキッチンと称されるものとなった．したがって，食事室は食べる空間だけでなく，調理の場や団らんの場としての空間をも含む場となった．さらに，椅子式テーブルや，朝食コーナーとされるヌックの設置までみられるようになった．また，調理側の手元が直接見えない対面型キッチンはダイニングキッチンに多くみられるようになり，ダイニングキッチンとしては使いやすいが，料理する内容によっては場として不備な点も多い．

　日本人の生活の欧米化は食事空間の構成まで変化をもたらし，食事の内容も種々の国の料理を自在にアレンジして食するスタイルをつくってきている．同一の食事空間で，見た目の美しさ，盛り付けを重視する日本料理から，陰影を求めるフランス料理まで，それぞれにふさわしいムードをつくらなければならないことなどから，照明などの工夫が重要になってくる．

　食事室の主要な家具は食卓（テーブル）である．テーブルトップの材質としては合理性や機能性が重要であるが，食事の内容やその日の雰囲気によってテーブルを演出することのほうがはるかに大切である．

　食卓とは料理が存在する場である．食卓が想定されていない料理は料理といえず，単なる食品，食物である．食卓を構成するものは食器，食具，グラス，リネン（テーブルクロス，ナプキン）などをさす．テーブルウエアとは，これらを総称するいい方である．これらについてはsection 5を参照されたい．

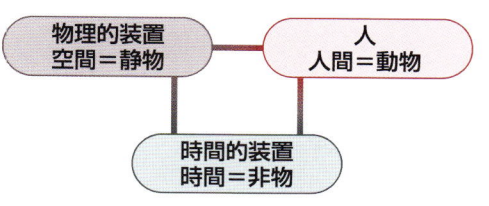

```
物理的装置          人
空間＝静物       人間＝動物
        時間的装置
        時間＝非物
```

図 6-6　食空間の構成要素

　食器は料理を盛りつける器であり，料理という作品を支える構造物であり，その選択は，料理をいかに表現するかという視点でなされなければならない．
　食卓とは，料理の場であり，食事をする人からみての対象物である．これに対して食空間は，建物を含む家具，用度備品など物理的装置としてとらえられる．しかし，食空間を食事をする場と考えると，物理的装置のみならず，食事をする人が重要な役割を占める．また食事は時間的体験であることから，光や音など時間によって影響される食事環境を采配する装置も含めた，その場の雰囲気のアメニティに重要な役割を演ずる．したがって，食空間（食事室）は人，物理的装置，時間的装置（非物）の三要素で構成され，それらが相互にかかわりあって成り立っている（図 6-6）．いずれが欠けても不都合であるが，とりわけ人による他の要素に及ぼす影響は大きい．たとえば，物理的装置としての空間は，人の多寡や雰囲気，動作などによっても狭くもなったり広くもなったりする．

2）食のアメニティとその創造

(1) アメニティとは

　アメニティ（amenity）とは，場所，気候などのここちよさ，人柄などの好ましさ，感じのよさ，生活を楽しくするさまざまなことがら，楽しみ，（文化的な）設備，礼儀，よしみ，などと訳されている．また，広辞苑では「都市計画などで求める，建物・場所・景観・気候など生活環境の快適さ」としている．アメニティの思想が形成されたのは 19 世紀の後半で，イギリスの都市計画家ウイリアム・ホルフォードが「アメニティとは，単に一つの特質をいうのではなく，複数の価値のカタログである．それは芸術家が目にし，建築家がデザインする美，歴史が生みだした快い親しみのある風景を含み，ある状況のもとで効用，すなわち，しかるべきものが，しかるべき場所にあること，全体として快適な状態をいう」と定義していること，また川端は，「イギリスをはじめとする西欧社会では，このアメニティの思想が，歴史のなかで形成され，感覚的な追及のみだけでなく，根源的に厳しい哲学的価値観に支えられているともいえる」と指摘している．
　一方，食生活は他の生活領域の変化と互いに密接に関連して変化しているが，山口は変容するライフスタイルのキーワードとして，ABC/C ニーズ（アメニティ，ビューティー，コミュニティ，コンビニエンス）を指摘している．近年，生活の効率を少々犠牲にしても快適さを求めるようになり，生活空間

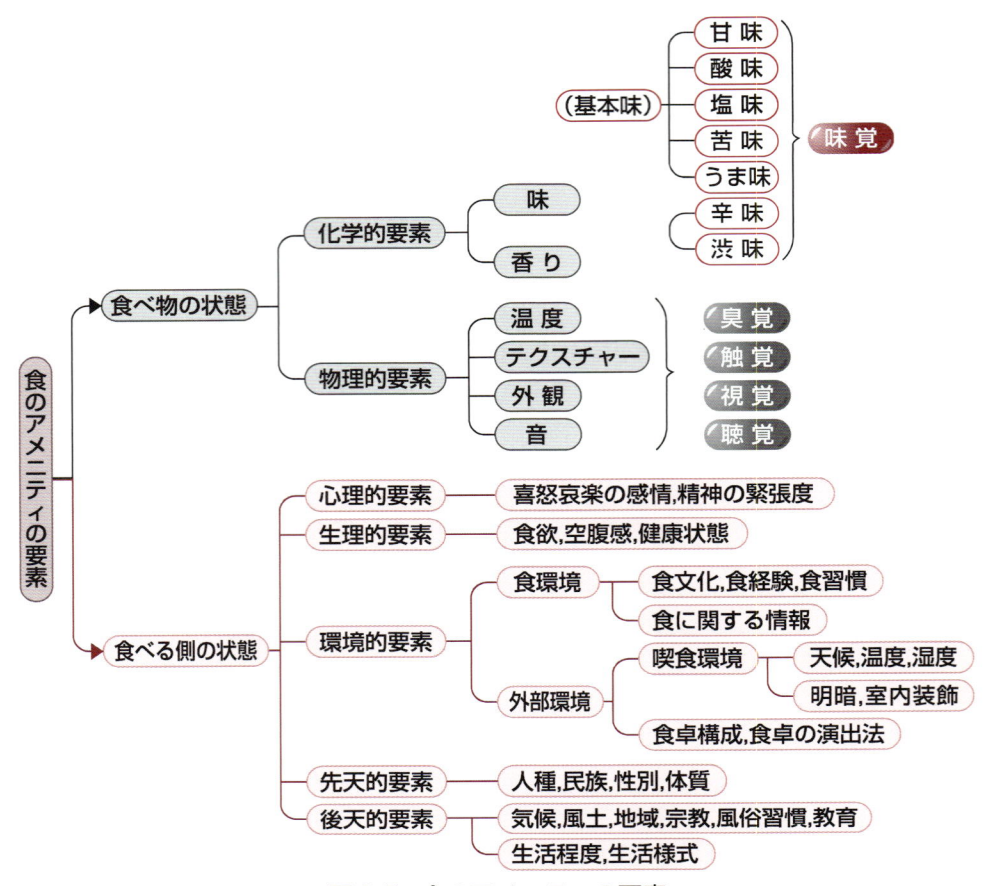

```
食のアメニティの要素
├─ 食べ物の状態
│   ├─ 化学的要素
│   │   ├─ 味 ─┬─ (基本味) ─┬─ 甘味
│   │   │       │              ├─ 酸味
│   │   │       │              ├─ 塩味      ─ 味覚
│   │   │       │              ├─ 苦味
│   │   │       │              └─ うま味
│   │   │       ├─ 辛味
│   │   │       └─ 渋味
│   │   └─ 香り
│   └─ 物理的要素
│       ├─ 温度       ─ 臭覚
│       ├─ テクスチャー ─ 触覚
│       ├─ 外観       ─ 視覚
│       └─ 音         ─ 聴覚
└─ 食べる側の状態
    ├─ 心理的要素 ── 喜怒哀楽の感情,精神の緊張度
    ├─ 生理的要素 ── 食欲,空腹感,健康状態
    ├─ 環境的要素
    │   ├─ 食環境 ──┬─ 食文化,食経験,食習慣
    │   │            └─ 食に関する情報
    │   └─ 外部環境 ─┬─ 喫食環境 ─┬─ 天候,温度,湿度
    │                 │              └─ 明暗,室内装飾
    │                 └─ 食卓構成,食卓の演出法
    ├─ 先天的要素 ── 人種,民族,性別,体質
    └─ 後天的要素 ─┬─ 気候,風土,地域,宗教,風俗習慣,教育
                   └─ 生活程度,生活様式
```

図6-7 食のアメニティの要素

川端晶子:食の科学,231:21,1997.

は一層快適になってきている．食事するスタイルにおいても，外食の場でも快適さの欲求を満たす環境を誰もが求めることができる．また，調理をしない中食（テイクアウト）利用の食事であっても，食事を供する場に対するアメニティの要求は強い．さらに，"美しさ"や"地域社会への帰属欲求（コミュニティ）"の要素が相互に関連して形成される．ABCニーズとされるものは人生目的そのものにかかわり，なかでもアメニティは食以外においても，人間生活でまず，望まれることであろう．洋室化された日本の家屋における食事室は，どの室よりも，その快適性が強く望まれるところであろう．

(2) 食のアメニティの要因

食卓を中心としたアメニティを構成する要素を図6-7に示す．食べ物のおいしさにかかわる要素の分析と同様に，食べ物自体の状態と，食べる人間側の状態に分類して相互が関係する構図となる．

(3) 食事空間（食事室）とアメニティ

食のアメニティは食べ物の状態と，食べる人間における生理的・感覚的な

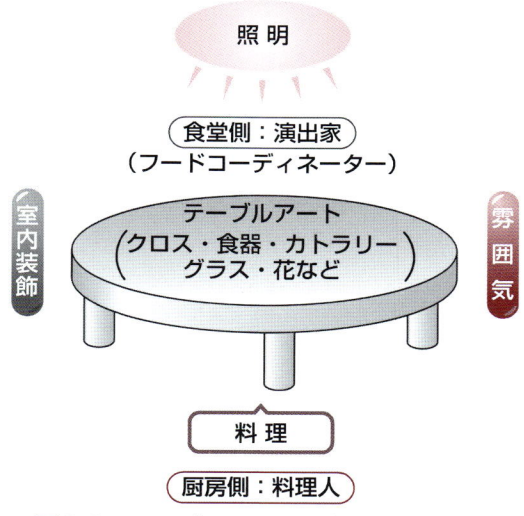

図 6-8 テーブルコーディネートの模式図
日本フードスペシャリスト協会（編）：フードコーディネート論．建帛社，2000，p. 2.

ものを充足していることは不可欠である．それをさらに演出する食事空間の三構成要素のひとつである物理的装置（建物をはじめ家具や用度備品など）にあって，そこで食事をすることにかかわる人間側の要因について，どのようにフードコーディネートするかである．すなわち，フードマネジメント，メニュープランニング，テーブルコーディネート，さらには，テーブルウエアの知識や演出，食事マナー，サービスマナーなどによる食事提供側のトータルな作業と食事する人によって，そのアメニティがつくられる．食事室とアメニティを考えるとき，テーブルクロス，食器，グラス，花などのセット，室内装飾，清潔さ，照明などの配慮がなされ，人の集まりや会話のある舞台に料理が登場し，供することになるが，そこでは会話なども含めた種々のマナーが必然的に大切になってくる（図6-8）．

　料理の内容にかかわらず，そのアメニティが，とくにこころ遣いがもっとも重要であることに変わりはない．食が外部化へ向かう今日，アメニティは，食事する自分自身がつくるものであることを認識したい．

chapter 2 食品汚染と調理

　食材は，ヒトの口に入るまでのどの過程においても，化学物質や微生物などにより汚染される可能性がある．食糧生産・収穫あるいは捕獲，加工，輸送，販売，購入後の運搬，冷蔵庫を含む家庭での食材の保管，調理，供食，調理済み食品の保存のすべての過程においてである．ここでは主として家庭に持ち込まれるまでの過程における「食材の環境汚染」と，家庭内で起こりうる汚染を対象に「調理時の汚染防止」について述べる．

1. 食材の環境汚染―調理場に持ち込まれるまで―

　食糧が大量・集中生産される現代に特有の食の安全にかかわるさまざまな問題が発生している．食材の環境汚染は化学物質と微生物によるもの，そのいずれにも分類しがたいものとに大別される．それらの中には，一定量以下であれば安全性が認められているもの，微量であってもなんらかの毒性を示すことがわかっているもの，安全かそうでないかの結論がまだはっきりと出されていないものとがある．

1）化学物質による汚染

　植物性食品には農薬が，動物性食品には抗生物質などの動物用医薬品が，また，それらの加工品には食品添加物が含まれる．これらの化学物質は，残留基準で示された量以下であれば人体に対して安全であるという考えに基づき微量の残留が許されており，残留基準は厚生労働省の食品衛生法で定められている．これに対し，PCB・ダイオキシン類など，もともと食品に混入してはならない物質による食品汚染も発生している．

食品健康影響評価（リスク評価）　　ある化学物質が安全かそうでないかは，ラットやウサギ，イヌなどに食べさせて影響をみる動物実験の結果から判断する．実験動物を対象に得られた短期・長期投与による一般毒性，発がん性，催奇形性試験などの結果を基にヒトの場合にあてはめて安全性評価が行われる．すなわち，動物実験で得られた最大無毒性量（動物のほぼ一生涯にわたって投与しても何ら有害な影響が現れなかった最大量）を，動物とヒトとの種による違いや個体差を考慮した安全係数（通例は100）で除してヒトの体重

1 kg あたり，1 日あたりの許容量として，その化学物質の 1 日摂取許容量（Acceptable Daily Intake，ADI，mg/kg/day）を定める．さらに，残留基準を定めるには，厚生労働省が毎年行っている「国民栄養調査」を基に算出されるその化学物質の推定総摂取量が ADI を超えないように設定する．国際基準や諸外国の残留基準などを考慮する場合もある．

(1) 食品添加物

食品添加物には，食品加工や流通，保存の過程で，食品の衛生や安全性を確保するために不可欠な物質も少なくない．たとえば，脂質の酸化を防ぐ抗酸化剤の添加により，酸化物質による急性・慢性毒性から逃れることができる．しかし，かつて使用されていた豆腐の防腐剤 AF-2 のように，後に発がん性が明らかにされた物質もあり，安全性への監視は常に必要である．近年は，着色料もタール系色素から天然物起源の物質に切り替わってきている．しかし，天然物であっても安全性評価は必要である．添加物の使用基準は，食品衛生法により定められているが，食品に使用の表示が義務づけられたために，消費者が食品を購入する際にそれらをもとに商品選択を行うことができる．

(2) 残留農薬

農薬は，プレハーベスト（収穫前の撒布）農薬とポストハーベスト（収穫後の使用）農薬に大別できる．

プレハーベスト農薬　農作物の成長を病害虫や雑草から保護する目的で使われる．農林水産省の定める農薬取締法のもと，使用農薬と対象農作物，使用方法が規制されている．食品中の農薬の残留は厚生労働省の食品衛生法により規制されており，残留基準を超える農作物の販売は禁止されている．

ポストハーベスト農薬　防かびなどの目的で，収穫後の農産物に農薬を撒布するため，その残留度は高くなる．わが国では使用が禁じられているが諸外国では認められている場合が多く，問題となるのは輸入農産物である．輸入される食品に対しては食品衛生法による農薬残留基準が適用されるが，基準が設けられていない農薬に対しては規制がないに等しい*．そこで近年，厚生労働省は残留基準を設定する農薬とその対象農産物の種類を大幅に増やし，2005 年には 245 種類の農薬と 137 種の食品に対して基準を設定した[12]．

残留農薬は外皮に多いため，皮を剥くことで大部分が除去される．穀類であれば，外皮を除去する精米や精麦の過程で多くが取り除かれる．また，農薬の種類により程度は異なるが，加熱調理の過程で分解・除去される．消費者としては，信頼できる販売機関から，農薬を使用しない，あるいは農薬の

---

*2003 年 5 月に食品安全基本法が公布され，それに伴い食品衛生法が改正された．2006 年には，残留農薬のポジティブリスト制度が導入された．これにより残留基準が定められていない農薬についても，「人の健康を損なうおそれのない量」として，「一律基準」（0.1 ppm）や，国際基準であるコーデックス基準や外国の残留基準を適用した「暫定基準」を用いて，農薬がこれらの基準値を超えて含まれている場合，その食品の流通を禁止することになった．

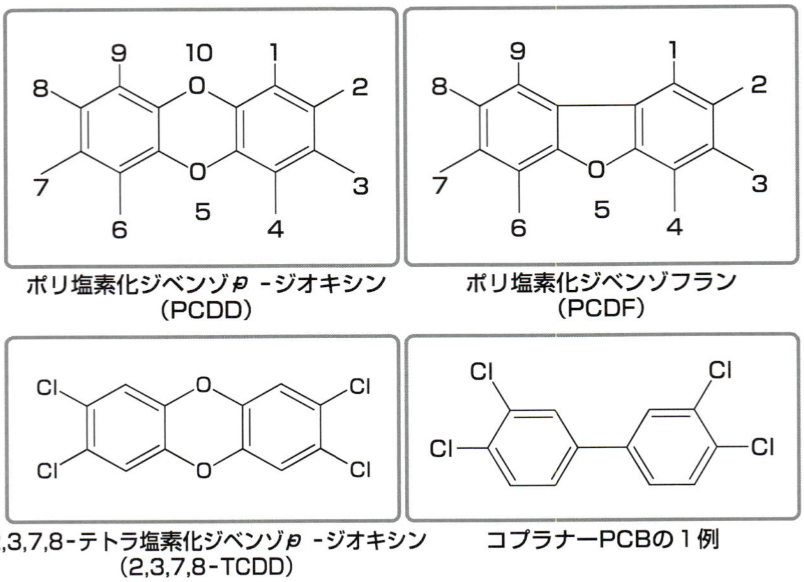

図 6-9 ダイオキシン類の構造式

図の上段の 2 種類の構造式はダイオキシン類の基本骨格である．1〜4，6〜9 位に塩素が結合し得る．塩素がつく位置によってダイオキシンの毒性が大きく異なる．210 種類ある化合物のうち，2，3，7，8 位に塩素がついた 2, 3, 7, 8-TCDD がもっとも強い毒性を示す．ダイオキシン類の毒性はこの 2, 3, 7, 8-TCDD 毒性に換算して表される．

使用状況が明らかな食品を買い求めることもできる（後述の「生産・流通過程で生じる環境負荷と食の安全性」参照）．

(3) 動物用医薬品

食用となる家畜や養殖魚介類は，同一種類の生物が同じ場所で多数飼育されている場合が多く，そのような場合はいったん伝染病に罹ると被害は全体に及ぶ．したがって，動物に対して疾病の予防や治療などの目的で抗生物質や抗菌剤，ホルモン剤などが使用されている．これら動物用医薬品は原則として食品への残留が許されないが，例外としての残留基準が食品衛生法により定められている．対象となる食品は，乳類や牛，豚，羊，鳥類などの肉，内臓類，鶏卵や，魚介類である．

(4) 塩素系有機化合物

ダイオキシン類　ダイオキシン類（図 6-9）には発がんの促進因子（プロモーター）としての作用があることが明らかになっている．

塩素と有機物が一緒に燃えればダイオキシンは発生する．とくに，不完全燃焼に伴って排出されやすく，粒子となって大気中に拡散し，周辺土壌や河川や海に落下する．しかし，現在，日本の環境中に既に存在するダイオキシン類の大部分は，1960〜70 年代まで使われた塩素系農薬に含まれる不純物によるものであることが明らかになってきた[16]．ダイオキシン粒子は脂溶性で難分解性であるため，食物連鎖により動物や魚介類に生体濃縮される．その

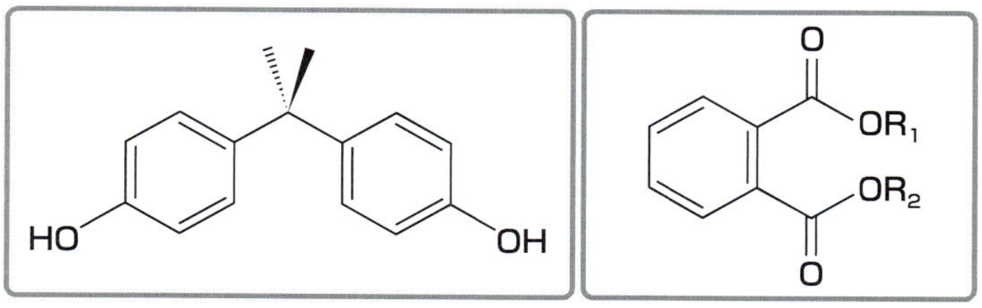

ビスフェノールA　　フタル酸エステル（$R_{1,2}$:アルキル基）

図 6-10　ビスフェノールAとフタル酸エステルの構造式

ため，ヒトのダイオキシン摂取量のほとんどは食物由来である．母乳へのダイオキシンの蓄積が報告され，乳児の健康への影響が心配されていたが，最近は母乳中のダイオキシン類の濃度が減少してきている[17]．

PCB（ポリ塩化ビフェニル）　かつてカネミ油症*の原因物質となったPCBもダイオキシン類縁物質であり，なかでもコプラナーPCB（図6-9）はダイオキシンと似た毒性を示す．優れた熱媒体であったPCBは，現在生産が禁止されているにもかかわらず，いまだ世界の水域や土壌で検出され，食品にも生体濃縮により含まれていることがある．

(5) 内分泌攪乱化学物質（環境ホルモン）

環境中に存在し，生体内に取り込まれた微量の化学物質が性ホルモンによく似た作用を及ぼすことにより，生体に障害や悪影響を起こす作用を内分泌攪乱作用という．

学校給食や幼児用の食器に使われているポリカーボネート（PC）やエポキシ樹脂から，エストロゲン様活性が疑われているビスフェノールA（図6-10）が溶出することが報告された．ポリスチレン容器からの4-ノニルフェノールについても生体内でのエストロゲン作用が確認されている．しかし，これらの作用は非常に弱いものであり，一時懸念されたほどの健康被害はないという見方が有力になりつつある．ポリ塩化ビニル（PCV）に添加されている可塑剤フタル酸エステル（図6-10）については女性ホルモン様作用をもたないことがわかってきた．

内分泌攪乱化学物質については科学的に未解明な点が多い．現時点では，予防的方策として，これらの材質を用いた食器や容器を，とくに乳幼児や成長期の子どもにできるだけ用いないほうがいい．

***カネミ油症**

昭和43年（1968），北九州を中心とする西日本で米ぬか油による食中毒が集団発生し，その後，製油の脱臭工程の損傷により熱媒体に使用したPCBが漏れ，高濃度に油に混入したためとわかった．皮膚が黒ずみ，にきび様の皮疹に覆われ，脱力感，浮腫，関節痛，頭痛，嘔吐などの症状を訴える患者の数は1,800名以上（1990年当時）にものぼる．現在では，PCBに混在していたPCDFなどのダイオキシン類が油症発症の主原因とされており，PCBとの相乗作用と考えられている．

(6) 野菜の硝酸蓄積，飲料水の硝酸汚染

近年，日本人の硝酸（NO_3^-）塩摂取量が ADI（p.271 参照）を超えている．硝酸塩・亜硝酸塩は食肉製品などに発色剤として使用されているが，調査によると野菜類からの摂取量のほうが圧倒的に多い[18]．窒素肥料の与えすぎにより，野菜類が余分な窒素を硝酸塩のかたちで植物体内に蓄えるためである．硝酸摂取が過剰な場合，体内で生成された亜硝酸（NO_2^-）が血中ヘモグロビンに作用して酸素の運搬を妨害し，乳幼児にメトヘモグロビン血症を引き起こす可能性がある．また，亜硝酸と，魚肉類に多く含まれるアミン類が反応して発がん性のあるニトロソ化合物を生成する可能性も疑われている．ただし，ニトロソアミンの合成は十分量のアスコルビン酸（ビタミンC）などの摂取で防ぐことができる．一般に，葉菜類では茎の硝酸含量が高くなりがちであるから，離乳食には葉のやわらかい部分を用いるとよい．また，野菜類をゆでこぼすことにより野菜そのものの硝酸含量を減らすことができる[19]．

地下水の硝酸汚染が問題になっている．農地における窒素肥料の与え過ぎのほか，生活排水，畜産廃棄物からの窒素が土壌に浸透し，地下水にとけ込むことが主な原因と考えられている．

2）微生物による汚染

近年，サルモネラ菌や腸管出血性大腸菌 O-157，黄色ブドウ球菌などによる食中毒が頻発している．一時，抗生物質の発見と普及により，かつての感染症に苦しんだ時代は終わったかのようにみられていた．ところが近年になって，これまでの抗生物質や抗菌剤が効かないなど，従来の医療では対応しきれない新たな感染症の問題が浮上してきた．背景には，薬剤乱用などによる耐性菌の出現がある．

食糧生産の場や流通過程で微生物の汚染を受けるケースは多く，事実，食品による疾病の多くが病原微生物によるものである．したがって，それらの制御は食品製造業や飲食業，流通業の大きな課題である．なかでも食中毒発生件数がもっとも多い細菌による汚染については，原理的に家庭での細菌性食中毒に対する対策と共通するため，後の「細菌性食中毒の予防」の節でまとめて述べる．ここでは，かびの産生する毒性物質の汚染と，近年わが国でも急速に普及してきた，微生物対策を主眼においた衛生管理システムHACCPについて概要を述べる．

(1) かびの産生する毒性物質による食中毒

マイコトキシン（かび毒）　　かびがつくりだす代謝産物のうち，ヒトや動物に対して有害な作用を示す化学物質を総称してマイコトキシン（mycotoxin）とよぶ．アスペルギルス・フラバス（*Aspergillus flavus*）が産生するかび毒であるアフラトキシンは，天然物のなかでもっとも強力な発がん性をもつ．この毒素は通常の調理温度（100°C～210°C）では分解できない．輸入ナッツ類や穀類，ならびにそれらを用いた製品には十分気をつける必要がある．ほ

かにも強い毒性をもつかび毒が多いことから，かびの発生した食品は極力摂取を避けるべきである．

(2) HACCP（ハサップ）による衛生管理

　宇宙船内の閉ざされた空間では，食中毒菌の汚染は致命的である．そのため，米航空宇宙局（NASA）が，宇宙食の微生物学的安全性を確保するために開発したシステムがHACCP（Hazard Analysis and Critical Control Point：危害分析・重要管理点）である．現在では微生物の管理に加えて，化学的残留物質あるいは異物混入防止にも使用できる，もっとも合理的な食品の衛生管理のための手法として国際的に認められている．

　従来の食品衛生管理では最終的な製品検査に重点をおいていたが，製造の全工程をマニュアルに従って連続的に管理することにより，最終的に製品の安全性を保証する事故予防システムである点に特徴がある．危害分析（HA）により，発生する可能性のあるヒトの健康に有害な原因をすべて洗い出し，その防止方法を分析する．とくに注意を払うべき重要管理点（CCP）をおさえ，各ポイントの状態を常にチェックし，記録する．日常の衛生管理は，作成したHACCPプランに基づいて機械的に行い，手間と時間のかかる微生物検査は通常行わない[20]．ただし，HACCPによる衛生管理を成功させるには，従事者の食品衛生に対する正しい知識と高い意識が必要となってくる．

3）その他の汚染

BSE（牛海綿状脳症）　　狂牛病の名で知られるBSEは，1986年に英国で初めて報告された．BSEとは異常プリオン（細胞たんぱく質の一種が異常化したもの）に汚染された肉骨粉を飼料として摂取させたことにより経口感染したと考えられている牛の疾病である．2年以上の長い潜伏期間の後，脳がスポンジ状になり，行動異常などの神経症状を呈し死に至る．ヒトにも感染し，新型クロイツフェルト・ヤコブ病を引き起こすと考えられている．感染源や経路，感染メカニズムなど未解明の点が多い．たとえ感染牛であっても牛乳など乳製品は食べても問題ないとされている．2001年わが国初のBSEの発生が報告された．その後，わが国でも肉骨粉が使用禁止され，屠殺されたすべての牛に対して"特定危険部位"とされる脳，脊髄，眼，回腸遠位部の除去と，迅速なBSE検査が義務づけられ，検査で陰性と判断された牛だけが市場に出される体制がとられるようになった[21]．しかし，この全頭検査も2005年7月に月齢21カ月以上の牛だけを対象とすることに改正された．

遺伝子組換え食品　　細菌など他の生物の遺伝子を植物に導入し，日持ちのするトマトや除草剤耐性をもつ大豆やなたねなどがつくられ，栽培されるようになった．これら遺伝子組換え作物に対しては，生産物が既存の作物と同等とみなす"実質的同等性"の観点から，組換え技術により生じた点にのみ絞って安全性評価を行うのが特徴である．しかし，長期の毒性試験を行っておらず，組換え食品の長期摂取の影響やアレルギー性の懸念などについて未

解明の点が多い．日本は1996年から遺伝子組換えの大豆，なたね，とうもろこし，じゃがいもを米国やカナダから輸入している．農林水産省は2001年より，JAS法に基づく遺伝子組換え表示制度を実施，厚生労働省も同年，食品衛生法に基づき遺伝子組換え食品の表示を義務化した．しかし，表示義務は特定の品目に限られており，さらに表示対象を主な原材料に限定していることなどから，消費者の知る権利が十分に満たされているとはいえない．

放射線照射食品　食品照射は食品に放射線をあて，殺菌・殺虫や生育制御を行って保存期間を延長する食品処理技術である．乾燥ハーブ，香辛料，食鳥肉の非加熱殺菌，ばれいしょ（じゃがいも），たまねぎの発芽制御と果物の熟成抑制などの目的で用いられる．WHO，FAOなどの国際機関はその安全性を認め，多くの国で食品照射が許可あるいは実用化されている．しかし，日本では食品照射は法的に禁止されており，わずかにばれいしょの発芽抑制のみ許可されている．

2．調理時の汚染防止―食材が持ち込まれてから―

1）食品の変質

腐敗　腐敗は，主に微生物により食品の色，香り，味および形質が変化し，食品的価値が低下する現象である．狭義には，微生物によるたんぱく質の分解をさす．腐敗よりも広い意味で用いられる変敗には，食品中の酵素作用による変質や，油脂の酸化，昆虫や小動物による損傷，褐変現象なども含まれる．腐敗が進行すると，臭気の異常などで気づくが，初期腐敗の場合は気づかず食べてしまい，化学性あるいは微生物性の食中毒に罹る場合がある．食材が新鮮なうちに食べるようにするか，適切な保存方法で変敗を防ぐようにする．油脂の酸化も健康上注意を要する．

2）食中毒の予防

(1) 化学性食中毒の予防

アレルギー様食中毒　化学性食中毒の中ではもっとも発生件数が多い．さんまやいわしのみりん干し，ぶり，かつおなど赤身魚肉とその加工品が原因となる．腐敗初期の段階で，アミノ酸などの含窒素化合物が分解され，有害アミンが生成される．とくに魚肉類では，アミノ酸であるヒスチジンより生成されたヒスタミンが多く蓄積され，これらのアミン類を多く含む食品を摂取して呈する顔面紅潮，頭痛，じんま疹などのアレルギー様症状をアレルギー様食中毒という．魚の鮮度を落とさないよう気をつけなければならない．抗ヒスタミン剤が有効である．

脂質の酸化による食中毒　食品中に含まれる脂質は，光や，温度，水分，金属の共存などにより酸化が促進される．脂質の酸化には，自動酸化と熱酸化，光酸化があり，それぞれ機構や生成物も異なってくる．脂肪酸は不飽和

度が高いほど酸化が進みやすい．したがって，バターやラードなどの飽和脂肪酸を多く含む動物性油脂よりも，多価不飽和脂肪酸を含む魚油や植物性油脂の酸化が進みやすい．

過酸化脂質を摂取すると腹痛，下痢などの急性毒性に見舞われ，さらに肝毒性や発がん性などの毒性をもつため，少量であっても長期摂取すると発がんや老化に結びつく恐れがある．においは油の酸化が進んでいるかどうかのよい判断材料になる．予防策として，① 酸化臭のする食品は食べない，② 揚げ菓子などは，透明な袋に入っていたり，日光にさらされた製品は避ける，③ ポテトチップスなどは，開封後は酸化が速く進むので，開けて時間が経った製品は食べない，④ 揚げ油や炒め油は新鮮な食用油を用いる（表 6-5 参照），などがあげられる．

金属による食中毒　現在の日常の調理にかかわりの深い金属に絞って述べる．

① 銅：熱伝導性のよさから，銅製の鍋など調理器具に使われている．よく磨き，よく乾燥すれば錆びないが，手入れが悪く湿っていると，緑青（$Cu(OH)_2 \cdot CuCO_3$）や酸化銅を生じる．多量を摂取すると中毒となり，腹痛，発汗，けいれんが起こる．

② スズ：缶詰のジュースや果実の缶内部に防錆目的で施したスズメッキが酸性条件下で溶出する．缶を開けたらすぐに内容物を別の容器に移すようにする．

(2) 自然毒食中毒の予防

食材の中にはもともと毒性物質をもつものがあるため，それらをよく知って，調理の際には除去することが重要である．代表的な自然毒を植物性と動物性に分けて表 6-3 に示した．

表 6-3　自然毒食中毒の原因と対策

	原因食品	毒性物質	特色	対策
植物性	わらび			アク抜き
	じゃがいもの発芽部分や緑色の表皮部分	ソラニン（アルカロイドの一種）	加熱分解されにくい	皮をよくむき，芽の部分を完全に除く
	青梅の未熟な果実や種の中心の部分	アミグダリン（青酸配糖体）		子どもが食べないよう十分注意する
	ぎんなん	4′-メトキシピリドキシン	ビタミン B_6 の働きを阻害しビタミン B_6 欠乏を起こす	大量に食べない
	モロヘイヤの種子	毒素ストロフェチジン（強心配糖体）		モロヘイヤの実のついた枝を食用にしない
動物性	ふぐ	テトロドトキシン（神経麻痺性の猛毒，耐熱性）	食用にできる種類と可食部位が限られている	ふぐの素人料理は危険なので絶対にしない．ふぐを安全に調理する専門知識をもった「ふぐ調理師」だけにその取り扱いが認められている．認証書を交付された取り扱い施設かどうかを確認する
	貝（あさり，ほたてがい，いがいなど）	麻痺性貝毒，下痢性貝毒	季節（2～4月）や赤潮などにより貝が一時的に毒性を帯びることがある	信頼できる販売店で購入する

表 6-4 細菌性食中毒の原因と対策

	細菌	原因食品	特色	棲息場所・感染経路	対策
感染型	腸炎ビブリオ	魚介類とその加工品	好塩性	生食，調理器具からの二次汚染	真水での洗浄，低温保存
	サルモネラ	卵，鶏肉，その他の食肉，二次汚染されたあらゆる食品	熱に弱い	動物腸管内，ネズミや害虫による媒介	加熱調理，低温保存
	病原性大腸菌	水，食品，不明	季節を問わず発生	ヒト腸管，糞便	278 ページ参照
	キャンピロバクター	水，鶏肉，その他の食品	潜伏期間が長い（2〜7日）	ペット，動物腸管	十分な加熱調理，二次汚染の防止
毒素型	黄色ブドウ球菌	穀類加工品（にぎり飯など），弁当，菓子	耐熱性毒素エンテロトキシン（腸管毒）	化膿性切傷，鼻腔，人の皮膚表面	手指の清潔，化膿創がある手で調理しない
	ボツリヌス菌	いずし，ハム類，加熱殺菌不十分な缶詰・瓶詰・真空パック製品	嫌気性，耐熱性芽胞，麻痺性神経毒	土壌	自家製瓶詰・燻製品を長期保存しない．摂食前の十分な加熱による毒素の不活化
	ウエルシュ菌	肉や魚介類の加熱調理品，大量調理品（給食など）	嫌気性，耐熱性芽胞	腸管内．加熱調理品の冷却に時間がかかると内部で芽胞が発芽することがある	調理された食品を室温で長く放置しない．加熱後の速やかな冷却
	セレウス菌	飯，めん類	耐熱性毒素をもつ菌株がある	土壌，ほこり，穀類	飯・めん類をつくりおきしない

　山菜採りなどで，有毒植物を誤って食べて中毒を起こす場合がある．事故を未然に防ぐためには，① 食べられる種類かはっきりわからないものは，絶対食べない，② 新芽や根だけで種類を見分けない，③ 専門家の指導により，正しい知識と鑑別法を習得する，④ 山菜採りの際に有毒植物が混入しないように注意する，などがあげられる．

(3) 細菌性食中毒の予防

　食中毒の原因となる細菌には，毒性の発現の仕方によって感染型と毒素型に分けられる．代表的な原因菌を表 6-4 にまとめた．

　家庭や集団調理の場においても，微生物に関するより一層の，従来の観念を上回る衛生管理が求められようになってきた（前述の「微生物による汚染」参照）．このような背景を鑑み，新しく出現してきた食中毒菌への対応策も含めて，微生物に対する調理上の衛生管理について述べる．なお，厚生労働省は多発する食中毒対策として，家庭での衛生管理に対しても HACCP の考え方を取り入れた家庭用衛生マニュアルを作成している．

微生物と温度　細菌類は 30〜45℃で増殖しやすく，70℃以上で多くは死滅する．しかし，耐熱胞子のかたちで残り，冷却後再び増殖するものもあるので注意を要する．低温では増殖速度は小さくなり，凍結状態で増殖は停止するが，死滅したわけではない．融解後は再び細菌類が増殖を始めるので注意．

消毒と滅菌方法　100℃, 30 分の煮沸消毒で多くの微生物は死滅する．熱湯を回しかけるだけでも一時的に消毒できる．80％アルコールや塩素系消毒剤で消毒できる．細菌類は乾燥に弱いため，食器乾燥機も有効である．

調理に臨む際の注意　手指に傷や化膿巣のある者は調理をしない．やむを得ず調理する場合は，手袋を着用して食品を汚染しないようにし，料理は保

存せずすぐ食べ切る．調理前に流水下，石けんによる手洗いと消毒を十分に行う．溜め水による洗浄はよくない．生の肉や魚，卵を扱ったときにもその都度手指を石けんでよく洗う．ハエやゴキブリを駆除する．膨張した真空パックや缶詰は食用にしない．

冷蔵庫の管理　庫内を常に清潔に保つ．温度管理に注意する．冷蔵庫は10℃以下，冷凍庫は－15℃以下に設定する．食品を詰めすぎると冷えにくい．食品を冷蔵する場合は早く冷えるように浅い容器に小分けする．

水の扱い　溜め水をすると短時間で消毒用塩素の残留度が低くなり，細菌が増殖するおそれがあるのでしてはいけない．井戸や貯水槽に鳥の糞が入らないように管理する．

卵の取り扱い　サルモネラ菌の繁殖を常に念頭において取り扱う．新鮮でひび割れのない卵を購入し，冷蔵庫で容器に入れたまま保存する．容器に入れず保存するときは，冷蔵庫内のエッグボックスを常に清潔に保つ．割った卵を長時間放置しない．卵は十分加熱調理する．サルモネラ菌は，70℃，1分間の加熱で死滅する．卵の調理は途中で止めず，調理開始後，2時間以内に食べる．卵を生食する場合はとくに鮮度に留意したうえ，割卵やひび割れ卵は使用せず，食べる直前に割る．

生鮮食肉類の取り扱い　肉汁がかからないように容器や袋に入れて他の食品と分けて保管する．とくに調理済み食品との接触には注意する．肉類を生食しない．生肉を扱った調理器具や手指の洗浄・消毒を徹底し，他の食品を汚染させない．鶏肉についてもサルモネラ菌の繁殖があり得るので，生のまま温かいところに放置せず，また，加熱不十分にならないよう調理する．食肉は中心温度が，75℃，1分以上になるように，十分加熱してから食べる．とくに，ひき肉は肉粒子の表面に雑菌が付着しやすいため，ハンバーグなどは，中心温度を1分以上75℃に保つ必要がある．温度計を刺して測るのが確実である．または箸を刺して出る肉汁の赤みが完全に消失して透明になった直後が適切であると報告されている．割って内部の色が変わっていても，しばしば温度が十分に達していないことがある[22]．

生鮮魚介類の取り扱い　魚類は購入後直ちに塩を含まない水で洗う．生鮮魚介類は必ず低温で保管する．できるだけ新鮮なうちに調理する．鮮度の落ちたものは生食しない．

生野菜の取り扱い　流水で十分洗う．溜め水に長時間つけておくのは，水の扱いの項で述べたのと同じ理由でよくない．

冷凍食品の取り扱い　解凍，再冷凍を繰り返すと食中毒菌を増殖させる場合があるので，一回に使う分量だけ解凍し，直ちに調理する．

調理器具の衛生管理　まな板，包丁などは，生の肉魚類用と，生食や調理済の食品用の2枚を用意し，使い分けをする．調理器具は水洗後，洗剤でよく洗浄し，熱湯または塩素系消毒剤で消毒し，よく乾燥させる．日光消毒も効果的である．スポンジタワシも使用の都度洗浄し乾燥させておく．

調理済み食品の保存　調理後の食品を室温で長い時間放置しない．大腸菌

O-157 の場合，室温でも 15〜20 分間で 2 倍に増殖する．調理済み食品は清潔な容器に保存する．料理を温め直すときには，75°C を目安に十分に加熱する．チャーハンやめん類のつくりおきを避ける．やむなく保存するときは，調理後速やかに低温（10°C 以下）に冷却する．時間が経った食品は捨て，少しでもおかしいと感じたら，口にするのは避ける．

腸管出血性大腸菌 O-157 対策　家庭での食中毒の発生は，かぜや寝冷えなどと思われがちで，食中毒とは気づかずに重症となることもある．症状としては腹痛と下痢．下痢ははじめは軽いが，後に大量の新鮮血の混ざった水様性下痢を呈することがある．小児や高齢者は，HUS（溶血性尿毒症症候群）や脳症という重篤な病態を併発し（5〜10％の症例で発症），致死率が高いので十分留意する．

腸管出血性大腸菌 O-157 の特徴と予防策

1) 感染力が強く，わずか数百個の菌数で発症する．
2) 潜伏期間が 4〜8 日と長いため，感染源の特定が大変むずかしい．
3) 経口感染が主であるが，手指などに付着したわずかな量の糞便等を介して人から人へ二次感染を起こす．→手洗いの励行．とくに乳幼児の指吸いには気をつける．
4) 便や食肉による二次汚染により，あらゆる食品が原因となる可能性がある．
5) 志賀赤痢菌の毒素に匹敵する毒性をもつベロ毒素（VT）を産出する．
6) 抗生物質が効かない．
7) 発生時期は一年中．→冬期でも注意を怠らない．
8) 熱や一般的な消毒剤に弱い．逆性石けんやアルコール，塩素系消毒剤などの一般的消毒剤で容易に死滅する．
9) 水道水の残留塩素（0.1 ppm 以上）で死滅する．→流水を用いる．
10) 75°C，1 分以上の加熱により死滅する．→ハンバーグなどひき肉を用いた調理品の加熱時に内部温度を確認する．
11) 発症者は，抵抗力の弱い子どもや高齢者に多い．→腹痛と下痢が続いたら，すぐにかかりつけの医師の診察を受ける．

集団調理における食中毒の予防　家庭における食中毒予防の一般要件に従うとともに，さらに，大量調理には以下の事柄に注意する．

大量調理における予防策

1) 手指に傷や化膿巣のある者は決して調理をしてはいけない．
2) マスクを着用し，咳やくしゃみによる食品の汚染を避ける．
3) 前日調理は避ける．
4) 大量の加熱調理をしたあとは，細菌の発育しやすい 45°C 前後の温度

を長く保たない．
5) 保存するときは，小分けして速やかに冷却する．
6) 低温保存と喫食前の再加熱の徹底．

3) 容器・包装による食品汚染の防止

　食品の容器・包装の材質についても食品衛生法で取り決めがあり，何にでも食品を包んでいいわけではないことを知っておこう．容器・包装の材質として，紙，ガラス，アルミニウム，スチール，プラスチックなどがあるが，このうち，とくに食品衛生上気をつけたい材質について述べる．

アルミニウム製品　加工しやすさと耐熱性，熱伝導性のよさから，食器，食品容器・包装材として汎用されている．注意点は，酸・アルカリで腐食しやすいことである．食品は酸性のものが多い．酸性条件下でアルミニウムイオンが溶出するため，酸性の食品を長時間入れておかないほうがよい．

スチール（鉄）製缶容器　スチール缶の内部はスズでメッキしてある．酸性の食品を長期保存すると，スズが溶出する心配がある．鉄が露出することによる"かな気臭"でわかる．

プラスチック製品　プラスチックから内分泌攪乱化学物質の溶出が心配されているものがある．内分泌攪乱化学物質については未解明な点も多いが，これらの材質を用いた食器や容器を，とくに乳幼児や成長期の子どもに用いないようにすることも予防的な一方策である．また，ラップで油ものは包まない．電子レンジで加熱の際，肉に直接ラップを触れさせない．基本的には，容器を本来の用途以外の目的に使わないようにする．たとえば，ポリスチレンの容器を電子レンジにかけない，冷茶用のペットボトルの容器に熱いお茶を入れないなどの対策が考えられる．

chapter 3 調理による環境汚染

　人間の活動は，それ自体環境に負荷を与えるものであり，調理も例外ではない．調理過程で生じる環境負荷として，台所排水やごみの排出，水やエネルギー，容器・包装資材の使用に伴う資源の消費や二酸化炭素の発生などがあげられる．さらには調理以前の食糧の生産・流通過程で生じる環境負荷も忘れてはならない問題であり，食材の選択から始まる調理と決して無関係ではない．

1. 調理による廃棄物の発生

1）ごみ

　家庭ごみの重量の1/3が台所からの生ごみ（厨芥）である．また，紙・プラスチック類が合わせて50％近くを占めており（図6-11），それらの大部分は飲料を含めた食品の容器・包装資材である．これらのごみを調理上の工夫で減量する方法を考えてみたい．

　生ごみとは，調理くずや食べ残しである．調理くずは調理上の工夫で減らすことができる[1]．むしろ，無計画な食品の購入が，食べ残しの量を増やすもっとも大きな要因と考えられる．食べ残しのなかでは未開封の食品の割合が増えているという．必要以上に食料を買い込まないこと，購入した食料は，むだなく使い切ることが必要である．外食の際も，食べ切れる量を考えて注文することが生ごみの減量につながる．さらに，生ごみの重量の大部分を占める水分をできるだけ切って廃棄することは，ごみの減量のために非常に重要である．また，生ごみを土に埋めて堆肥として利用することもごみの減量には有効である．

　加工食品や調理・半調理済み食品の利用の増加に伴い，包装紙，ビニール袋，食品トレイやプラスチック製容器など容器・包装類のごみが増加した．水や茶を含む市販飲料の消費拡大もペットボトルや缶類，紙パック類の消費に拍車をかけている．したがって，中食（p.262参照）の利用を減らし，家庭で調理を行うことは容器・包装廃棄物の減量にもつながる．また，食品に限らず，過剰包装を避ける努力が必要で，買い物袋を持参したり，簡易包装の

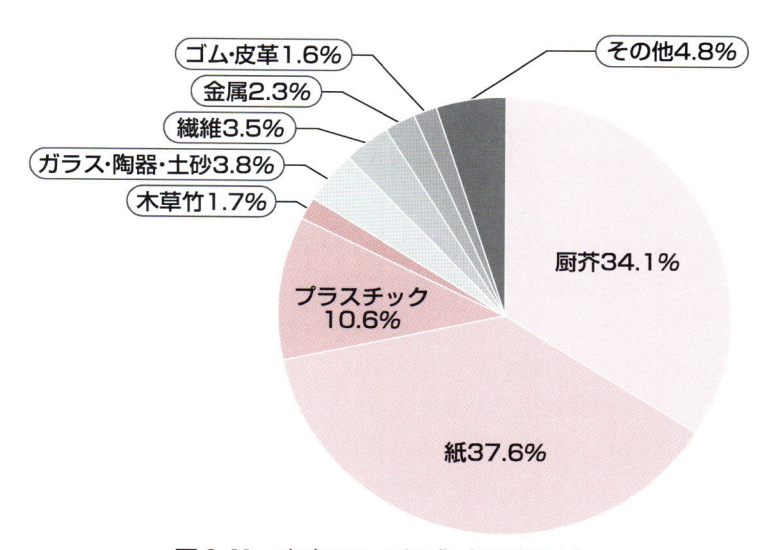

図 6-11　家庭ごみの組成（湿重量比）
環境省：容器包装廃棄物の使用・排出実態調査（平成 23 年度より）

商品や，飲料ならば再利用が可能な瓶（リターナブル瓶）の製品を選ぶことにより，廃棄物の発生量を減らすことができる．

　飲料の容器は，かつて汎用されていた瓶が減り，軽量で割れにくいアルミ缶やスチール缶，ペットボトルに取って代わられるようになった．アルミニウムはボーキサイトより精錬される酸化アルミニウムを還元して得られるが，このときの還元エネルギーに，非常に大きな電力を要することからリサイクルはとくに重要である．容器包装リサイクル法の制定（1995 年）により，牛乳パックや食品トレイ，アルミ缶，スチール缶，ペットボトルは，自治体の分別収集の対象となったが，それぞれのリサイクル率は低く，もっとリサイクルを進める必要がある．しかし，リサイクルにも膨大なエネルギー消費が伴うことから，本来はリターナブル瓶などの使用に還っていく必要がある．

　廃棄物については，ドイツの循環経済・廃棄物法における循環経済の 3 原則を参考にすると，① 発生抑制，② 再利用（リサイクル），③ 処分，の 3 段階でそれぞれ対応する必要がある．できるだけ廃棄物を発生させないような製品やシステムをつくり，それでも発生する廃棄物は再商品化・再資源化し，再利用できない廃棄物は，循環に調和した方法で処分するという意味である．現在，日本では，② と ③ においては，ある程度進んできた．しかし，① については非常に立ち遅れた状態である．消費者として，調理の立場から発生源の抑制にかかわる意義は大きい．

2）台所排水

　現在，家庭からの生活排水（台所・風呂・洗面所などの生活雑排水とし尿を含む）に対する法的規制はないに等しく，産業排水よりもむしろ生活排水による川や海への汚濁負荷の割合が高くなっている．なかでも台所排水は，生活排水として排出される有機汚濁量（BOD，表 6-6 の脚注参照）の約 40 %

を占めている．調理上の工夫で台所排水の汚濁量を減らすことが求められている．

　台所からの汚濁源（表 6-5）のうち，とくに問題となるのは食用油と米のとぎ汁である．食用油は少量でも汚染力が大きい．廃食用油を流しに直接流さないのはもちろんのこと，食器に付着した汚れも拭き取って洗浄しないと，油汚れのかたちでかなりの量が流出しているものと推測される．また，主食である米のとぎ汁が日常的に大量に排出されることから，わが国では台所排水のなかでもっとも大きな汚濁源となっている．最近急速に普及してきた無洗米（乾式）は精米過程でも排水を出さないため，その利用による汚濁負荷軽減効果はかなり大きい．流し台の排水口に取りつけて，生ごみを水とともに刃で粉砕し，排水管に流し込むディスポーザーは，浄化槽が取り付けられているものの，管理が不十分な場合や，使用条件によっては汚濁排出量を増大させる可能性がある．大量の生ごみ処理への使用は避けるべきである．表 6-5 に台所でできる具体的な汚濁負荷軽減のための対策をまとめた．

　水は循環する物質であるから，水質汚染はめぐりめぐって飲料水にも影響を及ぼす．水道原水となる河川や湖沼の水中の有機汚濁物質は，浄水場の塩素処理によって化学反応し，発がん性をもつトリハロメタンを生成する．原水の有機汚濁量が増加するほど，投入される塩素量も増えるので，塩素系有機化合物を多く生成することになる．つまり，原水となる川や湖の水をきれいにすることが根本的解決なのである．

　一般の下水処理場では有機物の汚れはかなり除去できるが，窒素（N）・リン（P）の除去率は低い．湖沼や湾に窒素化合物やリン酸塩が多く流入すると，富栄養化が起こり，藍藻類や植物性プランクトンが異常に繁殖し，その結果，有機物量もまた増加する．さらに，洗剤の無リン化により水系のリン濃度が低くなったが，窒素濃度は高いままであるなどの理由で N/P 比が上昇し，繁殖する藍藻類の種類が変化し，毒性物質を産生する藍藻類も現れ，新たな水問題を引き起こしているという[23]．したがって，最近は，窒素やリンの削減が水質保全のための緊急課題となっている．その意味でも，表 6-5 にあげた対策を参考に，台所からの汚濁物質発生の軽減に協力することが必要である．

3）大気汚染

温暖化ガス　　燃料やごみなど，炭素（C）化合物の燃焼量が多いほど大気中の二酸化炭素（CO_2）濃度が上昇し，地球温暖化の原因となる．わが国の CO_2 排出量のうち，10 % 以上が家庭から排出されている．これは照明・家電製品や給湯，冷暖房の使用によるものであり，供給エネルギー源別では，電力使用が約半分を占めている（図 6-12）．上記の値には家庭ごみの焼却からの CO_2 排出分が含まれないことから，家庭からの総排出量の割合はさらに大きいと考えられる．CO_2 排出量を減少させるために，家庭においても燃料の節約やごみの削減などの努力が求められる．調理関連では，①長時間の加熱調理において，落としぶたや余熱をうまく利用することにより，ガスや電気の消費量

表 6-5　台所から排出される主な水質汚濁源と汚濁負荷軽減対策

汚濁源	汚濁負荷量[1〜3,5]	対　策
食用油（揚げ油）　　　（500 ml）	BOD*：700〜900 g	油専用の凝固剤で固めるか，新聞紙に油をしみ込ませて可燃ごみとして出す 揚げ油を繰り返し使いすぎると，油脂の劣化が進んで衛生上好ましくない[4]**
食用油（食器や鍋に付着した油）大さじ1杯強　（20 ml）	BOD：30 g	ゴムべらや紙で汚れを拭き取ってから食器や鍋を洗浄する
米のとぎ汁　　　　　（米3合）	BOD：8〜10 g N：100〜300 mg P：150〜200 mg	米のとぎ汁は植物の水やりに使う 軽い混ぜ洗いですませることで汚濁量を削減できる[5] 無洗米（乾式）の利用で大幅に汚濁量を削減できる[5]
めんのゆで汁 スパゲティ　（乾麺100 g） 生そば（打ち粉あり）（100 g）	COD***：2.5 g COD：9.5 g	生めんの場合，打ち粉を除いてゆでる[5] 食器洗いにゆで汁を使い回す
ラーメンの汁　　　　（250 ml）	BOD：6.5 g N：300 mg P：73 mg	インスタントラーメンに添付されたスープ類は，濃いめの味付けになるように充填されているので，塩分や油分の摂食をひかえる点からも，また，水質汚濁を軽減させる点からも，全量使わないようにするとよい
おでんの煮汁　　　　（500 ml）	BOD：37〜48 g N：2.1 g P：490 mg	煮物の煮汁が残った場合は，新たに豆腐や野菜などを煮るのに使い回すと，経済的でかつ水質汚染にもつながらない
みそ汁　1杯　　　　（200 ml）	BOD：7 g	必要以上につくったり用意してあまることがないようにする
コーンポタージュスープ 1カップ　　　　　（150 ml）	BOD：19 g N：200 mg P：32 mg	
牛乳　コップ1杯　　（180 ml）	BOD：14〜25 g	
ビール　グラス1杯　（200 ml）	BOD：3 g	
日本酒 杯（さかずき）1杯（20 ml）	BOD：4 g	
合成洗剤　1回分（0.75 ml）	COD：45 mg	"適正量"を守る．使用量をできるだけ少なくする
石けん　1回分　　（0.7 g）	COD：132 mg	
食品の汚れ	—	ゴムべらなどで汚れを拭き取って洗うことで汚濁量を大きく削減できる[5]
排水口のごみ	—	こまめに回収して水をよく切り捨てる ディスポーザー（本文参照）は用いない
細かいごみ	—	目の細かいネットでごみを受ける 三角コーナーと排水口にネットを装着し2段階で受ける

*BOD（Biochemical oxygen demand，生物化学的酸素消費量），CODとともに水中の有機物の汚濁指標として用いられる．
**揚げ物に何度も用いたあとの油を炒め油に使い回すと，油と空気との接触面積が広い炒め物は，急速に油の熱酸化を進める[4]
***COD（Chemical oxygen demand，化学的酸素消費量）
1) 東京都消費生活総合センター：汚れを流さないために―環境にやさしい生活を考える―．1997, pp. 41〜45, 55〜56．
2) 松重一夫，水落元之，稲森悠平：生活雑排水の汚濁成分および原単位．用水と廃水，32(5)：386〜390, 1990．
3) （社）日本水環境学会：Q&A 改訂水環境と洗剤．ぎょうせい，2000. p. 7．
4) 福井裕美，薄木理一郎，金田　尚：炒め物の際の油の劣化について．調理科学，11(2)：139〜142, 1978．
5) 白杉（片岡）直子，小谷スミ子，中村恵子，粟津原宏子：調理および食器洗浄方法の工夫による台所排水の環境負荷低減効果．日本調理科学会誌，36(6)：130〜138, 2003．

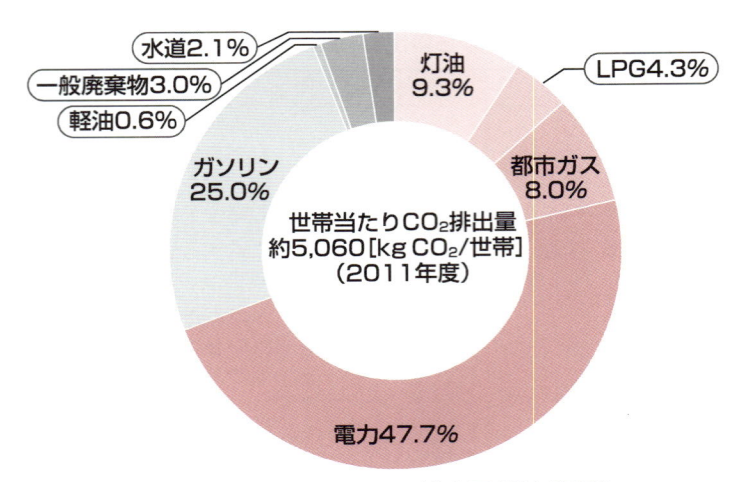

図 6-12　家庭からの CO_2 排出量（燃料種別）

※家庭からの CO_2 排出量は，インベントリ（日本の温室効果ガスと前駆物質等の排出・吸収に関する目録）の家庭部門，運輸（旅客）部門の自家用乗用車（家計寄与分），廃棄物（一般廃棄物）処理からの排出量及び水道からの排出量を足し合わせたもの．
※電力の CO_2 排出量は，自家発電を含まない，電力会社等から購入する電力や熱に由来するもの．

国立環境研究所温室効果ガスインベントリオフィスのデータをもとに作成

を節減する，②電気ポットや炊飯ジャーの保温を止め，飯は冷凍し電子レンジで温め直す，③冷蔵庫に食品を詰めすぎず，冷蔵庫のドアの開閉回数を減らす，④買い物袋を持ち歩き，省包装の食材を選ぶ，などの工夫が有効である．また，食料の輸送が長距離になるとトラックや飛行機から排出される CO_2 量は膨大となる．消費者として地元の農産物を購入することも CO_2 削減に協力することになる（後述の「生産・流通過程で生じる環境負荷と食の安全性」参照）．

ダイオキシン類　焼却により，ダイオキシン類を発生するのは塩素系有機化合物だけではない．あらゆる有機物が関与する．したがって，新たなダイオキシン類の発生を抑制するには，ごみの発生量をおさえ，分別収集を徹底させることが考えられる．これは CO_2 削減にも通じる．ただし，大気から健康に被害を及ぼすほどの量のダイオキシン類を人体に取り込むことは，一般的にはないと考えてよい[14]．ダイオキシンは生成しても 800℃以上で分解するため，炉心温度 1,000℃以上の大型焼却炉を設置する自治体が増えている．

調理学の分野においても，より正しい知識や情報に基づいて，生活者が主体的に環境に配慮した行動をとっていくことが，今後ますます重要になってくる．

2. 生産・流通過程で生じる環境負荷と食の安全性

食材の購入は調理のスタートであり，食材の選択が調理のできばえ，食事の味や栄養価，安全性に大きく影響するのはもちろんのこと，それだけでなく消費者の購買行動が生産者側に市場要求のかたちで反映されるため，食の安全性や環境影響も含めた食糧供給のあり方によくも悪くも影響を与えてい

ることになる．消費者は，商品選択行動により，生産者や行政に自分たちの考えや意向を反映させることができる．前述したように，食の安全性にかかわる不安材料が絶えない今日，われわれは，市場に出回る食材を無批判に受け入れるのではなく，主体的に食材についての情報を収集し，考え，選択する必要があるといえる．

　現代日本のように，1年を通してコンスタントに農作物を大量かつ安定に供給するためには，農薬や化学肥料なしでの農業生産はもはや成り立たず，輸入農産物にも頼らざるを得ない．また，農作物の集中生産方式がとられるため，輸送が長距離化し，必然的に殺菌剤や防腐剤などの添加物も必要とされる．こうした農業生産形態がすでにでき上がっているなか，環境負荷の低減や安全な食品を供給する観点から，最近よく取り上げられる農産物の生産・供給方法として，以下の2つの概要を述べておく．

有機農産物　農林水産省の「有機農産物および特別栽培農産物に関わる表示ガイドライン」（1996年）による有機農産物の定義を簡単に述べると，生産過程において化学合成資材（化学合成農薬や化学肥料など）を使用せず，化学合成資材の使用を中止してから3年以上経過し，堆肥などによる土づくりを行った圃場において収穫された農産物をいう．これに対し，無（減）農薬栽培農産物は農薬を使用せずに（または，同じ地域の同じ時期に慣行的に行われる散布回数または量の5割以下に減らして）生産された農産物をいう．信頼できる販売店で，上記ガイドラインに基づいた表示（図6-13）を確認して購入するとよい．有機農産物は安定供給がむずかしいため，消費者の農業生産に対する理解と協力が必要になってくる．

地産地消　その土地で採れた農産物を，その地域で消費しようという考え方である．輸入食品に大きく頼るわが国では，輸出国からの食料輸入量に輸

農林水産省ガイドラインによる表示
減農薬栽培農産物
当地比　○割減*

栽培責任者	○○○○
住　　所	○○県○○町△△△
連絡先 TEL	□□-□□-□□□□
確認責任者	△△△△△
住　　所	○○県○○町▽▽▽
連絡先 TEL	□□-□□-□□□▽▽

* 農薬の散布回数または量の削減割合を示す

化学合成農薬の使用状況		
使用資材名	用　途	回　数
○○○○○	殺　菌	1回
□□□□□	殺　虫	2回
△△△△△	除　草	1回

図6-13　有機農産物等特別表示ガイドラインに基づいた減農薬栽培農産物の表示

送距離をかけて算出されるフードマイレージ（食料総輸送距離）が諸外国に比べかなり大きい．地産地消の実践は，それを大きく低減することにつながる．食の安全性確保に生産現場が近いことが重要であるという認識とともに，輸送による膨大なエネルギー消費と CO_2 発生などの環境負荷を低減させる目的がある．

REFERENCES section 6

1) 木村修一・山口貴久男・川端晶子(編著)：環境調理学．建帛社，1997．
2) 石毛直道・小松左京・豊川裕之(編)：昭和の食．ドメス出版，1989．
3) 大倉祥子(監修)：キッチンスペシャリスト．新星出版社，2001．
4) 足立巳幸(編著)：食生活論．医歯薬出版，1988．
5) 日本栄養士会(編)：健康日本21栄養士活動．第一出版，2000．
6) 現代食生活研究会(編)：新版 現代食生活のためのクッキング．化学同人，2002．
7) 日本フードスペシャリスト協会(編)：フードスペシャリスト論．建帛社，2000．
8) 日本フードスペシャリスト協会(編)：フードコーディネート論．建帛社，2000．
9) 川端晶子：食のアメニティ序説．食の科学，231：18～25，1997．
10) 山口昌伴・他(編)：家庭の食事空間．ドメス出版，1989．
11) 田村眞八郎・他(編)：外食の文化．ドメス出版，1993．
12) 和田淑子・大越ひろ(編著)：健康・調理の科学．建帛社，2005．
13) 菅野道廣・上野川修一・山田和彦(編)：食べ物と健康II．南江堂，2005．
14) 二見大介(編著)：栄養教育論．同文書院，2005．
15) (社)日本食品衛生学会(編)：食品・食品添加物等規格基準(抄)．食品衛生学雑誌，46(1)：J-22～J-77，2005．
16) 益永茂樹：廃棄物学会誌．別冊，11：173，2000．
17) 渡辺 正・林 俊郎：ダイオキシン神話の終焉．日本評論社，2003．
18) 岡田安代・衣本香織・他：硝酸塩及び亜硝酸塩の一日摂取量調査．日本食品化学学会誌，8(2)：100～104，2001．
19) 酒向史代・森 悦子・渡部博之：日本調理科学会誌，31(1)：46～52，1998．
20) 河端俊治・春田三佐夫(監訳)：食品の安全・品質確保のためのHACCP．中央法規出版，1993．
21) マクシム・シュワルツ：なぜ牛は狂ったのか(山内一也監修，南條郁子・山田浩之訳)．紀伊國屋書店，2002．
22) 日本調理科学会近畿支部 焼く分科会：ハンバーグステーキ焼成時の内部温度(腸管出血性大腸菌O157に関連して)．日本調理科学会誌，32(4)：288～295，1999．
23) 稲森悠平・照沼 洋・山海敏弘：湖沼の水質保全と窒素・リン対策．資源環境対策，34(3)：244～256，1998．

付　表

食生活指針（2000）

食生活指針	食生活指針の実践
●食事を楽しみましょう	●心とからだにおいしい食事を，味わって食べましょう ●毎日の食事で，健康寿命をのばしましょう ●家族の団らんや人との交流を大切に，また，食事づくりに参加しましょう
●1日の食事のリズムから，健やかな生活リズムを	●朝食で，いきいきした1日を始めましょう ●夜食や間食はとりすぎないようにしましょう ●飲酒はほどほどにしましょう
●主食，主菜，副菜を基本に，食事のバランスを	●多様な食品を組み合わせましょう ●調理方法が偏らないようにしましょう ●手作りと外食や加工食品・調理食品を上手に組み合わせましょう
●ごはんなどの穀類をしっかりと	●穀類を毎日とって，糖質からのエネルギー摂取を適正に保ちましょう ●日本の気候・風土に適している米などの穀類を利用しましょう
●野菜・果物，牛乳・乳製品，豆類，魚なども組み合わせて	●たっぷり野菜と毎日の果物で，ビタミン，ミネラル，食物繊維をとりましょう ●牛乳・乳製品，緑黄色野菜，豆類，小魚などで，カルシウムを十分にとりましょう
●食塩や脂肪は控えめに	●塩辛い食品を控えめに，食塩は1日10g未満にしましょう ●脂肪のとりすぎをやめ，動物，植物，魚由来の脂肪をバランスよくとりましょう ●栄養成分表示をみて，食品や外食を選ぶ習慣を身につけましょう
●適正体重を知り，日々の活動に見合った食事を	●太ってきたかなと感じたら，体重を量りましょう ●普段から意識して身体を動かすようにしましょう ●美しさは健康から，無理な減量はやめましょう ●しっかりかんで，ゆっくり食べましょう
●食文化や地域の産物を活かし，ときには新しい料理も	●地域の産物や旬の素材を使うとともに，行事食を取り入れながら，自然の恵みや四季の変化を楽しみましょう ●食文化を大切にして，日々の食生活に活かしましょう ●食材に関する知識や料理技術を身につけましょう ●ときには新しい料理を作ってみましょう
●調理や保存を上手にして無駄や廃棄を少なく	●買いすぎ，作りすぎに注意して，食べ残しのない適量を心がけましょう ●賞味期限や消費期限を考えて利用しましょう ●定期的に冷蔵庫の中身や家庭内の食材を点検し，献立を工夫して食べましょう
●自分の食生活を見直してみましょう	●自分の健康目標をつくり，食生活を点検する習慣を持ちましょう ●家族や仲間と，食生活を考えたり，話し合ったりしてみましょう ●学校や家庭で食生活の正しい理解や望ましい習慣を身につけましょう ●子どものころから，食生活を大切にしましょう

（文部省・厚生省・農林水産省）

日本人の食事摂取基準(2015年版)

年齢等	参照体位（参照身長，参照体重）[1]				エネルギー：推定エネルギー必要量（kcal/日）[6]					
	男性		女性[2]		男性			女性		
	参照身長 (cm)	参照体重 (kg)	参照身長 (cm)	参照体重 (kg)	身体活動レベル[3]			身体活動レベル[3]		
					Ⅰ[7]	Ⅱ	Ⅲ	Ⅰ[7]	Ⅱ	Ⅲ
0〜5（月）	61.5	6.3	60.1	5.9	—	550	—	—	500	—
6〜11（月）	71.6	8.8	70.2	8.1						
6〜8（月）	69.8	8.4	68.3	7.8	—	650	—	—	600	—
9〜11（月）	73.2	9.1	71.9	8.4	—	700	—	—	650	—
1〜2（歳）	85.8	11.5	84.6	11.0	—	950	—	—	900	—
3〜5（歳）	103.6	16.5	103.2	16.1	—	1,300	—	—	1,250	—
6〜7（歳）	119.5	22.2	118.3	21.9	1,350	1,550	1,750	1,250	1,450	1,650
8〜9（歳）	130.4	28.0	130.4	27.4	1,600	1,850	2,100	1,500	1,700	1,900
10〜11（歳）	142.0	35.6	144.0	36.3	1,950	2,250	2,500	1,850	2,100	2,350
12〜14（歳）	160.5	49.0	155.1	47.5	2,300	2,600	2,900	2,150	2,400	2,700
15〜17（歳）	170.1	59.7	157.7	51.9	2,500	2,850	3,150	2,050	2,300	2,550
18〜29（歳）	170.3	63.2	158.0	50.0	2,300	2,650	3,050	1,650	1,950	2,200
30〜49（歳）	170.7	68.5	158.0	53.1	2,300	2,650	3,050	1,750	2,000	2,300
50〜69（歳）	166.6	65.3	153.5	53.0	2,100	2,450	2,800	1,650	1,900	2,200
70以上（歳）	160.8	60.0	148.0	49.5	1,850[4]	2,200[4]	2,500[4]	1,500[4]	1,750[4]	2,000[4]
妊婦（付加量）[5] 初期								+50	+50	+50
中期								+250	+250	+250
後期								+450	+450	+450
授乳婦（付加量）								+350	+350	+350

[1] 0〜17歳は，日本小児内分泌学会・日本成長学会合同標準値委員会による小児の体格評価に用いる身長，体重の標準値をもとに，年齢区分に応じて，当該月齢ならびに年齢階級の中央時点における中央値を引用した．ただし，公表数値が年齢区分と合致しない場合は，同様の方法で算出した値を用いた．18歳以上は，平成22年，23年国民健康・栄養調査における当該の性および年齢階級における身長・体重の中央値を用いた．
[2] 妊婦，授乳婦を除く．
[3] 身体活動レベルは，低い，ふつう，高いの3つのレベルとして，それぞれⅠ，Ⅱ，Ⅲで示した．
[4] 主として70〜75歳ならびに自由な生活を営んでいる対象者に基づく報告から算定した．
[5] 妊婦個々の体格や妊娠中の体重増加量，胎児の発育状況の評価を行うことが必要である．
[6] 活用にあたっては，食事摂取状況のアセスメント，体重およびBMIの把握を行い，エネルギーの過不足は，体重の変化またはBMIを用いて評価すること．
[7] 身体活動レベルⅠの場合，少ないエネルギー消費量に見合った少ないエネルギー摂取量を維持することになるため，健康の保持・増進の観点からは，身体活動量を増加させる必要があること．

（参考1） 目標とするBMIの範囲（18歳以上）[1,2]

年齢（歳）	目標とするBMI（kg/m^2）
18〜49	18.5〜24.9
50〜69	20.0〜24.9
70以上	21.5〜24.9[3]

[1] 男女共通．あくまでも参考として使用すべきである．
[2] 観察疫学研究において報告された総死亡率が最も低かったBMIを基に，疾患別の発症率とBMIとの関連，死因とBMIとの関連，日本人のBMIの実態に配慮し，総合的に判断し目標とする範囲を設定．
[3] 70歳以上では，総死亡率が最も低かったBMIと実態との乖離が見られるため，虚弱の予防および生活習慣病の予防の両者に配慮する必要があることも踏まえ，当面目標とするBMIの範囲は21.5〜24.9 kg/m^{2}とした．

（参考2） 身体活動レベル別にみた活動内容と活動時間の代表例

	低い（Ⅰ）	ふつう（Ⅱ）	高い（Ⅲ）
身体活動レベル[1]	1.50 (1.40〜1.60)	1.75 (1.60〜1.90)	2.00 (1.90〜2.20)
日常生活の内容[2]	生活の大部分が座位で，静的な活動が中心の場合	座位中心の仕事だが，職場内での移動や立位での作業・接客等，あるいは通勤・買い物・家事，軽いスポーツ等のいずれかを含む場合	移動や立位の多い仕事への従事者，あるいは，スポーツ等余暇における活発な運動習慣を持っている場合
中程度の強度（3.0〜5.9メッツ）の身体活動の1日当たりの合計時間（時間/日）[3]	1.65	2.06	2.53
仕事での1日当たりの合計歩行時間（時間/日）[3]	0.25	0.54	1.00

[1] 代表値．（ ）内はおよその範囲．
[2] Black, et al.[164]，Ishikawa-Takata, et al.[82]を参考に，身体活動レベル（PAL）に及ぼす職業の影響が大きいことを考慮して作成．
[3] Ishikawa-Takata, et al.[184]による．

年齢等	たんぱく質（g/日，目標量：%エネルギー）								脂質：脂肪エネルギー比率（%エネルギー）			
	男性				女性				男性		女性	
	推定平均必要量	推奨量	目安量[1]	目標量[2]（中央値[3]）	推定平均必要量	推奨量	目安量[1]	目標量[2]（中央値[3]）	目安量	目標量[2]（中央値[3]）	目安量	目標量[2]（中央値[3]）
0～5（月）	—	—	10	—	—	—	10	—	50	—	50	—
6～8（月）	—	—	15	—	—	—	15	—	—	—	—	—
6～11（月）	—	—	—	—	—	—	—	—	40	—	40	—
9～11（月）	—	—	25	—	—	—	25	—	—	—	—	—
1～2（歳）	15	20	—	13～20(16.5)	15	20	—	13～20(16.5)	—	20～30(25)	—	20～30(25)
3～5（歳）	20	25	—	13～20(16.5)	20	25	—	13～20(16.5)	—	20～30(25)	—	20～30(25)
6～7（歳）	25	35	—	13～20(16.5)	25	30	—	13～20(16.5)	—	20～30(25)	—	20～30(25)
8～9（歳）	35	40	—	13～20(16.5)	30	40	—	13～20(16.5)	—	20～30(25)	—	20～30(25)
10～11（歳）	40	50	—	13～20(16.5)	40	50	—	13～20(16.5)	—	20～30(25)	—	20～30(25)
12～14（歳）	50	60	—	13～20(16.5)	45	55	—	13～20(16.5)	—	20～30(25)	—	20～30(25)
15～17（歳）	50	65	—	13～20(16.5)	45	55	—	13～20(16.5)	—	20～30(25)	—	20～30(25)
18～29（歳）	50	60	—	13～20(16.5)	40	50	—	13～20(16.5)	—	20～30(25)	—	20～30(25)
30～49（歳）	50	60	—	13～20(16.5)	40	50	—	13～20(16.5)	—	20～30(25)	—	20～30(25)
50～69（歳）	50	60	—	13～20(16.5)	40	50	—	13～20(16.5)	—	20～30(25)	—	20～30(25)
70以上（歳）	50	60	—	13～20(16.5)	40	50	—	13～20(16.5)	—	20～30(25)	—	20～30(25)
妊婦（付加量）初期					＋0	＋0	—	—			—	—
中期					＋5	＋10	—	—			—	—
後期					＋20	＋25	—	—			—	—
授乳婦（付加量）					＋15	＋20	—	—			—	—

[1] 乳児の目安量は，母乳栄養児の値である．
[2] 範囲については，おおむねの値を示したものである．
[3] 中央値は，範囲の中央値を示したものであり，最も望ましい値を示すものではない．

年齢等	飽和脂肪酸（%エネルギー）		n-6系脂肪酸（g/日）		n-3系脂肪酸（g/日）	
	男性 目標量	女性 目標量	男性 目安量	女性 目安量	男性 目安量	女性 目安量
0～5（月）	—	—	4	4	0.9	0.9
6～11（月）	—	—	4	4	0.8	0.8
1～2（歳）	—	—	5	5	0.7	0.8
3～5（歳）	—	—	7	6	1.3	1.1
6～7（歳）	—	—	7	7	1.4	1.3
8～9（歳）	—	—	9	7	1.7	1.4
10～11（歳）	—	—	9	8	1.7	1.5
12～14（歳）	—	—	12	10	2.1	1.8
15～17（歳）	—	—	13	10	2.3	1.7
18～29（歳）	7以下	7以下	11	8	2.0	1.6
30～49（歳）	7以下	7以下	10	8	2.1	1.6
50～69（歳）	7以下	7以下	10	8	2.4	2.0
70以上（歳）	7以下	7以下	8	7	2.2	1.9
妊婦		—		9		1.8
授乳婦		—		9		1.8

年齢等	炭水化物（%エネルギー）		食物繊維（g/日）	
	男性 目標量[1,2]（中央値[3]）	女性 目標量[1,2]（中央値[3]）	男性 目標量	女性 目標量
0～5（月）	—	—	—	—
6～11（月）	—	—	—	—
1～2（歳）	50～65(57.5)	50～65(57.5)	—	—
3～5（歳）	50～65(57.5)	50～65(57.5)	—	—
6～7（歳）	50～65(57.5)	50～65(57.5)	11以上	10以上
8～9（歳）	50～65(57.5)	50～65(57.5)	12以上	12以上
10～11（歳）	50～65(57.5)	50～65(57.5)	13以上	13以上
12～14（歳）	50～65(57.5)	50～65(57.5)	17以上	16以上
15～17（歳）	50～65(57.5)	50～65(57.5)	19以上	17以上
18～29（歳）	50～65(57.5)	50～65(57.5)	20以上	18以上
30～49（歳）	50～65(57.5)	50～65(57.5)	20以上	18以上
50～69（歳）	50～65(57.5)	50～65(57.5)	20以上	18以上
70以上（歳）	50～65(57.5)	50～65(57.5)	19以上	17以上
妊婦		—		—
授乳婦		—		—

[1] 範囲については，おおむねの値を示したものである．
[2] アルコールを含む．ただし，アルコールの摂取を勧めるものではない．
[3] 中央値は，範囲の中央値を示したものであり，最も望ましい値を示すものではない．

年齢等	エネルギー産生栄養素バランス（%エネルギー）目標量[1]（中央値[2]）（男女共通）			
	たんぱく質	脂質[3]		炭水化物[4,5]
		脂質	飽和脂肪酸	
0～11（月）	—	—	—	—
1～17（歳）	13～20(16.5)	20～30(25)	—	50～65(57.5)
18～69（歳）	13～20(16.5)	20～30(25)	7以下	50～65(57.5)
70以上（歳）	13～20(16.5)	20～30(25)	7以下	50～65(57.5)

[1] 各栄養素の範囲については，おおむねの値を示したものであり，生活習慣病の予防や高齢者の虚弱の予防の観点からは，弾力的に運用すること．
[2] 中央値は，範囲の中央値を示したものであり，最も望ましい値を示すものではない．
[3] 脂質については，その構成成分である飽和脂肪酸など，質への配慮を十分に行う必要がある．
[4] アルコールを含む．ただし，アルコールの摂取を勧めるものではない．
[5] 食物繊維の目標量を十分に注意すること．

◎脂溶性ビタミン

年齢等	ビタミンA（μgRAE/日）[1]							
	男性				女性			
	推定平均必要量[2]	推奨量[2]	目安量[3]	耐容上限量[3]	推定平均必要量[2]	推奨量[2]	目安量[3]	耐容上限量[3]
0～5　（月）	—	—	300	600	—	—	300	600
6～11（月）	—	—	400	600	—	—	400	600
1～2　（歳）	300	400	—	600	250	350	—	600
3～5　（歳）	350	500	—	700	300	400	—	700
6～7　（歳）	300	450	—	900	300	400	—	900
8～9　（歳）	350	500	—	1,200	350	500	—	1,200
10～11（歳）	450	600	—	1,500	400	600	—	1,500
12～14（歳）	550	800	—	2,100	500	700	—	2,100
15～17（歳）	650	900	—	2,600	500	650	—	2,600
18～29（歳）	600	850	—	2,700	450	650	—	2,700
30～49（歳）	650	900	—	2,700	500	700	—	2,700
50～69（歳）	600	850	—	2,700	500	700	—	2,700
70以上（歳）	550	800	—	2,700	450	650	—	2,700
妊婦（付加量）初期					＋0	＋0	—	—
中期					＋0	＋0	—	—
後期					＋60	＋80	—	—
授乳婦（付加量）					＋300	＋450	—	—

[1] レチノール活性当量（μgRAE）
＝レチノール（μg）＋β-カロテン（μg）×1/12＋α-カロテン（μg）×1/24
＋β-クリプトキサンチン（μg）×1/24＋その他のプロビタミンAカロテノイド（μg）×1/24
[2] プロビタミンAカロテノイドを含む．
[3] プロビタミンAカロテノイドを含まない．

年齢等	ビタミンD（μg/日）				ビタミンE（mg/日）[1]				ビタミンK（μg/日）	
	男性		女性		男性		女性		男性	女性
	目安量	耐容上限量	目安量	耐容上限量	目安量	耐容上限量	目安量	耐容上限量	目安量	目安量
0～5　（月）	5.0	25	5.0	25	3.0	—	3.0	—	4	4
6～11（月）	5.0	25	5.0	25	4.0	—	4.0	—	7	7
1～2　（歳）	2.0	20	2.0	20	3.5	150	3.5	150	60	60
3～5　（歳）	2.5	30	2.5	30	4.5	200	4.5	200	70	70
6～7　（歳）	3.0	40	3.0	40	5.0	300	5.0	300	85	85
8～9　（歳）	3.5	40	3.5	40	5.5	350	5.5	350	100	100
10～11（歳）	4.5	60	4.5	60	5.5	450	5.5	450	120	120
12～14（歳）	5.5	80	5.5	80	7.5	650	6.0	600	150	150
15～17（歳）	6.0	90	6.0	90	7.5	750	6.0	650	160	160
18～29（歳）	5.5	100	5.5	100	6.5	800	6.0	650	150	150
30～49（歳）	5.5	100	5.5	100	6.5	900	6.0	700	150	150
50～69（歳）	5.5	100	5.5	100	6.5	850	6.0	700	150	150
70以上（歳）	5.5	100	5.5	100	6.5	750	6.0	650	150	150
妊婦			7.0	—			6.5	—		150
授乳婦			8.0	—			7.0	—		150

[1] α-トコフェロールについて算定した．α-トコフェロール以外のビタミンEは含んでいない．

◎水溶性ビタミン

年齢等	ビタミンB_1（mg/日）[1]						ビタミンB_2（mg/日）[1]					
	男性			女性			男性			女性		
	推定平均必要量[2]	推奨量	目安量	推定平均必要量[2]	推奨量	目安量	推定平均必要量[3]	推奨量	目安量	推定平均必要量[3]	推奨量	目安量
0～5　（月）	—	—	0.1	—	—	0.1	—	—	0.3	—	—	0.3
6～11（月）	—	—	0.2	—	—	0.2	—	—	0.4	—	—	0.4
1～2　（歳）	0.4	0.5	—	0.4	0.5	—	0.5	0.6	—	0.5	0.5	—
3～5　（歳）	0.6	0.7	—	0.6	0.7	—	0.7	0.8	—	0.6	0.8	—
6～7　（歳）	0.7	0.8	—	0.7	0.8	—	0.8	0.9	—	0.7	0.9	—
8～9　（歳）	0.8	1.0	—	0.8	0.9	—	0.9	1.1	—	0.9	1.0	—
10～11（歳）	1.0	1.2	—	0.9	1.1	—	1.1	1.4	—	1.1	1.3	—
12～14（歳）	1.2	1.4	—	1.1	1.3	—	1.3	1.6	—	1.2	1.4	—
15～17（歳）	1.3	1.5	—	1.0	1.2	—	1.4	1.7	—	1.2	1.4	—
18～29（歳）	1.2	1.4	—	0.9	1.1	—	1.3	1.6	—	1.0	1.2	—
30～49（歳）	1.2	1.4	—	0.9	1.1	—	1.3	1.6	—	1.0	1.2	—
50～69（歳）	1.1	1.3	—	0.9	1.0	—	1.2	1.5	—	1.0	1.1	—
70以上（歳）	1.0	1.2	—	0.8	0.9	—	1.1	1.3	—	0.9	1.1	—
妊　婦（付加量）				＋0.2	＋0.2	—				＋0.2	＋0.3	—
授乳婦（付加量）				＋0.2	＋0.2	—				＋0.5	＋0.6	—

[1] 身体活動レベルIIの推定エネルギー必要量を用いて算定した．
[2] 特記事項：推定平均必要量は，ビタミンB_1の欠乏症である脚気を予防するに足る最小必要量からではなく，尿中にビタミンB_1の排泄量が増大し始める摂取量（体内飽和量）から算定．
[3] 特記事項：推定平均必要量は，ビタミンB_2の欠乏症である口唇炎，口角炎，舌炎などの皮膚炎を予防するに足る最小摂取量から求めた値ではなく，尿中にビタミンB_2の排泄量が増大し始める摂取量（体内飽和量）から算定．

年齢等	ナイアシン（mgNE/日）[1]								ビタミン B_6（mg/日）[4]							
	男性				女性				男性				女性			
	推定平均必要量	推奨量	目安量	耐容上限量[2]	推定平均必要量	推奨量	目安量	耐容上限量[2]	推定平均必要量	推奨量	目安量	耐容上限量[5]	推定平均必要量	推奨量	目安量	耐容上限量[5]
0～5（月）	―	―	2[3]	―	―	―	2[3]	―	―	―	0.2	―	―	―	0.2	―
6～11（月）	―	―	3	―	―	―	3	―	―	―	0.3	―	―	―	0.3	―
1～2（歳）	5	5	―	60(15)	4	5	―	60(15)	0.4	0.5	―	10	0.4	0.5	―	10
3～5（歳）	6	7	―	80(20)	6	7	―	80(20)	0.5	0.6	―	15	0.5	0.6	―	15
6～7（歳）	7	9	―	100(30)	7	8	―	100(25)	0.7	0.8	―	20	0.6	0.7	―	20
8～9（歳）	9	11	―	150(35)	8	10	―	150(35)	0.8	0.9	―	25	0.8	0.9	―	25
10～11（歳）	11	13	―	200(45)	10	12	―	200(45)	1.0	1.2	―	30	1.0	1.2	―	30
12～14（歳）	12	15	―	250(60)	12	14	―	250(60)	1.2	1.4	―	40	1.1	1.3	―	40
15～17（歳）	14	16	―	300(75)	11	13	―	250(65)	1.2	1.5	―	50	1.1	1.3	―	45
18～29（歳）	13	15	―	300(80)	9	11	―	250(65)	1.2	1.4	―	55	1.0	1.2	―	45
30～49（歳）	13	15	―	350(85)	10	12	―	250(65)	1.2	1.4	―	60	1.0	1.2	―	45
50～69（歳）	12	14	―	350(80)	9	11	―	250(65)	1.2	1.4	―	55	1.0	1.2	―	45
70 以上（歳）	11	13	―	300(75)	8	10	―	250(60)	1.2	1.4	―	50	1.0	1.2	―	40
妊　婦（付加量）					―	―	―	―					+0.2	+0.2	―	―
授乳婦（付加量）					+3	+3	―	―					+0.3	+0.3	―	―

[1] NE＝ナイアシン当量＝ナイアシン＋1/60 トリプトファン．
身体活動レベルⅡの推定エネルギー必要量を用いて算定した．
[2] ニコチンアミドの mg 量，（　）内はニコチン酸の mg 量．参照体重を用いて算定した．
[3] 単位は mg/日．
[4] たんぱく質食事摂取基準の推奨量を用いて算定した（妊婦・授乳婦の付加量は除く）．
[5] 食事性ビタミン B_6 の量ではなく，ピリドキシンとしての量である．

年齢等	ビタミン B_{12}（μg/日）						葉酸（μg/日）[1]							
	男性			女性			男性				女性			
	推定平均必要量	推奨量	目安量	推定平均必要量	推奨量	目安量	推定平均必要量	推奨量	目安量	耐容上限量[2]	推定平均必要量	推奨量	目安量	耐容上限量[2]
0～5（月）	―	―	0.4	―	―	0.4	―	―	40	―	―	―	40	―
6～11（月）	―	―	0.5	―	―	0.5	―	―	60	―	―	―	60	―
1～2（歳）	0.7	0.9	―	0.7	0.9	―	70	90	―	200	70	90	―	200
3～5（歳）	0.8	1.0	―	0.8	1.0	―	80	100	―	300	80	100	―	300
6～7（歳）	1.0	1.3	―	1.0	1.3	―	100	130	―	400	100	130	―	400
8～9（歳）	1.2	1.5	―	1.2	1.5	―	120	150	―	500	120	150	―	500
10～11（歳）	1.5	1.8	―	1.5	1.8	―	150	180	―	700	150	180	―	700
12～14（歳）	1.9	2.3	―	1.9	2.3	―	190	230	―	900	190	230	―	900
15～17（歳）	2.1	2.5	―	2.1	2.5	―	210	250	―	900	210	250	―	900
18～29（歳）	2.0	2.4	―	2.0	2.4	―	200	240	―	900	200	240	―	900
30～49（歳）	2.0	2.4	―	2.0	2.4	―	200	240	―	1,000	200	240	―	1,000
50～69（歳）	2.0	2.4	―	2.0	2.4	―	200	240	―	1,000	200	240	―	1,000
70 以上（歳）	2.0	2.4	―	2.0	2.4	―	200	240	―	900	200	240	―	900
妊　婦（付加量）				+0.3	+0.4	―					+200	+240	―	―
授乳婦（付加量）				+0.7	+0.8	―					+ 80	+100	―	―

[1] 妊娠を計画している女性，または，妊娠の可能性がある女性は，神経管閉鎖障害のリスクの低減のために，付加的に 400 μg/日のプテロイルモノグルタミン酸の摂取が望まれる．
[2] サプリメントや強化食品に含まれるプテロイルモノグルタミン酸の量である．

年齢等	パントテン酸（mg/日）		ビオチン（μg/日）		ビタミンC（mg/日）					
	男性	女性	男性	女性	男性			女性		
	目安量	目安量	目安量	目安量	推定平均必要量[1]	推奨量	目安量	推定平均必要量[1]	推奨量	目安量
0～5（月）	4	4	4	4	―	―	40	―	―	40
6～11（月）	3	3	10	10	―	―	40	―	―	40
1～2（歳）	3	3	20	20	30	35	―	30	35	―
3～5（歳）	4	4	20	20	35	40	―	35	40	―
6～7（歳）	5	5	25	25	45	55	―	45	55	―
8～9（歳）	5	5	30	30	50	60	―	50	60	―
10～11（歳）	6	6	35	35	60	75	―	60	75	―
12～14（歳）	7	6	50	50	80	95	―	80	95	―
15～17（歳）	7	5	50	50	85	100	―	85	100	―
18～29（歳）	5	4	50	50	85	100	―	85	100	―
30～49（歳）	5	4	50	50	85	100	―	85	100	―
50～69（歳）	5	5	50	50	85	100	―	85	100	―
70 以上（歳）	5	5	50	50	85	100	―	85	100	―
妊　婦		5		50				+10	+10	―
授乳婦		5		50				+40	+45	―

[1] 特記事項：推定平均必要量は，壊血病の回避ではなく，心臓血管系の疾病予防効果ならびに抗酸化作用効果から算定．

◎多量ミネラル

年齢等	ナトリウム（mg/日）[（ ）は食塩相当量（g/日）]						カリウム（mg/日）			
	男性			女性			男性		女性	
	推定平均必要量	目安量	目標量	推定平均必要量	目安量	目標量	目安量	目標量	目安量	目標量
0～5（月）	—	100（0.3）	—	—	100（0.3）	—	400	—	400	—
6～11（月）	—	600（1.5）	—	—	600（1.5）	—	700	—	700	—
1～2（歳）	—	—	（3.0 未満）	—	—	（3.5 未満）	900	—	800	—
3～5（歳）	—	—	（4.0 未満）	—	—	（4.5 未満）	1,100	—	1,000	—
6～7（歳）	—	—	（5.0 未満）	—	—	（5.5 未満）	1,300	1,800 以上	1,200	1,800 以上
8～9（歳）	—	—	（5.5 未満）	—	—	（6.0 未満）	1,600	2,000 以上	1,500	2,000 以上
10～11（歳）	—	—	（6.5 未満）	—	—	（7.0 未満）	1,900	2,200 以上	1,800	2,000 以上
12～14（歳）	—	—	（8.0 未満）	—	—	（7.0 未満）	2,400	2,600 以上	2,200	2,400 以上
15～17（歳）	—	—	（8.0 未満）	—	—	（7.0 未満）	2,800	3,000 以上	2,100	2,600 以上
18～29（歳）	600（1.5）	—	（8.0 未満）	600（1.5）	—	（7.0 未満）	2,500	3,000 以上	2,000	2,600 以上
30～49（歳）	600（1.5）	—	（8.0 未満）	600（1.5）	—	（7.0 未満）	2,500	3,000 以上	2,000	2,600 以上
50～69（歳）	600（1.5）	—	（8.0 未満）	600（1.5）	—	（7.0 未満）	2,500	3,000 以上	2,000	2,600 以上
70 以上（歳）	600（1.5）	—	（8.0 未満）	600（1.5）	—	（7.0 未満）	2,500	3,000 以上	2,000	2,600 以上
妊　婦				—	—	—			2,000	—
授乳婦				—	—	—			2,200	—

年齢等	カルシウム（mg/日）								マグネシウム（mg/日）							
	男性				女性				男性				女性			
	推定平均必要量	推奨量	目安量	耐容上限量	推定平均必要量	推奨量	目安量	耐容上限量	推定平均必要量	推奨量	目安量	耐容上限量[1]	推定平均必要量	推奨量	目安量	耐容上限量[1]
0～5（月）	—	—	200	—	—	—	200	—	—	—	20	—	—	—	20	—
6～11（月）	—	—	250	—	—	—	250	—	—	—	60	—	—	—	60	—
1～2（歳）	350	450	—	—	350	400	—	—	60	70	—	—	60	70	—	—
3～5（歳）	500	600	—	—	450	550	—	—	80	100	—	—	80	100	—	—
6～7（歳）	500	600	—	—	450	550	—	—	110	130	—	—	110	130	—	—
8～9（歳）	550	650	—	—	600	750	—	—	140	170	—	—	140	160	—	—
10～11（歳）	600	700	—	—	600	750	—	—	180	210	—	—	180	220	—	—
12～14（歳）	850	1,000	—	—	700	800	—	—	250	290	—	—	240	290	—	—
15～17（歳）	650	800	—	—	550	650	—	—	300	360	—	—	260	310	—	—
18～29（歳）	650	800	—	2,500	550	650	—	2,500	280	340	—	—	230	270	—	—
30～49（歳）	550	650	—	2,500	550	650	—	2,500	310	370	—	—	240	290	—	—
50～69（歳）	600	700	—	2,500	550	650	—	2,500	290	350	—	—	240	290	—	—
70 以上（歳）	600	700	—	2,500	500	650	—	2,500	270	320	—	—	220	270	—	—
妊　婦（付加量）					—	—	—	—					+30	+40	—	—
授乳婦（付加量）					—	—	—	—					—	—	—	—

[1] 通常の食品以外からの摂取量の耐容上限量は成人の場合 350 mg/日，小児では 5 mg/kg 体重/日とする．それ以外の食品からの摂取の場合，耐容上限量は設定しない．

◎微量ミネラル

年齢等	リン（mg/日）				鉄（mg/日）[1]							
	男性		女性		男性				女性			
									月経なし		月経あり			
	目安量	耐容上限量	目安量	耐容上限量	推定平均必要量	推奨量	目安量	耐容上限量	推定平均必要量	推奨量	推定平均必要量	推奨量	目安量	耐容上限量
0～5（月）	120	—	120	—	—	—	0.5	—	—	—	—	—	0.5	—
6～11（月）	260	—	260	—	3.5	5.0	—	—	3.5	4.5	—	—	—	—
1～2（歳）	500	—	500	—	3.0	4.5	—	25	3.0	4.5	—	—	—	20
3～5（歳）	800	—	600	—	4.0	5.5	—	25	3.5	5.0	—	—	—	25
6～7（歳）	900	—	900	—	4.5	6.5	—	30	4.5	6.5	—	—	—	30
8～9（歳）	1,000	—	900	—	6.0	8.0	—	35	6.0	8.5	—	—	—	35
10～11（歳）	1,100	—	1,000	—	7.0	10.0	—	35	7.0	10.0	10.0	14.0	—	35
12～14（歳）	1,200	—	1,100	—	8.5	11.5	—	50	7.0	10.0	10.0	14.0	—	50
15～17（歳）	1,200	—	900	—	8.0	9.5	—	50	5.5	7.0	8.5	10.5	—	40
18～29（歳）	1,000	3,000	800	3,000	6.0	7.0	—	50	5.0	6.0	8.5	10.5	—	40
30～49（歳）	1,000	3,000	800	3,000	6.5	7.5	—	55	5.5	6.5	9.0	10.5	—	40
50～69（歳）	1,000	3,000	800	3,000	6.5	7.5	—	50	5.5	6.5	9.0	10.5	—	40
70 以上（歳）	1,000	3,000	800	3,000	6.0	7.0	—	50	5.0	6.0	—	—	—	40
妊　婦　初期			800	—					＋2.0	＋2.5	—	—	—	—
中期・後期			800	—					＋12.5	＋15.0	—	—	—	—
授乳婦			800	—					＋2.0	＋2.5	—	—	—	—

[1] 過多月経（月経出血量が 80 mL/回以上）の人を除外して策定した．

年齢等	亜鉛（mg/日）								銅（mg/日）								マンガン（mg/日）			
	男性				女性				男性				女性				男性		女性	
	推定平均必要量	推奨量	目安量	耐容上限量	推定平均必要量	推奨量	目安量	耐容上限量	推定平均必要量	推奨量	目安量	耐容上限量	推定平均必要量	推奨量	目安量	耐容上限量	目安量	耐容上限量	目安量	耐容上限量
0～5（月）	—	—	2	—	—	—	2	—	—	—	0.3	—	—	—	0.3	—	0.01	—	0.01	—
6～11（月）	—	—	3	—	—	—	3	—	—	—	0.3	—	—	—	0.4	—	0.5	—	0.5	—
1～2（歳）	3	3	—	—	3	3	—	—	0.2	0.3	—	—	0.2	0.3	—	—	1.5	—	1.5	—
3～5（歳）	3	4	—	—	3	4	—	—	0.3	0.4	—	—	0.3	0.4	—	—	1.5	—	1.5	—
6～7（歳）	4	5	—	—	4	5	—	—	0.4	0.5	—	—	0.4	0.5	—	—	2.0	—	2.0	—
8～9（歳）	5	6	—	—	5	5	—	—	0.4	0.6	—	—	0.4	0.5	—	—	2.5	—	2.5	—
10～11（歳）	6	7	—	—	6	7	—	—	0.5	0.7	—	—	0.5	0.7	—	—	3.0	—	3.0	—
12～14（歳）	8	9	—	—	7	8	—	—	0.7	0.8	—	—	0.6	0.8	—	—	4.0	—	4.0	—
15～17（歳）	9	10	—	—	6	8	—	—	0.8	1.0	—	—	0.6	0.8	—	—	4.5	—	3.5	—
18～29（歳）	8	10	—	40	6	8	—	35	0.7	0.9	—	10	0.6	0.8	—	10	4.0	11	3.5	11
30～49（歳）	8	10	—	45	6	8	—	35	0.7	1.0	—	10	0.6	0.8	—	10	4.0	11	3.5	11
50～59（歳）	8	10	—	45	6	8	—	35	0.7	0.9	—	10	0.6	0.8	—	10	4.0	11	3.5	11
70以上（歳）	8	9	—	40	6	7	—	35	0.7	0.9	—	10	0.6	0.7	—	10	4.0	11	3.5	11
妊　婦					+1	+2	—	—					+0.1	+0.1	—	—			3.5	—
授乳婦					+3	+3	—	—					+0.5	+0.5	—	—			3.5	—

年齢等	ヨウ素（μg/日）								セレン（μg/日）							
	男性				女性				男性				女性			
	推定平均必要量	推奨量	目安量	耐容上限量	推定平均必要量	推奨量	目安量	耐容上限量	推定平均必要量	推奨量	目安量	耐容上限量	推定平均必要量	推奨量	目安量	耐容上限量
0～5（月）	—	—	100	250	—	—	100	250	—	—	15	—	—	—	15	—
6～11（月）	—	—	130	250	—	—	130	250	—	—	15	—	—	—	15	—
1～2（歳）	35	50	—	250	35	50	—	250	10	10	—	80	10	10	—	70
3～5（歳）	45	60	—	350	45	60	—	350	10	15	—	110	10	10	—	110
6～7（歳）	55	75	—	500	55	75	—	500	15	15	—	150	15	15	—	150
8～9（歳）	65	90	—	500	65	90	—	500	15	20	—	190	15	20	—	180
10～11（歳）	80	110	—	500	80	110	—	500	20	25	—	240	20	25	—	240
12～14（歳）	100	140	—	1,200	100	140	—	1,200	25	30	—	330	25	30	—	320
15～17（歳）	100	140	—	2,000	100	140	—	2,000	30	35	—	400	20	25	—	350
18～29（歳）	95	130	—	3,000	95	130	—	3,000	25	30	—	420	20	25	—	330
30～49（歳）	95	130	—	3,000	95	130	—	3,000	25	30	—	460	20	25	—	350
50～69（歳）	95	130	—	3,000	95	130	—	3,000	25	30	—	440	20	25	—	350
70以上（歳）	95	130	—	3,000	95	130	—	3,000	25	30	—	400	20	25	—	330
妊　婦（付加量）					+75	+110	—	—[1]					+5	+5	—	—
授乳婦（付加量）					+100	+140	—	—					+15	+20	—	—

[1] 妊婦の耐容上限量は，2,000 μg/日とする．

年齢等	クロム（μg/日）		モリブデン（μg/日）							
	男性	女性	男性				女性			
	目安量	目安量	推定平均必要量	推奨量	目安量	耐容上限量	推定平均必要量	推奨量	目安量	耐容上限量
0～5（月）	0.8	0.8	—	—	2	—	—	—	2	—
6～11（月）	1.0	1.0	—	—	10	—	—	—	10	—
1～2（歳）	—	—	—	—	—	—	—	—	—	—
3～5（歳）	—	—	—	—	—	—	—	—	—	—
6～7（歳）	—	—	—	—	—	—	—	—	—	—
8～9（歳）	—	—	—	—	—	—	—	—	—	—
10～11（歳）	—	—	—	—	—	—	—	—	—	—
12～14（歳）	—	—	—	—	—	—	—	—	—	—
15～17（歳）	—	—	—	—	—	—	—	—	—	—
18～29（歳）	10	10	20	25	—	550	20	20	—	450
30～49（歳）	10	10	25	30	—	550	20	25	—	450
50～69（歳）	10	10	20	25	—	550	20	25	—	450
70以上（歳）	10	10	20	25	—	550	20	20	—	450
妊　婦		10					—	—	—	—
授乳婦		10					+3	+3	—	—

INDEX

調理学　さくいん

あ

アク	105
アクチン	122
アク抜き	28
アスコルビン酸オキシダーゼ	9
アフラトキシン	274
アミノ-カルボニル反応	18, 124
アミロース	150
アミロペクチン	150
アメニティ	266, 267
アメリカンパイ	83
アラブ料理	260
アルカロイド	105
アルコール飲料	191
アルミニウム	8
アルミニウム製品	281
アレルギー様食中毒	276
アントシアニン	207
アントシアン	104
あずきがゆ	255
あらい	53, 132
あん	98
和える	51
揚げる	34
揚げ油の適温	35
揚げ衣	35
赤みそ	55
赤双目糖	56
圧力鍋	235
油通し	36

い

イースト	79, 80
イコサペンタエン酸	129
インド料理	260
いも類	88
炒める	36
1日摂取許容量	271
1等粉	75
異常プリオン	275
遺伝子組換え食品	275
閾値	196
一対比較法	216
糸引き納豆	97
祝い肴	254
引火点	166

う

ウーロン茶	189
ウエルダン	127
ウォッベ指数	229
うの花	97
うま味	113, 195
うま味調味料	56, 183
うるち米	66
牛海綿状脳症	275
薄口しょうゆ	53

え

エキステンソグラム	77
エコ調理	13
エマルション	166
エラスチン	122
えぐ味	105
液化石油ガス	230
液化天然ガス	229
液体燃料	228
塩素系有機化合物	272
塩蔵	24
遠赤外線	41
嚥下補助食品	265
鹹（塩）味	195

お

オーバーラン	148
オーブン加熱	33
オボアルブミン	136
オボグロブリン	136
オボトランスフェリン	136
オボムコイド	136
オボムチン	136
オリゴ糖	181
おから	97
おせち料理	253
おとそ	254
折りたたみ回数	84
折りパイ生地	83
落としぶた	26
温暖化ガス	284
温度調整	166

か

カゼイン	146
カトラリー	248, 249
カラギーナン	120, 171
カラゲナン	171
カラメル	164
カルシウム	8
カロテノイド	100, 103, 117, 206
ガス発生剤	82
ガス漏れ警報器	229
かつお節	62
かゆ	72
から揚げ	35
かん水（鹹水）	87
化学的酸素消費量	285
化学膨化剤	82
加工でんぷん	158
加工食品	175
加水	69
加水比	69
加水分解酵素	9
加熱方式	19
可塑性	167
変わり飯	71
家庭ごみ	282
過酸化脂質	277
会席料理	224
回転粘度計	214
解凍法	24
懐石料理	224
外食	262, 282
外水様卵白	135
香りの成分	202
香りの分析法	200
隠し包丁	265
褐変	89, 105
辛味	197

甘味	195	グルコマンナン	172	酵素	9
缶詰	25	グルテニン	74	酵素的褐変	9, 28, 209
官能検査	211, 215	グルテン	74	凍り豆腐	97
乾式加熱	19	苦味	105, 195	米	66
乾燥	24	食い初めの膳	258	米粉	73, 81, 82
乾物	44	空洞状膨化調理	85	昆布	119
寒天	170	砕く	48	混合だし	62
換水値	78			混捏	77
間接焼き	32			献立作成	222

け

緩和剤	82	ケファリン	136		
環境ホルモン	273	ゲル	111, 213		

さ

環境温度	16	計測	42	サポニン	93, 96
環境問題	13	計量	42	サルモネラ菌	279
韓国料理	259	鶏卵の構造	134	サルモネラ食中毒	143
含蜜糖	56	鶏卵の成分組成	135	さつまいも	90
		鶏卵の調理性	136	さといも	91
		堅果類	99	3点識別試験法	216
		減農薬栽培農産物	287	砂糖	55

き

ぎょうざ	87			砂糖の調理性	159
切る	46			砂糖衣	163
危害分析・重要管理点	275			細菌性食中毒	278
気体燃料	228	コーヒー	190	最大無毒性量	270
起泡	50	ココア	190	錯塩	104
起泡性	140, 148	コシヒカリ	66	三色食品群	220
基本味（原味）	195	コラーゲン	122, 169	酸化還元酵素	9
絹ごし豆腐	96	コラーゲンの熱収縮	7	酸凝固	146
吸水	44	コロイド	212	酸性剤	82
牛乳	144	コンアルブミン	136	酸味	195
狂牛病	275	コンニャクマンナン	172	残留基準	270
供食	223	こんにゃくいも	92	残留農薬	271
供食温度	19	ごま	100		

し

強制対流	20	小麦たんぱく	174		
強力粉	75, 79	小麦たんぱく質	74	シーズヒーター	230
凝固温度	138	小麦でんぷん	74	シソニン	105
筋形質たんぱく質	122	小麦粉	73	シューペーストリー	85
筋原繊維	121	小麦粉の成分	74	ショートニング	168
筋原繊維たんぱく質	122	小麦粉の分類	75	ショートニング性	168
筋繊維	121	小麦粉調理	79	ショ糖	5
		固体脂指数	167	シロップ	163
		固体燃料	228	ジアシルグリセロール	7

く

クッキー	82	粉ふきいも	89	ジャポニカ	66
クックチルシステム	177	糊化済みでんぷん	158	ジャム	111
クックチル食品	177	濃口しょうゆ	54	ジューサー	239
クリーミング性	82, 168	紅茶	190	しいたけ	115
クリームルウ	86	香辛料	57, 185	しゅうまい	87
クリプトキサンチン	104	香辛料の矯臭・消臭作用	57	しょうゆ	54, 184
クロロフィル	100, 103, 117, 205	香辛料の賦香作用	57	じゃがいも	89
グラス類	248	高メトキシルペクチン	111, 172	自然対流	20
グリアジン	74	高甘味度甘味料	181	脂肪の融点	19
グリシニン	96	高齢者用食品	180		

脂溶性ビタミン	8
地鶏	126
自動炊飯器	70
直火焼き	32
下ごしらえ	27
室温保存	22
湿熱処理でんぷん	158
湿式加熱	19
漆器	247
実質的同等性	275
渋味	105,197
霜降り	28
種子類	99
種実類	99
祝儀の膳	257
集団調理	280
熟成	123
順位法	216,217
順応反応	199
準強力粉	75
昇温期	70
焼酎	56
上白糖	56
食の簡便化	261
食の社会化	11
食育	12,81
食塩	54,183
食事空間	266
食事摂取基準	220
食事室	266
食情報	263
食酢	56,183
食品の内部温度	18
食品安全基本法	271
食品衛生法	270
食品健康影響評価	270
食品添加物	271
食文化	11
食物連鎖	272
食料総輸送距離	287
食器	246
白しょうゆ	55
白みそ	55
浸漬	69
浸透圧	61,106
新型クロイツフェルト・ヤコブ病	275
新粉だんご	256

す

スープストック	61
スチール（鉄）製缶容器	281
スパイス	57
スパゲッティ	87
スポンジケーキ	81
スローフード	11
すだち	30
すだち現象	96
水溶性ビタミン	7
炊飯	67,68
炊飯の温度曲線	70
炭火	41

せ

セモリナ	87
センターピース	249
ゼラチン	169
ゼラチン化	7
ゼリー	111
生活雑排水	283
生活排水	283
生体濃縮	272
生物化学的酸素消費量	285
西洋料理	224,260
清酒	56
精白米	67
精白米の構造	68
赤外線	41
洗浄	43
洗米	68
鮮度低下臭	204
鮮度判定恒数	130

そ

ソル	212
塑性流動	214
相殺効果	198
相乗効果	198
層状膨化調理	83
雑煮	253

た

タンニン	93,105
タンブルチラー方式	177
ダイオキシン類	272,286
ダイラタンシー	214
たたき	132
たまりしょうゆ	55
たんぱく質分解酵素	108
だし	61,117
食べ物の付加価値	12
大量炊飯	72
体温	16
対比効果	198
対面型キッチン	243
対流伝熱	19
大豆たんぱく	173
台所設備機器の所有率	244
台所排水	282,283
卵の鮮度判別方法	142
卵の鮮度保持方法	142
湯	61

ち

チーズ	149
チキソトロピー	214
チャーニング	148
チョコレート	169
チルド	23,240
チルド食品	177
チルド保存	23
チロシナーゼ	105
地下水の硝酸汚染	274
地球温暖化	284
地産地消	11,80,287
血合肉	128
中華めん	87
中国料理	224,258
中白糖	56
中力粉	75
抽出	44
厨芥	282
厨房	241
厨房のレイアウト	242
厨房の機能	242
厨房の役割	241
腸管出血性大腸菌O-157	280
調味順序	63
調味パーセント	42
調味料の浸透	62
調味料の配合	59
調理と水	4
調理の省力化	11
調理の自立	10
調理温度	16
調理科学	3

調理学	3	都市ガス	228		**ね**	
調理済み食品	178	都市ガスコンロ	229	ねかし	77	
て		豆腐	96	練りパイ生地	83	
テイクアウト	176	東南アジア料理	259	熱の伝達	18	
テーブルウエア	266	凍結	23	熱凝固	29	
テーブルセッティング	246, 249	唐菓子	252	熱凝固性	137, 146	
テーブルリネン	249	陶器	248	熱伝導率	5	
テクスチャー	194, 211	陶磁器	248	熱媒体	5, 19	
テクスチュロメーター	211	等電点	139	熱放射	21	
テンパリング	166	搗精	67	粘性	166, 213	
デキストリン	158	搗精歩合	67	燃焼速度	229	
デキストリン化	6	糖アルコール	181	燃焼点	166	
てんぷら	35	糖のカラメル化	18		**の**	
てんぷらの衣	86	動物用医薬品	272	濃厚卵白	135	
でんぷん	150	銅	8		**は**	
でんぷんの糊化	5, 152	特定保健用食品	179	ハウ・ユニット	143	
でんぷんのデキストリン化	18	共立て法	81	ハロゲンヒーター	230	
でんぷんの調理性	154		**な**	バター	148, 168	
でんぷんの老化	152	ナッツ類	99	バッター	75, 78, 81	
でんぷん粒の走査電子顕微鏡写真	150	内食	2, 13, 262	バリアフリー	265	
手延べそうめん	87	内水様卵白	135	パーシャルフリージング	23, 240	
低メトキシルペクチン	111, 172	内分泌攪乱化学物質	273, 281	パイクラスト	83	
低温障害	53	中食	2, 13, 262, 282	パイバター	83	
低温保存	22	納豆	97	パウンドケーキ	82	
鉄	8	七草がゆ	254	パネリスト	215, 217	
寺納豆	97	鍋類の形状	233	パネル	215, 219	
転化糖	196	鍋類の材質	234	抜糸	163	
伝統	11	生クリーム	147	胚乳細胞	68	
伝導伝熱	19	生ごみ	282	廃棄物ゼロエミッション	13	
伝熱方式	19		**に**	廃棄率	43	
電気エネルギー	230	ニトロソアミン	274	薄力粉	75	
電気調理器	230	ニュートン流体	213	発煙点	166	
電子レンジ	37	二度揚げ	35	発酵臭	203	
電子レンジ加熱	37, 90	2点識別試験法	216	発酵パン	79	
電子レンジ加熱の特徴	39	2点嗜好試験法	216	半調理済み食品	178	
電磁調理器	41, 230	日本人の食事摂取基準	264		**ひ**	
電磁誘導加熱	40	日本料理	223	ヒスタミン	276	
	と	煮こごり	133	ビーフン	73	
トマト加工品	184	煮しめ	254	ビタミンC	89, 90, 106	
トリハロメタン	284	煮る	26	びん詰	25	
ドイリー	249	煮豆	94	比熱	5	
ドウ	75, 76	肉基質たんぱく質	122	冷やす	52	
ドウファット	83	乳化剤	142	非酵素的褐変	210	
ドコサヘキサエン酸	129	乳化性	142, 166	非水溶性たんぱく質	74	
ところてん	170	乳児用食品	178	非発酵パン	80	
とろみ	179	乳製品	144			

氷温	240		136	蒸す	29
氷温保存	23	ホスファチジルコリン	136	蒸らし期	70
評点法	216	ホットケーキ	82	六つの基礎食品	221
ふ		ホワイトルウ	86	**め**	
ファインセラミック	238	ポジティブリスト制	271	メキシコ料理	260
ファストフード	11	ポストハーベスト農薬	271	メタボリックシンドローム	12,264
ファリノグラム	76	ポテトチップス	90	メトヘモグロビン血症	274
フードプロセッサー	239	ポリフェノール	105,111	メトミオグロビン	208
フードマイレージ	287	ポリフェノールオキシダーゼ	9,111	めん類	87
フェオフィチン	207	ほぐし	71	**も**	
フォローアップミルク	179	保温鍋	235	もち米	72
フォンダン	163	保健機能食品	178	木綿豆腐	96
フコイダン	117	包丁	45,236	毛管粘度計	213
フライ	35	放射エネルギー	21	**や**	
フラボノイド	104,207	放射線照射食品	276	やまのいも類	91
フレンチパイ	83	放射伝熱	20	野菜類	102
フレンチフライ	90	放射熱	32	焼き臭	202
ブイヨン	61	膨化調理	79	焼く	31
ブラウンルウ	86	膨潤	44	**ゆ**	
ブラストチラー方式	177	本膳料理	223	ユニバーサルデザイン	10,265
ブレンドスパイス	57	**ま**		ゆでる	27
ブロイラ	126	マーガリン	168	ゆば	98
プラスチック製品	281	マイクロ波	37	油脂	164
プレハーベスト農薬	271	マイクロ波加熱	37	油脂製品	164
プロテアーゼ	9,108	マイコトキシン	274	油脂の酸化	276
プロパンガス	229	マカロニ	87	湯引き	28
ふなずし	203	マグネシウム	8	有機農産物	287
腐敗	276	マスキング	204	有効熱量	231
不祝儀の膳	258	マッシュポテト	89	誘電加熱	19,37
風味調味料	56,183	マヨネーズソース	142	誘電加熱の原理	37
輻射	21	混ぜる	48	融点	165
沸騰期	70	豆類	92	**よ**	
分蜜糖	56	**み**		寄せる	52
分離たんぱく	172	ミオグロビン	205,208	容器包装リサイクル法	283
へ		ミオシン	122	容器・包装類のごみ	282
ベーキングパウダー	82	ミキサー	239	溶血性尿毒症症候群	280
ベロ毒素	280	ミディアム	127	抑制効果	198
ペクチン	108,172	みそ	55,184	**ら**	
ペクチン質	89	みりん	56,184	ラード	168
別立て法	81	みりん風調味料	56	ライフステージ	10,243,263
変質	276	**む**		ラジエントヒーター	230
変色	45	無機質	8		
変調効果	199	無菌包装米飯	72		
ほ		無洗米	69		
ホームフリージング	23	無農薬栽培農産物	287		
ホスファチジルエタノールアミン					

り

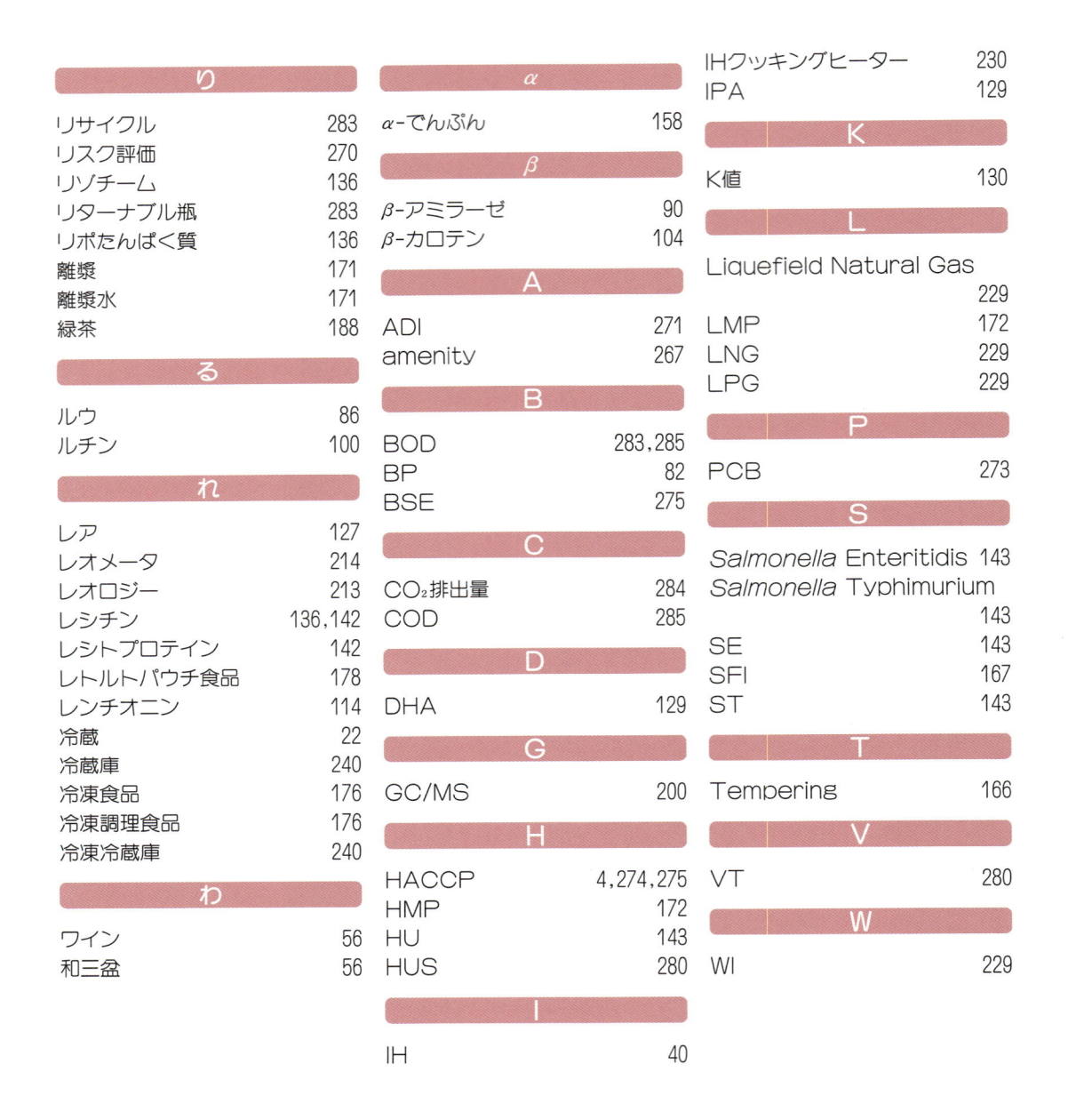

リサイクル	283
リスク評価	270
リゾチーム	136
リターナブル瓶	283
リポたんぱく質	136
離漿	171
離漿水	171
緑茶	188

る

ルウ	86
ルチン	100

れ

レア	127
レオメータ	214
レオロジー	213
レシチン	136, 142
レシトプロテイン	142
レトルトパウチ食品	178
レンチオニン	114
冷蔵	22
冷蔵庫	240
冷凍食品	176
冷凍調理食品	176
冷凍冷蔵庫	240

わ

ワイン	56
和三盆	56

α

α-でんぷん	158

β

β-アミラーゼ	90
β-カロテン	104

A

ADI	271
amenity	267

B

BOD	283, 285
BP	82
BSE	275

C

CO_2排出量	284
COD	285

D

DHA	129

G

GC/MS	200

H

HACCP	4, 274, 275
HMP	172
HU	143
HUS	280

I

IH	40
IHクッキングヒーター	230
IPA	129

K

K値	130

L

Liquefield Natural Gas	229
LMP	172
LNG	229
LPG	229

P

PCB	273

S

Salmonella Enteritidis	143
Salmonella Typhimurium	143
SE	143
SFI	167
ST	143

T

Tempering	166

V

VT	280

W

WI	229

【編著者】

金谷 昭子　大阪市立大学大学院家政学研究科修了
　　　　　　神戸女子大学名誉教授

【著　者】（五十音順）

安藤ひとみ	日本女子大学家政学部卒業 京都文教短期大学准教授	小島 朝子	滋賀大学教育学部卒業 滋賀短期大学名誉教授
井川 佳子	大阪市立大学大学院生活科学研究科修了 安田女子大学教授	白杉 直子 （片岡）	大阪市立大学大学院生活科学研究科修了 神戸大学大学院教授
石村 哲代	大阪女子大学生理学科卒業 四條畷学園短期大学名誉教授	杉本 温美	大阪市立大学大学院家政学研究科修了 元近畿大学教授
大下 市子	奈良女子大学大学院家政学研究科修了 元安田女子大学教授	富岡 和子	奈良女子大学家政学部食物学科卒業 奈良教育大学名誉教授，神戸女子大学名誉教授
笠井八重子	大阪府立大学大学院農学研究科修了 岡山大学名誉教授	中田 忍	大阪市立大学大学院生活科学研究科修了 大阪教育大学教授
菊﨑 泰枝	大阪市立大学大学院生活科学研究科修了 奈良女子大学教授	真部真里子	奈良女子大学大学院人間文化研究科修了 同志社女子大学教授
楠瀬 千春	神戸女子大学大学院家政学研究科修了 九州栄養福祉大学教授	山本由喜子	大阪市立大学大学院家政学研究科修了 大阪市立大学名誉教授 東海学園大学名誉教授

食べ物と健康　調理学　　　　　ISBN978-4-263-70437-0

2004年 2月 1日　第1版第 1 刷発行
2019年 1月10日　第1版第10刷発行

編著者　金 谷 昭 子
発行者　白 石 泰 夫
発行所　医歯薬出版株式会社

〒113-8612　東京都文京区本駒込1-7-10
TEL.（03）5395—7626（編集）・7616（販売）
FAX.（03）5395—7624（編集）・8563（販売）
https://www.ishiyaku.co.jp/
郵便振替番号　00190-5-13816

乱丁，落丁の際はお取り替えいたします　　　　　印刷・あづま堂印刷／製本・榎本製本
Ⓒ Ishiyaku Publishers, Inc., 2004. Printed in Japan

本書の複製権・翻訳権・翻案権・上映権・譲渡権・貸与権・公衆送信権（送信可能化権を含む）・口述権は，医歯薬出版(株)が保有します．
本書を無断で複製する行為（コピー，スキャン，デジタルデータ化など）は，「私的使用のための複製」などの著作権法上の限られた例外を除き禁じられています．また私的使用に該当する場合であっても，請負業者等の第三者に依頼し上記の行為を行うことは違法となります．

JCOPY ＜出版者著作権管理機構　委託出版物＞
本書をコピーやスキャン等により複製される場合は，そのつど事前に出版者著作権管理機構（電話 03-3513-6969，FAX 03-3513-6979，e-mail : info@jcopy.or.jp）の許諾を得てください．